菊坛春韶 班世超

班玉芬 编

团结出版社
UNITY PRESS

图书在版编目（ＣＩＰ）数据

菊坛春秋：班世超／班玉芬编． －－ 北京：团结出
版社，2020.7

ISBN 978－7－5126－8034－0

Ⅰ．①菊… Ⅱ．①班… Ⅲ．①班世超（1920－2016）
－生平事迹 Ⅳ．①K825.78

中国版本图书馆 CIP 数据核字（2020）第 116520 号

出　版：团结出版社
　　　　（北京市东城区东皇城根南街 84 号　邮编：100006）
电　话：(010)65228880　65244790
网　址：http://www.tjpress.com
E－mail：65244790@163.com
经　销：全国新华书店
印　刷：北京荣泰印刷有限公司
装　订：北京荣泰印刷有限公司

开　本：170mm×240mm　16 开
印　张：25
字　数：380 千字
版　次：2020 年 7 月　第 1 版
印　次：2020 年 7 月　第 1 次印刷

ISBN：978－7－5126－8034－0
定　价：88.00 元

Contents 目录

第一篇　艺术人生

第二篇　流年往事

第三篇　追忆生平

第四篇　报刊文摘

附　录

菊坛春秋

班世超

祝愿
王世超先生的艺术
能永远一代代相传。

林蓉珍

梅葆玖先生题字

世间奇才硕果

超群艺术长青

恭祝

世艺老兄大师

长寿无疆

尚长荣先生题诗

年轻时的班世超

2010年班世超（摄影：裴毅先生）

班世超《泗州城》"旱水"剧照

班世超、马富禄先生《小放牛》剧照

　　1949年，南京，班世超应与艾世菊合演《小放牛》。艾世菊因有事去了上海，临到演出时还不见艾世菊的人影。这时，马富禄先生看见班世超很着急的样子就问道："世超怎么回事儿？"班世超把情况一说，马先生听后安慰道："哦，就这事呀，不用着急了，我来替他。"班世超听后马上和马富禄先生简单在后台对了对戏，紧接着就上台演出了。这次马先生救了艾世菊的场。艾世菊是马富禄先生的学生，这出戏对于马先生来讲很简单。

1947年班世超《泗州城》剧照

班世超《泗州城》剧照

京剧《虹霓关》中，班世超饰演东方氏
（剧照：刘鸿麟先生提供）

班世超反串银光罗汉（右边）
（剧照：朱凯先生提供）

1941年，京剧《巴骆和》
中，班世超饰演鲍金花。
（剧照：朱凯先生提供）

2005 年班世超与尚长荣合影于银川

1954 年赴欧洲访问留影

2011 年 11 月纪念富连成社创办 107 周年梅兰芳大剧院，班世超、富连成社班主叶龙章先生之夫人马禄德女士与演员合影

（摄影：王祥先生）

班世超（第二排中间）2010 年在北京与家人团聚

請張貼	請宣傳

戲曲介绍

Xi gu jie shao

慶祝"八一"建军节

1958年7月28日 **第一期** 西安五四剧院編

★歡迎中国京剧院四团★

載滿荣誉 訪問欧亚非十八国

陣容坚強 走遍全祖国各省市

中國京剧院四团 七月三十日在我院公演

中国京剧院四团于七月卅日起至八月廿日在我院巡回公演。

也許有些同志还記得，一九五三年，中国人民解放軍总政文工团京剧团来西安慰問駐陕部队演出的盛况。那次雖然沒有公演，但却给西安的观众留下了非常深刻的印象，特别是戏曲界的同志们，从他們的演出中学到了许多非常宝贵的經驗。

中国京剧院四团就是由总政京剧团和西南軍区政治部京剧院合併組成的。[illegible]

[illegible]

紅花綠叶、相得益彰

介紹中國京劇院四團的几位主要演員

韻味醇厚 嗓音高昂

李鳴盛

現年三十一岁，[illegible]

[illegible]

黄钟大吕 余音绕梁

郭元汾

[illegible]

武功根底深厚的刀馬旦

班世超

[illegible]

艺术无止境 虚心苦鑽研

李丽芳

李丽芳，二十六岁，[illegible]十二岁学戏，十六岁登台，先后在南京、上海、武汉、南昌、天津等地演出，[illegible]

[illegible]

程砚秋先生的得意弟子

王吟秋

[illegible]

身怀绝艺 [illegible]

郭金光

郭金光同志，今年三十七岁，[illegible]

[illegible]

苦学苦练 坚持不懈

王天柱

[illegible]

1958年7月中国京剧院四团西安演出主要演员介绍

（来源：钮二可《氍毹印象》京昆老戏单）

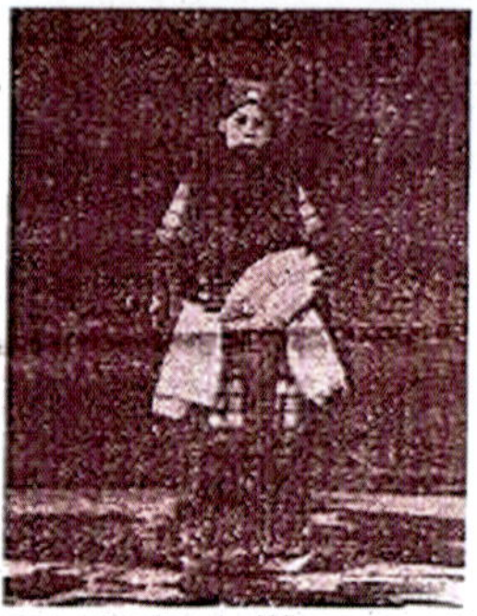

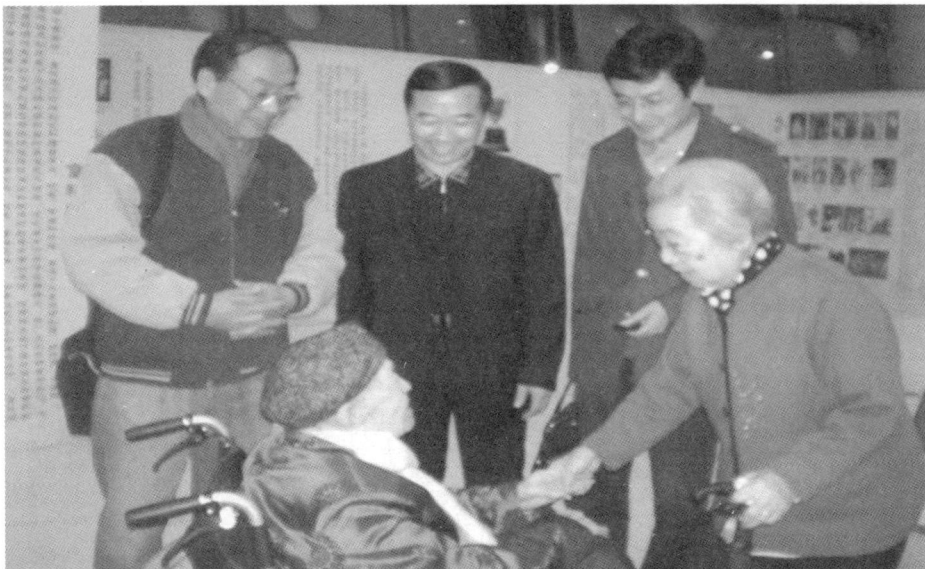

叶龙章先生之夫人马禄德女士与班世超（摄影：王祥先生）

著名京剧表演艺术家杜近芳女士与班世超（摄影：王祥先生）

师弟王世霞先生与班世超（摄影：王祥先生）

原中国戏曲学院副院长钮骠先生与班世超（摄影：王祥先生）

2011 年 11 月班世超在纪念富连成社创办 107 周年座谈会（摄影：王祥先生）

京剧《乾元山》剧照班世超（饰石叽娘娘左一）、俞鉴（饰哪吒右一）樊富顺（饰太乙真人中间）（剧照：刘嵩昆先生 提供）

京剧神话剧《红色卫星闹天宫》剧照班世超（饰演女卫星）、王天柱（饰演男卫星）

1954年班世超赴捷克斯洛伐克访问，外国友人与班世超合影（图片：谢建森先生提供）

1955 年中国京剧院四团部分成员出访越南。第一排右一：班世超
（图片：刘连伦先生提供）

总政京剧团部分演职员合影。第一排中间：班世超，第三排右起：
第二王志怡，第三李丽芳。（图片：石小元先生提供）

1962 年京晋剧团师生合影。第一排右起第二：班世超。（图片：石小元先生提供）

班世超练功照。

左边：老生演员刘元鹏先生、班世超（中间）、右边：花脸演员靳志明先生三人合影。

2015 年班世超 95 华诞。左起武生演员王天柱先生，武生演员高韵笙先生，武旦班世超，老生演员刘元鹏先生。

1955年1月10日中国京剧院成立时全体演职员与来宾合影部分人员。班世超（第一排右起第五）

富連成國語社會普通班

定二十二日起續開班　特別班即接續授課

1931年9月20日《益世報》北京富連成國語社會普通班（剪報由劉鴻麟先生提供）

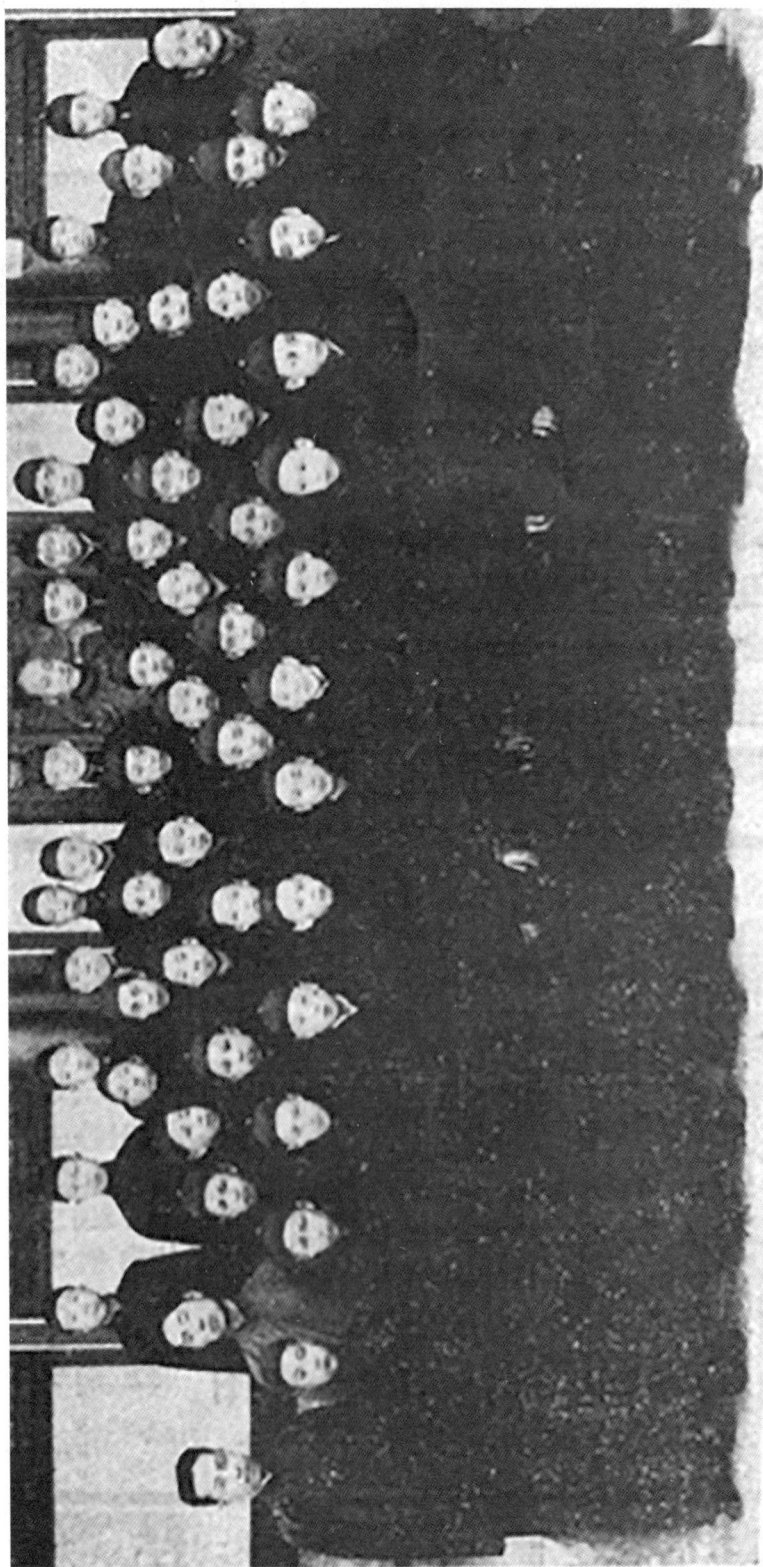

1936年2月8日北平富连成第五科全体学生合影。班世超（第一排学生左起第三）

序一

怀念班世超老师

梅葆玖

世超老师给我留下难以忘怀的印象是在 1946 年 11 月到年底，这两个月，我们几乎天天见面。我是在上海出生的，那年我们家还在上海，父亲经历了 8 年的抗战，蓄须明志没有演出。1945 年胜利了才逐渐恢复演出。我 1943 年开始学戏，一边读书，一边学戏，十分繁忙。父亲有演出我是必定要去看的。

1946 年 11 月 7 日到 1947 年 1 月 7 日梅剧团订了在上海中国大戏院两个月的演出合同，世超老师是我父亲特请的。我父亲天天有戏，我也必须天天跟着去学、去看。世超老师贴的都是正统京朝派的武旦戏，据我现今所有的资料显示，世超老师 11 月 16 日、23 日《打焦赞》；11 月 22 日《盗仙草》；29 日、12 月 8 日《摇钱树》；12 月 5 日《取金陵》；12 月 9 日《蟠桃会》；12 月 15 日白天《大泗州城》，夜场参加我父亲、俞五爷和世芳师兄的《水漫金山》《断桥相会》，在我父亲的《廉锦枫》里扮蚌型，这活很吃重，以前是朱桂芳的活。我父亲的《西施》里也有他的活。世超老师的每一出戏都特别受捧，尤其开打、出手，场子唱热了，很得父亲好评。在上海演一月，包银几千。世超老师 5 岁学艺，6 岁进富连成科班"世"字科学艺，攻刀马旦、武旦；坐科期间学业优秀，文武兼长；擅演剧目还有《竹林计》《杨排风》《梁红玉》《扈家庄》等。

世超老师生于 1920 年，今年已经 95 岁。作为富连成科班"世"字辈硕果仅存的老人，他也是富社历史上年岁最长的见证者。

世超老师这位昔日名贯全国的绝世武旦，对自己的过去，不事张扬。除了一张极其有名的"旱水"（京剧鼎功一种，今舞台已不常见）照和一张定妆照外，人们很难再找出其他相片。一套半小时的"旱水"身轻如燕。

世超老师没有任何视频资料留下来，太可惜了。而那几张为数不多的剧照，也被这位昔日名贯全国的绝世武旦低调地放进里屋，从不张扬。世超老师说他很怀念和我父亲同台演戏的日子，他说："我现在听戏、看戏主要靠电视，但像梅先生那样的角儿，再也看不到了。"

世超老师对人问心无愧、对己淡泊寡欲，这样的性格，令世超老师宁静长寿，也令他一直默默无闻。遇事只是笑笑，并不多言。想来，那笑容里是恬阔，是宁远，是一片淡然气象，静守淡泊流年，不理繁华万千。他一生为人谦和宽厚、宠辱不惊，对待艺术就像他的人品一样，执着、守真。

班老世超，富社精英，年过九旬，矍铄英雄。

梅葆玖先生

序二

师兄弟的情感

谭元寿 （谭立曾口述）

班先生是大师哥。虽然我是"元"字辈儿的，他是"世"字辈儿的，不是一科，但是，我们哥俩特别有缘分。我一入科就认识了这么一个哥哥，当时不知道他叫什么名字，特别护着我、向着我。因为科班那时我老挨打，他在老师面前给我求情，甚至别的同学欺负我，他都护着我，有什么好吃的总是给我点儿吃。这些我都能记一辈子，印象特别深刻。一直到出科毕业我们到上海，我们老哥俩的缘分都特别深，在上海合作了好几年。当时，我是一个初出茅庐的年轻人，他已经大红大紫了，而且给梅兰芳先生、杨宝森先生、周信芳先生前边垫戏，都是给大师级的垫戏。之后，轮到我去上海演出，他在前边给我垫戏，我觉得不行，便说："哥哥咱们掉一个儿，我前边《失空斩》，后边您的戏，一样。"班世超先生在上海的号召力特别强。班先生说："不行，咱不能出规矩，我就是前边给你垫戏的，你后边就是《失空斩》，再后边是大轴儿，没有《失空斩》开场的，咱不能坏了戏班的规矩。贤弟，咱们没得说，你就唱你的，我就在前边给你垫戏。"至今我都深受感动，他这么捧我，我刚出道，他已经那么红了，而且天蟾舞台3000多人，有一半是冲着班世超先生来的，不都是冲着我谭元寿来的。他的武戏一上来真是热场子，他把场子都弄热了，我们后边《失空斩》没问题。他太红了，就那一"旱水"就了不得了，观众鼓掌经久不息，来别的戏了，那掌声还不断呢，就红到那份儿上。我感受至深的是：跟着大师哥，带着我唱戏。我们唱了很多传统戏，还新编了好多戏。他做人低调，从来不参加什么聚会，或者什么宣传。

而且不计名次、不计收入，老板给多少钱就是多少钱，就这一点在那个时代一般人做不到。

我们的感情是在科班里摸爬滚打出来的。这还要感谢富连成，就是富连成造就了这些好角儿。我们虽然受苦、挨打，但是富连成造就了我们，使我们成长，如果没有富连成我们什么都不是。富连成是封闭式训练，好比与世隔绝，练出来的都是好角儿。社会上的人们都感觉惊讶，他们怎么成得好角儿？就是在院子里圈着苦练，天天严格要求，才成得好角儿。我特别幸运，有这么一个好哥哥！

（《中国京剧》2016 年 12 期发表）

（2015 年 5 月，班玉芬整理）

2011 年 11 月纪念富连成社创办 107 周年谭元寿、班世超合影（摄影：王祥先生）

简介：谭元寿，国家一级演员，著名京剧武生、老生表演艺术家，谭门第五代嫡传人，著名京剧大师谭富英的长子、谭小培之孙、谭鑫培的曾孙，出身梨园世家。谭元寿是当今谭门的代表人物。

代表作：传统京剧《定军山》《南阳关》《桑园寄子》《问樵闹府》《打金砖》等，1964 年在革命现代京剧《沙家浜》中饰演的郭建光这一角色，颇具创造性，被全国广大观众所熟知。

1990 年参演春晚京剧，清唱京剧《定军山》。2013 年 6 月 8 日，谭元寿、连丽如等 60 位"非遗"传承人获得"第二届中华非物质文化遗产传承人薪传奖"。在颁奖仪式上，中国艺术研究院院长、中国非物质文化遗产保护中心主任王文章、文化部非遗司司长马文辉等共同为获奖传承人颁发奖杯和获奖证书。

序三

一代武旦精英 带艺从戎

—— 简说班世超先生艺业人生

钮 骠

萧老赐名

旧时科班，每收一名新弟子入科，都要按科次排字，另起艺名。富连成社例由总教习萧长华先生承担这桩事。萧老知识渊博，经验宏富，常常按照学生的姓氏，选择一些美好吉利的字眼儿，或参照古人名字，起个取意高、叫得响的艺名，激励学生努力攻学艺业，立德做人。

这天，一位老师引着班家小泉子来到萧老屋里，泉子见到这位慈祥和善的老人，恭恭敬敬地行了一礼，等着萧老开言。萧老一见这个眉清目秀，透出一股机灵劲儿的孩子，面带笑容地问："你就是唐（宗成）先生介绍来的班寿泉吗？"泉子说："是我。"萧老接着说："你入的是喜、连、富、盛、世的第五科，应当排'世'字"。泉子点了点头。萧老说："姓你这个'班'字的人不多。有一辈古人，名叫班超，是汉朝有名的武将。他年少读书时，有人说：男儿保家卫国，应当弃文尚武，投笔从戎，班超听了这番话，很受启示。于是，投身行伍从了军。后来多年征战西域，屡建战功，成为名将，被封定远侯。咱们老戏里有一出《玉门关》演的就是他的故事。他自小发奋报国，志向远大，应当学习这位古人的爱国精神。我看你就叫'世超'吧。入科后用心学本事，日后成了好角儿，奉养父母，用唱戏报效国家，多好啊！"世超

连忙给先生深深鞠了一个大躬说:"您放心,我一定听您的话,好好用功学艺,不辜负您的这番心意。谢谢您赐名!"

自此,世超苦练武功,用心学戏,得到教学经验丰富、教授有方的徐天元、刘喜益、郝喜伦、段富环诸位老师的精心栽培。他10岁那年首次出台在广和楼演唱了《蟠桃会》一戏,扮主角儿猪婆龙,接着又唱了《摇钱树》的张四姐和《朝金顶》的黑鱼精。小小年纪,他连唱了武旦担纲的正戏,"小荷才露尖尖角,敢将大戏搬上台",他得到老师们和师兄弟的夸奖,说他真有出息。他练功中,特别在鼎功、出手功、跷功、走跷功上,格外加倍,下了大功夫、苦功夫。三九严冬,他把水泼在地上结冰,在冰上跑跷、练圆场,不知摔了多少跟头,从不惜力、没叫过苦、打退堂鼓;练鼎功,别人耗五分钟,他给自己加时加码儿从没败过阵,告过饶儿。练"吊井抢背"时两次身受重伤,仍未放弃,一心习练,攻坚克难,终于练成这项武旦绝技,在同行中独领风骚。功夫不负苦心人,艺业长进极快。他又和武旦大家九阵风(阎岚秋)学了几出戏。出科前就在一次大班的武生大会演出中,以熟练稳准的功夫,展露了出色的武旦技艺,在表演中压倒一切,拔取了头筹,被誉为第一。

艺冠春申

班世超18岁以优异成绩出科,先后随众多名角儿露演于京、津、沪各地,锤炼舞台剧艺,日臻成熟,以台风脆美,开打火爆,身手利落,出手稳准,扑跌轻捷,尤其是高台上的一把空鼎"旱水",一耗十几分钟,变幻多姿,于惊险中把美呈献给观众,令人击掌叫绝。在上海演出《泗州城》时,这项表演绝技,红遍上海。所演其他诸剧也都斐然出众,艺压群伦。上海剧场老板特约他留在上海滩做常驻剧场的基本演员(即坐包的班底并非"底包")。从20世纪进入40年代始,班世超先生的剧艺精进走红,如鱼得水,势不可挡,阅历经验,与日俱增,逐渐步入黄金时代。剧谚有云:"千学不如一看,千看终须一串。"看得多,见得广,汲取借鉴,付诸实践是艺业长进不可或缺的条件。从当时报纸上刊登的演剧广告上,即可窥见班先生在20世纪40年代间,辗转于天蟾、黄金等中国各大戏院中,与之同班、同日、同台,以及同演一剧的南北名角儿，不乏顶尖人物，不计其数。武生有盖叫天、马德成、杨瑞亭、应宝莲、李万春、李少春、高盛麟、杨盛春、王金璐、张云溪、刘五立、李仲林、高雪樵、梁慧超、贺玉钦等；老生有马连良、周信芳、唐韵笙、雷喜福、谭富英、杨宝森、高百岁、陈鹤峰、李如春、李宗义、李宝魁、苗胜春、张春彦、陈少霖、陈大濩、贯盛习、迟世恭、叶盛长、纪玉良、宋遇春、梁一鸣等；红生有林树森、李洪春、王福连（盖天红）、小三麻子（李吉来）等；小生有姜妙香、金仲仁、俞振飞、叶盛兰、高维廉、李德彬、徐和才、储金鹏等；旦角有梅兰芳、尚小云、程砚秋、荀慧生、筱翠花、徐碧云、黄桂秋、芙蓉草、魏莲芳、吴富琴、李世芳、杨荣环、王吟秋、梁小鸾、郑冰如、王玉蓉、杨菊苹、曹慧麟、张淑娴、金素琴、言慧珠、童芷苓、吴素秋、李玉茹、李玉芝、白玉薇、云燕铭、陈永玲、杜近芳等；武旦有祁彩芬、宋德珠、阎世善、朱盛富、陈金彪、李金鸿等；老旦有孙甫亭、李盛泉、李金泉等；花脸有刘砚亭、钱宝森、苏连汉、刘连荣、裘盛戎、袁世海、王泉奎、娄振奎、金少臣、王玉让、赵如泉（亦演老生）等；小花脸有萧长华、马富禄、茹富蕙、刘斌昆、韩金奎、孟鸿茂、盖三省、艾世菊、贾松龄、贾多才、朱斌仙、梁次珊等；武丑有叶盛章、张椿华、郭金光等（以上均见《班世超舞台生涯六十年》中附件二）。整理的这些人名，读者请勿嫌烦，无非表明，以上诸公皆属中国京剧演出史中的一代精英代表，是他们以显赫的声名，精湛的剧艺，支撑着20世纪40年代京剧舞台的辉煌天地，称盛社会。班世超先生都无距离地饱览其艺，亲身受益，这是何等的难得，何等的可贵！当下一位20多岁的青年艺员，即使观摩"音配像"，也是难得看全的。这就是常说的"阅历广"，耳濡目染、心领神会、广博丰盈了，对其艺术见识焉能无有潜移默化的营养效应呢？

　　班先生为梅兰芳大师配演的《金山寺》青儿、《廉锦枫》蚌精等；傍盖（叫天）老饰演《武松打店》的孙二娘、《乾坤圈》的石矶娘娘等；以及与盖老、叶盛章，李少春与叶盛章，张云溪与张椿华合演的《三岔口》；与叶盛章、高盛虹合演的《打瓜园》；与唐韵笙、高盛麟、贺玉钦合演的《八蜡庙》；与高盛麟、杨盛春、钱宝森合演的《青石山》；与李少春、袁世海合演的《误卯三打》；尤其是盖老、叶盛章、高盛麟三位为了提掖后进，破例饰演

《取金陵》一剧的赤福寿、伍福、曹良臣等，都是"此由只应天上有，人间能得几回闻"的经典精品。

班先生除了为这般顶级大师配演外，凡后轴子没有活儿时，则在前轴子单演一出武旦担纲的正戏（旧时戏班里熬到能够单演一个码儿了，足见其在班中的艺术地位）。这一时期，他主演了传统武旦戏 30 多出，如《泗州城》《金山寺》《蟠桃会》《摇钱树》《朝金顶》《竹林计》《取金陵》《夺太仓》《红桃山》《扈家庄》《杨排风》（五打），《芦林坡》《湘江会》《百草山》（《锔大缸》），《盗宝库》《盗仙草》《战金山》《攻潼关》《女三战》《杀四门》《巴骆和》《小放牛》等。这批北派武旦戏，给上海滩观众带来了观赏的审美愉悦，留下了深刻印象。

从 20 世纪 40 年代初至 50 年代初的 10 多年里，班世超先生以其精益求精、德艺并进的业绩，赢得了观众的爱戴，成就为沪上菊坛武旦行中的翘楚人物，令人无限钦佩！

幸逢伯乐

中国京剧界素有一种传统美德——惜才、爱才。老辈伶工发现脱颖而出的年轻后辈，都乐于助其成材，接续梨园。上海有位见得广、会得多的菊坛资深伶工苗胜春先生，他识才爱才，一生乐于助人。他见到班世超这位后生，在台上展现的技艺不凡，超群出众，十分厚爱，主动将班世超介绍给自己的同道挚友赵桐珊（芙蓉草）先生，拜入其门，做了入室弟子。赵先生腹笥渊博，戏路宽广，有"能派"美誉，被尊称为南方王瑶卿，桃李盈枝。赵先生见班先生禀赋优好，有灵气，悟性强，前程远大，非常厚爱，悉心传授了《穆柯寨》《虹霓关》和《十三妹》等刀马旦应工的名剧，为弟子拓展了表演戏路，更指引他，回京后要到尚小云先生家去登门请益。班氏遵嘱进京拜谒了尚老师。尚老师也十分爱才，传艺无私，倾囊相授。尚老师详尽细致地指授了《十三妹》的表演诀窍，亲自登上桌台示范身段动作，班氏收益莫大。班先生也为尚老师的为人热诚爽朗，平易近人和无私传艺所深深感动，铭记终生。

班先生在上海走红后，帮派势力想掌控他，让他拜师入门。京剧红生大家李洪春（李洪爷）得知后，赶忙出面阻拦，说："他们存心不良，想控制你，不能上当。我收你为徒，给你说戏。"于是，班先生又拜洪爷为师，教了他《破十阵》《穆柯寨》《荀灌娘》和《关公月下斩貂蝉》名剧，并在生活方面给予了很多帮扶，带他到天津卫献艺闯练，辅佑他合演了《翠屏山》《战宛城》《穆桂英大破天门阵》等戏，博得赞许。津门一战成功。

班世超先生幸逢这些具有慧眼的剧界伯乐，受到这些前辈的陪护、提掖，他在舞台上稳健立足，大展宏图，犹如良玉幸遇巧匠，雕琢成器。欣哉！

带艺从戎

古代班超，投笔从戎，当代班世超，带艺从戎，正巧合当年萧老起名时的美意。

1949 年春，晴空一声惊雷，神州万里改天换地！全国解放了！上海解放了！当年 10 月，由中国共产党领导的社会主义新中国诞生了，屹立于世界东方！

建国伊始，百业待兴。京剧犹如枯木逢春，复发新枝。上海天蟾舞台又获生机，重振雄风。班世超先生庆幸自己没有离去，继续奏艺上海红氍毹上。前天蟾的原班人马改组"天蟾实验京剧团"，班先生为主演之一，参加了田汉先生主持的文化名人学习班，他在政治思想上、艺术演绎上，严以律己，不甘人后，成为该团骨干，被选为分团团长，率领演员巡演于江南各大城市，积极参加救灾义演，备受欢迎。

1951 年，北京来了京剧同行言小朋，约他参加隶属中国人民解放军总政治部的剧团，简称"总政京剧团"。班先生欣然参军，成了一名京剧军人，无上光荣，圆了他名字中的宿志。1953 年曾随团，跨过鸭绿江，赴朝慰问最可爱的人中国人民志愿军。1954 年随由歌剧、杂技、京剧组成的中国艺术团，赴越南访问演出，在此次出访期间班先生表现尤为出色，受到越南官方全国通报表扬。次年随团，转入中国京剧院，编为四团。其间多次随团出国，去过十几个国家和地区，把中国优秀传统戏曲艺术介绍给外国朋友，为传播中

华文化做出贡献。由于班世超先生为人正直纯朴，埋头工作，尽职尽责，勤勤恳恳，德艺齐进，表现突出，1956 年被党组织吸收入党，光荣地成为京剧战线上的一名共产主义战士。

同时，除了继续在日常演出中表演他的拿手代表作外，更在艺术创新上大显身手，锐意进取，排出了大型新神话剧《红色卫星闹天宫》，影响业内外，饮誉全国。

1958 年奉命支援祖国大西北，全团调往宁夏回族自治区银川市，又做了宁夏京剧团的主演之一，一待就是几十年。

进入晚年后，依然不遗余力地从事课徒传艺工作，培养了一批京剧武旦新人。现在已有多人成为京剧演出舞台上和课堂教学中的中坚人物。当年至现今，舞台上名角儿，如言慧珠、李玉茹、童芷苓、关肃霜，以及兄弟剧种秦腔、晋剧、豫剧的众多著名演员，均曾从他那里求学问艺。

班世超先生的一生，于平凡中蕴蓄着极大的不平凡。他是弘扬传承中华非物质文化遗产的功臣，为发展京剧武旦表演艺术，将中国古代女性的巾帼之美，奉献社会，奉献民众，积累了中华文化软实力，增强了文化自信，贡献巨大！英名不朽，艺魂永存！

成于庚子（2020）年新型冠状病毒肺炎肆虐之期，又兼身患痛风难忍中，时年八十又八。

简介：钮骠，京剧丑角、研究工作者。幼入四维剧校学京剧，1956 年毕业于中国戏曲学校。曾经担任中国戏曲学院教授、编审，硕士研究生导师。离休后仍从事戏曲研究及教学工作。曾出访西德及赴台湾讲学，并向日、德、法、英、韩、瑞士等国留学生授课。曾任中国戏曲学院副院长，为政府特殊津贴享受者。曾任中国戏剧梅花奖第一至第五届、第十三至第十五届评委。

代序一

无与伦比的京剧武旦班世超

钟 荣

富连成科班"世"字辈弟子中，唯一健在的只有班世超老师了。他的侄女班玉芬女士为他整理了一本《著名京剧武旦班世超舞台生涯六十年》的书，要我为该书写个序。我说："写序应请那些大名鼎鼎的老艺术家或功成名就的同辈艺人来写，我没这个资格。"班女士把我的意见转告给其伯父，并问其这个序请谁写好？班老说："这个序就请荣荣写，非她莫属。"我想班老师已是95岁的老人了，他的前辈都已驾鹤西去，他那些同辈功成名就的艺术家也已寥若晨星，就连20世纪40年代中、晚期看过他艺术顶峰时期演出的人也凤毛麟角了。不能再推了，还是恭敬不如从命吧。于是书此拙文，作为代序。

我的父亲钟德扬是北京著名的琴师，因他常跟我大伯钟喜久去富连成科班为学生吊嗓子，故与班世超相熟。1946年，父亲傍白玉薇去上海演出，我们全家便迁居上海。那时，父亲每天早晨都要到天蟾舞台为练早功的班世超吊嗓子，便与他约定："我给你吊嗓子，你给我女儿练功。"这样，我从9岁起就跟班世超老师练功学戏了。他每天早上给我练拿顶、下腰、踢腿等基本功，成为我的启蒙老师。耳濡目染，我对他高超的艺术，佩服得五体投地。

记得当年同时在台上练功的还有杨荣楼、艾世菊、李盛佐、张鸣禄以及好几位梨园子女。令人难忘的是一位大高个儿，戴着墨镜，穿一双北京黑布鞋的当红的荀派名角儿童芷苓，身边还跟着一个年轻女徒弟阿芳抱了一捆刀枪把子，也是来找班老师学戏练功的。

我父亲坐在乐池里，先给班世超吊《生死恨》或《宇宙锋》，后给童芷苓吊《霍小玉》或《勘玉钏》，然后，她还要吊一出老旦戏《钓金龟》。大伙

儿轮流吊完嗓子后，便排队跑圆场，班老师踩跷领头，最末尾是李盛佐和艾世菊两位名丑走矮子追着跑。别看班老师踩着跷，可是他脚底下的功夫比不踩跷的人还快还稳。

休息了会儿，童芷苓打完把子就练《扈家庄》"起坝"。我在旁边耗"山膀"看着，班老师边教童芷苓边说："扈三娘是山大王，武艺高强，出场节奏要快、要敏捷。一下子就要把观众抓住才行。特别是在"九龙口"亮相时的眼神，要表现出扈三娘的傲气和野气来。还有你跟王英的对打，开始对王英要恨，擒住王英时要得意，这才叫演人物嘛！

班老师的这番话，深深地印在我的脑海里。大伙儿练完功并不急着回家，全都坐在台毯上静观班老师练完"旱水"才走。而班老师每次练得总是汗如雨淋，大家急忙用毛巾为他擦汗，艾世菊摇着芭蕉扇为他扇风，还对大伙儿说："我师弟这把'旱水'呀，可真是苦练出来的呀！大伏天他穿着棉袄棉裤练空顶，没有40分钟的空顶基础，哪有现在20分钟的'旱水'功夫呀！北京冬天多冷啊，他踩着跷在冰雪地上练圆场，脚指出血都磨成硬茧啦。他不到6岁进'富连成'，8岁改武旦行，是我们科班里出了名的一个往死里练的人哪！所以，他今天能在上海唱红是苦出来的，是练出来的。"杨荣楼说："是啊！要不然梅先生、荀先生，还有马先生、谭先生这么多的大角儿，为什么都点名要跟世超合作呢？李玉茹、言慧珠、关肃霜，还有芷苓大姐为什么都跟他学戏呢？"童芷苓忙接话茬儿说："如今梨园行一提班世超三个字谁不竖起大拇指夸他玩意好，人品好哇？再说班老师教戏不藏私呀，所以我们都乐意跟他学呗！"他们聊的这些事，让我明白了为什么戏曲界对班老师这么尊重，也让我对班老师产生了崇敬之情。那时，我父常带我去看戏，使我大开眼界，原来班老师竟然有这么大的本事。我看了班老师演的《女杀四门》《金山寺》《盗库银》《梁红玉》，他演的《竹林记》（又名《火烧余红》）6次下场耍的枪花都不一样。他演《锯大缸》中的王大娘，踩跷踢12杆枪，节奏特别快，真是满台飞枪，看得观众眼花缭乱，兴奋地叫好不止。后来，我有幸看了班老师踩跷和高盛麟合演的《武松打店》，班老师演的孙二娘在客店里偷袭武松摸黑时，干净利落地双腿跃起腾空，无声落地"卧鱼"学猫叫，以麻痹武松，这身轻如燕的动作，令观众惊叹不已。在与武松对打中，班老师站在桌上，迅速从靠在桌前武松的头顶上窜翻下一个立体式的"吊井抢背"，如同运动员高台跳水一般有惊无险，行内一致称为"班氏吊井抢背"。我印象最深的是班老师大胆吸取了武丑的动作，他把双匕首横在小腹部，双腿在匕首之上跳"铁门坎"。几十年过去了，我从未见过任何一个武旦有此高难度的技巧。总之，他的戏出出有绝招，场场都精彩。终于有一天，我看到了班老师的拿手戏《泗州城》。这天剧场门口客满牌高挂，近3000座位的天蟾舞台，座无虚席。我个子小，就钻到二楼的台阶上看，还没开演观众就议论了："《泗州城》是武旦最见功夫的一出戏呀！""我今朝是专门来看班世超的'旱水'的。"当班老师在幕内唱罢【南梆子小导板】"五湖四海我为尊……"之后，肩挑两个小水桶，踩着跷刚一出场，就迎来了一阵碰头好，最后一场的"水母扑水"是这出戏的高潮，班老师轻松地登上用三张桌子摞起来的高台，沉不住气的观众就已经为他叫好鼓劲了。只见班老师淡定地用右手撑桌面，深提丹田，气托全身，腾空横躺一字形，左手掏翎子伸展亮相，恰似飞燕展翅。然后，又用左手撑桌面，反方向把前面的动作重复演示了一遍，突然闪电式地从高台上翻下来，顿时，整个剧场像炸了窝似的，响起了雷鸣般的掌声，激动的观众七嘴八舌地说："真功夫，单手能承受身体一百多斤的重量，勿得了！"还有的人说："我已经看过三遍了，今朝这个铜钱花得值！"看了班老师的《泗州城》，感到这出戏对我幼小的心灵震动很大，我9岁就能跟武旦大师练功学戏，真是我的福气呀！平时，班老师不多言多语，待人和蔼真诚。万万没想到他一上台竟如此扮相靓丽，身段优美，生龙活虎，光彩照人，他那完美过硬的跷功、圆场功、刀枪把子出手功、绝顶的旱水功和吊井抢背功真可谓独领风骚、艺惊四座；他那快、准、稳、狠、脆的班氏武旦风格的艺术魅力，完全征服了观众。散戏后，我兴奋地跑到化妆室，见班老师已卸完妆，披着一件毛巾睡衣，我紧跟着他到了他的家中，一进门他就"扑通"躺在床上闭目不语，喘着粗气。班师娘急忙用热毛巾盖在他的胸部，又端来一碗红枣鸡汤，心疼地说："这哪是在唱戏呀？这是在玩命哪！"

一年后，我考上了华东戏曲研究院实验京剧学校（上海戏曲学校的前身），班老师也离开了上海不知去向。这一别就是60多年，后来听好友刘连伦说："班老师1952年参加了解放军总政京剧团，1955年并入中国京剧院成

为四团，1958年他又响应党的号召，随四团支援大西北，成立了宁夏京剧团，如今仍在银川呐。"听后，我心里闪了一个念头，一定要找个机会去看望班老师。

2006年7月，江苏省政协组织我们常委去宁夏回族自治区参观交流，在飞抵银川的当天下午，我就迫不及待地向省政协佘玉琦副处长请假去看望我童年的老师，他为之感动，便冒着酷暑陪我找到了宁夏京剧团，班老师的一位学生带我去了班老师的家。一进门，我惊讶地看到一位88岁的老人在练哑铃。面对这位老人，我愣了半天，半个世纪没见面，相互都不认识了。我先开口说："班老师，我是钟德扬的女儿啊！"从他眼神里可以看出：他在努力回忆我幼年练功时扎着两根小辫子的小丫头模样，叫了我一声："哦——是荣荣啊！"他忙切西瓜给我吃，并回忆说："你小时候头一天来练功，穿件小旗袍、一双红皮鞋，我说你这打扮，怎么踢腿，怎么跑圆场啊？快让你爸爸到城隍庙给你买双布鞋，明儿再练吧！"我哈哈大笑说："您记忆力真好。要不是您教我练功，我哪能考上戏校呐？我要好好报答您！"班老师憨然一笑说："嗨！别提这个啦，你能考上戏校就是对我最好的安慰和报答啦！戏要有人传哪！"我开门见山地问："您在上海好好的，干嘛要离开呐？"班老师说："想当兵呗！1958年我随四团刚来银川，全市只有一条街、一个警察，抽根烟的功夫，就能从街东头走到街西头了。如今变化可大啦！"我接着问："师娘是上海人，能适应这艰苦的生活吗？"班老师低声说："你师娘水土不服，经常生病，走了有好几年了。"我怕惹老人难过，就不再多问了。这次见面机会难得，我便和班老师合了影。告别时，班老师靠在门框目送我时，眼圈都红了。我的心也酸楚楚的，衷心祝他老人家健康长寿。送我回宾馆的那位班老师的学生，一路上与我边走边聊。他说："班老师既是一位优秀共产党员，又是全国劳模，还是我们的副团长，全团上下都很尊重他。无论生活条件多么苦，工作环境多么差，班老师始终任劳任怨，带领我们克服了一个又一个的困难。起初，我们没有宿舍，他带领大家盖土坯房；没有练功房，他又带领我们在荒地上挖了一个10米长、1米宽、半米深的壕沟，用小推车从黄河堤内拉来细沙铺在壕沟里，再在细沙上面铺上木板，就是在这样的艰苦条件下训练我们在壕沟内的木板上练翻跟头。经过苦练，我们成功地公演了《奇袭白虎团》，没想到观众一致赞扬我们的武打和跟头不比电影《奇袭白虎团》的跟头差。观众的赞扬使我们全团上下信心百倍，大大地增强了'人定胜天'的信心。"这时我感动地说："班老师真是一位实干家，令人佩服。"我边听边想，20世纪40年代班老师就已经在上海走红了，中华人民共和国成立后他却放弃了优厚的经济收入，从灯红酒绿、繁华闹市的大上海来到这艰苦的边陲之地，并且60年如一日，不离不弃地奋斗在这里，呕心沥血地培育提携青年、排创新戏、出国访问演出，为振兴京剧艺术、繁荣塞北文化，奉献出毕生心血，立下了汗马功劳。

（文章发表于《中国京剧》2015年第3期）

2006年7月钟荣与班世超合影于宁夏回族自治区银川市

简介： 钟荣，1941年生于北京，梨园世家。江苏省京剧院，国家一级演员。专工程派青衣，享受国务院政府特殊津贴。江苏省非物质文化遗产京剧代表性传承人。历任江苏省京剧院主要演员，五届省政协委员，六、七、八届省政协常委以及江苏省民主促进会妇女工作委员会主任。

班世超的惊人绝技

刘连伦

2016 年，著名京剧表演艺术家班世超先生在古城银川逝世。当年这位红遍京、津、沪的武旦名宿虽然离开了我们，但他那高超的技艺，却让人们难以忘怀。

班世超出生在北京的一个贫苦家庭，5 岁入富连成科班"世"字科学戏，先工青衣，后改武旦。与其他武旦演员不同的是，班世超在科班里便练就了一门绝活——"旱水"。他在《泗州城》《武松打店》这些戏里都有"旱水"表演，且顶功相当过硬。班世超在《泗州城》里扮演水母，他在摞起来的三张高桌上，先用双手撑起大顶（即倒立），然后俯卧，全凭双臂支撑为平衡状。随后又时起时落，连续变换出各种不同的花样造型，左右"卧鱼"，再变"剪子股"，再变"掐葫芦"，接着变化为左右单手的"旱水"，一会儿向左转动，一会儿向右转动。最后再恢复成双腿向上，一个"台漫"或"加官"腾空翻下。在《泗州城》里，班世超的"旱水"每一个姿势、造型都很美。在单手俯卧撑转动时，另一只手还要掏头上的雉尾翎以配合表演，让观众于惊险中得到美的享受。

班世超在《武松打店》里也有"旱水"的表演。他扮演的孙二娘前来刺杀武松，此时在上场门摆设的墙片后面放有一张桌子，以示墙头，孙二娘跃上高墙之后，也是一把"旱水"顶功，顶功表演结束再翻一个"抢背"落地。无论是《泗州城》，还是《武松打店》，班世超的"旱水"表演，每次都在20分钟左右，所以给他这"旱水"表演伴奏的鼓师，也得有相当过硬的功夫。譬如［撕边］的鼓点，就要求鼓师的两支鼓楗击打单皮鼓时要快如疾风暴雨，铿锵有力、节奏分明，这样才能将演员的表演烘托得更加精彩。有了如此精湛的技艺、默契的配合，班世超的每一次表演，台下必定是掌声此起彼伏，观众对他的"旱水"顶功惊叹不已。

而也恰恰缘于班世超的这一手超人的绝活，在一次突发的灾难中救了他一命。1955年，班世超所在的总政京剧团刚刚全团转业为中国京剧院四团不久，他奉命和剧团里的童葆苓、刘元彤、俞鉴、殷元和、白元杰及青年演员谭喜寿、沈志广、刘飞云、张元志等随中国艺术团到越南进行访问演出。当时的越南国家主席胡志明为了招待中国艺术团，就安排大家到湖上游玩。谁想，大家在船上玩得正欢，忽然湖面狂风大作，游船顿时被吹翻，班世超也落入水中。班世超不会游泳，他看到游船上套船桨的铁环，就赶紧把手臂套到这个划桨用的环子上，然后靠着自己的臂力在湖水上飘动。当救生船到来，救生人员请他上船时，他却说先救其他同志要紧。他就靠着两臂的力量，一点一点地漂，最后愣是漂到了岸边。后来他得知，这次游湖事件导致歌舞队有6位同志遇难，京剧队年轻的武戏演员白春培、刘克勤也没能返回祖国。

2008年秋，我出差去宁夏回族自治区，又见到了班世超老师。这时班老师已经87周岁，却是精神矍铄、身体健壮。他在家玩哑铃，举杠铃，还把七八块砖捆起来拿绳子拴在一个木棒上，他悬空双臂，再把砖往上卷起来。一个年近九旬的老人，能够每天这样活动，可见他的臂力有多棒！班世超惊人的绝活和晚年的锻炼都让我佩服得五体投地，这些老艺术家的一生，从生活到艺术都体现了他们顽强刻苦的精神，永远值得我们后辈学习。

（摘自《中国京剧》2018年第2期）

刘连伦先生

简介：刘连伦，京剧编剧、导演、演员，中国戏剧家协会会员。1993年至今在中央电视台担任策划和编导工作，参与了《知识库》《跟我学》《教京胡》等栏目创办。策划专题片《人民艺术家赵丽蓉》《跟侯宝林听戏》《寻梦》等获得国家级各类奖项。参与主创的专题片《戏班》获1994年中央电视台专题片一等奖、海外优秀专题片一等奖。独立编导代表作品有"名人之后"系列《梅兰芳的子孙们》《程砚秋的子孙们》等。10集系列专题片《盛世梨园谈往录》，以及《洋女婿—威廉》《梨园耆宿新艳秋》等。撰有《张建国出道》《王月楼传奇》等多篇传记文学。近年有《玉音响四方——李鸣盛》《菊苑双葩慧丽同芳——李慧芳》《菊苑双葩慧丽同芳——李丽芳》《当代奇人宋宝罗》（与王军合作）和《菊圃钩沉——北平中华戏曲专科学校谈往录》（与张彩虹合作）等著作问世。2012年获"弘扬京昆艺术特殊贡献奖"。

第一篇　艺术人生

垂髫学艺　弱冠成名

富连成社第五科全体学生照

苦难的童年

● 家境贫寒

京剧界享有盛名的富连成科班，从 1904 年到 1948 年 44 年中，为中国京剧艺术培养了 8 科 700 多名学生，涌现出一大批京剧各行当创建流派的艺术大师和著名表演艺术家。班世超就是其中一位出类拔萃的武旦大师。

我作为班世超的侄女为有这样一位才艺超凡、德艺双馨的伯父感到骄傲，我们班氏家族也为有这样一位"当代武旦绝技大师"——班世超而深感自豪。

我们班家四代祖孙延续至今，男孩排字：福、寿、增、家。女孩排字：淑、玉、艳。

我爷爷班福德和奶奶班竞氏共生了五男二女。大伯父班寿恒是木匠，性情倔强，20 世纪 70 年代退休后，高血压病故。二伯父班寿芳是厨师，中华人民共和国成立前在宣武门大成饭铺学徒，中华人民共和国成立后在广安门外人民饭馆工作，退休后患中风去世。三伯父年少夭亡。四伯父班寿泉即班世超。

大姑班淑珍嫁一石匠，因肺病去世。小姑班淑琴嫁给一军官，1949 年去了台湾，至今

班世超的母亲

杳无音信。我父亲班寿海最小，幼年也曾做童工，长大后在天津铁路工作过，成家后在二伯父饭馆学厨艺，以后就在北京大华陶瓷厂工作直到退休。如今"寿"字辈的子女，都已故去。四伯父班世超于 2016 年 9 月 29 日 21 时 9 分在银川安详离世，享年 95 周岁。我父亲 2019 年 5 月 14 日 17 时 30 分因病

去世。

我爷爷班福德，祖籍河北省南宫县，祖祖辈辈是农民。我爷爷有一手木匠、泥瓦匠的好手艺，带着妻儿老小漂泊到北京闯荡，经过几年的勤劳奋斗，有点积蓄，就在北京骡马市大街开了一家小门面的木材厂，生意勉强能养家糊口。那时，我爷爷、奶奶已有3个男孩儿一个女孩儿了。突然在一个夜晚，一位朋友急需用钱，匆匆找到我爷爷求他作担保，爷爷热心助人解难，二话没说立即签字画押做了保人。谁料这位所谓的朋友，拿到保单就无影无踪了。爷爷顿时傻了眼，捶胸顿足，追悔莫及。在求助无门之际，忍痛把自己省吃俭用艰苦创业的木材厂给搭上了。总算了结了这场灾难。从此，班家一贫如洗，"王小二过年，一年不如一年。"

一天，我爷爷在城南广安门外发现椿树馆旮旯处有一小门，门里有个堆积破烂的小空院子。就着手带着全家老小盖了大小不等的六间土坯房。全家人脸上露出了高兴的笑容，自此可以安居了。没想到周围远近邻居，一传十，十传百的先后都来找我爷爷给他们盖房子。这样，爷爷靠手艺活儿，挣来的钱粮就能管全家人的温饱。而且，我奶奶给啤酒厂洗工作服，也能挣点零钱，班家这才喘口气，过上平稳的日子。

1921年6月12日（农历四月二十六日），蓝天白云，风和日丽。"哇"的一声婴儿啼哭，划破了简陋小院儿的宁静，我爷爷格外高兴，"哈哈，是个男孩，好啊！听听这孩子的哭声多有意思，好像是在笑一样，这孩子在笑我们班家要时来运转啦，这是观音菩萨的灵光，照在我们班家头顶上了，这孩子将来准能给我们班家增光耀祖哇！"爷爷高兴得竟一夜没睡，这个男婴就是我的四伯父班寿泉（以下简称伯父），他的出生给这个小院带来了喜庆，平添了一片生机。

● 童工生涯

年幼的小寿泉机灵懂事，妈妈扫院子，他就知道学大人的样子，用水瓢往地上洒点儿水，压住尘土。还常到胡同口去捡煤渣，深得父母疼爱。当他

刚 5 岁时，见邻居小孩儿去双合盛啤酒厂做工能挣钱，就央求妈妈也让他去挣钱，妈妈拗不过他，就同意了。从此，每天早晨天不亮，邻居叔叔、大爷抱着他去啤酒厂门口排队领号。如果领不到号这一天就没事干，没事干就没钱。小寿泉干的童工活儿叫作"贴号"。他干活儿的工房，大概 15 平方米，小寿泉要把生产出来的啤酒，全都一瓶一瓶码放进一个大锅里，接上电源高温加热，待冷却后。小寿泉和小伙伴们，在啤酒瓶外面贴上标签，然后，小心翼翼地抱着瓶子放回锅里。干这活儿的都是五六岁的小童工，常被大孩子欺负，有些好心的叔叔、大爷就保护他们。

这些孩子干活时，最害怕把瓶子摔碎，假如摔一个瓶子，这一天就没有工钱了。当时，一天工钱是 1 毛钱。1 毛钱就是 24 个铜子儿，这点钱只够买一瓶啤酒和一个窝头。小寿泉每天干完活儿，用小手紧紧地攥着辛苦挣来的 1 毛钱，到厂门口小摊儿上，花 1 个铜子买个窝头或买几个油炸绿豆面的素丸子带回家，余下的钱全都交给妈妈。

● 煎熬度日

过了两三年，奶奶又生了一个女孩和一个男孩。又遇连年旱灾，粮食歉收，班家天天为吃饭发愁，常常是锅底朝天，又无处借粮，爷爷只好回河北老家去借粮，去了两三个月才借了半袋高粱米，也只有十几斤，几个孩子都是在发育长身体的年龄，没有油水吃得又多，不到半个月就把粮食全吃光了。每逢过年，奶奶看邻居家小孩儿都穿新衣服，自己没钱买新衣服给孩子穿怎么办呢？我这聪明的奶奶就把白面口袋拆洗干净，用染料染上颜色，缝成衣服，也跟新衣服差不多，最起码能让几个孩子穿着过年了。伯父回忆说："小时候过年根本就没见过压岁钱，也不知道红包长什么样。那年头，家里穷的连吃饭、穿衣都很难，哪儿还有钱给孩子压岁钱呐。"伯父继续回忆说："有一天，我妈叫大姐带我和小妹，拿着篮子到广安门外鸭子桥一带草地挖野菜。刚要挖时，就来了几个大男孩儿，嚷嚷这块地是他家的，不让挖，我大姐跟他们好说歹说，非但不让挖还动手打了我一拳。大姐看到我吃了亏，就上前跟几个大男孩厮打起来，我和小妹在一旁只顾哭。大姐哪儿是他们的对手啊！结果，野菜没挖成反而遭了打。我们姐弟三人擦干眼泪往家走，刚一进家门，妈妈一眼就看见是个空篮子，不问青红皂白，举手就揍大姐。我心疼大姐在外面受欺负，回家又挨妈揍，太冤枉了。我就实话实说，把挖野菜受人欺负的事，一五一十全跟妈说了，我妈一听马上泪流满面，责备自己不该委屈孩子！不该冤枉孩子！妈把大姐搂在怀里说：'妈错打你了，孩子别哭了，好孩子……'"

渐渐地家里的日子越来越窘迫凄苦，加上军阀混战，社会动荡不安。奶奶为了给孩子们能吃饱，她每天只喝一小碗稀粥，有时她不吃饭推说不舒服，饿着肚子睡觉熬过去。那一年小寿泉5岁多，可是长得这般瘦小。一天晚上，爷爷干完活回家，在胡同口听人聊天说富连成科班招小孩学戏，就赶紧往回走，晚上坐在屋里炕沿边跟我奶奶商量，想把聪明伶俐的小四儿送富连成去。话音未落，我奶奶就急了："什么？你舍得把自己亲儿子送富连成，没日没夜的撕腿、搬腰吗？咱们再穷再苦也不能让孩子受这个罪！"爷爷说："这是学本事，你说干哪一行不吃苦、不受罪？"奶奶心疼说："小泉子一去，我就几年见不着他了，这跟蹲大狱有什么两样？我告诉你，我就是砸锅卖铁，也不能让孩子受连大人都受不了的罪！不行！我不答应！你别以为唱戏钱好挣！"爷爷唉声叹气说："干这行就得从小练，骨头软呢，再过几年骨头硬了，你想去人家还不要呢。苦肯定是苦，只有吃得苦中苦，方为人上人。小四儿到了富连成，好歹他能吃饱饭！总比在家吃不上饭强吧？"爷爷奶奶这番争执，谁知躺在被窝里的小寿泉，听得一清二楚。他把被子一掀，忽地就坐起来说："妈妈，让我去吧！我不怕苦，我要去富连成"。奶奶边擦眼泪边说："孩子，去你就得吃好多苦啊！""妈，我不怕苦，别人能吃苦，我也能吃苦！我长大挣钱养活你们！"小寿泉这一句话，说的我奶奶无比心酸，对我爷爷说："你听听，这才5岁多点儿的孩子，说出来的话多懂事，多孝顺，这孩子真没白疼。"我奶奶搂着小寿泉睡了一夜。

说来也巧，大伯父在"天寿棺材铺"学徒，知道掌柜的跟富连成科班管事的唐宗成熟悉，就托掌柜的联系唐宗成为四弟介绍入科。

科 班 磨 练

⬤ 入富连成

　　富连成科班是在 1903 年由东北吉林一位名叫牛子厚的商人出资，京剧演员叶春善帮助一起筹办的，于 1904 年在北京正式成立，初名喜连升，后改喜连成。牛子厚为班主，叶春善任社长。1912 年夏，因业务不振，牛子厚倒让给沈姓接办，改为富连成，沈仁山、沈秀水先后任班主，仍由叶春善掌理。1935 年叶春善过度劳累去世，由其长子叶龙章继任社长。富连成科班原址在前门外虎坊桥东面，北面是学生宿舍，南面是学生学文化、练功的场地。

　　这天，我爷爷带着 5 岁多的伯父跟着唐宗成来到了富连成科班，走进一间堂屋，我爷爷拉着伯父的手就给在座的各位老师鞠躬。老师看我伯父长得眉清目秀、沉稳大方，就让我伯父蹦几下，跳跳高，一位老师说："嗯，弹跳可以。"老师互相点点头，就这样算是考试合格了。唐宗成带着我爷爷和伯父到另一间屋，屋里坐着两位老师，其中一位老师说："写字吧！"意思是说办个手续，由学生家长与科班订立契约。我爷爷听话音也知道收下寿泉了，高兴地连连鞠躬点头说："一切照规矩办。"老师从抽屉里拿出用红纸做成的摺子，打开摺子里面密密麻麻

富连成社第一任社长叶春善

写的什么，我爷爷因为不识字，就请老师念给他听。老师手指契约说："您在立关书人四个字的后面把您名字写上。"爷爷写好名字后，老师又指契约说："在'今将'两个字后面写上您儿子的名字和年龄。"爷爷写好了班寿泉的名字和年龄，老师就把契约全文念了一遍给爷爷听。

立关书人班福德，今将班寿泉年龄16岁。志愿投入富连成名下为徒，习学梨园生计，言明七年为满。凡于限期内所得钱银，具归社中收入，在科期间，一切食宿衣履均由科班负担，无故禁止回家，亦不准中途退学，否则由中保人承担。倘若有天灾疾病，各由天命。如遇私逃等情，需双方寻找，年满谢师、义演三年。

空口无凭、立字为证。

立关书人　班福德（画押）　中保人　唐宗成（画押）

民国十五年＊月＊日吉立

念完后老师问我爷爷："听明白了吗?"爷爷说："听明白了。"老师打开红釉印盒："您二位画押吧。"一切手续办完后，年幼的伯父面对着科班这个陌生的院落中的一切，自己在想，从今往后要在这里生活了，我只能向前走

富连成社校址

别无选择。一纸契约就此决定了伯父一生的命运，也使伯父生活有了方向，对前途有了奔头。

富连成科班分"喜""连""富""盛""世""元""韵""庆"，共八科。我伯父进入富连成后，纳入"世"字班，改名为班世超。

伯父每天随着同学们晨练、早饭、上戏院、演戏，回学堂、晚饭、夜课、夜寝、基本上已经适应了科班的严格制度。伯父逐渐地也知道了科班有好些梨园规约。如：临场推诿、割除，口角斗殴、扮戏懈怠等共 24 款责罚规定；台下不得犯野蛮、顶撞祖师龛，摔牙笏、砸戏圭，箱案不得坐人等 32 款；另后台俗约有禁止妇女进后台，禁止挑帘外窥，旦角上装后，不得赤身露体等 12 款；清规戒律，不一而足。

◉ 科班生活

每个人在金色的童年都有一段美好的回忆，酸甜苦辣各自不同。科班学艺、练功的生活，在伯父幼小的心灵里刻下了深深的印记。虽然习艺、练功很苦，但让伯父得到了享用一生的无形财富。

每天早晨天刚蒙蒙亮，看夜的老师到各个宿舍高喊："起——床——啦!"伯父年幼，才不到 6 岁，也和小同学们一样，迅速起床穿衣服、叠被子，到南院罩棚下排好队练毯子功。伯父讲："因为年龄小，开始练功时还要老师抱着练，6 岁开始正式练毯子功。"毯子功有：拿顶、压腿、下腰、扑虎、倒翘虎、抢背、前桥、后桥、乌龙脚柱等。其中，最痛苦的是"拿顶"，也叫倒立。双臂撑地、仰头、面朝墙，两腿合并绷直、两脚并拢、靠墙，关键是要耗时间。每天要练三次，第一次 3—5 分钟、第二次 5—10 分钟、第三次 10—20 分钟。伯父回忆起"拿顶、压腿"集体练功时，脸上总带着孩子般地、灿烂的笑容说："因为'拿顶'时，一个拿不住倒了就'呼噜呼噜'倒一大片，全是娃娃嘛"。一般都是等老师喊"下!"同学们方可得以蹲下抱腿休息。若有学生耗不到时间，老师立刻用刀坯子抽打大腿。伯父总是咬牙坚持，耗到双手和胳膊颤抖无力、酸疼麻木时，才和同学们一起休息片刻。然后，接着下腰、压腿、踢腿。因年龄小，练腰腿功有三五个月，基本上就可以练软了。初练时筋骨疼，等软功练出来就不疼了。逐渐的老师就给学生开硬毯子功，如：跑虎跳、砸毽子、小翻、出场等功。其中，虎跳是单腿，毽子是双腿，这两项都是挂小翻、出场大跟头的动力，不是单项跟斗。以上这些基本功，全体学生，无论什么行当，一律都要练。

早饭后，8点上文戏课，已经归文戏组的学生学文戏，有琴师到课堂为学生吊嗓子。"世"字辈儿的新生，由李连贞老师教青衣戏。到将近中午11点半，学生们开始"搭桌子"吃午饭，每个小组搭自己小组的桌子，同学们动作都非常迅速，两人抬一张，几分钟桌子搭好，凳子也摆好了。准备吃饭时最热闹、最高兴，打饭都是一路小跑，别提多高兴了。饭菜是馒头和白菜汤，不限数量吃饱为止。每逢初一、十五改善伙食吃面条，有卤面和炸酱面。午饭后，同学们一起收拾桌椅板凳，休息半小时，排成圆形队伍在院子里走几圈。下午，如果有演出就排队去戏园子，没有演出任务的同学，有老师安排练腿功、圆场功，或排戏。等演出结束的同学回来后，休息片刻，又开始搭桌子，吃晚饭，晚饭有米饭。晚饭后继续练功到10点。晚功以练刀、枪、剑、戟和对打靶子功为主，比如：小五套、小快枪、大快枪、大刀枪、双刀枪、三十二刀、十八棍以及各种兵器的耍法。

伯父回忆说："每天从早上一睁眼，到晚上10点，整整16个小时，都是在练功、学戏、排戏、演出，课程安排得很紧。上厕所都是忙里偷闲。晚上也只能睡7个多小时觉。根本没时间想别的事儿。比如：有时记不清星期几或是几号。也没假日，也不准回家，就好比运动员封闭式训练一样。进科班没多久，感觉实在太苦，有点儿受不了，就偷偷跑回家。回到家，你奶奶当时什么也没说，第二天早晨我还没起床，她掀开被窝二话没说就用掸把子照屁股打了几下，那天我哭着回科班的，打那时起我再也不敢了。经过一年多的基础训练使我从苦中尝到了甜头，懂得了功夫是从苦中获得的道理。如今我的腰腿功练得非常柔软，毯子功练得非常灵活，这为将来演武戏能运用自如打下了扎实的基础，这就是科班严格训练的结果，使我看到了前途，也看到了出头之日的阳光。"

在学习文戏时，老师经常对学生说："唱、念、做、打是京剧表演的四项

1935 年 10 月 19 日富连成科班学生练功（来源：北洋画报）

基本功。唱居首位，是表现人物的重要手段。"伯父说："我小时候跟李连贞老师学《二进宫》时，先跟着老师练声喊：'衣——啊——'。老师让我打开口腔，我又害怕又紧张，不会松弛，腮额打不开，总是喊成：'衣——鹅——'。老师气得就用一根缠着布条的方头短木棍儿，冷不防戳进我嘴里，快速旋转捣我的嘴，鲜血立刻顺着嘴唇往外流，舌头和嘴唇肿了有半个月，都无法嚼食物。别说吃饭，连喝水都火辣辣的疼。这件事，是我终生难忘的一个痛苦回忆。如今回想起来，这位老师虽然惩罚过分了点儿，但是说起来也奇怪，从此，打不开口腔的毛病就改过来了。"

旧社会入科班学戏，就好比是入"七年大狱"或者说好比关进了"鸟笼子"，封闭式管理。学生吃的那种苦和受的那份罪，是如今青少年难以想象的。当时社会把科班学艺生活描述成一片黑暗，甚至充满了恐怖和愚昧，其实，这种舆论跟真实科班生活并不完全符实。实际上科班是文明与愚昧相邻、欢乐与痛苦是并存的。每个学生就在这既有重负又充满期望的生活漩涡中，为自己将来成角儿而努力刻苦地练功习武。

富连成科班，师资雄厚、教育严格、生活有序、人才辈出。但是在某些方面也带有浓厚的封建主义的色彩。比如：老师上课打学生是普遍现象。不合理的尤其是"打通堂"。"打通堂"就是在演出当中，如果有某个学生犯了严重过失，把戏演砸了，或者犯了其他规定，那么，课堂上所有在场的学生都得挨打，这就叫"打通堂"。学生对这种不公正的惩罚形式极其不满。伯父讲："有一次就发生了'战争'。那年我才 14 岁，比我大七八岁的师兄，张世桐是"罪魁祸首"他个子高大、又壮实，带着杨世群、陈世鼎、杨世椿等五六位师兄身背大刀，腰别竹棍儿，直奔叶盛茂老师的宿舍，堵住门点名点姓叫老师出来，老师他身大力不亏，也没被大同学们吓着就出来了。老师刚一出来这几个师兄二话没说上去就用木刀呀、棍儿呀一通乱打，结果老师被打倒在地乱滚。等冯富昆老师赶到急忙高喊：'躲开躲开！再不躲开我可就打了。'拿着竹子做的刀坯子使劲在桌子上拍打，吓唬这些学生，当时就把师兄们给吼住了、都怕了。冯老师进去先把师兄张世桐拦住，高声喊道：'不许打！'张世桐刚要还手，老师一巴掌就把他推出门去了。师兄们毕竟也都还是小孩儿，很害怕，马上停住了。那天富连成社的师生们差不多都赶来了。当时我年龄小最爱看热闹。这次事件，结果把老师打成了轻伤。第二天，叶家的叶荫章、叶盛章和叶世长（后改名：叶盛长）要替堂兄报仇，就带着警察到科班找这几位'世'字辈闹事的学生，进行'反攻'。这几位带头的师兄见势不妙，在天黑时偷偷地从后院，翻过约两米高的院墙逃跑了。他们站在院墙外边还朝院儿里边的师弟们喊：'再见了，你们要好好学戏！'这些同学离开科班奔了东北。不料落下一个杨世群被抓着了，这可倒霉了，老师们把他教训了一顿，并没照死里打，后来他伤势好些，也去了东北。"

旧社会进富连成科班学戏的多数是穷人家的孩子，戏班管饭还能学本事。

1935 年 11 月 2 日富连成科班学生练功（来源：北洋画报）

伯父在科班既学了本事又能吃饱饭，就想着叫弟弟和他一起来学戏，省得在家吃了上顿没下顿。于是，伯父回家叫弟弟（我父亲班寿海）跟他去学戏。弟弟可能听大人们说过，学戏很苦就跑了，伯父就去追他，好不容易追上了弟弟，弟弟回头就咬了伯父一口，结果还是伯父自己回科班了。每当回忆起这段童年往事，老哥俩便乐呵呵地说："小时候可真有意思！"

伯父还回忆说："那时科班也有少数家里生活富裕点儿的学生。科班虽然管饭可是没有家里的饭好吃，所以，有时人家就给孩子做点儿好吃的送到科班。有个别鬼点子多的大师兄，带着几个小师弟（也包括我），就围着富人家的同学，问这问那假装说笑，以掩护另外几个学生在一旁偷偷吃人家送来的好吃的，等吃得差不多了，同学们就散去了，富裕人家的同学拿这些穷孩子也没办法，只好认倒霉。那时我们都还小，彼此间没什么恶意，大家只是开开玩笑，反而更能显得亲昵无间、童言无忌"。

◉ 苦练基本功

伯父和同学们一样，无论冬天、还是夏天，都是在院子里练功。不像现在的戏校，有宽敞明亮的练功房，还有空调、油漆地板和台毯，贴墙大镜子等的优越条件。以前科班学生，寒冬腊月大雪天，只穿着单裤、单褂手脚冻得红肿，照常在院子里练功，夏天都穿着棉衣、棉裤练功。伯父心里始终憋着一股劲："再苦也要坚持，长大好养活妈妈！"渐渐地伯父细心体察到，大伏天演戏，再热，脸上也没有汗珠、也不气喘；寒冬腊月演武戏，再冷，也伸得开腰腿，不会伤筋骨。所以，他悟出了为什么要夏练三伏、冬练三九的道理，就是要锻炼一个人抗热和耐寒的能力，能适应各种气候。这就是科班从难从严训练的用意。从此，伯父由被动练功转变为主动练功了。比如：拿大顶，别人如果耗5分钟，他偏要耗50分钟。有一次，伯父正在拿大顶，艾世菊看他耗到40多分钟还不下来，就上前一把把他抱下来，转了几圈，让他缓缓气儿、休息休息，并说："你这么练，会练伤身子骨的！"同学的关心和帮助在伯父心中始终忘不掉。

在冬天的晚上，下了课，同学们都该睡觉时，伯父和王世祥、艾世菊、王世袭等师兄们到伙房打水，把院子地面泼上水，等2个小时冻成冰后。伯父带头先绑上跷，他绑好跷，师兄们拿着刀枪就来了。在冰上练打靶子、跑圆场、练跷功，这几位师兄专门陪着伯父练。为了能够在舞台上运用自如、能够应酬，有什么动作都能来。伯父不间断地练、天天如此，直到练成能站住。伯父说："比如：打个快抢，打得挺热烈的、咱们讲叫四击头猛的就能站在那儿。这就需要下狠心练，不苦练那怎么能站住啊！就那么点儿小脚，跷的脚尖上有个铜圈在冰上很滑，你要想能站住、站稳就非得下功夫练。实际练的过程中挨摔就是家常便饭。除了在冰上练，还包括随时随地的练。休息时，就会在旁边3条腿的凳子上练，板凳面的宽度正好是放跷的宽度，站上去不能晃动，晃动就挨摔。经常摔得是鼻青脸肿"。

1935年11月9日富连成学生演习蝎子爬（来源：北洋画报）

伯父翘功就是这样刻苦练出来的，就像每天吃饭一样，一天也不间断地练。后来，听我母亲告诉我说："富连成给学生放一两天假，你伯父回家照例是早早起床，在咱家院子大树后面空地儿上练功，别人起床时，他的功都练完了。你奶奶就心疼地劝他：'放假了，就休息休息，别练了。'他说：'台上一分钟，台下十年功。练功就是要持之以恒，不能三天打鱼两天晒网。'"伯父回忆他妈妈到科班去看他，他高兴地翻着跟斗到大门口迎接她妈妈，以此

向妈妈汇报成绩。妈妈高兴地从怀里掏出一个鸡蛋给他，还是放在缝补好的袜子里。还有一次，叶家带了一只小宠物狗到富连成，小狗在前边跑，伯父拿着大顶追小狗，和小狗玩起了赛跑。从这些小事儿，都体现出伯父时时刻刻不忘练功，随时随地把练功运用到生活中去、当作一件很快乐的事来做。

● 改武旦行

伯父讲："7 岁开始跟着大同学上台跑龙套锻炼胆子。此时，富连成任教的先生有：萧长华先生是总教习、郭春山先生教小花脸、萧连芳先生教文武花旦、黄喜秀先生'喜'字辈儿任教，教老生。王连平先生大概年轻人知道的不多，教武生，杨盛春、李盛斌都是他教出来的学生。刘喜益先生专门排武戏，肚子里宽绰，这些老师授课有方、德才兼备。"

教武旦的徐天元先生经过一段时间的观察，发现伯父学习自觉、用功，练功肯吃苦，特别是脚下弹跳好，是难得的一块武旦好苗子。在伯父 8 岁时，老师就确定伯父改武旦，就把他正式划分到武旦组。

伯父说："科班是因材施教、量才授艺的培养方法。比如：同学谭世秀，刚入科班学青衣，由于个子猛窜，不适合青衣行了。老师就决定让他改学司鼓，结果他出科后，却成为一名鼓师专家了。这说明老师培养方法的正确性和对每个学生负责的精神，不耽误学生前途。如今回想起来，当时让我改武旦是我艺术道路的一个转折点。从此，我

绑跷的男旦

便在武旦组随著名武旦徐天元老师学戏。这位 60 多岁的徐天元老师，是武旦祖师爷，技艺精湛、教戏严格，他在我耍刀、扔枪的动作不准确时，就用小棍儿在我头上打 3 下，表示警告我。"伯父接着说："徐老师很爱护我，因为

我是刚改到武旦组，他为了我练功不受伤或少受伤，就先教我练柔功。如：元宝顶、猴啃桃、旱鸭浮水等。他看我聪明，悟性强，肯吃苦，就给我开了练跷功课。首先，要学会绑跷，把脚趾头顶住用软木做的小脚模型，软木小脚的后跟儿钉着一块薄木片和一块白布，要把自己的脚直立着和木片贴紧一样直，再用白布把脚和木板片缠绕裹紧，目的是要达到用脚趾头走路，与芭蕾舞的脚尖功有些相似。跷功分硬跷、软跷。脚趾可以弯曲向前是软跷，半年即可练成。我练这硬跷是从 8 岁练到 11 岁才算练成。开始练要先耗双腿站立，然后耗单腿站立，耗的时间越长，越长功。站稳后，练走路。那时候我整天绑着跷走路，什么时候走路自然了，就开始练圆场了，这是最痛苦的一关，咬牙在冰上练，由于滑，不知摔倒多少次，脚趾出血也得忍着，坚持练到长了硬茧才行啊！京剧跷功在舞台上非常婀娜多姿，很美。它是封建社会的产物，中华人民共和国成立后被禁止了。"

富连成科班练跷功的男旦

科班学生练习拿大顶

由于社长看伯父进步很快，竟破格指定郝喜伦、段富环两位老师传授他武旦行特技，作为重点培养。行内管这叫"开小灶"。伯父常常提到："武旦基本功和技巧都很重要。武旦有特殊技巧，是武旦行必须练的技巧，没有这些个技巧，就不算是武旦，这是武旦与刀马旦的区别。"武旦有转包：是在人

头上转。撩裆把人托起来扔出去。郝喜伦、段富环两位老师看伯父做的转包、撩裆动作后觉得不错，可以继续学习武旦技巧，老师又教他背口袋、抱虎跳两个技巧。背口袋：两个肩膀碰一起把人扔起来。抱虎跳：一个人把另一个人托起来，被托起的人要从上边翻下来。在练技巧时两位老师都精心保护把着，以免摔伤。做抱虎跳这个动作时容易把脚崴伤。有一次伯父的脚崴伤了，老师很心疼，就让伯父暂时先不练这个动作，改练不用脚的软功，不料再练软功的时候，突然伯父的胸口一下子"闭气"了，老师赶紧让他蹲下为他拍背，又让他站起来试着走走就好了。9岁，伯父又练"蹬加官"，一般必须有一定基本功，才可以练这个高难动作。这个动作全凭一条腿把另一个人蹬起来，叫作蹬加官，陪练的全是他师兄。一个月后就练成了，这样伯父就把前面已经练会的"背口袋""抱虎跳"和"蹬家官"等8个高难动作一气呵成，连贯一起做完，顺利完成了这个组合技巧动作。老师很满意，夸奖伯父在技巧的要领和重心掌握方面都很准确到位。

◎ 崭露头角

伯父8岁跟着演出跑龙套，10岁开始正式演出，第一出戏是神话戏《蟠桃会》，伯父扮演主角儿鱼精，这是伯父终生难忘的一天。第一次登台演主角儿，伯父心里像打鼓似的，七上八下、忐忑不安，担心演不好，怕出错。可是，当他上场后，一进入剧情，心态就完全放松了。这个戏的高潮在最后一场。鱼精在和天兵天将对打时要打出手。伯父既要精力集中，更要思想放松，在表演完了踢枪、拍枪、顶枪、后踢枪、卧踢枪、双腿旁踢枪之后，紧接着要耍武旦行独有的特殊大刀花。这个大刀花下场，设计得非常漂亮，流畅、有起伏、有亮点，绕脖、绕手指花，特别吸引人，这是一整套长把儿刀舞蹈。如果大刀花要不好，这戏就压不住，这戏就白唱了，行内就会说："黑了！"所以，伯父使出全身力气，速度飞快地用右脚面把长把儿刀踢向空中，刹那间，这长把儿刀又顺势落在他左、右臂膀，滚上滚下，如同粘在膀子上一样自如。伯父演得非常轻松熟练，如鱼得水，在大刀花的结尾前，在【四击头】

的锣鼓声中，伯父闪电式以快、冲手段做了"串腰""剜萝卜""飞脚"（旋风脚）。一连串技巧动作后，又猛又脆的单腿独立踩跷亮相，此时，把戏推向了高潮。观众情不自禁地报以热烈的掌声，鼓励这位 10 岁的小武旦。散戏后。观众都簇拥到后台看望我伯父并说："将来准是个好角儿啊！"从此，观众就记住了班世超。

我伯父首次演出的成功，不但在观众中走红，而且，在科班里的影响也很大。老师见到伯父都笑呵呵地说："小子！你这武旦改对啦！功夫不负有心人呐！"伯父这天甭提多高兴了，这是他第一次在台上获得观众的掌声，这掌声是观众对他的鼓励和肯定。伯父第一次感受到从苦中获得的成就感和幸福感，只有演出才能得到观众的检验，所以，伯父告诫

1935 年 12 月 15 日广和楼演出《武文华》戏单（来源：国家图书馆）

自己不能自满，要从头开始，继续努力，争取多演出。怪不得老师总说："千学不如一看，千看不如一演。"这句话千真万确，最后还是要落到实践上，而实践才能出真知。

伯父首次演出一炮打响。这可提高了老师的积极性，都称我伯父是可造就之才。有好几位老师都非常愿意给他开小灶，进一步加工武旦技巧。刘喜益先生是富连成社第一科毕业的前辈，他为人和善，多才多艺，教学严谨，深受广大师生的尊敬和爱戴。伯父在学艺期间也曾得到刘喜益老师的精心培养和指导。伯父记得 1928 年夏天，天气炎热，刘喜益老师冒着酷暑给他说戏，说的第一出是《芦林坡》，伯父演扈三娘，江世升演关胜。剧中有一个大刀下场，刘喜益老师耐心细致、一遍又一遍地教他练习，还有一场边挂子也

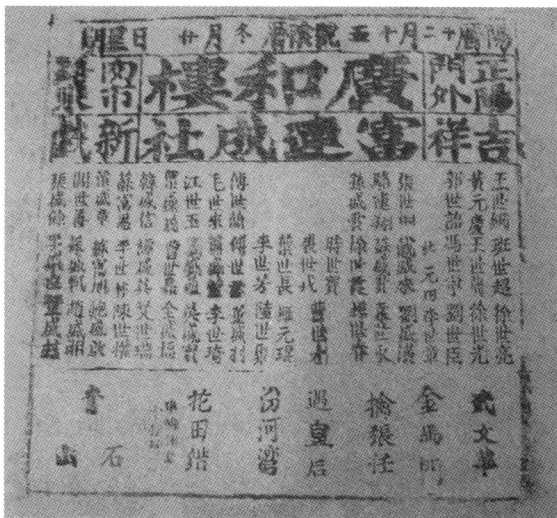

是反复地说练，直到练得汗流浃背，技巧动作都达到要求为止。第二出戏是《火烧余洪》，剧中有翻高等技巧动作，伯父先从一张桌子练起，一直练到三张桌子。戏里还包括台漫、涮腰、抢背、卧鱼儿等高难动作，刘喜益老师手把手地抄着他反复练习，这些高难度动作在我伯父以后几十年的演出实践中运用到了各个戏中，得到广大观众的欢迎和好评。第三出戏学的是《飞波岛》，这是一出武生、武旦的对儿戏，剧中人济小塘由武生高世寿饰演，鲇鱼精由伯父饰演。这是一出神话戏，剧中需要打出手，也是刘喜益老师不厌其烦地耐心指导，直到掌握出手的各个技巧为止。和伯父一起学习武旦的同学有阎世善、王世祥、诸世芹等，同学们都同时得到刘喜益老师的精心培养。功夫不负有心人，两个月后，伯父又公演了《张四姐下凡》（即《摇钱树》）、没几天就又上演了《泗州城》。所公演的这三出戏是一出比一出难，但伯父他知难而进，有股子韧劲儿，决不退缩，非把这三出戏推上去不可。

在《泗州城》这出戏里，伯父要登上三张桌子叠摞搭起的、仅有半平方米的高台上，顺利地完成近20分钟的旱水、卧鱼儿、剪子股、掐葫芦等8个惊险技巧，表演结束时，全场观众报以长时间的热烈掌声和阵阵喝彩。这出戏同时还有白元杰、王世祥、艾世菊、高世寿、王世袭、郭世怡诸位师兄协助演出，也使这台戏更加丰满、光彩夺目。

伯父一口气演了三出重头武戏，这在富连成科班来说是前所未有，首开先河。年仅10岁的伯父毫不怯场，在观众面前充分展示了他的聪明才智。智慧加勤奋，不但培养了武旦戏的观众群，同时，也为树立伯父的威信奠定了基础。后来，凡看过伯父戏的观众，只要一提起小武旦班世超，都翘起大拇指赞叹说："这孩子有出息！"所以，观众都爱看伯父的出手戏，都对伯父抱有极大的期望，并为富连成培养出这么一位出类拔萃的小武旦而赞叹不已。

伯父12岁时，九阵风阎岚秋先生主动要伯父到他身边学习，给他再进一步加工。他给伯父传授了《小放牛》《扈家庄》《擂鼓战金山》三出戏。13岁那年，叶盛章先生提出唱《青石山》，首先提议剧中的"狐精"这一角色要"世"字辈的班世超扮演。同时，剧中的关平角色由沈富贵先生扮演，而叶先生本人扮演王半仙一角儿。全是名角儿陪伯父演出，当时，伯父感到受宠若惊，心里特别感激老一辈先生对他的提携和信任。这种以名角儿众星捧月的演出形式，不但能使学生艺术早熟，而且，还能吸引观众、提高上座率。

科班为了培养伯父，使他能成为"文武昆乱不挡"的全面人才，破格规定他和阎世善、王世祥、朱世芹学武戏的同时，还可以和李世芳、毛世来、傅世兰、诸世芬等一起学昆曲文戏。

伯父经过两年多的演出实践，确实技艺猛增，舞台经验老道多了。

1949 年 10 月上海天蟾舞台 班世超与言慧珠、高盛麟等同台合作，班世超反串费德恭（戏单：上海郑健强先生收藏提供）

满 师 出 科

● 出科之后

富连成科班有个惯例，学生在满师出科后，都要继续留在科班里参加演出，只发给低廉的戏份儿，这也就是人们所说的"效力"。这样做的目的，一是报答培育自己的科班和恩师；二是帮助在艺术上尚未成熟的师弟们，同时也可以保证科班的正常演出和经济收入。毕业生效力的时间科班没有严格的规定，一年，两年都可以，全凭个人意愿。如果有人自愿从出科之日起，要脱离科班，自己独立挑班或搭别人的班社，科班虽不赞同，但也不强留。

伯父在满师七年出科时，为报答培养、教育自己多年的科班和恩师，自愿留在科班义务"效力"两年，后来他感觉自己在艺术上尚未成熟，又继续为科班义务贡献两年。

1938 年冬季正式出科，应叶家班之邀，随叶盛章去东北各地演出。同伯父一起出科的还有郭世恩、张世蓬等四人。萧长华老先生怀着对爱徒们关心和期待的心情嘱咐道："打今儿起你们几位同学，就正式满师出科了，以后就要凭你们自己的真本事养活自己了，出去演戏要按科班老师教的去做，不能骄傲自满，虽然你们是满师了，可是需要学习的东西还很多，要继续学习，不断提高自己的技艺才能，为富连成社增光添彩。"之后，伯父他们烧香磕头感谢社长、感谢前辈和老师。这天同学们也都嘱咐伯父："出去要好好地演戏，别给咱富连成丢人啊！"吃过午饭后，"世"字科的全体学生与叶龙章社长、齐如山老师合影留念。

回到家后，街坊邻居都来我们家看望伯父，小孩儿们都围着伯父，好奇地问这问那，大人们是向我爷爷、奶奶表示祝贺！邻居们都说："这回你家小四儿可出息了，将来备不住就是个大角儿呢!"

第一次拿到自己挣得包银时，伯父兴冲冲地跑到粮食铺，给家里买的米和面把屋子都装满了。再后来伯父就每个月给我爷爷、奶奶每人10块零花钱，家里的生活可算是松快了。我爷爷和奶奶高兴地整天笑得合不拢嘴，脸上总带着笑容，见人就夸我伯父出息了。

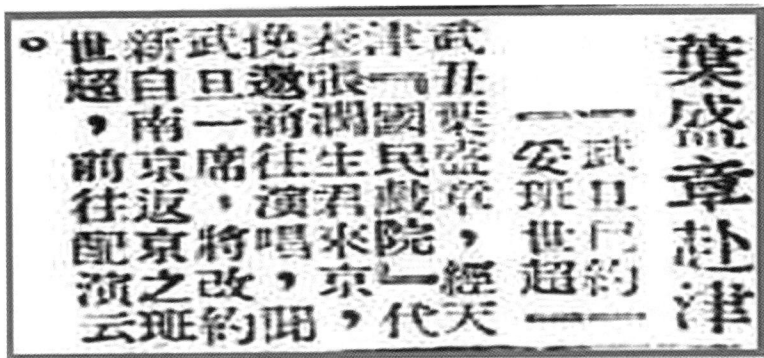

1942年4月10日《戏剧报》叶盛章赴津（武旦已约妥班世超）（剪报由刘鸿麟先生提供）

❀ 搭班去东北 遇地痞流氓

有一次，伯父和白元杰、王世祥等几人随叶盛章到东北沈阳演出，在北市场"共益舞台"的前3天打炮戏，是《泗州城》，全本《杨排风》，《杨排风》（打青龙、打孟良、打焦赞、打韩昌、打耶律休哥）和第三天的《金山寺》，连演一个月，场场爆满，非常受欢迎。不料，遇到了当地的黑社会和地痞上门敲诈，逼伯父从演出费中拿出30%来"孝敬"他们，声称："你一场戏挣10块有我3块。"如此蛮不讲理。伯父当然不答应这些无理要求，理直气壮地收拾了他们一顿。没想到这些地痞不但召集了30多名同伙，还勾结了日本宪兵来捉拿伯父。伯父觉得事情不妙，预定的演出也毁约了，当地好心人帮助伯父买火车票，把行李运到火车站，伯父这才得以连夜返回北京。通

过这件事，伯父深深感到一个人走上社会是多么艰难！

回北京后，上海天蟾舞台的经励科（即演出科）马治中先生来京约伯父去上海演出，当伯父到了上海之后，见苏连汉老师也在上海。他俩就在天蟾舞台首次合作演出了《黄一刀》。苏老师艺术全面，为人和气，又热心帮助年轻人，特别是在艺术上对伯父帮助很大。有一回伯父演完《杨排风》这个戏之后，苏老师语重心长地对他说："排风是个武艺高强、天真活泼的小丫头，她在跟焦赞比武时不能真打，要刻画出她天真、顽皮、可爱的性格，跟《打韩昌》时的杨排风要区别开来。"伯父说："苏老师的一番话，对我启发很大，使我懂得如何分析、刻画人物了。"

● 学而不倦 拜赵桐珊老师

赵桐珊（1901—1966），以艺名芙蓉草闻名，京剧旦角演员，1919年随梅兰芳剧团赴日本国演出，因剧团人少戏多，他担任多行角色，发挥了很大作用。20世纪50年代后，他专心致力于戏曲教育工作，先后在华东京剧实验学校、东北戏曲学校、中国戏曲学校任教，把全部的技艺连同他宝贵的艺术创作和演出经验都毫无保留地奉献给戏曲教育事业。

赵桐珊先生（艺名：芙蓉草）

凡成大器者学而不倦，永无止境。这句话在伯父学艺成长过程中一直影响着他，激励着他不间断地学习、进步。初到上海的伯父依旧是到处求师问艺。1940年，伯父20岁时认识了一位有名的武老生苗胜春先生。他擅演黄派武生戏，如《剑峰山》《反五关》《莲花洞》《八蜡庙》等。他与赵桐珊是好朋友，便帮助伯父拜了赵桐珊先生（艺名：芙蓉草）为师。赵先生非常喜欢伯父，在他家举办了一个很简单的拜师会。参加拜师会的有：苗胜春、叶盛章、李盛斌、高盛麟、杨盛春、高盛虹、苏富宪、张连庭、白元杰等十几位名角儿。伯父当场给赵桐珊先生磕了头，从此就是他的入室弟子了。拜师仪式举行过后，在上海大西洋餐厅一起吃了顿饭。赵先生首先教了伯父一出《穆柯寨》，他觉得伯父刻苦用功、悟性又强，就又教了伯父《虹霓关》和《十三妹》。后来，赵先生又把伯父推荐给"四大名旦"之一的尚小云先生，让他继续深造。

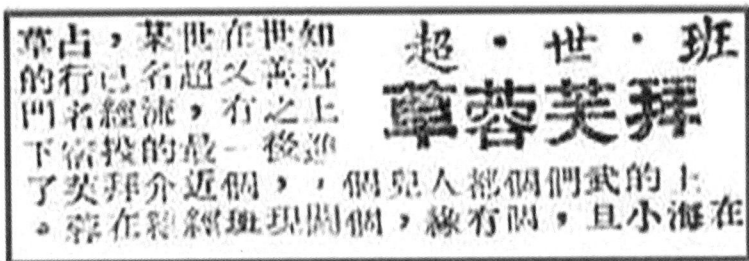

1943 年 10 月《戏剧报》（剪报由刘鸿麟先生提供）

在尚小云先生家学戏

尚小云先生

尚小云是我国深具影响的京剧表演艺术大师，中国近代京剧代表人物之一，"尚派"艺术创始人，与梅兰芳、程砚秋、荀慧生并称为"四大名旦"。

伯父还在科班时就久仰尚小云先生大名。1935 年在富连成危难之际，尚小云先生慷慨解囊相助，帮助科班渡过了难关，使富连成得以重振雄风。这件事使全体师生对尚先生的义举都由衷地感激和敬重，也在伯父心中深深地埋下了做人的根本——助人为乐的种子。

由于赵桐珊先生很器重我的伯父，便指点他去找尚小云先生，伯父激动万分。因为能跟他心目中崇敬的大师学戏，是他最大的心愿。尚小云先生家在原宣武区，现改为西城区椿树下二条的两个四合院，东院和西院。院子里种着银杏和香椿树，像个花园别墅。来到尚先生家，尚先生把伯父领到客厅，客厅摆满了古董，家具全是高档红木的。伯父回忆说："尚先生平易近人，没有架子，我们简单聊了会儿，尚先生就叫我站在红木八仙桌子上练习'射雁'动作。我当时穿的是球鞋，怕踩脏尚先生的家具胆怯地说：'我一上去会给您的桌子踩脏了'，尚先生搬了把椅子放在桌边不假思索地说：'没事儿，上！'我只好踩着椅子上桌子做个'射雁'动作。尚先生急忙说：'别动！'话音刚落，尚先生一步轻盈地也上了桌子，两手掐着我的后脖说：'变脸，变脸。'他让我在做探海射雁时，脸要让观众看见，然后再做直射雁动作，这是'尚派'艺术的特点。前些年，尚先生的儿子尚长荣到宁夏来看望我时，我就跟他提起了这一段往事，尚长荣先生风趣地说：'哎哟，您说的这个那时我还没出生呢'。"

伯父通过在尚先生家学戏的这些天，不但跟尚先生学了艺术，而且还学到了尚先生的为人，短短几天使他感受到，只要学生肯刻苦学习，就没有尚先生舍不得的。他真是全心全意、无私地教学生。

伯父对我说："有一次在科班排《封神榜》这出戏，尚小云先生亲自点名说：'让世

尚小云先生《十三妹》剧照

超演三仙娘娘！'"还亲自为伯父排戏，可见尚先生对伯父是多么钟爱呀。伯父感慨地说："跟尚先生学戏的经历，我至今难以忘怀！"

1966年"文革"开始后，尚小云先生不幸受到迫害，于1976年4月19日逝世于西安市第一人民医院，享年76岁。

● "世超不能给你磕头，我要！"

李洪春先生

20世纪40年代初，伯父在上海闯荡已小有名气。一天，一个黑帮老大找到伯父说："你在上海戏唱得挺红，不过光凭你的艺术才能，是无法站住脚的，你必须拜老大，上海地盘是老大说了算。如果你不拜，就会招惹出麻烦。你若是跟着我干，就不必担心有人欺负你，若有谁欺负你，我会保护你、关照你。"伯父没有立即答应，婉言推说："我回去考虑考虑。"谁知此事被唱红生的大角儿李洪春先生知道后，他立即找到这个老大说："怎么？你要收世超为徒吗？""这可不行！世超不能给你磕头，我要！"那个老大不敢惹李洪春，只好服服帖帖地让李洪春收伯父为徒。李洪春先生是受芙蓉草先生委托照顾、栽培伯父。后来，李洪春先生对伯父说："我也是老大，和他们不一样，他们那些人舞刀弄斧的，你不要拜他们，拜他对你不好。我这个老大是为了京剧梨园行平平安安、不受人欺负。"

李洪春先生是著名的红生演员，他擅长关羽戏，打破了把关羽作为"关圣"或"神"的迷信思想，注重从"威镇华夏"的威猛方面来表现关羽，重演"人"。梨园界的武生演员大多都效仿他的关羽风格。自他收了伯父为徒之后，在艺术和生活各方面都给予了极大帮助和关怀。伯父从他那儿学了《破十阵》（全部《穆柯寨》）、《荀灌娘》《关公月下斩貂蝉》等多出戏，后来带

着伯父到天津，师徒合作演出了《翠屏山》《战宛城》《穆桂英大破天门阵》等戏，出乎意料，上座率非常高，大受欢迎，可以说是载誉而归呀！

伯父常常念叨说："老先生剧本真多呀，我是真需要，只要有剧本我看看就敢演，老先生非常支持我，可是我很对不起李洪春先生。想不起来谁给我带的话儿了，告诉我先生临终前还说呢，'我的剧本世超拿的最多'。"文革"时我没办法保护，剧本全被烧了。先生讲起红净的故事来一出接一出，《走麦城》是他的拿手戏。"

李洪春先生《单刀会》剧照

🌑 拜武术大师王子平

武术大师王子平先生

伯父到上海后，时常回忆自己在科班里虽然学会了不少戏，也演了不少戏，但这都是暖房里开的花。出科后，经了风雨、见了世面，又遇到多位名师指点传授，使他受益匪浅，技艺猛增，同时，在观众中产生了一定的影响，也小有名气。

伯父常挂嘴边上的一句话是："我班世超能有今天的辉煌，有一半功劳属于白元杰，他是我演艺生涯的好搭档。"所以，他俩始终共享成功的喜悦和分担失败的苦恼。生活中二人互相照顾、亲如兄弟，从未闹过矛盾红过脸。正值 7 月的上海，中午虽然酷热，但到了下午四五点钟就刮凉风了。一次，伯父和白元杰等师兄四人，出去逛街，正走着，白元杰不知何因与一陌生人发生了冲撞，白元杰身高力强，就先碰了对方肩膀一下。对方未还手，白元杰又打了人家一拳。对方警告白元杰说："你再打，我就不客气了！"他看白元杰还要动手，就把手中折扇合拢往脖子后一掖，只轻轻晃动一下身子，就把白元杰拱出去一个大吊毛。当即白元杰右手有两根手指骨摔断了，然后此人又问白元杰："还打不打了？"白元杰手指疼得说不出话、也站不起来了。对方说："那对不起了。"说罢便傲慢地扬长而去。此时，有一围观的路人告诉伯父说："这个人叫小三儿，是名医王子平的徒弟，你们快找王子平先生去医治。"伯父和白元杰就按那路人所指的地点，找到了王子平诊所。

一进门还没开口，王子平慢条斯理地问："打架了？"伯父说："不是。""我没问你，你就是班世超吧？"伯父纳闷，这老先生怎么知道我的名字呢？王子平接着说："我没少看你的戏，怎么回事儿呀？"伯父把事情经过如实地一说，王子平心里就猜着准是徒弟小三儿惹的事，因为"抛对方吊毛"这个招数只有他几个徒弟会，就朝大徒弟喊："把小三儿给我叫来！"小三儿刚进门叫了声师傅，王子平就用手掌罚了他 3 下，小三儿就倒地站不起来了。这时，王子平给白元杰治完伤说："好了，3 天后拆掉夹板，可以登台了。明天我还要看戏，你们给我买两张戏票就行了。"伯父向王子平道了谢正准备出门，王子平凑到伯父身边暗示说："你们艺人从小练功吃苦，练就一身艺术不容易，要是被人打残，就毁了一生。所以，艺人想在上海站住脚，光凭艺术是不行的。因为上海各种势力都是有帮派的黑社会，老大说了算。一定要有武术真功夫，才能对付这些人。"伯父一听，深受感动，回想起去东北遇到黑帮地痞敲诈而深受其害之事。确实台上戏唱得再好也没用，照样受人欺辱，想到这儿，便"扑通"一声跪下，给王子平磕了头拜他为师，并说："谢谢您给予赐教，请您收我为徒。"王子平高兴地说："你是我收下的第一个艺人徒弟，快起来，从明儿起，每天早上就来这儿找我吧！"从此，伯父不管当天晚上演出多么辛苦，第二天早上坚持去到王子平师傅家里报到练武，坚持了好

几年，天长日久，伯父深有体会地说："跟王师傅学了武术，我的体质越来越强壮了，从不生病，精力充沛，演戏不累，自我感觉浑身有用不完的气力似的，而且好多人知道我会武术，又是王子平的徒弟，没人敢找我麻烦、也不敢欺负我了。以前我演完戏后，总是气喘吁吁的，后来演戏就不感觉太累了，无论我在台上，打快枪、耍长刀或打出手，我都是运用气功中的慢呼吸，来缓解剧烈的运动，给观众一个轻松的心情来欣赏武戏。特别是每次我表演'旱水'时，我就把王师傅教我的丹田气功用上了，要以气托身，两条腿轻松地就抬起来了，以前拿'旱水'，腿虽然也抬起来了，但是很费力，所以学了武术，不但能防身，而且使我能借鉴武术的内外气功融入武旦表演的功法中去，这样，武戏演员就能延长艺术寿命，使艺术生命永葆青春！"

后来听伯父说："王子平不但有一身好武术而且医术高明，为人正直，颇为豪义，在上海口碑极好，有相当高的威信。穷人找他看病他是不收费的，那些穿西装、坐小汽车的有钱人找他看病，他是一点儿也不少收费，对他们从不客气。"

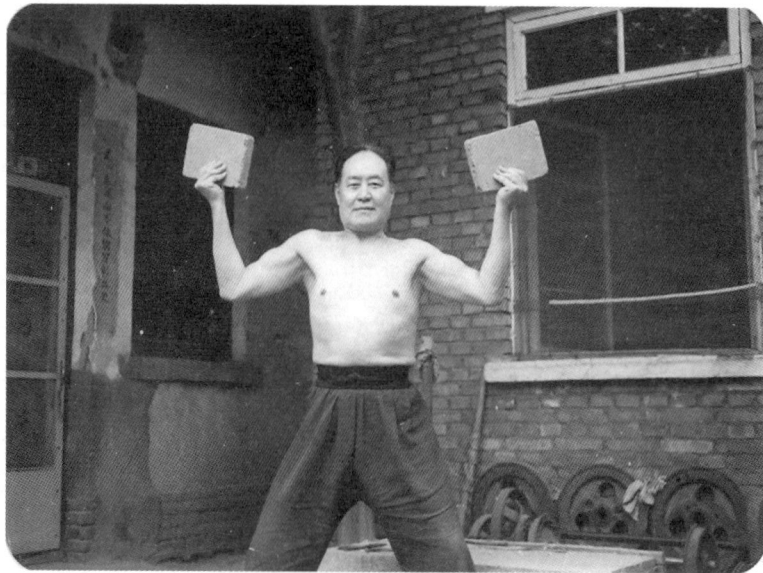

班世超练功照

水淹泗州震上海

● 前辈提携

伯父出科后，先后又向徐天元、阎岚秋（九阵风）、方连元、邱富棠学艺问戏，自知能戏甚少，想拜名师进一步提高，才能搭班唱戏，才能经得起观众的检验。不然上台会胆怯。老话说："艺高人胆大！"后来经过拜师学艺，深得芙蓉草、尚小云、李少春、李洪春等诸位名师的点拨指教，确实使伯父的艺术得到了升华。尤其是李洪春先生提携伯父同去天津，一下子唱红，天津观众被伯父的艺术魅力征服了，这可是一件不容易的事，说明伯父功底扎实，艺术成熟了。

伯父的艺术成长过程，验证了梨园行的一句话："学戏在北京，唱戏在天津，成名在上海。"为什么在北京坐科学戏，而要在天津唱戏、还一定要得到天津观众的认可呢？梨园行谁都知道天津戏不好唱。因为天津观众对京剧演员的水平鉴赏能力很强，欣赏水平很高。天津戏迷唱两句不比专业差，他们长期坚持在海河两岸有拉有唱、自娱自乐，互相学习、点评艺人优劣。由于天津戏迷会得多、懂得多，所以对演员要求很严格、很公正，遇到好演员他们真捧，遇到演员台上出了差错，立即叫倒好，使演员惭愧自责。这样能鞭策演员对艺术要认真，对观众要负责。因此，凡是到天津唱戏的艺人都格外小心谨慎，不敢出错，若被观众叫了倒好的艺人，第二次就甭想进天津了。谁要是在天津打响唱红了，那么该演员就此名声大振，威信大树。一直到今天，梨园行依旧夸赞天津观众是公正的评论家。正因为如此，伯父为能在天津唱红，受到广大观众的欢迎和认可，而感到无比的欣慰，他深感在科班十多年的汗水没白流、苦没白吃。这年伯父在天津唱红之事，上海也有耳闻。

上海既是四海通商、八方杂处的大都会，又是京剧和各艺术剧种南北交汇的窗口。1941 年年初，上海天蟾舞台经励科（演出科）的马治中先生约伯父到天蟾舞台挂牌首次演出《泗州城》，没想到一炮打响，轰动上海。一时间媒体报刊无不称赞伯父"扮相好、身段优美，功底深厚，技巧娴熟，踢枪出手花样繁多，技法稳健，武旦大刀下场花，溜而不野，快而不乱，更绝妙的是他的'旱水'顶功，称得上是当代武旦中的绝功。"如此这般宣传，"班世超"大名便深深地印在观众的心里。1941 年年底，马治中又约了我伯父和李少春、白玉薇合作到上海天蟾舞台演出。

李少春当年已经红遍大江南北了，被内行美誉为"李神仙"，他文能唱、武能翻，是空前绝后、文武昆乱不挡的武生、老生艺术家。解放初期，他自编、自导、自演的《野猪林》拍成电影，誉满全国。使无数戏迷倾倒。他的艺术影响了几代人，那脍炙人口的"大雪飘……"唱段至今久唱不衰。

这一期演出了两个月，到 1942 年 2 月为止。伯父反复上演了数场《蟠桃会》《杨排风》和全本《梁红玉》。

由于马治中很欣赏伯父技艺超群，又深受广大观众欢迎，使天蟾舞台得益甚多。虽然在此之前也有南来北往的武旦在上海演过《泗州城》，但是都不及伯父。所以，马老板便主动向伯父提出，约他留下常驻"天蟾"，作为骨干基本演员。他向伯父说明，如果外地大角儿来沪演出，那么，伯父就演开锣垫戏，或配合大角儿合作演出；如果约不着外地大角儿，天蟾舞台就靠伯父承

1941 年 12 月天蟾舞台

担头牌，挑班演出大本戏，以维持营业，这样天蟾就不会因空场子而受经济损失。同时，马老板同意留下伯父长期的老搭档白元杰和 4 位"出手下把"演员：尹克明、张德来、孙智良、王世袭。同时，安排他们吃住在剧场内，有专人厨师负责为他们 7 人做饭。伯父考虑，一是上海观众对他很欢迎、很支持；二是马治中老板对他又很优厚，生活安排得很周到；三是今后生活稳定，就无须四处跑码头找饭碗了，所以当场就爽快地答应了。自此，伯父每天都有演出，周六、周日还要加演日场戏，算来一年要演出 400 多场，根本没有休息日。如果"黄金大戏院、中国大戏院"约了外地角儿来沪演戏，或是外省名角儿约伯父都可以借伯父去同台合作演出。如：1942 年 6、7 月份天津的中国大戏院约了李少春、李玉芝演出，李少春就约伯父同去天津合作，演了 20 天左右。同时杨宝森带领宝华社几次赴上海天蟾演出，也都约伯父与他同台合作演出。

1942 年 11 月至 1943 年 1 月，杨宝森、郑冰如在天蟾舞台演出的第 37 天，伯父前边一出《盗仙草》，后边陪杨宝森先生演出《雪弟恨》。

1944 年天蟾舞台约了盖叫天、高盛麟、叶盛章和伯父合作演出了《取金陵》。盖叫天扮演赤福寿，叶盛章扮演伍福，高盛麟扮演曹良臣，伯父扮演"凤吉公主"。伯父在剧中踩跷，边唱【原板】【流水】边舞蹈，尤其打出手是这个戏的特色，伯父变换着拿刀、用枪、耍鞭和大刀打出手，花样繁多，令人瞩目的是伯父快速打完快枪后，又串腰片腿、打飞脚，在【四击头】的锣鼓中单腿踩跷亮相，稳稳站住 1 分钟，就像钉子钉住台板一样瓷实，赢得观众一阵阵的叫好声。这出戏轰动了申江，剧场效果火爆之极，特别之处是：几位大名角儿傍着伯父扮演的"凤吉公主"更加光彩夺目。

1944 年在上海中国大戏院伯父与马连良、叶盛兰、茹富兰作短期合作演出。接着伯父又与荀慧生、芙蓉草、高盛麟演出 40 天，同年 5 月至 7 月伯父再次与盖叫天合作演出了 40 天。

1946 年 9 月至 11 月在天蟾舞台，伯父与李少春、李玉茹、魏莲芳、孙盛武、叶盛章、华达、袁世海、高维廉等名角儿长期合作演出了 3 个月。

伯父回忆说："我除了陪名角儿演出外，每年共舞台两次特邀演出，五月

端午粽子节和春节。五月粽子节演《白蛇传》，春节演《摇钱树》，那时年轻敢这么包活儿，这边一场演完再赶那边的下一场，特意这么安排。"

1947年1月8日、9日伯父参加了上海剧场界、梨园界、国剧工会联合主办福利基金大型义演，地点在天蟾舞台，阵容空前强大，有梅兰芳、程砚秋、周信芳、谭富英、杨宝森、哈宝山、班世超、李少春、叶盛兰、魏莲芳、李玉茹、袁世海、萧长华、芙蓉草、王吟秋等大名角儿。这次义演，名角云集，当时真是喜煞了上海的京剧观众。

1948年黄金大戏院举行武生大会串演出，有盖叫天、高盛麟、李万春、张翼鹏、叶盛章、赵松樵、高雪樵、李仲林、苏连汉、王庆来、班世超。由于演员阵容强大、配合默契，所以是场场爆满，反映强烈，获得好评如潮。

伯父除了与荀慧生、盖叫天、马连良、杨宝森、高盛麟等名角儿同台演出外，还与梅兰芳、程砚秋、谭富英合作过，尤其是与梅兰芳曾有过多次同台合作机会。首次是1946年11月15日至1947年1月上海中国大戏院约梅兰芳作短期演出《白蛇传》。梅兰芳点名要我伯父演青儿，因为梅先生演《金山寺》一折是唱昆曲。白素贞和青儿与法海争辩时，有好几段边唱边舞的双人表演，如果青儿配合不好，就会减色不少，而且《金山寺》后面的白素贞要开打打出手，按常规这些武打均由扮演青儿的演员替代，此时，梅先生便可以休息片刻，为下一场重头唱功戏的《断桥》作充分的准备。伯父在科班里就学过昆曲的《金山寺》，在北京也演过，所以与梅先生配合是天衣无缝，伯父能把《金山寺》的出手武打戏推向高潮，能把整个场子演热，梅兰芳先生对伯父的认真配合很满意，所以每次到上海都点名要我伯父与之合作。

这期还与梅先生合作了《廉锦枫》，伯父演的是"蚌精"，姜妙香演唐敖，王少亭演林之洋，萧长华演渔翁，朱斌仙演穆仁。梅兰芳演全本《西施》，伯父是演旋波，萧长华演伯嚭，姜妙香演文种，朱斌仙演东施，刘连荣演夫差，王少亭演范蠡，傅祥麟演勾践。

1948年4月2日至5月27日梅兰芳、杨宝森在天蟾舞台演出，伯父再次加盟演出。

1946 年 11 月 27 日中国大戏院班世超
与梅兰芳先生合作《廉锦枫》

1946 年 12 月 5、6 日中国大戏院班世超
与梅兰芳先生合作《西施》

20 世纪 40 年代初至 50 年代初这 10 年，是伯父艺术生涯的辉煌时期，这一点从报刊上的广告栏目中就不难看出，他与全国一流武生、一流老生、四大名旦同台演出，与梅兰芳大师同台演出多次，那时伯父 20 多岁，正是青春年少，精力旺盛时期，他通过与南来北往的大名角儿合作，艺术精益求精、突飞猛进，尤其伯父演出态度一丝不苟，非常认真。哪怕是受了伤演出也从不打折扣，从不懈怠，始终精神饱满。伯父说："跟大角儿同台演出戏要配合好，在台上不能欺人，不能抢戏，也不能没戏，该捧的时候要捧，该让的时候要让，这个分寸要掌握得恰到好处，不能有私心，与人合作时不能总显示自己，这样的话，人家就跟你没有二回了。"

为什么所有大角儿都愿意跟我伯父合作同台呢？除了伯父玩意儿好之外，更重要的一点，就是伯父的戏德好，梨园行有句话，就是：唱戏要先做人，戏班讲究三分戏缘、七分人缘，说明做人比唱戏更重要。

◉ 梅兰芳先生为伯父说情

伯父"落户"上海,在天蟾、黄金等几个戏院每年都要演出400多场。特别是与梅兰芳、杨宝森、荀慧生、马连良、谭富英、盖叫天、周信芳、高盛麟等大名角儿同台,得益甚多,技艺精进。伯父在上海滩数年辉煌神奇的演艺生涯,开创了中国京剧武旦戏的新纪元。

常言道:"人怕出名猪怕壮。"伯父出名后常遇到麻烦。1946年伯父陪梅兰芳在中国大戏院演出《白蛇传》,演出结束已是深夜了,伯父准备到牛庄路吃夜宵,刚出门碰上一群小混混,就因为他们三番五次地来敲诈我伯父,跟他要钱,伯父没答应,所以纠集几个打手拿着器械扬言:"来收拾小戏子!"几个人上来就打,伯父只好跑到剧场里躲避。伯父被他们打的已经浑身是血,他们还在追着打他,在这种情况之下伯父是忍无可忍,向他们喊道:"你们别再打了,再打,我就不客气了。"对方听不进去,还是继续追打。王子平师傅曾叮嘱过伯父习武之人不得随意动手。但忍耐是有限的,伯父再不还手恐有生命危险。最后伯父用武术功夫中的一个小取把冲过来的小头目摞倒。随后,他又擒住一个,以"黄莺掐嗉"的手法锁住他的喉咙,令他们告饶。将倒地那一个送到医院后没抢救过来。这回可闯大祸了,第二天就有人持枪来捉拿伯父。梅兰芳先生知道后,和赵桐珊、王子平一起找到黄金荣为伯父说情,他们跟黄金荣说:"哎呀!他们几个人打他一个人。"梅先生说:"这都是因我演《白蛇传》引起的。"黄金荣常看伯父演出,便说:"对呀,那几个怎么打得过世超呢,得了、算了吧!"由于伯父是他比较喜欢的演员,此事也就这么不了了之。后来才知道,他这个小头目为日本人做事,是个无恶不作的汉奸。

◉ 一次死里逃生的演出

伯父从艺以来,从来没有想到演戏还会有生命危险。每个人不管你干哪一行,都会遇到出人意料的人和事。如在天津就遭遇了一件让伯父一生不能忘记的事情。有一次，与某剧团合作演出《武松打店》，按照剧团规矩，演出之前新搭档演员互相要对台词、说说戏。当伯父找到这位扮演武松的新搭档、在此之前从不认识这位演员时说："咱们晚上就要演出了，把戏对一遍吧。"这个人很干脆地回答伯父说："咱们台上见！"伯父听这话有点儿不对劲儿。到晚上演出前化妆时，管服装的老李问伯父："哎，你怎么没贴片子？"伯父说："用不着了。"老李有点蒙，又接着问伯父："那怎么能用不着呢？"伯父说："一会儿演出你就知道了。"在演出前半场还好没出什么意外，到了对打紧张的时候，那人用道具匕首专门朝伯父的前胸扎。（因剧情需要，演出用的道具是开过刃的匕首）伯父就边跑边躲，这时台下观众已经看出来了。"这不是在真打架吗？"伯父赶紧跑到后台，此人又追到后台把伯父抓回台上，伯父猛然用武术的"擒拿"把匕首夺了过来。后来那人在天津演不下去，灰溜溜地去了上海。这事儿伯父还是通过别人告知方才明白，闹了半天，就因为嫉妒伯父会的戏比他多，对伯父突然袭击下黑手。

● 上海解放

1949 年 5 月初上海解放前夕，天蟾舞台演出生意日渐冷清，票价一律半价。当时伯父正与李万春、李桐春、高盛麟、李仲林、纪玉良、沈松丽同台合作。5月 28 日上海解放，伯父也高兴地跑到街上观看欢庆胜利的游行队伍和载歌载舞的市民、学生，游行的人们高呼着口号："热烈庆祝上海解放！""中国共产党万岁！"庆祝解放的欢呼声响遍了上海滩。

不料，1950 年 2 月 6 日，国民党蒋介石派飞机轰炸上海后，天蟾舞台遭受重创，管账的张伯铭携账本逃跑去了香港，经营者顾乃庚陷入困境无法经营，使"天蟾"处于无资方负责状态。危难时刻天蟾的演职员为维持生活，自发成立了由唐平凡、赵东升二人任临时前后台主任，天蟾舞台同仁共渡难关的临时管委会。

在这一年中，唐平凡、赵东升二位主任为解天蟾同仁生活危难，四处约角儿。2 月中旬邀请了梅兰芳、周信芳、王玉蓉、童芷苓、言慧珠、李玉茹、

俞振飞等，3 月，唐韵笙、杜近芳、姜妙香等，4 月、5 月，盖叫天、唐韵笙、姜妙香、黄桂秋等，6 月、7 月，吴素秋、迟世恭，8 月、9 月，杨荣环、毛世来和贯盛习、傅德威两大剧团，10 月谭富英、裘盛戎太平剧团等众多名角儿，伯父班世超分别加盟演出。演出剧目有：《霸王别姬》《甘露寺》《红鬃烈马》《四进士》《赵五娘》《贩马记》《秦香莲》《文天祥》《红娘》《十三妹》《大泗州城》《将相和》等。此时，伯父激动万分，庆幸自己没离开上海，继续活跃在上海各大剧场。

上海解放后，为了稳定戏曲队伍，调动演员积极性，为繁荣社会主义文艺事业奠定基础，天蟾舞台在人民政府领导下也进行了改革。首先从戏班管理体制开始，取消戏班中的资方，废除班主、"经励科"，废除"包银"和"戏份儿"制。天蟾舞台原班底演员在两位地下党的帮助下组建了"天蟾实验京剧团"，主要负责人是赵东升（外号叫赵小开、赵如泉之公子）。剧团行当齐全、人才济济，主演有谭元寿、小王桂卿、班世超、马世啸、萧德寅、张鸣禄、郭金光、艾世菊、白元杰、王世袭、李荣安、徐荣奎、徐鸣远、刘顺奎等。两位地下党一位是二路老生演员林鹏程，中华人民共和国成立后任上海文化局局长，另一位是丑角儿演员姜振海，中华人民共和国成立后任上海文化局副局长。伯父回忆说："这两位局长在上海街头巷战最乱的时候，经常给我讲革命道理，宣传进步思想，对我的思想进步起了很大的作用。在不影响演出的情况下，我积极参加集会游行，上街发传单，积极向共产党靠拢。还参加了田汉召集 40 天的文化名人学习班，使自己逐步成为一名艺术精湛、政治思想进步、德才兼备的优秀演员。"

天蟾实验京剧团组建后，为了能够得到更好的经济效益，分成了两个团，伯父担任一个分团团长，他带领分团赴苏州、无锡、常州、镇江、杭州、南京一带巡回演出，演出盛况空前，剧团有了良好的经济收入、演出稳定有序进行。剧团还经常参加赈灾义演。如：1950 年 3 月 30 日、31 日两天参加由上海戏曲界救灾委员会和京剧工会主办，为灾区灾民大型义演活动。两天连演，全部《甘露寺》由梅兰芳、周信芳、唐韵笙、盖叫天、姜妙香主演，《大泗州城》由伯父主演。这场旗鼓相当，巨星荟萃的演出，轰动了上海，也是中国京剧史上的一段佳话。那天是日场，天蟾舞台大满堂，剧场外也是人山人海。

带艺从军走天涯

带 艺 从 军

1951 年言慧珠的弟弟言小朋（言菊朋之幼子）到上海找到伯父，向他介绍了中国人民解放军总政京剧团，并告诉他参加解放军是一个人走向革命的标志。解放军是共产党领导的部队并解放了全中国，参加解放军，就是一名革命的人民演员。伯父顿觉这些话就像一盏明灯照亮了他的心坎儿似的，无比兴奋，渴望当一名光荣的解放军战士。伯父果断地告诉赵东升说，他要参加解放军。赵东升突然得知伯父的决定，感到非常突然，自然也就表示不同意。伯父说："言小朋让我最后再演 3 天戏。"消息传出，天蟾的负责人及同仁、许多观众都舍不得伯父走，此时，福建京剧团团长李盛斌也积极邀请他去福建京剧团。伯父就把此事告知了老妈，老妈说："回北京可以，不能去福建。"意思是支持伯父参军，就这样伯父婉言谢绝了李盛斌的邀请。回北京时，先运回了服装道具，然后离开了难以割舍的上海。

伯父回忆道："刚到部队京剧团感受到了部队首长平易近人和无微不至的关怀，使我倍感温暖和亲切。两三天后，首先交给我的第一个任务就是组团，派我返回上海去邀请有实力的演员，要组织一个很坚强、很有水平的团。我认为这是首长对我莫大的信任。首先想到的人有：言慧珠、李鸣盛、李丽芳等五六个人，都是头牌。这次返回上海挖墙脚找人的条件：第一是北京人，第二是要有本事。这当中有个小插曲，现在说来就当笑话听吧。就是李鸣盛、李丽芳俩人最不好缠，非要高价，当时出 400（块钱）请他们，来就来，不来就没机会了，后来他们经过商量、研究俩人来了。还有一个人来了又走了，

这人是言慧珠，她受不了部队的立正、稍息和纪律约束，她演出三场，我陪了她一场《泗州城》，这是言慧珠非要让我陪着她演出。她演出三场都是梅派的几出戏，其中一出是《霸王别姬》。我们团是由总政京剧团和西南军区京剧院组成。主要演员有：著名'杨派'老生李鸣盛、著名'梅派'青衣李丽芳、著名'金派'花脸郭元汾、著名架子花脸谭世英、著名武生梁慧超、著名谭派老生谭元寿，名小生李荣安、著名女武生俞鉴、'跟头大王'武丑郭金光、著名武生蔡宝华、二路老生刘顺奎；乐队有：月琴大王罗万金、著名鼓师马玉山、马玉河、马玉芳——马氏三兄弟等一大批技艺高超的京剧演员。"

1952年，总政京剧团正式成立了。伯父被任命为队长，他没有辜负领导和全体同仁对他的期望和厚爱，无论是军事化管理，还是下部队演出，工作做得有条不紊。他不但自己要担任主演，同时还要负责团内的行政工作，比如：每场演出结束后立即召开总结会，同时安排第二天的演出工作，尤其是他经常带队下部队为边防战士和舟山群岛的守岛战士演出，短短几年，通过接触共产党员和在部队一段时间的磨炼。伯父显然已不是旧社会搭班唱戏的艺人了，而是为部队广大官兵演出的、光荣的部队文艺战士。

中国人民解放军总政治部京剧团部分演职员合影（部分在国外）（1954年）

其中有：刘元彤 班世超 李鸣盛 李丽芳 童葆苓 李荣安 盖玉亭 李永华 苏盛琴 张桂春 谭世英 蔡宝华 梁仁华 蒋世英 徐鸣远 刘顺奎 白元杰 高韵笙 樊富顺 刘金声 高长清 王长清 赵鸣飞 陈荣岚 马玉河 赵文亮 金玉春 萧玉华 王志怡 孙秀山 赵兴华 苏玉飞 刘昭伦 曹明贵 金福林 王永和 李振清 李祥玉 宋国珍等

1954年中国人民解放军总政治部京剧团部分演职员合影（照片：刘连伦先生提供）

赴朝慰问志愿军

1953 年 7 月 27 日，朝、中、美在朝鲜板门店签订了《朝鲜停战协定》。之后，为了慰问在朝鲜前线英勇作战的中国志愿军，中国先后组织三届赴朝鲜慰问团。伯父参加了贺龙为总团长的第三届慰问团。

1953 年 10 月 4 日早晨从北京站出发，踏上开往朝鲜的列车。过了安东后，跨过鸭绿江大桥。列车奔驰在朝鲜的土地上，一路只见房屋被炸毁，每隔几步就见到一个弹坑，即使在首都平壤，也难见到好房子。可见，战争给朝鲜留下了多么深重的创伤。人们举目望去一片荒凉无际，伯父感叹朝鲜与我们的祖国仅仅一江之隔，却如此天壤之别，如果不是中国人民志愿军参战去抗美援朝，免不了战火也要烧过江来，中国也会有千千万万的无辜、爱好和平的人民丧失生命。

战争虽然已停火，但特务活动还很频繁。为机动灵便，演出团分成几个小分队，以防触到地雷，处境十分危险，必须随时提高警惕。伯父担任一支小分队队长。伯父回水一说："一次，他们坐车前往部队驻地演出时，途中突然触到地雷，不幸炸伤了两名演员，演出发生极大困难。特务专门针对慰问演出搞破坏，他们窥探了我们演出一般都在田边，便潜伏在麦田里，对演出搞突然袭击。对于特务的猖獗行动，演出团无权处理他们，即便抓到特务，也只能教育后放掉，无奈只能眼睁睁地看着特务从眼皮下跑掉。"

当时，任务艰巨、形势非常严峻。在如此环境艰苦的情况下，演员们个个毫不畏惧，坚强地为最可爱的志愿军演出，为了保卫祖国，保卫祖国人民的幸福生活，演员们把舞台当战场，拼命演好每一场戏。演员们说："志愿军用生命和鲜血保家卫国，我们吃点苦算不了什么。"这次赴朝慰问演出，伯父和赴朝慰问的艺术家们，为最可爱的志愿军官兵带去的剧目有：《战宛城》《乾元山》《杨排风》《泗州城》《火烧余洪》等剧目，受到广大官兵们的热烈

好评。演员们齐心协力，克服重重困难，圆满地完成了祖国人民交给他们的光荣而又艰巨的慰问演出任务，于1953年12月18日回到了祖国首都北京。

光 荣 入 党

1955年，西南军区京剧院与总政文工团京剧团合并，成为中国人民解放军总政治部京剧团。当年11月7日，总政京剧团全体战士脱去军装，集体转业，编为中国京剧院四团。这就是后来人们习惯称之为"老四团"的来历。主要演员有：李鸣盛、班世超、李丽芳、王天柱、俞鉴、王吟秋等。

自从伯父参加了总政京剧团后，伯父懂得了许多革命道理，思想不断进

1955年中国京剧院四团部分成员出访越南。末排左起（1）
班世超（图片：刘连伦先生提供）

步。一个在旧社会学戏的穷苦孩子，成长为革命队伍中一名光荣的战士，与同仁们的思想感情也发生了巨大的变化，都相互称呼：革命同志。战友们情同手足，感受到了共产党领导的革命队伍，就像每天洒满了阳光般照耀在每个人的心头。中华人民共和国的成立使伯父做梦也没想到，旧社会唱戏艺人的地位被提高到了人类灵魂的工程师和人民艺术家的高度。因此，伯父对待工作一丝不苟、尽职尽责，积极要求进步，积极向党组织靠拢，还郑重地向党组织递交了自愿加入中国共产党的申请书。从总政京剧团到中国京剧院四团这几年间，他先后随团赴苏联、罗马尼亚、捷克、波兰、朝鲜、越南、缅甸、巴基斯坦、阿富汗、埃及、叙利亚、黎巴嫩、苏丹、埃塞俄比亚、印度等十几个国家演出，把中国戏剧的传统文化带给了国际友好国家，向外国友人展示了京剧国粹的魅力，为祖国赢得了荣誉，受到国际友人的欢迎。伯父深有感触地说："没想到我班世超从一个学戏的苦孩子，到今天能代表中国人民出国献艺，这是我做梦也没想到的。我和梅兰芳先生不能比，梅先生是艺术大师！如果我不参加总政京剧团，哪能享受到这样崇高的荣誉！所以，我今天的一切都是党给的。"

王志怡、赵荣霖夫妇为班世超题字

1954 年，伯父随中国艺术团到越南访问，由歌剧、杂技、京剧演员共 20 余人组成。演出间隙，越南政府接待慰问团的演员，请大家划船游湖。湖面方圆 24 公里，与大海相通，中方文化部长丁西林要伯父留下陪他下棋。可是未料到，棋还没下完，一瞬间竟乌云密布，伯父匆匆架起湖边的小船往湖心

行驶，大声呼喊："快回来，危险！"这时突然风高浪急，12级强台风将小船掀翻了，伯父落入水中，不会游泳的他凭借高超的武艺爬到了船体的上方。越方的救援船到来时，他边喊："不要救我，先救别人！"并向救援船高高地挥手，让他们赶紧先救其他团员。为此，伯父受到了越南官方全国通报表扬。回国后，周恩来总理接见了艺术团成员。总理对伯父说："世超，在那边挺受欢迎啊！"从越南回国后大家对伯父有了进一步的了解。伯父经受住了党组织对他的考验，终于在1956年光荣地加入了中国共产党，他眼含热泪、激动万分，庆贺自己成为一名光荣的共产党党员。伯父入党后，在工作中无论做人、做事都以共产党员的标准严格要求自己，处处以身作则。

艺术创新

当年伯父无论是在总政，还是在四团，为人正直、口碑极好，一致公认伯父没有一点"角儿"的架子，极为平易近人，干起工作来好像浑身有使不完的劲儿。对艺术精益求精，锐意创新。例如：武旦的打出手技术，师傅传承下来的演法是双长枪或双鞭、武打踢枪。伯父经过数十年舞台实践，感觉双鞭光秃秃的短而粗，两端又无红缨子，等于干耍不美观，就设法把长枪改成短双头枪，替代了双鞭，又好看、又省力、又出新，还不容易失手出错。于是在演《闹龙宫》里，伯父就让演龙女的演员试用双短枪，果然效果很好，伯父和同仁们都很满意。不久，全国各省市剧团武旦演员竟然都使用短双枪打出手了，伯父这一首创得到肯定并普及开来，对他是极大的鼓舞，他也感到非常欣慰和自豪。

1958年4月新编神话剧《红色卫星闹天宫》在北京吉祥戏院上演，伯父在这一剧中，大胆创新哪吒使用的圈儿打出手。伯父说："道具改革是根据剧中人物的需要，也是为了让观众看得更清楚。用圈儿打出手并不难，只是形状发生了变化，一个是长形状的枪，一个是圆形的圈儿。只要掌握好重心和动力就可以正常表演。改革创新的目的是使剧目和表演常演常新，经常输入'新鲜血液'，这样才能生存、才能吸引观众。"

伯父回忆《红色卫星闹天宫》中用"火流星"说："因为苏联的卫星上天我们也高兴，所以，根据杂技中的耍流星，经过改革放在了《红色卫星闹天宫》剧中。"伯父表演的流星与杂技表演的流星不一样，是用木炭做成的"火流星"。伯父说："当时没有现在这么先进，就使用的木炭。使用木炭有很大的危险，所以要掌握好木炭的燃烧时间，要绝对保证安全不能出危险，考虑周全后才能使用。最关键是怎么突出'红色卫星闹天宫'？该怎么控制？于是，伯父就在表演动作上找答案，经过多次试验，最后决定在表演时来回晃动木炭，结果证明效果不错，真的出现好像神话似的'卫星'在天空中运行。然后接下一个表演动作'上膀子'，另一只手在背后接着，再做'绕脖儿''片腿'等组成的一套表演动作让流星跑满台。给人们感觉真是卫星上天了。'火流星'在传统剧目中没有用过，这也是首次将'火流星'搬上京剧舞台。"

1958 年中国京剧院四团演出《红色卫星闹天宫》剧照，左一班世超，左二王天柱，中间李丽芳，右一李鸣盛，右二郭金光（照片：刘连伦先生提供）

在艺术创新上伯父大胆超越，从而使京剧舞台表演艺术呈现给观众一种特殊的美感。看过《红色卫星闹天宫》的人们，对此剧都赞不绝口。在不断取得创新成就后伯父深情地说："一个人要想有成就，首先要不怕吃苦、要下决心、不管多大的困难也要好好练功，练出本事，才能够为人民、为革命、为京剧事业的发展前途做贡献！"

扎 根 塞 上

1958 年，原北京市民政局局长马玉槐同志调往宁夏回族自治区任党委书记。离开北京前，周总理问他有什么要求，马玉槐提出要四团。周总理说："有眼力！但是，有个条件是：此团不能打散，待自治区稳定下来，还要完璧归赵"。

由于马玉槐喜爱京剧，曾多次带中国京剧院四团出国访问演出，他很了解四团，对四团有很深的感情。四团是部队转业，演员素质高、能吃苦、组织纪律性强，年轻演员多、党员多、好管理。150 多人其中有三分之一是党员。伯父回忆道："当年团里主打戏有：《泗州城》《梁红玉》《杨排风》《乾元山》等就有几出属于我的戏；老生戏是：《四郎探母》《除三害》《三家店》等，演员行当齐全，文戏、武戏在全国都属一流，每到一地演出，都给广大观众留下了很深的印象。这个团当时是哪里困难就奔哪里去，演出条件差，我们自己挖地基盖剧场，拉砖、和水泥这都自己动手，银川剧场就是这个团的基本力量盖起来的。"

1958 年 7 月 30 日至 8 月 20 日中国京剧院四团在西安巡回演出结束，刚回到北京，还没来得及休息，就接到上级关于四团划归宁夏回族自治区的调令。全团马上召开了动员大会，号召大家支援西北文化建设。当划归宁夏回族自治区的决定宣布后，全团同志积极响应。会后，纷纷表示坚决响应党的号召，为支援西北建设多做贡献，服从上级组织分配，到祖国最需要的地方去。

9月2日、3日两天，中国京剧院四团划归宁夏回族自治区，离京告别演出。在北京人民剧场夜场：王天柱、班世超、李丽芳、王吟秋、李鸣盛、张元奎《红色卫星闹天宫》。

1958年9月19日下午，满载着中国京剧团四团全团演职员及家属将近200多人的专列，缓缓驶出北京，驶向西北宁夏银川。经过三天三夜的一路西行、一路颠簸，终于在9月22日下午2点左右到达银川。火车打开车门后，大家都被眼前一片荒凉的景象惊呆了！动员会上不是说："宁夏回族自治区是'塞上江南、鱼米之乡'吗？怎么会是这样呢？"

银川火车站是当年8月1日刚刚通车的，极其简陋，只有两条延伸至远方的铁路和两顶临时搭建的帐篷。帐篷里挂着几盏老式煤油灯，没有站台，大家的行李都是从火车上直接扔下去的。几辆破旧的大卡车载着200人经过十几里路，来到一个狭长的大院子，院里有几排简陋的排房，这就是中国京剧院四团初到银川的住地。

现实困难已摆在全团演职员的面前，在团领导的带动下，首先自力更生解决住房问题。全团上下一起动手和泥、脱坯、盖房解决自己的安身之处。全团不分干部、群众，没有一个叫苦喊累的，大家齐心协力，团结紧张，处处彰显四团具有很强凝聚力的优良传统作风。

银川毕竟不能与北京这个帝都相比，喝水还是喝井水，井里打上来的水，很浑浊，必须经过沉淀后才能喝。在这样的艰苦环境下，伯父总是以身作则、埋头苦干，哪里的活儿又脏又累，哪里就会有他的身影。

初到银川，连住房都没有，别说练功房了。为了让青年演员能有一块木板地练功，伯父就开动脑筋，在荒地上创造条件，使得学员们的武功练得一个比一个棒。

1958年9月27日到银川的第五天，宁夏回族自治区京剧院正式成立，建院首演在银光剧团。主要演员：王天柱、王吟秋、王和霖、田文玉、刘元鹏、刘飞云、刘顺奎、汪野航、李丽芳、李荣安、李蓉芳、李鸣盛、李韵章、金玉恒、俞鉴、郭元汾、郭金光、张元奎、高玉秋、班世超、徐鸣远、殷元和、

舒茂林、茹绍奎、谭喜寿、谭世英。演出剧目：王天柱、郭金光《三岔口》，李鸣盛《失街亭》《空城计》《斩马谡》，俞鉴、班世超《乾元山》。9月28日剧目：班世超、王天柱《武松打店》，李丽芳、李荣安《玉堂春》（起解、会审、监会、团圆），谭喜寿、茹绍奎《闹龙宫》。

1960年，一团、二团下乡演出，他们走遍宁夏回族自治区14个县市，深入六盘山区体验生活。"一年365天，全团演出了1001场戏，为此，宁夏京剧团落了个'千场团'的名号。"回忆起当年在银川演出的情景伯父非常兴奋，他回忆说："我是武旦主要演员，不管哪出戏只要戏里有舞刀弄枪、翻跟头、表演流星的都是我上。那时候银川观众不怎么爱看文戏，喜欢看热闹的武戏，更喜欢看我翻跟头。"银川的观众认为看伯父的武戏带劲、有看头。

宁夏京剧团基础设施刚刚建好，不料又经历了艰难的三年自然灾害。1959年夏全国大面积干旱，自然灾害频发，粮食产量大幅下降，出现全国饥荒。全团演职员勒紧裤带自力更生，开荒、挖渠、积肥、种粮、种菜度饥荒。伯父家养了几只鸡，鸡下了蛋，伯父、伯母舍不得吃，攒着都留给学员们演出回来当夜宵。

在1960年剧团下乡参加农场劳动时，青年演员马淑娴、冯喜彩、王大成三人因为缺乏营养，加上演戏又累，患上了伤寒病，宁夏回族自治区当时医疗技术水平有限，三人病情都十分严重。其中一位青年演员王大成病情最严重，不久，因伤寒夺去了年轻的生命。其他俩人被抢救过来了。京剧团著名鼓师马玉山也是因饥饿时间太久，猛地一次吃了好多食物，加上喝了好多水，过后肚子胀得难受，到医院后抢救无效不幸去世。如此一位鼓师过早离世太可惜了。

著名京剧表演艺术家童芷苓，1962年随上海京剧院到宁夏回族自治区演出时，来看望伯父，她把上海市委照顾她的高级罐头食品赠送给了伯父，伯父感动至深。

以上事实证明宁夏京剧团老一辈艺术家和学员们经历了常人难以想象的艰苦岁月。

传承艺术 桃李遍天下

伯父毕生致力于京剧事业，功底深厚、才艺精湛，曾获得过很多荣誉。在科班学艺时便以出色演技获得好评。20世纪30年代出版的《评剧二百年》一书，对他在长安戏院参加武生大会演之《泗州城》中的演技倍加赞赏，称其为"武功之佳，压倒一切，当日之武生大会，誉为第一"。18岁出科后，伯父曾与梅兰芳、尚小云、程砚秋、荀慧生四大名旦同台合作，以及杨宝森、李少春、马连良、谭富英、裘盛戎、李洪春、李万春、叶盛章、盖叫天、高盛麟等名角儿同台合作，渐而驰名于京、津、沪。由他饰演《金山寺》中的白蛇和《杀四门》中的刘金定曾在上海轰动一时。他在舞台上塑造了不少栩栩如生的古代英雄妇女形象。他与盖叫天、高盛麟合演的《武松打店》蜚声艺坛。他的代表剧目还有《火烧余洪》《锔大缸》《盗库银》《取金陵》等戏。

由于伯父在京剧界享有盛誉，几十年来，不少同行纷纷向他求学问艺，其中不少是声名显赫的表演艺术家，如：言慧珠、童芷苓、李玉茹、关肃霜等都得到过他的教益。伯父讲："我给言慧珠说的是《扈家庄》，她要演扈三娘，这样我就把全本《扈三娘》的其中一折《扈家庄》给她说了。教她是按刀马旦要求，不能按武旦教，不过有基础、也好练。早晨，老早的练功服就穿上了，等着我。后来她演出很成功，观众火爆、一票难求，她"梅派"专一。一个她、一个梅兰芳演出，票很难买到。童芷苓，我给她练得《梁红玉》，学了一出《梁红玉》，她刚学会就实践，在天蟾舞台《梁红玉》三个大字就写出来了。演出很成功，很受观众欢迎。童芷苓可是表演艺术家，《梁红玉》中她的枪下场要得就是好。仔细想起来童芷苓真是让人不可思议，她都成名了还学《梁红玉》干什么呀？她一出《擂鼓战金山》，练得浑身湿漉漉的，天又热，那个靠啊、汗水都透过来。她一天功都不落。《擂鼓战金山》那

鼓跟我学的简单，就打'三通鼓''水战'，这都好打。要打'将军令'，那就得下功夫了，我就是'水战''三通鼓'，我这是手到擒来，要打'将军令'我就差了。芷苓打'将军令'打得好。还有一个是赵晓岚，我给她练得《穆桂英》，她也很用功，练得浑身是汗，她是花旦、青衣，她青衣《宇宙锋》最拿手。"

中华人民共和国成立后，他抛弃了优裕的生活，参加了总政京剧团，先后到东欧、亚洲等十几个国家访问演出。1958年随团到宁夏回族自治区，他除舞台演出之外，还为宁夏回族自治区和全国演艺界培养了大量人才。

班世超辅导青年演员（图片：刘连伦先生提供）

1958年中国京剧院四团到陕西、山西、河南等一带巡回演出，每到一地伯父的演出都大受欢迎。特别是看到他才艺高超、与众不同的表演后，各地剧种剧团的演员纷纷向他求教。其中有陕西省秦腔剧团旦角，一级演员赵梦兰；山西省太原市实验晋剧团旦角，一级演员高翠英；还有甘肃省兰州市豫剧团团长，旦角，一级演员郑秋波等都曾得到伯父的传授。陕西省秦腔剧团演员赵梦兰，在自己的回忆录中，详细描述了伯父当年如何为她传授技艺（详见：《我与班世超老师的情缘》），2012年4月她还亲自到银川看望54年未见面的老师——班世超，再续师生情缘。伯父和阎世善还曾被樊粹庭邀请到陕西省狮吼剧团传授舞大刀、双刀等武旦技艺。1960年伯父代表宁夏文艺界参加了全国文化艺术群英会，并在此次的大会中荣获了全国"五一劳动模范"奖章。

伯父的学生还有：王志怡、金玉春、肖玉华、李秀慧、王晓棠、王大媛、李秀兰、刘益珍、冯喜彩、冯喜舫、张克勤、马淑娴、谢滨、杨道志、张美恭、靳芳、刘连伦、李新云、方丽华、方丽丽、王燕、殷茵、谭荣曾、刘海生、班增魁、王嘉铭、王海龙、刘复元、李鸣、白立明等。

伯父一生经历了许许多多的坎坷，他以超人的博大胸怀，尽心尽力地为传承京剧艺术，培养了无数人才，辛勤耕耘、默默奉献。

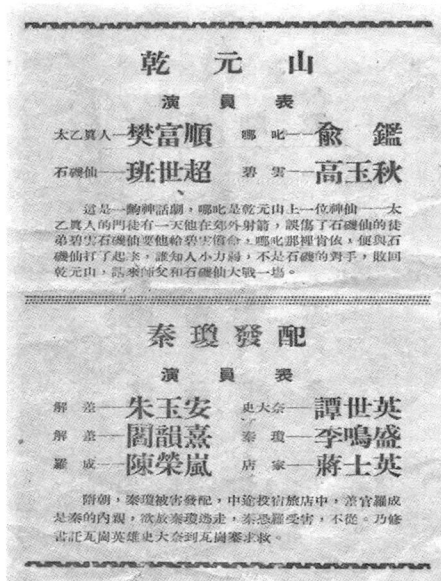

总政时期演出戏单（图片：钮季冬先生提供）

恩爱夫妻

　　1942 年伯父跟李少春在天津演出时，经人介绍认识了伯母戴英。伯父见她老实贤惠，长得又漂亮，经过一段时间相互了解，1946 年在上海举行了简单的婚礼，夫妻互敬互爱、相敬如宾很和睦。婚后没有自己的孩子，从二哥（班寿芳）家过继一个儿子班增魁，宁夏京剧团武生演员。5 岁多开始跟着樊富顺、白元杰、盖玉亭

班世超与夫人戴英、公子班增奎（照片：班增魁女儿班艳蓉提供）

等先生压腿、下腰、拿顶练基本功，1958 年年底进入宁夏京剧团学员班。13 岁主演《三岔口》《闹龙宫》等剧目，武功也是很好的，学员班的主演之一。另外，又抱养一个女孩儿叫班明，没有从事戏曲工作。

　　老夫妻俩夫唱妇随、相濡以沫几十年。伯父常夸赞伯母："长相属一流、人品也是属一流的"！伯母不是京剧业内人士，为人热情大方、又好客，家里做了好吃的总得叫上几个人到家里去吃，到宁夏回族自治区后在街道居委会工作。伯母对伯父的体贴也是贴心贴肺、关怀备至。伯父到剧场演出前，伯

母早就为他备好毛巾、水杯、化妆衣、水衣、化妆盒、布袜子、卸妆油等，化妆盒整理得非常有序、整齐，全部放在一个包里，伯父出发时随时提上包就走。有时，伯母也到后台照应伯父。演出结束，伯父回到家，伯母首先用热毛巾为他前胸后背擦汗，然后为伯父捶背，捶腿。最后夫妇俩有说有笑地每人一碗热乎乎的羊骨头汤。

班增魁《三岔口》剧照（照片：班增魁女儿班艳蓉提供）

三年自然灾害时，团里无论谁家有困难，伯父总是慷慨解囊相助。伯母了解伯父的为人，从不埋怨他，总是给予支持。特别是在"文革"中，伯父也没能躲过这一劫难。有一天，家里突然来了一帮造反派，不由分说进门就砸东西，见什么砸什么，把家里弄得乌烟瘴气、乱七八糟。从那时起，伯父就像做了场噩梦，不明不白被扣上莫须有的"反革命""走资派"的罪名，被关进潮湿的小黑屋里，过着犯人般、屈辱的日子。除此之外，隔三岔五地还要被批斗、挨打，还有可恶之人用锥子扎他，使他身心受到严重摧残，还逼他、强迫他写揭发文化部周扬的材料，伯父想："我一个唱戏的，和上头领导根本联系不上，我也不知道上边的事儿，我揭发什么？"可是写不出揭发材料就挨打。伯母知道后，暗地里流泪心疼啊，也不知如何是好，她就理直气壮地问京剧团："老班在京剧团吃苦受累怎么倒成了'反革命'？'走资派'了呢？"伯母怎么也想不通，不明白。伯父心疼她、怕她受牵连，反过来劝她说："你不要和他们顶撞，我顶可以，你不能顶，万一把你牵扯进去，我们都受罪"。伯母去世后，伯父总是思念他故去的、贤惠的爱妻。伯父无论是头顶光环，还是"文革"中"下放"劳动，伯母始终左右伴随伯父，相亲相爱、伉俪情深几十年，伯母对伯父的爱是众所周知。

- 53 -

感恩戴德　好善乐施

中华武术传承的是强身健体，修身养性，济世扶贫，在王子平师傅的教导下，伯父懂得做人要以善为本，所以伯父心中富有一颗善良的心，同行们很多师兄弟在生活危困中都曾得到过他的资助。有些年轻人初到灯红酒绿的大上海，经不住诱惑就陷入了赌场，为挽救他们，伯父不仅苦口婆心规劝，还几次三番从现场把他们拖救回来，帮他们偿还债款。在天津认识的剧场经励科一个姓欧阳的年轻人，因为没有钱娶媳妇，伯父慷慨解囊赠他一锭金子帮助他完成婚事。

伯父说他六七岁在科班时，有一位砌末师傅姓李，叫李长寿。对他就像对待自己孩子一样疼爱和照顾。李师傅知道小孩子练功很艰苦，伯父又老实，就常买些小点心给伯父，直到伯父出了科。老人年迈被科班辞去了工作。那时，伯父在上海很惦记老人，每月按时给李师傅寄点儿钱。

在伯父去宁夏回族自治区前到他家辞行时，李师傅拿出房契说："孩子拿着它，这是你的啦！"伯父急忙对老人说："大爷您收好，我回来还得照顾您呢。"没想到伯父回到宁夏回族自治区，李师傅就去世了。伯父的为人处世，在武术界和京剧界都是有口皆碑，受众人尊重和敬仰的。

伯父在中国京剧院四团时，一次去浴池洗澡，见一老人带一个十来岁的小孩儿也去洗澡。正洗着时，见一壮年人和老人打起来了。伯父上前去劝打人者，那人不问青红皂白上来就给伯父胸口一拳，伯父对他说："你这人怎么不讲理呀，小孩子淘气碰了你一下，又能怎么样呐？你也不该把老人摔倒在池子里呀？"那人上前又抓住老人头发使劲摇晃着问老人："你服不服？"我伯父让他松手并对他说："你别把他淹死，真出事儿你就后悔了。"那人又给我伯父一巴掌说："你管什么闲事儿呀？"伯父没说什么就出去了，边走边想：自己不会水不能在水池子里打，再说真在水里打起来也影响别人洗澡。正在想着，那人又给我伯父后脖梗子一掌，伯父摔在了地上，伯父起来后对那人说："你打了我两下了，我可是来劝架的。"那人混不讲理地说："劝架用不着你，我这拳头就是专打劝架的。"伯父听他这么说非常气愤地说："你这拳头没用！不信你试试嘛？"那人反问一句："怎么没用？"唠叨着又朝伯父脸上打了一拳。伯父警告他说："你再打我可就不客气了！"那人不信又上来打，伯父快速一闪身把他扔出两米远，按京剧行话说给他来了个"大吊毛"，趴地上起不来了。伯父心里明白大概是骨折了，那人自己不知道骨折。他想爬起来就是爬不起来，还跟伯父大喊大叫。伯父说："你别撒野胡闹，你打我好几下，我才打你一下，今天你必须给老人赔不是，道歉才行。"

这就是伯父疾恶如仇、同情弱者，好打抱不平的个性。

安详地走完人生

年迈慈祥的伯父，于 1980 年退休。那年伯母患子宫癌去世，养子、养女都成家立业，逢年过节他们都会来看望老人。伯父心中始终念念不忘练功，留恋着舞台，不时地思念师兄弟们和培养他的老师们！

人们记得在他 80 岁高龄时，还为朋友们在两把椅子上表演他最得意的"旱水"绝技，以此为乐、活动筋骨而已。平时在阳光充裕的好天气，他才下楼去公园溜溜腰腿，一般

班世超在山东烟台海边

就是在家练功、看看电视。看电视也就是戏曲频道和体育频道。生活如此简单、平淡而已。伯父的一生非常低调，不喜张扬，淡泊名利。

如今伯父的生活，主要由他的学生马淑娴主动承担照料。还有向他学习摔跤的学生谢建森，经常陪伯父去洗澡，李鸣盛的三公子李鸣经常做些伯父喜欢吃的送去，王海龙夫妇、刘复元、王嘉铭、白利明等也都经常看望伯父，学生们都是以感恩的心报答着伯父。

2010年春，学生马淑娴陪着年过九旬的伯父从宁夏回族自治区回到北京与家人团聚，我们陪老人家去了鸟巢、水立方和改建后的前门大街。伯父感慨万千，惊叹北京的变化真大。我们全家人和伯父拍了全家福。2011年11月，伯父应邀来北京参加富连成创办107周年纪念活动，会议期间，见到许多数十载未见的著名京剧表演艺术家杜近芳女士、著名京剧表演艺术家谭元寿、王世霞等师兄弟和老朋友；曾任中国戏曲学院副院长钮骠先生、中国戏曲学院教授、叶盛兰之公子叶蓬、富连成社第二任校长叶龙章先生之公子叶铁森和叶金森、著名京剧表演艺术家叶盛章之公子叶钧、著名京剧武旦宋德珠之女宋丹菊等纷纷问候伯父并合影留念。伯父还应邀在梅兰芳大剧院看了一场京剧演出，满足了他的心愿。

2016年9月29日逝世于银川，安详地走完人生。

局长要看《打店》

　　1959 年到 1961 年的三年自然灾害，全国都没有粮食吃。粮、油、蔬菜和副食品等极度缺乏，严重危害了人民群众的健康和生命。宁夏京剧团也同全国一样，演职员工作量大、体力消耗快、吃不饱饭，身体所需的营养跟不上，大家已无力气练功排戏，武戏演员体力透支更严重。在一次给宁夏回族自治区领导演出《乾元山》时，因长期吃不饱，演员饿得连跟头都翻不起来了。自治区领导见到这种场面后，感到情况的严重性，如此下去会把这些好演员就都给毁了。自治区领导立即开会研究如何解决京剧团的困难，经过研究决定京剧团走出去，以慰问演出的形式到稍富裕的外省去，借此让演员补充营养、提高身体素质。

　　1961 年 3 月宁夏京剧团近百人参加的访问演出团到达广西壮族自治区慰问演出。3 月 5 日在南宁市人委大礼堂首演，郭金光、王天柱的《三岔口》，李丽芳、李荣安的《三堂会审》，李鸣盛、刘顺奎的《文昭关》，俞鉴、班世超的《乾元山》一炮打响，南宁的观众目睹了宁夏京剧团精湛的演艺，十多场演出是场场爆满。宁夏京剧团不但为市民观众演出，同时还到广西边防战线为广大官兵献上一出出精彩剧目。

　　圆满结束了广西壮族自治区慰问演出后，4 月 11 日到达湖北省武汉慰问演出。武

原武汉京剧团团长是高盛麟

汉京剧团团长是高盛麟，又是主演。他是伯父的师兄、又是结拜把兄弟，高盛麟在把兄弟中排老二，所以伯父称他二哥。当时，武汉文化局局长觉得这是难得的好机会，因此特别提议，请伯父跟高盛麟合作献演《武松打店》，伯父高兴地应允了。武汉观众为看一流武生高盛麟和大名鼎鼎的武旦班世超的精彩佳作《武松打店》，在演出前三天就簇拥在剧场门口排队买票了，真是一票难求，座无虚席还加站票，盛况空前。伯父在剧中扮演孙二娘，高盛麟扮演武松，二人在摸黑打斗中，伯父手持一把银光闪闪的攮子，一个英气逼人亮相，紧接着双手握攮子两端，双腿从攮子上一跃掏过，一个原地起原地落，悄然无声、体轻如燕的"吊井抢背"，演绎得非常绝妙。全场观众自始至终为伯父这套精彩漂亮的绝技热烈鼓掌、喝彩。两大名角儿珠联璧合的联袂献艺，轰动武汉，街头巷尾传为佳话啊！

班世超、高盛麟《武松打店》剧照（剧照：刘子尉先生提供）

（4至58页钟荣审稿　班玉芬整理）

2012 年班世超荣获弘扬京昆艺术特殊贡献奖、终身成就奖

关于将原中国京剧院四团划归宁夏回族自治区之事，国家文化部于 *1958* 年 *7* 月先后下达了两份文件，前后间隔仅 *2* 天。两份文件全文如下（非原件格式）：

文件之一

中华人民共和国文化部（*58*）文刘艺戏·字第 *445* 号

事由：关于将中国京剧院四团划归宁夏回族自治区领导问题

主致：宁夏回族自治区筹备委员会

抄致：中国京剧院、总政宣传部

关于将中国京剧院第四团划归你区领导的问题，我部已与中国京剧院和四团负责同志商量过了，我们同意将该团现有人员和物资完全交给你区。至于交接的具体时间和有关的一切具体问题，请你区直接与中国京剧院商量决定。

中华人民共和国文化部

1958 年 *7* 月 *23* 日

注:其上有 "拟办与批办" "存办" "马少波 27 日（签名）" 字样。

****

文件之二：

中华人民共和国文化部（*58*）文刘艺戏 *456* 号

主致：宁夏回族自治区筹备委员会

抄致：中国京剧院、总政宣传部

关于将中国京剧院第四团划归你区领导问题，本部已于 *7* 月 *23* 日，以（*58*）文刘艺戏字第 *445* 号公文通知你区。至于交接的具体时间和有关交接的一切具体问题，因中国京剧院即将下放北京市领导，改由你区直接与本部艺术局商量决定。

中华人民共和国文化部

1958 年.*7* 月.*25* 日

这两份文件证明，将中国京剧院第四团划归宁夏，是由文化部做出正式决定后下达文件，然后按文件执行的。

（文件来源：石小元先生提供）

　　1966 年 12 月中旬，宁夏京剧团苏玉飞、苏连生等四位同志以"大串联"的名义赴京，上访文化部和中国京剧院。当时他们的想法是：四团到宁夏后生活、工作环境十分艰苦，与在北京时反差很大，当初大家仅凭一句话和革命热情就响应党的号召来到宁夏。

　　他们找到了当时任中国京剧院副院长的马少波，此时他调任中国戏曲研究院。方知马少波已被群专，通过院革委会同意他们与马见面。

时间:1966 年 12 月 26 日下午
地点:中国戏曲研究院
接待者:中国戏曲研究院"革委会"负责人
被访者:马少波
苏玉飞:
　　马少波同志，请问我们（四团）是怎么到宁夏来的？

马少波:
　　你们是旧文化部提出决定之后通知我们的，进行动员。当时是钱俊瑞（时任文化部党组书记）、周巍峙（时任文化部艺术局局长）先和宁夏商量好了才找我谈，宁夏要建立个京剧团，部里决定把四团给他们。当时我不同意，这个团是部队的，经过锻炼，我很喜欢这个团，这个团政治基础好，是否考虑别的团？当时钱俊瑞、周巍峙很生气地说：京剧院摊子太大，不能够要这么多团，京剧院必须精简、压缩，宁夏是少数民族地区，要支援，不是一般的地区。
苏玉飞:
　　这个问题跟周总理、贺老总请示过没有？
马少波:
　　部里做决定部里负责，反正我当时表示不同意。他们事先没有商量，来了就叫执行，下级服从上级，我不能不执行。我回来后拖了几天，但态度坚决。这个团要动员，只有四团容易，这个团觉悟高，政治质量高，其他别的团放不下去，要给宁夏就给好的。这是周巍峙说的。以后我找石天团长谈了这些情况，周巍峙可能也找石天谈过。我可能对这个团有照顾不周之处，但我感情上是爱这个团的。还有个情况告诉同志们，我也是军队下来的，决定这个团下放前我不知道，决定后我才知道了。1960 年在总理那儿，总理请一些人吃饭，有贺老总，有王吟秋，有钱俊瑞、周巍峙二人，有赵荣琛，成立程派京剧团，在那次贺老总就批评了钱俊瑞，为什么把这个团送到宁夏去？你们文化部宗派主义。

　　　　　　　　（文件来源：石小元先生提供）

观众至上　戏比天大

● 演出受伤　不下火线

　　1961 年宁夏京剧团以强大的阵容，从辽宁演出归途中，又应天津中国大戏院的邀请公演一期。这是宁夏京剧团首次到天津演出，第一周演出"杨派"名剧《伍子胥》以及李鸣盛、李丽芳演出的《四郎探母》；李鸣盛、俞鉴演出的《陆文龙》，就连著名武生厉慧良、张世麟也场场必到。"著名武旦班世超主演《泗州城》"的广告一贴出，观众立刻排队买票，都要看看当年富连成科班大红大紫的小武旦演出《泗州城》，他的"旱水"绝活，早被天津观众

《泗州城》剧照 中间：班世超饰水母

菊坛春秋 班世超

所崇拜追捧。并知道他在武生大会串上被评为第一。20多年后的今天，天津观众仍然渴望目睹班世超的舞台风采，以饱眼福。伯父不负众望，他扮演的"水母"一上场，顿时赢得了满堂彩的碰头好。在"扑水"一场戏里，他登上了三张桌子的高台上，表演"旱水"绝活。只见他一只手按在桌面上，两脚并拢横伸在高空，另一只手掏额头上的翎子，那只按在桌子上的手还不停地升起落下，再升起再落下，并随着手的转动，横撑空中的身体也跟着转动，然后，两手交换，那只掏翎子的手再按到桌面上，就这样反复多次，长达20多分钟，体轻如燕，矫健敏捷。顿时场内掌声、喝彩声交织一片，加之乐队锣鼓声，使演出热烈火爆。就在伯父自高台往下跳跃的一刹那，突然，腰中系的腰巾子松了扣，不偏不斜正裹住了他的右脚，说时迟，那时快，就在他落地的眨眼工夫，脚骨折断了，他只能横拖脚步一拐一拐地下场了。

他不动声色，以坚强的毅力，忍着剧痛，紧接着再上场对阵打出"手踢枪"，仍然那样火爆。准中有狠，又脆又美，跨肩翻下，又漂又冲，直到终场喝彩不断。

演出结束，紫色的丝绒帷幕徐徐落下。掌声雷动，热烈欢迎伯父谢幕，可是帷幕再也无法拉开了。伯父晕倒在舞台上。醒来后大家问他哪儿不舒服，他咬牙说出四个字："骨——头——断——了"！在场的人个个惊呆了，大家这下才明白他的脚骨在高台跃下时就折断了。人们简直无法相信，伯父居然在脚骨折断后，仍然强忍剧痛，不洒汤，不漏水地完完整整地坚持演完一出重头大武戏。人们不能不佩服这位艺术家，对观众高度负责和对演出无比认真忘我的精神。

我在整理伯父资料时，知道他骨折的事情后，问伯父："您的脚骨折了还继续演，您当时是怎么想的呢？"伯父回答我："当时，首先想到的是观众花钱看戏，而且又是压轴戏，不能让观众带着半点遗憾走出剧场。"伯父的回答让我这做小辈的人对他油然起敬。"观众至上、戏比天大"的观念使伯父永远牢牢记住对艺术、对观众要高度负责才能成为真正的艺术家。

（摘自：《宁夏戏剧志》）

第二篇　流年往事

1954年班世超赴欧洲访问前留影（照片：谢建森先生提供）

德高望重 德艺双馨

秦 刚（口述）

● 德高望重

我是 1960 年 9 月 18 日考入宁夏京剧团学员队，是老四团支宁招收的第二批随团学员，1968 年毕业被分配到二团（石嘴山京剧团）。

"文革"时期，因为我说了"这个女人不寻常！"这句话，被造反派认为是带有攻击性的言论，被"群专"。"群专"人员有班世超、王和霖、刘元鹏、王天柱等老同志。遭到突然的重大打击后，使我这颗年轻的心灵受得了重创。每天是吃不下、喝不下，整个人就像傻了似的，当时我都不想活了。班先生看我很年轻，情绪这么低落就特别的关心、照顾我。他亲切地对我说："小子，你可不能这样，会把身体搞垮的，你还很年轻啊！不能就这样把自己荒废了，打起精神来，跟着我练功。"听班先生这么一说自己又一琢磨，班先生说的对、有道理，如果再这么消沉下去，我这辈子不就完了。我也不想这辈子就这么一事无成的混呀。于是，我就下决心每天跟着班先生练推顶、练臂力，先生要求我每天卷五块砖（练臂力的一种方法）。经过跟着班先生锻炼身体后，我的食欲大增、心情也舒畅多了，身体素质有了很大的提高。

1969 年是工业学大庆、农业学大寨，文艺界也在搞向工人阶级学习、向贫下中农学习、接受再教育。全团都到红果子镇，一个制作轴承的钢铁厂去接受工人阶级再教育。每天拉着小车到黄河沿儿去劳动，劳动之余，班先生教我摔跤，总之，他是想尽一切办法为我强身健体。那时，还有一项重体力劳动，给团里拉粮食都是我们装卸。当时，我一次扛三袋面粉（每袋 50 斤），

100 多斤扛在肩上都不觉得累，身体非常的健壮，这都归功于班先生爱惜我、帮助我，使我受益终生，感恩不尽啊。

在 20 世纪 70 年代，"备战、备荒、为人民"的口号在全中国家喻户晓。文艺界也不例外，全团都到炼钢厂"下放"劳动，每天要挖坑，很辛苦。炼钢厂的食堂有一位姓郭的师傅，看过班先生的戏，知道他是角儿。就跟京剧团申请非要班世超到食堂去，京剧团不同意，郭师傅就对京剧团说："京剧团如果不放人，我就不伺候京剧团百十来人的伙食！"京剧团拿郭师傅没办法，只好乖乖地把班先生交给了郭师傅。郭师傅把班先生领到食堂用一种非常普通而又亲切的话对他说："你不能去干挖坑的活儿，跟我学点技术活儿。"后来，班先生跟郭师傅学会炒不少拿手好菜。

业余时间郭师傅喜欢打猎，上山打黄羊。红果子镇离贺兰山很近，山上有黄羊，每次郭师傅打来黄羊一定要请班先生，为他改善生活。那时生活很困难，难得吃一次牛、羊肉，从这一点一滴的小事儿不难看出郭师傅是在细心地呵护和关心着深受打击的班先生。

班先生最早是京剧团副团长，到石嘴山后，尤其是给他平反后，他是团长兼书记。京剧团上上下下、老老少少一致称赞："班先生人好、从不摆领导和角儿的架子、待人和善。"大家都称他老班，他不让同志们叫他班团长、书记。在"文革"中冲击他的、打他的、甚至拿锥子扎他的人，自己感到很惭愧，觉得对不起班先生。

当时，钢厂食堂负责京剧团演职员一百多人和本厂职工一百多人的伙食，每天有二三百人吃饭，食堂大师傅有十几人，班先生到食堂工作后主动抢最累的活儿干。据我所知，每天最少揉 3 袋面（每袋 50 斤）。那时班先生自己说："拿揉面这活儿就当练功、练手劲儿！"食堂的伙食也改善了，不只是揉面蒸馒头，居然还搞起了抻面，北京的抻面那可是很费功夫的。食堂的师傅们都知道他是名角儿，大家一高兴就围着班先生喊："来一个！"班先生就在案子上来一把"旱水"。当年他 50 多岁，功夫还很棒，身体也很好。他有个好习惯，走到哪儿都把干活儿当作锻炼身体，从不惜力。在石嘴山时，剧团烧火用的是煤饼，全靠自己动手拖煤饼。他和徐中年副团长两人把院子拖满煤饼，煤饼干了再接着拖，像个泥瓦工，他也不觉得累，他认为是锻炼身体，默默地为大家服务。

"焦裕禄式"的团长

由于我被"群专"过不能上台演出，当时流传一句话是："要演革命戏，先做革命人"，我不能做革命人了，就跟着班先生学习抄功，先生在我旁边做旁把，培养我练抄功，我们二人给团里所有年轻演员抄功。那时，蔡宝华他们年龄都大了、老了，我正年轻，跟班先生锻炼得年轻力壮。后来一团、二团合并，大家都夸我是头把。听到大家的夸奖，我为自己能遇上班先生这样的好老师而庆幸。当年在石嘴山给演员们抄功也很辛苦，每天早8点练到中午12点。年轻演员也都是成年人，身体都很重，班先生当年50多岁，每天累得回到宿舍也感到很疲惫，但是，他从来不对别人说。

说起班先生给学员们练功，那就要说说当年演员排练《奇袭白虎团》的时候，戏里有个动作三张高翻下。年轻演员技术不熟练，有横着的、歪着的，班先生在底下保护着，只要他在底下护着大家就信心十足，因为他劲儿大，有差错他从来不会往后退。有一次，刘复元练翻下时有点儿歪，当时把着他的人一看要出事儿就往后撤，差点把刘复元摔着，那天班先生不在场，如果他要在场的话，他会毫不犹豫地第一个冲上去抱住。后来，学员们练功时，班先生不在场就不练翻高。学员们都感觉他在底下永远像是"安全阀"一样，在保护着大家的安全。演戏有戏德，老师有师德。

有一次练功，为了接住一个学员，把他手腕子砸肿了，肿得很高，他也没怨言。班先生就是靠真诚待人，换来大家对他的尊重。平时我们每次到他宿舍和他聊天，就像是和自己家长辈聊天儿，很随便。他把我们当成他的孩子，我们当他是自家的长辈儿，从来都不是把团长挂在嘴边上，只有在正式场合大家不得不叫团长。

我记得还有一次演出回来时，赶上下大雨，我们的车陷在石炭井的路上。石炭井这里的路就叫"和水路面"，下雨就成泥塘。在电闪雷鸣的大雨中班先

生带头搬道具、装车、卸车。当时，我们这些学员都很感动。如果换一个人有可能就会先到一边歇会儿了，这种吃苦耐劳的精神，也就只有班世超先生才能做到。大家都自发地从心里称他为：焦裕禄式的好团长。

◉ 业余生活

1958年京剧团来到宁夏，武戏是宁夏京剧团的传统。从前辈人口中得知，班先生在上海时的业余爱好，除了练武功就是踢足球。班先生当年在上海梨园公会是足球守门员，而且比赛对手都是当时的著名球队。班先生、郭金光先生（跟头大王）他们都非常热爱足球运动，参加了梨园公会的业余足球队。据前辈们讲，当年上海梨园公会踢球大家都爱看，每次进了球班先生都高兴地翻跟头。他扑球也很厉害，多硬的球他都敢扑，守门守得非常棒、连扑带翻很勇敢，是公认的最佳守门员。

班先生好武、喜欢运动，他和郭金光等前辈带着"老四团"的青年演员，成立了业余足球队。我们十五六岁时，跟银川最好的中学（一中、二中）踢，有输有赢，京剧团有这个优良传统，到石嘴山后班先生是团长兼书记，他每周都带我们踢两三场，踢足球成为京剧团不可缺少的业余生活。

石嘴山京剧团有两个传统运动项目，一个是足球，另一个是摔跤。这两项运动虽然是我们的业余爱好，但是也值得我们骄傲、自豪。无论是参加自治区联赛、还是与省级众多队比赛，每年京剧团队都能取得好成绩。宁夏体委马指导（国家一级运动员），他带的体委队跟京剧团队踢就没赢过。一次，马指导找到班先生说："您能不能给我们留一点儿面子？我们还指着它吃这碗饭呢。"在马指导求情后，京剧团队在决赛最关键的时刻让了一个球，最后体委队拿到冠军。

另外，说到摔跤，就不得不说班先生20世纪40年代在上海，为了能站住脚，不受地痞流氓欺负，还拜了我国著名武术大师王子平先生为师。王子平先生家有个后花园，后花园有一块大石板，班先生每天要到那里睡子午觉（上海天气热），晚上演出完再去学习武功。班先生说："跟王子平先生学武最大的好处，就是不伤人。"学武术不伤人"王子平先生就是这样教诲班先生的。

有一次，我和班先生，刘复元、王海龙 4 个人等公交车。等了半天好不容易车来了，班先生刚要上车，就被一个人狠狠地给拽了下来（为了抢座位）。我们都很气愤，班先生也很生气。我就指着那个带头的人说："干嘛那么蛮横?"哎呦，我这一句问话，招惹他们十几个人都围了上来。我们当时就 4 个人，不过心里有底儿，有班先生在，不用怕。当年是"文革"和"武斗"都刚结束，那些人很野蛮，一把就抓住班先生的衣领，班先生这时没废话，只是喊了一句："秦刚，你把衣服脱了!"意思是让他们看看我们也是练家子。那时，我已经练得胸大肌、胳膊、膀子都一块块的肌肉，很壮实。这时，班先生一只手也抓住了那个人，一反扣手腕就给解开了，一只手抓住他手腕，一只手抓住他后脖领子，一推一搡，那人就退出去七八步，那人也是 20 多岁、身强力壮，没想到班先生这么有劲儿，再一看旁边那几个人都傻眼了，也就灰溜溜地走了。

那时，几位老先生们凑在一起也聊这个。我和班先生在一起被"群专"半年多，没事儿就聊天。说古论今，讲一些他的奇闻轶事，就好比小孩儿听故事。

班先生经常给我们讲一些摔跤、武术的动作要领。因为班先生年轻时学的武术都是一招制敌、一下子就可以让人倒下的那种。有一次，给我说了一个动作（在玩儿的当中讲的），那叫"反关节"。在我和马金锁闹着玩儿时，他一把抓住我脖领子，我一只手托他的肩，另一只手搂着他的手和手腕，一托他的肘关节，差点把他手掰折了，当时把我和班先生都吓坏了，班先生大声喊："嗨，放手!"我们那时年轻不懂这些，根本不知道会有这么厉害的招数，还有夺攮子、空手夺白刃等，所以，班先生这些招数都很厉害。他给我们讲："不到关键时刻是不能随便用的。"

石嘴山炼钢厂，有一批年轻小伙子是天津人。他们都慕名来找班先生请教，经常和班先生一起切磋摔跤技巧。他们当中有几个摔得好的，常来跟班先生请教几手，班先生给他们讲要领、做示范时，我和班增华也都随着学了

几招。还有包括一些摔跤的行话，比如："得合了您呐"都是那时学的。原来武术没有现在这么普及。石嘴山钢厂这些人没事儿就来京剧团，晚上在院子里把大灯点上，在院里摔跤。（那会儿也没有什么文化生活，只要不演戏闲着的时候，就练摔跤）。

那时，我们团在石嘴山搞的名气也大。改革开放刚开始就有摔跤了。在宁夏体育馆，我们看过几场摔跤比赛，班先生还被特聘为摔跤总教练坐在主席台上。

有一次，我亲眼看到班先生把从北京来的、一个名叫赵亮才的人，给摔得很高的一个"大吊毛"，赵亮才起来后问班先生："您是怎么把我摔得这么高呀？"

赵亮才是北京体校教练。光看他胳膊那么粗，就能知道他很壮实、很有力气。他也是"文革"时被下放到宁夏回族自治区的，他可是真厉害，在石嘴山可以讲是相当有分量的人物。自从被班先生摔过之后，他和班先生还成了非常好的跤友，他调回北京体院后，还与班先生一直有来往。俗话说：一力破千斤。赵亮才光有力气没巧劲儿不成，还得反应快。

我们石嘴山京剧团到银川除了演出，还有摔跤比赛。

● 师恩难忘

因为有班先生这样认真负责、事业心强的老师抄功，天天督促学员们练功，使学员们的武功个个练得都很棒，所以，石嘴山京剧团到银川演出都能打红，我们的《奇袭白虎团》和后来好多戏在银川都演得相当好。此时，一团的师兄弟们因很久不练功，领导们感觉到实力不如二团。于是，1980 年自治区领导决定一团、二团合并。

从石嘴山回来时，因为在石嘴山有班先生常年给学员们练功，所以我们没有落伍、没掉队都是托班世超先生的福。刘海生调回北京，在中国京剧院也是好样的，功夫好。提起班先生练功这方面，他能把大家练功的积极性调动起来，这一点没有任何老师能做到。一般老师说一说也就不管了，练不练

菊坛春秋

班世超

在自己。有的青年演员犯懒、睡懒觉、情绪不好就不练了，班先生知道后，就用谈话方式鼓励年轻人去练功。

我受班先生的影响和熏陶在教学生时，也是用启发、引导学生的方法，让学生感觉到练功的乐趣，让学生从不爱练功到自觉练功，让自身有很大提高。通过练功提高人的精神面貌和身体素质。班先生总提醒我们说："练好功不仅强身健体、还能防身，遇到不讲理的，我们可以威慑他一下，让他知道咱们也不弱。比如：踢足球、摔跤、练功都有连带关系，都属于武功。"

我和先生一起工作13年，总结先生的一生，传奇颇多、看似平凡却不平凡的事也很多。他曾经苦过、煎熬过、舞台上辉煌过，荣华富贵也享受过。为什么那么多人崇拜他？为什么学员们练完功都围着他？包括秦腔班的学生，在十一二平方米的房间里和他聊天？正是因为他从没有把自己当角儿、也不摆角儿和领导的架子，他把我们都当成自己的孩子，班先生从没嫌弃过哪个学员笨。王海龙身体特别弱，练功总不见长进，班先生和我一起耐心地把着他、鼓励他，使他有了很大进步。

班先生艺术上已经算是造诣很高了，可是他对练功却还是一丝不苟、不懈怠，把练功当作愉快的事。当年，来宁夏回族自治区班先生有30多岁，正是风华正茂的好时候，在石嘴山13年带起了一批年轻人。从老到小没有一个说班世超先生不好的，这就是班先生的人格魅力所在。二团都说他是"焦裕禄式"的好干部，没有特殊化。现在的干部跟班世超没法比，班先生清正廉洁，对待任何人没有歧视，我们都是发自内心的敬佩他。

他退休后，凡是找他求学问艺的都不拒绝，都毫无保留地教。不管在全国各地哪里提到班世超，都是两个字——"好人"。

在我遇到难处的时候是班先生扶了我一把，使我没有消沉下去。在班先生身边做助手，他一直不间断地鼓励我坚持锻炼。我现在已经是快70岁的人，身体练的倍儿棒，我能跟着班先生这么多年，也是我一生的荣幸。把班先生跟现在的人比较起来，他是以苦为乐、德艺双馨。

班先生的恩情让我终生难忘！班先生永远活在我们心中！

（班玉芬整理）

简介：秦刚，1960 年 9 月 18 日考入宁夏京剧团学员队，老四团支宁后招收的第二批随团学员，1968 年毕业分配到石嘴山京剧团（二团），1980 年两个团合并。至今在宁夏京剧团。

菊坛春秋

班世超

富社精英——班世超

叶　蓬（口述）

富连成自"连"字辈儿以后，"盛""世"包括"元"是富连成的鼎盛时期，特别是"盛""世"达到了高峰，因为"喜"字辈儿那时刚创业，"元"字以后就有点儿动荡了，"盛""世"是富社最兴旺的时候。

班世超先生学艺就是在富连成整个办社的鼎盛时期，特别是到了"盛""世"，富连成科班掀起了一个高潮，出人才最多，也是最成熟时期，出了不少高精尖的人才。当时富连成院儿外的人都觉得院儿里是个谜、进不去，已经达到了热火朝天的气氛，科班就像是一个"制造京剧"的工场。班世超先生就是在这样的环境中锤炼出来的，在这种环境中学艺，能不学出像他这样的好功夫吗？

班先生在学生中具有代表性，富社出来个个都是精英，班先生身上最能体现真正的在富社学艺当中的这种典型。因为科班主要体现打基础、主要看功夫，今后的发展、成熟，那一般都是出科以后慢慢地、逐渐成熟、再成长，科班就是学艺期间的打底功，班世超先生特别体现了这一点；还体现了科班如何培养人、如何学艺。他在科班里练功、学艺、成才，我认为堪称典型、人所共知。

班先生留下的影像资料很少，在上海那么唱戏、一天都不闲着。除了在上海演出、当角儿，而且外来的团、特别是京班来了，都离不开班先生，他们都好请班先生，因为特别了解班先生，了解他年轻时候学艺、从艺的情况。班先生很年轻时就到外阜了，特别是到上海，京班到上海以后，特别是这几个大角儿都要用他，点名用班先生。为什么？这些角儿到那儿以后，特别是

北京去的大角儿，包括梅先生到那以后前边必有垫戏，这是不可缺少的。不能上来就唱大角儿的当家戏，头里必有垫戏。垫戏都有一定之规，最为合适的是垫武旦戏。像班先生在头里垫的《泗州城》《摇钱树》《蟠桃会》《盗仙草》等很多戏，角儿们都请班先生，都有文字可查。包括上海的也是这样，上海演出就更繁多了。他留下的有一张拿"旱水"的照片，虽然他的剧照及其他资料很少，但是从这张照片也不难看出班先生的功夫，还可以看出他学艺时是经过多少名师指点、打下的是什么基础。他把武旦戏、刀马戏全学遍了。不仅仅是这功，他的技巧性强，他的戏好。技艺不能离开戏，所以他是比较典型的。还有当时他唱的《百草山》《锔大缸》《取金陵》等，他的戏很多、一时说不全。他不仅武戏好，文戏也好，因此受内外界欢迎。我认为班世超先生如果从年轻时就不离开北京，您再看、那又是一种情况，他很早离开北京，不能说他吃亏了，在上海也是大发展的。上海是大码头，上海除北京以外是全国第一大码头，京剧有十大码头，北京是形成地、发源地。恰恰在上海京剧最发达的时候，班先生就在那儿了，很遗憾他离开北京。早在富连成时，我伯父叶盛章带去富连成一队人马，那时候班先生就随大班去了，当时不只他一个人，还有艾世菊先生、马世啸先生等，后来出科就都留在了上海，过早地离开北京。这样在北京的观众、特别是后来的观众，就对班先生有所陌生，他们不大了解，听富连成戏的老观众都知道："班世超可了不得！"

班先生到上海那边发展得很红。像他这样等级的不只他一个人，还有高盛麟先生也是如此。高先生除在上海码头演出以外，最后落到武汉，跟班先生的情况是一样的。高盛麟先生如果不离开北京，又是一种情况，能占到北京大武生的一方天地；世超先生如果不离开北京，武旦这方面他应该是顶级人物，所以武旦这块儿在北京欠缺了。从20世纪40年代、50年代、一直到60年代如果他不离开北京，退休以后教学也是顶呱呱，所以说我认为这也算是遗憾。盛麟先生一直扎在武汉了，多好的武生啊！这两位是富社到外阜的代表人物，这个应该总结。不要因为离开北京的前辈就不总结了，这不对，也应该把他的贡献、成绩加以总结。班先生是一个代表人物，总结他的艺术对于后人、晚辈也是一个启迪，对京剧事业这方面也是一大贡献。

　　班世超先生在富连成是有一席之地的，对京剧事业是有贡献的。通过前人介绍，据我所知，班世超先生年轻时练功练得最狠，还有一位骆连翔先生，"连"字辈儿的，功练得也狠，富连成出了名的、练功练得最狠的这么两位，所以他们台上特别好，跟班先生一样。我们讲："台上各功，不是说戏，得拿住了、在台上得有把握，不是碰上算，今天来好了、撞大运，也许明天又没弄好，不是！走什么东西这些功夫都是有标准的，凡是有把握的这几位都是出了名的。比如：台上的头把很重要，即便头把出现纰漏、瑕疵，班先生都能用他的功夫给弥补上，观众根本看不出来，他就有这把握。

　　再有"盛"字辈儿，那就是我伯父叶盛章，全才。他应工是武的，文的也好，那是必须的。不然，您就一功那是不行的。班世超先生也是如此，他不只是"旱水"好，他的"出手"也太好了，颇受观众喜爱和好评。班世超先生不仅仅是"旱水"这一门技巧，他是既有技又有术，还包括"出手""抢背"等一切都是在戏中，把技巧运用在戏中、为戏服务，而不是卖弄技巧，他是在戏中贯穿技巧，这才是真正的艺术，否则就是杂技。杂技是纯技巧、不加情节的表演，杂技是另一专业性较强的行业。他们练腰、腿、顶，练得狠，那腰、腿、顶的功夫比京剧演员练得还要狠，杂技比较单一。京剧演员练技巧都是为戏服务，所以戏里融进技巧就显得非常精彩。比如：老生也有老生的技巧和功："吊毛""抢背""僵尸儿"等，这一般都不算什么，但是搁到戏里出现，就非常精彩。特别是老生，一般人都视为文戏演员，以唱为主、以表演为主，在戏中再按点儿技巧，所以就显得不一般了。班世超先生和几位名家、富社这几位大师级的，不要视为他们就是武的好，他们文的也都好，应该称为表演艺术家。

　　我认为班先生的艺术，乃至他的一生应该好好总结，让后人知道老前辈从艺的一生，是怎么走过来的，学习他的艺术，更要学习他的为人。世超先生多好呀，特别的和善，而且不保守，传授了许多弟子，从艺最后的任务就是传承。他这一生舞台上非常见光彩，晚年又教了这么多徒弟，因此，徒弟、后人跟他非常有感情，也是他的优良传统，他遵循了富社的优良传统，值得

总结，晚辈应向他学习。我觉得总结他的艺术、舞台生活和为人是一大创举。

（班玉芬整理）

简介： 叶蓬，京剧老生，中国戏曲学院教授。京剧前辈杨宝森、李少春之门生。祖父是成绩斐然的戏曲教育家、著名京剧科班富连成创始人、首任社长叶春善；父亲是闻名遐迩的著名京剧表演艺术家、叶派小生创始人叶盛兰。优越的家庭氛围和艺术熏陶，使叶蓬自幼酷爱京剧。1959 年毕业于中国戏曲学校。

经常演出的传统戏和新创剧目有：《文昭关》《失空斩》《杨家将》《击鼓骂曹》《洪羊洞》《捉放曹》《定军山》《铁牛传》《不准出生的人》《尖兵》《公私之间》等，这些作品多次获奖，深受观众的欢迎和喜爱。

曾受聘为第一届"中国京剧之星推荐演出"于魁智的指导老师。并受聘为第一、二、三届中国京剧优秀青年演员研究生班于魁智、赵永伟、刘建杰的导师，教授了《击鼓骂曹》《大探二》《搜孤救孤》《失空斩》等剧。

妻室艾美君，同为中国戏曲学院教授。

一代京剧武旦精英班世超

——班世超先生问记

肖　娜

2011年6月1日对我来说是个特殊的日子，我受中国戏曲学院京剧系委派，陪同谯翠蓉教授共赴银川访问了京剧武旦名家班世超先生。久闻其名，如今终于有机会能当面聆听班老的教海，心情无比激动。到达银川，我们来到班老的住所，进行了为期三天较为系统全面的交谈。班老7岁登台，19岁搭班演出，不仅红遍大江南北；而且在艺术成就上也非一般人所能比肩；1958年，随中国京剧院四团支援宁夏，从事演出教学工作，积累了无比丰厚的舞台经验和授业心得。如今耄耋之年的班老，在谈及舞台艺术及武旦行当传承时依然精神矍铄、思路清晰，让我们新一辈学生都感觉汗颜，他有着积极、坦诚的态度；在尊重传统的基础上，勇于探索，不断创新，提出了一系列新颖的艺术主张，使我们钦佩不已。班老的舞台生活及其艺术特色还得从他入"富连成"科班说起。

🔵 科班学艺

班世超1920年6月出生，北京人，幼年家境贫寒，5岁半入被称为"京剧界黄埔军校"的"富连成社"科班世字科学习，工武旦。坐科11年，本应9年出科，由于年岁小，觉得技艺不精，又续签了2年，不同的是，后2年，一天有4分钱"小份儿"。在科和出科后，先后师承刘喜益、郝喜伦、段富环、李连贞、苏雨卿、徐天元、阎岚秋、朱桂芳、赵桐珊、方连元、邱富棠众多京剧名家，使他积累了丰厚的京剧艺术技艺和经验。

班世超先生入"富连成社"先后从刘喜益，郝喜伦等老师练了2年基本功，之后跟李连贞，苏雨卿二位旦角老师上开口课，学了剧目《六月雪》《贺后骂殿》《断桥亭》《苏三起解》。这就使技艺更上一层楼。开口课上完之后，就被正式分行当划归武旦组。一同划分的还有：王世祥、张世孝（先改青衣，后改小生，改名为张世兰）、诸世芬、诸世勤、阎世善几位。

班先生在科期间，吃苦耐劳，勤奋好学。所谓"戏不离技，技不离戏"虽然戏好学，但功不好练，所以要想演好人物就必须把基本功练瓷实。7岁起就练习踩跷，武旦演员必须是绑硬跷，要求转身翻打各类动作都必须快捷灵敏，出手迅猛，这没有功夫是完成不了的。俗语"冬练三九，夏练三伏"，这是戏班里说得最多的一句话，要做到绝不是件简单的事。班老为了把跷功练好，每天晚上他等大家都睡了以后，偷偷地跑到伙房院子门口泼上两盆水，每天早晨5点就起床，在王世良老师的陪同下在冰上练习，无数次的滑倒，无数次地爬起，身上的淤青早成了家常便饭，仅仅是跷功就用了4年的时间。而戏曲的武功绝技不是两三天可以练出来的，需要365天，天天如一，泪水加汗水，久久为功。这期间的艰辛是不为外人所知的，就是一起练功的孩子也有坚持不住半路撤出的，功夫不负有心人，最后持之以恒坚持下来的那些人就见了成效，班先生就是这样的一位。并且在这期间，班先生还同王世良先生编创了一套"把子"，也就是现在舞台上经常看到的"大刀枪"。累月经年，老师们看到班世超这么刻苦，十分喜爱他，段富环老师就给他在基本功方面吃小灶。加工武旦功夫"鼎功"由空鼎开始，然后是"旱水""左右卧云儿""剪子股""掐葫芦"。等练到一定阶段就在三条腿的椅子上练，光"鼎功"这一套就花了3年时间才看出成效，这套功夫由于练功时长，用得少，如今武旦演员很少有人练习了，成为即将失传的功夫。与此同时，郝喜伦老师给他加工"走跷"七项，固定搭档是白元杰老师，在练习走跷的时候班先生把脚崴了，老师很心疼，就让他停一停，不练这个，改练软功"元宝鼎""鸭子凫水""猴啃桃"等。老师没有想到这孩子很开窍，一点就通，一教就会，其中有一位教基本功的老师想让他在"元宝鼎"的技巧上更进一步，抄功的时候力气没掌握好，眨眼间班世超休克了。听到这里，我不禁问班老：

"这么苦，还受这么多伤，您就没想过放弃吗？"班老笑着对我说"没有，这些都不算什么，我练'吊井抢背'的时候曾两次断臂，脑袋里也曾闪过放弃的念头，很快就过去了。那时候心里只有一个想法，练成本事好养活父母，就是这个意念让我坚持下来。"班先生所讲的"吊井抢背"也是武旦行失传的一个技巧，与"抢背"不同的是在做的时候要求身体腾空后直上直下。在练这个技巧的时候，老师让班先生站在一个四方的白布上，让他原地起原地落，完成动作时不能超出白布。这要比"抢背"的难度大得多，要求练习者要有一定过硬的功底儿才可以完成，是个十分高难的技巧。班先生就是凭着顽强，锲而不舍的精神和一股子狠劲把这个技巧拿下来了，接下来有了之前的基础，在郝世勋的陪同下开始练习"蹉加官"，班先生再次创造奇迹地只用了一个月的时间就完成了，郝世勋帮助班世超，给他加大难度，让他一口气走完11个动作。班世超先生就是这样在老师、同学共同的帮助下，加之他自身的努力，寒暑不辍，在短短几年里，打下了扎实的武功基础，开始学习戏了。徐天元是班先生戏课的开蒙老师，他学习《蟠桃会》，10岁时在科班就登台演了这出戏。这个戏的难点是踩跷"打出手"，和耍"大刀下场"。为了保证"出手"的稳准，徐老师牺牲自己的休息时间单独给他加工。有了老师的教授和自己的努力，头次演出十分成功，获得一致好评。接下来连着两出戏也完成得十分成功，得到了大家的认可，一出是《张四姐下凡》（《摇钱树》），另一出是《朝金顶》。《朝金顶》是一出技巧戏，功夫多，最有特点的是绑硬跷三张高儿上的一系列"鼎功"包括："空""左右旱水""卧云儿""剪子股""掐葫芦"等八个动作，然后翻下。后来班先生把这个技巧移到《泗州城》中。可谓是次次博得掌声，一连串演出的成功，使班先生在科班初露头角。尚小云先生曾点名让班先生在《封神榜》中饰演三霄娘娘，由尚先生亲自说戏排戏。班先生12岁转到"九阵风"（阎岚秋）老师课堂上课，进一步加工《扈家庄》《小放牛》《盗仙草》《青峰岭》等戏。13岁时，科班演出《青石山》，叶盛章点名让班先生来扮演九尾狐，关平由沈富贵饰演，陪演出的都是各位师兄，与尚小云，叶盛章的两次合作，班老至今记忆犹新。用班老的话说这是我值得骄傲的两次经历。在与阎岚秋学习了两年之后，相继又跟刘喜益等

老师学习了《攻潼关》《飞波岛》《夺太仓》，全本《杨排风》《湘江会》《竹林计》等戏。《竹林计》这出戏在科班是特殊培养的，骆连翔饰演余洪，经常演出。

◉ 艺海行舟

班世超先生 17 岁出师，在毕业烧香时被上海"邀角儿"的马志忠选中，由于当时武旦没有别人，王世祥去了东北，阎世善出于别的原因不能演出，就只剩下班世超，随叶盛章的班去了东北，搭班期间，演出了《泗州城》《金山寺》《杨排风》。同时，与叶盛章合作《酒丐》《取金陵》《恶虎村》。

1939 年作为单邀演员去了上海，说到这儿就不得不说，班先生此次上海之行拜了三位名家为师。

第一位是芙蓉草（赵桐珊），班先生这年 19 岁拜，拜师仪式很简单，只是在赵老师的家中吃个便饭，磕了个头。夜以继日，班先生白天唱戏，晚上学戏。班先生对待京剧表演艺术，始终是高标准、严要求，每学一出戏后他都会专心研究剧中的唱段、念白。一次、十次、二十次、不厌其烦地直到达到标准，尽自己最大的努力把老师传授的技艺表现出来。在身段练习上，班先生跟我说咱们唱武旦的除了身上要干净利落脆，还有重要的一点就是要美。亮相面部要美、身上动作走出来也要美。武旦演员如果一味地追求溜而忽视了美，那样我们与武行又有什么区别呢？班先生拿"蹉步抖靠"举例，这个动作看似简单，但多数演员溜、冲都有了，就是太生硬，不像武旦倒像是武生在表演。现在的年轻演员很吃苦，翻打技巧都具备，但就是这些小的地方做得不到位，力气使得蛮力居多，这个动作靠的是肩部巧劲，靠旗的左右摆动不是很大，柔中带脆。如果使拙劲抖，靠旗左右浮动很大并且十分楞，演员做着累，看着不美，观众也不认可，所以说越是小的地方就越应该细腻。班先生的一席话使我如大梦初醒，困惑多年的问题得以解决，真是受益匪浅。

班先生好学、用功的精神感动了赵老师，他也是赵老师众多弟子中最得意的一位。赵老师亲授剧目有《萧太后》《悦来店》《能仁寺》《穆桂英》

《东方夫人》《虹霓关》。在与赵老师学习的几年中班先生打下了扎实的文戏根底，文武兼备，为今后艺术成功奠定了坚实的基础。这也印证了著名表演家、教育家王瑶卿先生说过的："唱青衣的要学刀马戏，唱刀马的要学青衣戏。"只有做到唱、念、做、打全面发展、严格训练才能提高表演的整体水平，使观众满意。

赵老师嘱咐班先生到北京后，一定要去找尚小云先生给加工《能仁寺》。由于先前尚小云在"富连成"代过课，并且钦点班先生演过《封神榜》的三霄娘娘，关系很好，班先生一回到北京就立刻拜访尚小云先生说明来意，尚先生二话没说，立刻在自己家中给加工《能仁寺》。戏里有个"上高儿射燕"的动作，需要上桌子才能完成整个技巧，但尚先生家中的家具十分昂贵，班先生穿的球鞋怕把家具踩脏，班先生犹豫不决地站在那里不动。尚先生看出了班先生的想法，只说一个字："上"，班先生还是站着不动，此时尚先生又说了一次，言下之意，别有那么多想法，班先生这才纵身一跃很轻巧地上了桌。一件小事，体现了老一辈京剧大师对待艺术的认真态度。班先生上桌以后做"射燕"的动作，尚小云先生喊停，然后走过去在班先生脖子的部位碰了一下，让他转头面向观众，让观众看个整脸，要是按照原来那样，观众只能看到侧面。这个动作是从武术动作中借鉴过来的，变脸后再起身变"直射燕"。赵老师当时教的是关中的路子，没有这个动作，这些动作是属于尚派独有的，加强了演出效果，使观众看得一清二楚。

第二位是红生名家李洪春，二人在交往中无论是兴趣爱好，还是在艺术的探讨上都一拍即合，共同合作了很多脍炙人口的剧目。李先生可以说是班先生的良师益友，对班先生的艺术指点颇多，起到了精益求精、锦上添花的作用。

在天津演出《夺太仓》时，为达到新颖的演出效果，班先生将剧中四名明朝武将的扮相，由"穿箭衣"改为"扎大靠打出手"。演出结束后，李洪春先生找到班先生告诉他"剧中四个人物在历史上是实有其人的，你革新的有点过头，不太符合人物身份。"班先生听完后认真思考，翻书查证，觉得李先生的话很有道理，便采纳李先生的建议。在后来的演出中，将"扎大靠"

改为原本的风帽、箭衣。"四大靠打出手"只演出过一次，没有成功，班先生这种勇于尝试、从善如流的精神是值得我们学习的。我想借用翁偶虹先生曾经讲过的一句话"经验告诉我，每写一个剧本，只能当作一次习作，不必殷切地期望它开花结果；但是在培植这个作物时，又必须有开花结果的心念，才能不愧于艺术的良心"。我想不仅是编写剧本，一切艺术创作都应是如此。

在与李先生合作的时候，李洪春先生还让班先生研究花旦戏，提出与他合演《翠屏山》。班先生说在那个时候我是拿老先生剧本最多的一人。《翠屏山》演出成功后，李先生给班先生说了《荀灌娘》"搬兵"一折，后来又与李先生合作了《战宛城》、《关公月下斩貂蝉》、全本《穆桂英》破十阵等，演出场场满座，效果极佳。

第三位是武术名家王子平，说到王子平就不得不说白元杰老师，故事很富有戏剧性，有一天早上，班先生趁早上没有演出，就约了4位朋友逛街，其中就有白元杰，4人闲逛之余，遇见了迎面走来的小三儿，此人是王子平老师的大徒弟，4人正在打闹，没看到迎面而来的大徒弟，他与白老师碰撞了一下，大家都是年轻气盛，脾气火爆，说话难免话不投机，谁也不示弱就打起来，白元杰老师先出手，对方只有一人，班先生和其余的两人在一旁观看，他们觉得白老师身材魁梧又有功夫，肯定不能吃亏，打了几下以后，小三儿见白老师没有收手的意思，便以迅雷不及掩耳的速度"唰"的一个箭步从白老师身边走过，还没等大家看明白，白老师就已经摔了个掉毛，指头也折断了两根，这下大家都傻眼了，白老师手指断了，没有支撑力量，就趴在了地上，小三儿也没再出手，只是转问班先生他们几人："你们还要打吗？"班先生心想，这下可遇见高手了，大家都看傻了，谁也没敢再打，小三儿见班先生他们不语，便转身走向人群。这时有个好心人告诉了班先生一个地址，说这个王先生是个正骨医生，可以看好你的朋友，你们赶紧去找他吧。于是他们3人搀扶着白老师慕名前往。午后明媚的阳光，寂静的小院，王先生正在屋中收拾药草，他们突然的到来，打破了原有的宁静。王先生看了看他们4个人，很从容地说："你们打架了？"班先生说不是，还没等后面的话说完，王先生便说你是班世超，班先生很是惊讶，王先生接着说我总去看你的戏，演得很好啊。王老师问班先生打架的经过，又看了一下白老师的手，帮白老师把手指的骨头接好又敷上药告诉他要休息一个月，最后分文未收就对班先生说给我留两张戏票就行，没想到京剧成了王子平老师与班先生结成师徒之缘的媒介，二人你来我往，加之王子平老师对班先生的喜爱，于是正式拜师，成为王老师的关门弟子，也是唯一一个非亲族弟子，亲授绝技，从此班先生不仅是京剧界的武旦名家，同时也成为武术界的一员。

班先生在上海3天的打炮戏是：《泗州城》《金山寺》《杨排风》。戏中，无论是出场第一个亮相，还是后面武戏的开打，处处都能展现出深厚的功夫，例如：踩跷"四击头"亮相纹丝不动，翻打漂冲、出手稳准、"鼎功"更是堪称一绝，深受观众喜爱，一炮而红。此时还同李少春先生同台演出。三个月后，回到北京短暂停留几天，参加了武生大会演出《贺后骂殿》，在这次大会上的武生演员有江世升、刘永利、马鸿麟。同年，第一次挑班去东北，在北市场共益舞台演出《扈家庄》《杀四门》《战金山》《泗州城》《杨排风》等。演出还不到10场就受到欺负，用现在的话讲就是遭遇黑社会，这是由36人组成的，以收取地皮费为生。他们向班先生收取每场演出费20%—30%的提成，班老没有同意，双方便争执起来，此时的班先生已有武术的功底，在这次争执中没有吃亏，但东北已经不能待下去了，在政府的帮助下，班先生安全回到北京。班先生不向恶势力低头的精神让人钦佩，回到北京后，班先生在庆乐戏院演出了3场戏。

1940年，他再次来到上海，在天蟾、更新、黄金大剧院、皇后大剧院挂牌演出。在天蟾同麒麟童先生同台演出的戏单现在仍然悬挂在上海京剧院的会议室中。班先生从此开始了上海滩10余年的红火演艺生涯。

由于有了之前的铺垫，班先生在上海已经很有名气了，二次到上海一发不可收拾，与其合作的也个个都是名角，每到一处，场场满堂叫好不绝。所谓无戏不感人、无情不动人、无技不惊人，班先生与盖叫天先生合作《打店》时，为了表现人物在窥探时候的姿态，他将"旱水""剪子股""掐葫芦"的技巧加进戏里，这组技巧最难的不是起鼎做一系列动作，而是动作完成后要绵软、一点一点缓慢地下来，一套动作下来少说要20分钟，显见功夫之深。

《打店》这出戏恰好说明了情、戏、技的三者统一，在丰富人物的同时给观众带来耳目一新的审美感受。有人评论说班先生把孙二娘演活了。在此期间，班老还同盖叫天、高盛麟、叶盛章合作了《取金陵》，与李洪春合作了《湘江会》。为梅兰芳配演《西施》《刺蚌》《金山寺》；踩跷演出《金山寺》不同于其他人。与李玉茹、赵晓岚合作《樊江关》。

在黄金剧场演出时，著名武生梁慧超特邀班先生出演《乾元山》的石矶娘娘。班先生排完戏后，发现石矶娘娘这个人物按原来的路子来有些单薄，便与梁先生商量能否加动作，在空隙间加个"枪下场"以丰富人物技巧，也可以使全剧更加紧凑，不会出现空场。梁先生很幽默地说："班老板说了算，您加，您让我下跪都成。"班先生很珍惜每次上台的机会，在艺术创作上永远以精益求精的态度对待，力图对得起每一位买票的观众。不负众望。依据自己的能力与剧中人物相结合编创了一个"双枪下场"，两天后"双枪下场"首次在台上亮相，这个下场不仅得到观众的喝彩，台下看戏的厉慧良先生对班先生的同学苏世明说这个创新真棒。班先生的这次大胆尝试得到了业内外的高度评价。这一时期班先生的艺术已经达到得心应手，纯熟自如的境界。这期间还与四大须生同台演出。

在上海滩，班老又一次被黑社会势力欺负，上海的黑社会势力比先前在东北遇到的更加猖獗，他们三番五次故意刁难、寻衅用武，目的是向班先生要钱。这次班先生依旧不向恶势力低头，流氓们看班先生不给，便召集了上海各大帮会的数百人在剧院周围埋伏，趁班先生散戏外出吃夜宵时，乱棍打向班先生，霎时血流满面，多亏班先生精通武术，以武防身，否则后果不堪设想，他们见打不过班先生便溜之大吉。在这次争斗的过程中，有人受了重伤，第二天这些地痞流氓纠合日寇军警抓捕班先生，扬言绝不留活口。班先生见事情不妙，无奈之下寻求王子平老师帮助，王老师想尽一切办法，用尽一切关系帮助班先生离开上海，辗转到了天津。

班先生到达天津之后，先后拜武旦名家方连元、邱富棠为师。跟方连元老师学了《红桃山》，加工《竹林计》，跟邱富棠老师学了《湘江会》加工《扈家庄》。班先生在天津各大剧院演出，高超的技艺，享名天津卫。

◉ 宁夏生活

1951 年班先生经言小朋介绍参加了中国人民解放军总政治部京剧团，成了一名军人。

1952 年随团参加"抗美援朝"慰问演出，回来后周总理亲自接见。随后与三个团体共赴越南演出。演出结束后，大家去海边出海游玩，他因为不会游泳就没跟着去，在岸上下棋，突然，团里一个同志说："你赶快去敲警钟，别让大家出海，要变天了！"班先生马上去敲警钟，此时船早已出发，敲警钟已经没有用了，这时班先生也忘记自己不会游泳了，马上划个小船追他们去了。天气骤变，据当时气象报道，台风 12 级，树根竟被拔起，班先生的小船没走多远也翻了，相当于船在脑袋上扣着，眼看船被海水冲走，班先生用尽力气两只手抓住了船的边沿，被扣在船下面的班先生一个劲地吞海水，他想要是一直这么下去淹不死也撑死了。这时灵机一动，靠臂力的力量慢慢地撒开一只手往上爬，他在回忆时打趣地说："这功夫没白练，胳膊有力量"，就这样慢慢地爬上去了，趴在了小船上，这时候风也渐渐小了，救护的船队也来了，他们发现了班先生，然后高喊让他上船，他第一句话说的就是："先别救我，前面有 3 个团体的人呢，快去救他们"。救护队先把班世超救到岸上，另一部分人去救前面那些人，由于喝水过多，班先生晕了过去，在救护人员的抢救下总算平安无事。由于救护队不知道先前那些人出海的方向，第一次没救出所有人，班先生得知，二次下海跟随救护队救人，又救了 8 人，最后三个团体共 8 人死亡，2 人是京剧团的，其余全部获救。班先生因此事在越南受到了表彰。

1955 年，剧团改编为中国京剧院四团，多次出国访问，受到国外友人的高度赞扬。

1958 年班先生随中国京剧院四团全团到银川支援边疆建设宁夏京剧团，任副团长直至退休。

在宁夏的演出剧目有：《锯大缸》《虹桥赠珠》《竹林计》与女武生俞鉴

合作的《乾元山》等。"文革"期间，剧团全团下放到十字坡。"文革"后主要从事教学工作。

在从事戏曲教学工作数十年中，培养了不少演员。如陆素娟之女王志怡、著名鼓师"马氏三雄"、马玉芳之女马淑娴、方荣翔之女方丽华、梁连柱之女梁九荣等。班先生还获得了全国劳动模范的称号。

在采访的最后，班先生对目前武旦演员的培养提出了十分宝贵的建议。在基本功方面：首先，"走跷七项"应该练全，练的时候应该有固定的搭档，固定搭档在保证安全的情况下可以锻炼两个人配合的默契，保证演出的成功率。其次，"鼎功"，虽要下一些功夫练习，但它是武旦必有的特殊技艺，能吸引观众的观赏兴趣，给整出戏添彩，不能不擅长。最后，如果有条件的学生，还应该练"吊井抢背"，不应让这个技巧失传，现在的教学要比我们那时候更加科学，学生们应该知难而进地勤修苦练，不怕艰苦。老师们也要加强、提高自身的业务知识、能力，共同抢救失传技艺。京剧已被联合国教科文组织列入"人类非物质文化遗产代表作名录"，维护传承京剧是每一个京剧人的责任。

班世超先生功底深厚，跷功、出手功尤精，鼎功更是一绝；表演开打火爆，出手稳准，有班世超"十四杆枪"之说；翻扑轻捷漂亮，亮相优美大方，台风极好。且有一条好嗓子，文武兼能，武戏不仅擅于长靠，短打，文戏、青衣戏也好。而且在艺术革新上也有很多建树。如在《朝金顶》中，突破以往的天兵天将打出手，让二郎神也参与其中，使整出戏更有观赏性，起到活跃舞台的效果。二郎神由樊富顺老师扮演并编排。《红色卫星闹天空》中首次把鞭改为镋等。

他的代表剧目有：《泗州城》《武松打店》《金山寺》《杨排风》《战金山》《杀四门》《竹林计》《萧太后》等。

谯翠蓉、肖娜与班世超合影于银川

简介：肖娜，北京戏曲艺术职业学院教师，毕业于中国戏曲学院，研究生学历，中共党员

师 恩 难 忘

王志怡（口述）

1952 年我考上了中国戏曲学校，不久因生病休学。病愈后，1953 年考入军委总政京剧团。第一次我看班老师演出《泗州城》是在总政。当我看到他登上三张桌子的高台表演旱水时，惊讶地几乎喊出声儿来了：哎呦！太神奇了！真是太神奇了！

说起班老师，我非常敬佩。他除了有精湛的剧艺，还会武术，他练功练得身体特别健壮。所以，他演出很繁重，一天演两场武戏都不喊累，同时，他还要为我们青年演员练功。我是半路出家，十五六岁才开始练腰腿基本功，班老师就让我们耗下腰，腰朝后弯下去，两只手不能落地，就这么空耗着，要耗一百个数，班老师在旁边喊着一、二……喊出一的数字，这二的数字，不知啥时候才喊出来呢？我们就是在班老师严格训练中，每天长时间地耗腰，终于练成功了。后来，我 70 多岁时，还能走翻身，这都要归功于班老师教得好。

20 世纪 50 年代在总政时，曾去过南京三次演出，住在石鼓路小学，学校操场上都是坑洼不平的石子儿地。边演出边练功，演出练功两不误。每天要练三遍功，早晨一遍、中午一遍、晚上演出之前还要练一遍。那时，班老师教我苦练基本功，一个月就穿坏一双布鞋。班老师每天晚上演《武松打店》《泗州城》这样很累的戏，可是，再累他也从不迟到、从不耽误我们每天的三遍功。他对我们练功虽然严格了些、狠了点儿，可是，每个青年演员的基本功都见长啊，都出成果呀！班老师教了我"马趟子"和《揻鼓战金山》以及《大四杰村》踩子抢背，要求过城门要快，不能慢，真叫绝！后来人家都说我身上好看了，武功提高了。以后，就给我开始练毯子功了，是梁连柱老师抄我练。我虽然唱青衣，但很喜欢练武功，记得有一次练毯子功，不小心摔了个大趴虎，当时班老师不在场，后来看见我就提醒我说："你可别把膝盖骨摔碎了，那可不得了。你是胆大糊涂，要胆大心细，练武功可不是闹着玩儿的。"

班老师给我们练功掌握的分寸恰到好处，既狠、但又不会练伤。他有一套科学的训练方法。记得有一青年叫马金锁特别笨，跟斗总是翻不过去，通过班老师给他练了一阵子，哎！奇迹出现了，果然翻过去了。

班老师就有这个本事，再笨的学生，他也能让他练出来。他把跟斗的要领、重心、劲头教得一清二楚，学生跟斗就翻得明白，否则，有一点儿没说到位，就容易出事故。班老师平时言语不多，但教起学生来真是不厌其烦，反复耐心地讲解，他把在富连成学的本事，和他数十年的舞台经验，毫无保留地传授给学生，他教得扎实、地道。班老师本人做任何事情有很强的毅力，因此他给学生练功时，也鼓励学生要有坚强的毅力。班老师虽是武旦，可是台上一点儿不野、身段美极了，有一股韵味，内行称之为"范儿"。班老师教我台上要有"范儿"，我这辈子也忘不掉。但在我心中总有一件很遗憾的事情，就是班老师教我《金山寺》白蛇耍的双枪下场花，我没学下来，不是班老师的责任，而是我没学好其中的技巧，这是我永远的内疚，对不起班老师的苦心。

班老师为人非常善良，对学生的生活关心备至。有一次我老公（石铁梁），向他提出学武术。班老师说："你年轻，我不能教你，以后你惹了事儿该找我了。"由此可见，班老师对教学生很有分寸，什么能教什么不能教，武术不能教，是对青年人的爱护。

三年自然灾害困难时期，家家户户吃点肉都很困难。有一次，班老师想方设法弄到一点儿羊肉，就把我和李秀慧叫去他家吃羊肉，由于我不爱吃羊肉，就不肯吃，班老师半开玩笑、半认真地说："这都是劳动人民辛勤劳动的果实，你还这不吃、那不吃，还拿你大小姐的劲儿。"吓得我就捏着鼻子吃了。班老师就是这样对人真诚、和蔼。记得有一次在银川，班老师被车撞了，他一看是个孩子就让他走了。回到家自己捏捏腰腿竟不疼了，就没重视这件

事，结果，至今腰腿疼痛难忍。其实，正是因为那次被撞，使他腰椎留下了难以治愈的后遗症。班老师就是这样做人，从不与别人计较。做人非常非常的低调。他见荣誉就让、见困难就上。"文革"中全部取消了"三名三高"的高工资，他积极响应、主动降薪。后来有两名一级职称的指标给他，他不要，让给别人。我向老师学习，也把涨工资让给青年人了。

2014 年 2 月（春节）王志怡与班世超于银川

1954 年他随中国艺术团到越南访问演出，我老公石铁梁也随团去了。等回国后，我老公对我说："我们在游湖时，遇上强台风把船刮翻了，班老师也掉进湖里了，当时来了越南救援人员，班老师完全可以先上救援船，在那种险情下，他上了救援船，别人也不会有什么意见或对他不满的。可是，恰恰相反，他却偏偏不让救援人员救他，而是先去救别的演职员，后来他还帮助救人。这才是真正共产党员的品质，是值得共产党员们学习的榜样，这件事真是感人至深。1956 年他光荣地加入了中国共产党，我还很荣幸成为班老师的入党介绍人，我为能有这样一位德艺双馨的老师而骄傲。"

这么好的党员，这么好的演员，这么好的老师，在"文革"中也难逃噩运。有个别学生，心狠手辣没良心，亲自动手打教过他们本事的班老师。班老师的腿是在那次去越南，掉湖里时间太长，落下了关节炎的病，着凉就肿得很厉害。他被红卫兵和没良心的学生关在潮湿的黑屋里。有一天，社会上的红卫兵，带着京剧团的某些青年，其中就有班老师的学生，一进黑屋就打班老师，更不能容忍的是用纳鞋底的锥子扎他，如此残忍，班老师躲不过，无奈。气急之下，瘸着腿为了自卫把红卫兵连推带打地轰出屋去了，从此，再也没有红卫兵敢打班老师了，其实，每次学生连踢带打地批斗班老师，班老师都能忍，能不还手就不还手，他知道，假如运用武术反攻的话，学生是受不了的，所以，他宽容年轻人的过激行为。

总之，在我心目中，班老师是一位德艺双馨的、辉煌一生的京剧表演艺术家，我衷心祝愿他老人家健康长寿，永葆艺术青春。恩师情重如山，我终生难忘。

（钟荣编审／班玉芬整理）

简介：王志怡，北京人。"梅派"演员陆素娟的女儿。1953年考入军委总政治部京剧团，1955年随团并入中国京剧院四团。1958年随团调到宁夏京剧团，是该团第一主演，现任中国戏曲学院客座教授。

王志怡年轻时

我与班世超老师的情缘

赵梦兰

1958年我团在西安参与西北五省会演时，中国京剧院四团来西安演出，我们观摩了男武旦班世超主演的新编古典神话戏《红色卫星闹天宫》剧目，感到非常新鲜和惊讶，竟然有这样好看的武戏！这是我第一次看到这么悦目精彩的武打戏。会演结束我们回咸阳休整，中国京剧院四团也结束了在西安的演出来咸阳巡演。

中国京剧院四团的前身是总政文工团京剧团。和西南军区京剧团合并转到地方，成立了中国京剧院四团。演员阵容强大，集聚了各派别的表演艺术人才，有被誉为出手大王的班世超、跟头大王郭金光，还有王天柱、俞鉴、王吟秋、李丽芳、李鸣盛、郭元汾等主演。演出剧目繁多，各行当齐全，尤其武戏见长，曾经出访十多个国家，使京剧艺术在国内外舞台上竞放异彩。中国京剧院四团是人才济济、群星荟萃的剧团。这次来陕西主要演出的剧目是《红色卫星闹天宫》和《乾元山》。

这出《红》剧有文戏、有武戏。排导新颖，场面丰富，观赏性很强。班世超扮演的"女卫星"，他舞动的"流星"做得很巧妙，变化着各种姿势，顺转、倒转、忽高忽低，两颗红球在舞台上飘来荡去，使人联想到卫星在太空中遨游的景象。台上每次耍流星，台下都是掌声不断。

这出戏充分表现了武打戏的各种技巧，各类把子的对打，以及各种翻跃表演都发挥到了极致。"出手"这一武打技巧，尤为突出。班世超扮演的"女卫星"，手脚并用，掏、踢、跳、翻，无所不能。所用的兵器也是多样的，开始"女卫星"用"双圈儿"开打出手。"圈儿"的表演，在古典剧里，只有哪吒使用，《红》剧依据卫星的形态，采用了"双圈儿"。有一个表演很特别，

1958 年《红色卫星闹天宫》剧照（剧照：刘连伦先生提供）

他将一只"圈儿"向台口方向顺地滚出，眼看就要滚到台下，滚动的"圈儿"突然停下，自己又倒着滚回来，然后，班世超用一只脚把它踢在空中，在接到手中的瞬间来了一个蹦子跳大翻身。这套表演真是太绝妙了。"圈儿"是舞台上旦角使用的新式武器，用它打出手，将它与枪互相掏来套去，有独特的美感。打斗的过程，女卫星举圈的瞬间，有一个表演很绝妙，两个天兵天将在舞台两端，把枪从"圈儿"的中心对穿而过，每到此处观众总是报以热烈的掌声。班世超对各种兵器都运用自如、娴熟，踢枪更是他的绝技，旁踢、后踢、蹦子跳、双足蹬、背包踢、一条龙、十字开花……花样繁多令人目不暇接。值得一提的是扔出手枪的八位"下把"，枪的出手娴熟飘逸，与班世超配合得非常默契。听说陪班世超演"出手"戏的"头杆枪"白元杰，"二杆枪"王世袭，都是富连成科班的师兄弟，难怪他们出手表演得滴水不漏，全是长期磨合练出来的。

中国京剧院四团在咸阳人民剧院，将《红色卫星闹天宫》一剧连演了多场，场场座无虚席。观众越看兴致越高，我们全团也是场场必看。那么高难度的"出手"表演，竟然没有发生一次把子相撞而落地的情况，令人赞叹不已！《红色卫星闹天宫》一剧，也激起我苦练武戏的决心，男同学激动得睡不

着觉，晚上在院子里翻跟斗；平时走路也要顺便翻起来。我们团领导更觉得这是全团演员们学习和再提高的好机会。于是当即决定停止出外巡演和其他戏的排练。住在咸阳，晚上观摩中国京剧院四团的演出，白天请他们传授技艺。

我团艺术股把《红色卫星闹天宫》剧很快移植为秦腔剧目。剧团分配我学演女卫星，并固定了8位扔出手枪的男演员，共同学习"红"剧中的表演。

中国京剧院四团的演职员，吃住都在咸阳人民剧院。他们很辛苦，晚上演出，白天还要给我们传授技艺。"红"剧中各角色都一对一地展开教学。班老师带着他的8位下把演员，耐心细致、一丝不苟地给我们传授"出手套路"。

我们虽然也练过一点出手基础，可要套在一起，相互配合还是有困难。不是记不住套路，就是没有把握好"出手枪"飞来飞去的动势。乱扔、乱踢的情况时有发生。我心里一着急，头脑就发蒙，常常把该踢给甲的枪，踢给了乙，给乙的枪踢给了丙，再不然就是枪踢不到位，使对方不易接到，或者踢过了头，对方必须跑着去抓。8个下把加我9个人，经常发生兵器错位的现象，兵器掉得满地都是。班世超老师和他的搭档对我们不厌其烦，一遍又一遍地示范，使我们的头脑逐步清晰起来，直到熟练掌握"出手套路"。

《红色卫星闹天宫》剧中在开打的高峰中，有一段女卫星滚圈的表演。女卫星突然将手中的兵器"圈"顺台面滚了出去，这个直径约40厘米的圆圈眼看滚到了台口，像是要滚到台下的状况，观众唏嘘不已，就在大家心揪在一起的时候，圆圈又自动地倒滚了回来。班老师并不用手接到滚回来的圈，而是用脚将圈踢到空中，然后用一只手接圈顺势一个蹦子跳大翻身，台下像炸了堂，使劲叫起好来。这套技巧我看不明白，这个"圈"拿到我手中为啥就是不听指挥的呢？这"圈儿"就是滚不出去，更谈不上让它再滚回来了。我问班老师："您用的圈里边是不是装了什么机关？才会听从指挥的？"班老师笑着说："傻孩子，你仔细看看，我用的圈和你拿的圈没有什么区别，这都是练出来的。圈儿往出滚时，手腕略带一点甩劲，滚出多远再让它倒回来，全凭手腕的一点儿力量掌控，这是个硬功夫，只要认真苦练，一定会练成的。"

班老师又说："用脚踢圈儿时，要顺着圈儿倒回来的惯性，蹦着脚面，当圈接触到脚的瞬间顺势踢向空中。这个时间一定掌握到分秒不差，或迟或早圈儿都不会被踢起来！"经过班老师细致入微的讲解和指点，我也掌握了滚圈儿和踢圈儿的技巧，并用在了我演"女卫星"的表演中。另外，"出手"中有一双足蹬枪的表演，与两位神将的出手枪三搅被盖抢背，女卫星半躺在地，两神将回枪出钓鱼，女卫星双足各蹬一杆枪。看似不太复杂，表演起来双方在时差上要是没掌握好，枪就蹬不好，多数是蹬走了一支，另一支却掉在地下。班老师告诉我："这个双足蹬枪，不能急，女卫星抢背落地顺势半卧在台上，腿不要伸直，弯曲起来给蹬枪留下准备姿势。就如打人一样，拳头缩回来再伸出去，就有力量，蹬枪同样是这个道理，这样蹬出的枪有力量，容易送到对方手中。两杆枪同时到，比较好应对，假若一杆枪来得早、一杆枪来得晚也好应对，它有应对的空间。最难应付的是两杆枪飞来的时间只差一两秒，这种情况最容易顾了前边的，掉了后边的。"班老师又仔细地给我说："碰到这种情况身体不能实落在台板上，用一手臂着力斜撑着身体，给双足以灵活的空间。出手表演看来是脚腿舞弄枪支，实际是脑子要反映快速，随时调动身体动向。出手表演要做到眼观六路、耳听八方，才会很少失误。"像这样谆谆教导的事例很多，班老师不嫌我笨，一点一点教给我。当然我也不负老师的教诲，下苦功练习。这出戏是我们团晚会必演节目。也是我们到工厂、铁路、连队以及慰问老区人民等必带的演出剧目。

1958 年，中国京剧院四团响应国家号召，授命整体编制支援宁夏回族自治区建设，落户宁夏回族自治区，改称为宁夏京剧团。几十年来由于种种原因，虽然一直没有机会看望班老师，但是我心中时刻挂念着他老人家。2012年春，和朋友聊起《红色卫星闹天宫》剧目时，提起了班世超老师。于是，我请剧院艺术研究中心的工作人员李鹏帮忙，是他通过宁夏秦腔剧团的赵曼红联系上了班老师。当我在电话中听到赵曼红说："班老师还在宁夏，身体也还健康"时，非常兴奋，很激动，很想立即飞到银川去看望他老人家，和他述说五十四年的挂念之情。2012 年 4 月中旬我们一行 3 人，专程到宁夏回族自治区银川市看望了我非常敬佩的班老师。

已 92 岁高龄的班老师耄耋之年，依然精神矍铄，耳聪目明，从他那宽容淡定、慈祥和善的目光中，浑然看不出岁月的沧桑，艰辛历程的磨砺。

我给班老师带去了亲手为他画的一幅四尺长的"脸谱寿字图"。"寿字图"顶部的第一个脸谱，是班老师主演《红色卫星闹天宫》剧目中的"女卫星"角色。还有他的代表剧目《泗州城》中的水母以及《打焦赞》《打孟良》剧中的杨排风。图中还点缀上了焦赞、孟良等配演角色和佘太君的传统脸谱，寿字底色采用大红色衬托。这幅"脸谱寿字图"，是我对班老师的衷心祝福！另外还送给班老师几本 1998 年出版的《旦角基本功》。

我向班老师做了自我介绍，和他说起 1958 年在咸阳给我们团传授《红色卫星闹天宫》剧目的事儿，班老师头脑很清晰，他笑眯眯地点着头，连声说："是、是、是。你来我很高兴！"他问道："元喜还在吗？"听到班老师的问话，我很惊讶，班老师知道我是从西安来的，因而问

赵梦兰为班世超作画《寿字图》

起他的师弟王元喜。王元喜老师随尚小云大师支援大西北来陕西筹办陕西省京剧团，担任剧团艺术负责兼教练。王老师经常对我提到他的师兄班世超，并说在 20 世纪 40 年代，师兄班世超在上海天蟾舞台演出《泗州城》，剧中他扮演的水母，在三张桌子的高台上独臂完成"旱水""卧鱼儿""剪子股""掐葫芦"等 8 个高难惊险动作，近 20 分钟的表演，最后高台翻下，一炮打

响了上海滩。他们也有几十年没有见过面了！王元喜老师已于2000年初不幸去世。我犹豫了片刻，不知道该不该告诉班老师这个实情？略想了一下，班老师多年的从艺生活，沧桑浮沉，什么事没经过？

于是，我回答说："王元喜老师已不在了！"

果然不出我所料，班老师听到王元喜不在世的消息，没有表现出大惊和大悲，只是沉默了一下说："要是元喜在的话，算算有八十四五岁了！"我回答："是的。"班老师90多岁了，还念念不忘他的小师弟，令我很是感动。

带我们来的白利明老师说："班老师是个重情重义的人，也是个心大无比的人！"这时我才知白老师，正是与班老师合作多年的"头杆枪"，白元杰的儿子。听说他是白元杰的儿子，顿时又拉近了我们的距离。

我说："50多年前，我们向班老师学习《红色卫星闹天宫》剧目中的'出手'技巧。和班老师配戏的几位扔枪演员都参与了示范与教授，里边肯定有您的父亲！"白利明说："那是肯定的，我父亲跟班老师合作几十年，是出手的'头杆枪'。合作演出过《打孟良》《打焦赞》等许多剧目。停演古典戏后，我父亲被调到宁夏秦剧团做了教练，从此就分开了。我们两家感情很深，一天不见就觉得很不舒服，必须要找时间见个面，才觉得心里踏实。"

白利明又告诉我说："我父亲于很多年前就过世了，是班老师抱着我父亲的头把他抬出病房的。"我听了也有点伤感，他们从艺术搭档关系，已发展成了不可分割的亲情关系。停演古典戏的那一刻，割断了他们的艺术合作，却割不断他们的友情。

史无前例的"文革"中，班老师也受到无情的冲击，一个专心搞戏曲的老艺术家也难逃噩运，我听了很难受，在那是非颠倒的年月，有多少道理可讲呢？白利明说："班老师最大的特点是容人、容事。"

大家也都说："他事业认真，胸襟宽大，一路坎坎坷坷走过来，真是不容易！"

改革开放后，中央戏剧学院请班世超老师去担任艺术指导，班老师可能已习惯宁夏回族自治区这块塞外江南的生活，与这块土地有了深厚的感情，他舍弃了人们向往的北京，继续留在西北的宁夏回族自治区，继续在这里不

辞辛苦地传播艺术的种子，是我们后辈人学习的榜样！

2012年中国戏曲表演学会、北京市京昆振兴协会等四个单位联合给班老师颁发了终身成就奖。我非常高兴，班老师是当之无愧的！

（文章发表在《中国京剧》2016年第12期）

赵梦兰

2014年12月10日于西安

2012年赵梦兰与班世超合影于银川

简介：赵梦兰，中国戏剧家协会会员，国家一级演员。1988年首创排导并主演了英语秦腔《拾玉镯》；1998年出版专著《戏曲旦角基本功》发行海内外。1958年由班世超老师传授大型出手戏《红色卫星闹天宫》，深受观众热爱，特写回忆篇章，以表示对班老师的敬爱！

以德服人的班老师

班玉芬

2013年7月26日在宁夏回族自治区银川市，我很荣幸地见到了20世纪50年代开始和伯父搭档的王天柱老师，以及伯父的学生：王嘉铭、刘复元、王海龙、李鸣、白立明等。提起我伯父，学生们每个人都有说不完感恩、感谢、感激的话，他们给予我伯父非常高的评价，我为伯父感到很欣慰。同时，我要感谢他们给予我伯父极高的评价！感谢多年来在各方面关心、照顾我伯父的学生们！学生们评语记录。

刘复元：说起班世超先生，他一生奋斗受的罪要比享受多得多。特别是到宁夏回族自治区以后，一个优秀的共产党员身份感动了多少人？吃了多少苦？无论是艺术上、还是待人方面等，方方面面都值得歌颂。在艺术上有很高的造诣，德高望重的老艺术家。像班先生这么坎坷的人生，在所有艺术家中是很少见的，我觉得对他来说这一生是不够公平的。作为后人再不为他说几句、做点什么，这个世界让他死不瞑目。一生的演艺生涯中多少次死里逃生，班先生大度的性格影响了他的一生。当年为演员挖练功沟，到黄河大堤下边拉沙子，班先生自己掏钱给大家做饭，他知道我们干活儿很累，非常体谅我们。

刘元鹏先生在一次座谈会上说的好："班团长做得好，（当年正在搞样板团）石嘴山市京剧团在班团长领导下，也完成了名副其实的'样板儿团'"。就一块木板把所有样板戏的高难动作全部攻破，就在院子里这块木板上，完成了"样板儿戏"所要求的，而且还完成了"样板戏"没有的动作。当时刘海生所饰演《奇袭白虎团》中的严伟才（现在是中国京剧院演员），他的动作已经超出了"样板儿戏"的要求。当时就靠一块木板完成了那么高难的动

作，所以，刘元鹏先生说："世超做得好，他弄出来的这个'板儿团'，是真正的'板儿团'。"在没有条件下创造条件也完成样板儿戏的要求，而且还超越了。班先生这种人格魅力、人格的影响力，迫使人们敬重他。他这一生全心全意地为京剧艺术事业贡献着自己的所有，他是我们一生中不能抹灭的，这是一个人最难得的。20 世纪 60 年代人的感情是一种感情，70 年代发生了变化，80 年代、90 年代、到了跨世纪的年代（2000 年），随着年代的变迁，人们对事物、对社会、对整个世界看法都在不断地变化。但是，对于我们这一批学生，包括班先生的老同事，为什么几十年如一日对先生的评价不变？随着社会的变化而变化，就说他的这种做法确实真正做到了以德服人，而且他确实深入我们人心了。这个为什么没有随着社会变化而变化，我们也许对身边的一些人、一些事物会有一些看法，这也不为错。但是，唯独在这件事上没有变化，说明什么？他确实以德服人，征服了所有人的心。嘉铭说得好："人这一生能够记住一件事，记住一个人很不容易。"还恰恰是这么多人同时记住了一个人，同时记住了这些事，那就说明这个人他太不容易了。

我后来离开了京剧团，去了戏校。在北京戏校我和阎世善、李金鸿等老师提起班先生，没有不伸大拇指的，都说很了不起。

1981 年，即便那些很有名望、很有身份的人，上下班有车接送，上课都很有派、很讲究的，也还是说："你叫世超来，到这儿来，他那身东西应该留下来。"我当时跟班先生说了，先生的性格决定了他的命运，先生让增华（班世超的侄子）给我回信，先生口述。就讲了身体呀、这个、那个的托词。当时作为戏曲学校确实有这种诚意。当时李瑞环正在搞京剧的音配像。包括傅德威、厉慧良、王金璐、梁慧超这些名角儿，都在北京戏曲学校录像。他们说："你请班先生来，他如果需要从宁夏回族自治区带人，可以从宁夏回族自治区带人来，如果不需要，我们将在北京配齐他需要的人员。"当时，北京的刘海生、谷春才都去了，都说："如果班先生要录像，还是有什么事儿打声招呼，咱们都可以齐心协力把这事办好。"最后先生还是婉言谢绝了。我放假回银川又找先生谈这事，劝他出去走一走、看一看，看看别的艺术家跟您真是天壤之别，不一样。1981 年到现在 30 多年过去了，如果去了能把东西留下，那该多好啊。遗憾啊！非常的遗憾！

王嘉铭：班先生对我们有恩在先，我们都应有感恩之心，我们会尽心尽力报答他，胜似亲人般照顾他。

1979年京剧团合并后，我在翻跟头时，不小心把脚跟筋弄断了。班老师知道后，带着象棋到我家，老师怕我闷得慌陪我下象棋。班老师带我们就像他自己的孩子一样对待。跟他学艺时我和班老师住一个宿舍，我那时年轻贪睡，他每天早晨把洗脸水打好、牙膏挤在牙刷上给我放在床头。有一次我喝多了回宿舍后吐了，老师给我打扫酒后吐的污物。班老师以身作则，自己本身有关节炎，但是他做事都是以共产党员的标准严格要求自己，从来没有一点儿领导的架子，他是做得多，说的少。在石嘴山矿区演出时车陷在石炭井桥下后，他带着我们把那条路修好，方便了我们的车通过，也方便了通过那里的路人。他心胸宽广，在"文革"时期，对曾经伤害过他的人从不计较，后来还给整过他的人练功。他的人格是值得大家敬佩的，从他身上我们学到了许多做人的优秀品德。先生这样的共产党员是：关键时刻站得出来、豁得出去。他不仅仅教我们学艺，还教我们怎样做人。德艺双馨，吃苦第一，什么苦活、累活准有先生，绝对跑不了他，跟着我们一起干。这是我们的团长、书记。"文革"时那些整他的人，用锥子扎过他的人他都不记恨，多么宽大的胸怀。老先生最主要的一条是艺术造诣很高，积德了，所以长寿。胸怀之大，桃园之外，一般人很难做到，我们都做不到。这就是教我们怎样做人，一生怎么为人是最重要的。

王海龙：我们是17岁左右从戏曲学校刚毕业被分配到石嘴山京剧团。那时，班先生50多岁。当年石嘴山的生活环境十分恶劣。先生带我们去石嘴山矿区演出，服装道具至少要3个卡车，我们这些十几岁的孩子要押车，先生知道我们演完戏都很累，怕我们坐车上睡着摔下来，他就用绳子一个人、一个人给我们连上跟车拴在一起，我们个个都像个虫似的躺在道具的海绵垫子上睡着了，班先生给我们打更，让我们休息。演出结束到驻地已经很晚，先生知道我们又累又饿，他让伙房煮一筐鸡蛋，给我们当夜宵吃。鸡蛋是班先生家的，他家养几只鸡，鸡下了蛋，先生自己舍不得吃，都攒着给我们当

夜宵。

有一次，我们演出回来的时候，走到石炭井那边，卡车陷在路上。因山洪把路冲坏了，路都成了黑泥塘。车子陷进去后越打轮陷得越深。班先生看到这情况，根本没考虑自己有关节炎怕累，二话没说就下了车，和我们一起把整车的道具全部卸掉，把车推过这段路，再把道具装上车，我们一共7个人，干了两个多小时。推车时班先生和徐中年先生两个副团长在车的两边，一边一个用绳子拉，我们都在后边推。后来班先生带着我们在那里搭了一个石桥，方便了路过这里的人们。虽然这事儿不大但是却给我们留下了深刻的印象，这就是我们的老团长。矿区工人对我们说："你们团长带领你们搭的石桥，永远留在这里作纪念。"

还有一件事儿多年来一直藏在我心里，因为是班先生不让我和别人说。在60－70年代生活困难时期，团里要涨工资，有班先生一个名额。班先生却不让给他涨，他说："团里还有那么多生活困难的老同事，先给他们涨。"班先生的高尚品德京剧团无人能比。

班先生当年身为主管业务团长，令人不敢相信的是他还能带十几个人，到瓷厂的废品堆去捡废品。如今的领导干部又有谁会亲自做这样的事情呢？如今的人能理解他吗？会不会说他傻呀？可是班先生只有一个念头：只要对大家有利的事情，他都会带领大家干。

原来京剧二团在石嘴山矿区，门口的路坑洼不平，经常是大泥塘，人们经过这里时很不方便。这个事情让作为副团长的班先生记在心上。他琢磨怎么才能不花钱，还要把路修好。思来想去，想到京剧团对面瓷厂的废品堆里有好多淘汰的废模子和坯子。然后，他就带领十几个演职员，把瓷厂扔掉的模子废品捡回来，进行分类，坏的、碎的用来铺路，没有破损的放在一边码放整齐，等路修好后当花盆儿种花、种树用；开工的第一天先刨地，第二天捡废品模子，第三天简单、干净、整齐的小路就修好了。班先生做好事从不宣扬，他就认为这都没什么。

李鸣（著名京剧表演艺术家李鸣盛之公子）：我们刚到石嘴山京剧团时，没有排练厅。连地板、毯子最起码的条件都没有。没有经历过的人，根本无法想象我们当时困难到什么程度。在没有排练厅的情况下，先生领着我们这些学生，在院子里的地上挖个坑，等黄河退潮后再带着我们蹬着排子车，到黄河大堤下边拉沙子，（堤坝底下至少得有 10 米高，是一个大坡，我们都是亲临现场的。）拉来的沙子填进挖好的坑里再调整它的松软度，然后用我们的铺板铺在上边，再铺上只有两层厚的黑毡子、宽的变成窄的，改成 1 米宽 5 米长，这就是我们当年的练功环境。就在这种状况下，先生教我们完成的动作是："两张爬了翻"。先翻、再提上去，这个动作得是先生用手把我们推上去，自己即使有能力也得有人去抄你，我们达到高水平就是这样练成的。班老师这种艰苦奋斗的精神使我终生难忘。

　　2013 年夏在银川，班世超（前排中间），王天柱（前排右一），马淑娴（前排左二），王海龙（后排左起一），李鸣（后排左起二），王嘉铭（后排左起三），谢建森（后排右起一），白立明（后排右起二），刘复元（后排右起三）。

　　白立明（著名表演艺术家白元杰之公子）：2012 年陕西秦腔剧团的赵梦兰老师，曾经和先生学过武旦技巧。通过宁夏秦腔剧团武旦演员赵曼红老师找到我，说要看望先生。54 年前，1958 年中国京剧院四团到陕西西安巡回演出

时，赵梦兰老师在陕西看过班先生演的《红色卫星闹天宫》，当时他向班先生学习了不少武旦技巧。全国各地演员无不佩服他的艺术魅力和他的高尚品德。

我父亲白元杰和班先生都是富连成科班出来的，他们舞台上合作得非常默契，他们的功夫都是多年磨炼出来的，两个人台上是好搭档、台下是好兄弟。

我父亲去世最后送他时，班先生抱着他的头把他送走的，不让别人抱。班先生一生淡泊名利、做人低调，吃苦在前、享受在后，艺高人品也高。

2013 年 11 月 23 日于北京

菊坛春秋

班世超

患难与共的同行、朋友

王天柱（口述）

我和班世超老师既是同行、又是共患难的朋友。在舞台上我们曾经一起演过戏，"文革"时又一起被"群专"、一起被"挨整"，我们是正儿八经的、非常难得的患难之交。

1952 年，我从杭州七兵团参加总政京剧团来到北京。当年，我们就住在北京宣武门烤肉宛对面的一个大院里。当时，是刘元鹏亲自到杭州，把我们杭州七兵团的演员，接到北京参加了总政京剧团。从那时起我就和班老师一起合作，我们合作演出的剧目有《泗州城》《武松打店》《红色卫星闹天宫》等剧目。班老师的"吊井抢背"那真是一绝，现在没看到过有人能表演这样的"抢背"。现在"抢背"的动作都不是很到位、很简单，没有什么难度。

1958 年 9 月上级领导一声令下，全团划转到宁夏回族自治区，支援西北文化建设。全团上下积极响应，全体演职员思想觉悟非常高，哪里艰苦就到哪里去。房子、家具什么都不要了，带上家属和孩子一起来到宁夏回族自治区支援西北建设。当年，宁夏回族自治区区长马玉槐带着我们中国京剧院四团多次出国，感觉我们这个团：一是年轻演员多、艺术高；二是有组织、有纪律，是不怕吃苦的团体；所以，他向中央领导申请要我们四团到宁夏回族自治区。刚到宁夏回族自治区时什么都没有，银川非常的贫穷，民间传说："一个公园两只猴，一个警察看两头"。黄土满地无行人，人少得可怜。我们的住房、剧场都是身为副团长的班老师和其他领导，带领我们全团演职员用一块块砖、一把把汗水，自力更生建起来的。班老师是我们的副团长，脏活、累活他都是冲在最前面，不怕苦。他对待学生非常好，我去世的爱人金玉春就是他的学生，她在世时，常常和我说："班老师演技好，人也好。虽然教我

们非常严格，可是我们都很佩服他。"1960 年班老师代表宁夏京剧团和武汉京剧团的代表高盛麟一起参加全国文艺界群英会。他和高盛麟是师兄弟，又是把兄弟，他们关系非常好。

班老师对我们各方面都要求很严格。有一次，我遇到刚从苏联演出回国的白元杰。白元杰一直是班老师的好搭档，也是师兄弟，他们一起在富连成科班学艺。白老师喜欢喝酒，那天碰到我说："我得请你喝杯酒，吃顿饭。"听他说请我吃饭，我就很高兴地答应了。于是，我们俩人来到饭馆，边喝边聊，喝得很高兴。回到团里已经很晚，戏都演完了。班老师看到我们回来这么晚，问我们干什么去了，我说："白元杰请我喝酒去了。"班老师说："喝得怎么样啊？"我说："喝得挺好。""嗯，挺好？今后不许再这样了啊！""还有元杰，不能再有下次了！"班老师他是自己以身作则，对学生的人品和艺术上要求非常严格，学生练完功，要走沙盘，走不完不能回家。但是他从不发火，我们都非常佩服他、敬重他。班老师艺术上不但继承京剧前辈的艺术精华，而且是不断地传承。他的一生为京剧事业做出了极大的贡献，是晚辈们学习的榜样。

（班玉芬整理）

班世超、王天柱《武松打店》剧照

简介：王天柱，京剧武生。宁夏京剧团主要演员：演出剧目：《三岔口》《卧虎沟》《武松打店》《长坂坡》《挑滑车》《闹天宫》等。师从盖叫天、李盛斌、蔡宝华等。1984 年 6 月，宁夏回族自治区京剧团赴沪演出，在延安剧场演出《乾元山》《陆文龙》《人鬼鉴》《吕布试马》《双下山》《伐子都》等。主要演员有俞鉴、谭少英、李业德、王天柱、郭金光、李荣安等。

崇敬的武旦老师班世超先生

宋丹菊（口述）

班世超先生是我久仰大名、崇敬的武旦老师，虽然我没有跟他学过武旦技巧，但是，他为京剧事业默默无闻的奉献精神，在我脑海中早就耳濡目染。我出生在梨园世家，对于行内之事比外行人要了解得多些。1961年我19岁还很年轻时，我们到宁夏、包头、西北一带巡回演出，那时我就知道班先生是宁夏京剧团挑梁的主要演员，是很了不起的武旦。因为我也是武旦演员，比较关注他。班先生最拿手的绝活儿是：有一好的'旱水'，这是其他武旦都不及他的。我现在在教学中给学生们讲：'那时候班世超先生的'旱水'是他拿手的杰作'。比如：《盗库银》等是要上'旱水'的。我有一出戏叫《改容战父》，这出戏中有椅子功，椅子功上'旱水'，我的学生中有可以走一点儿的，但是谁也不能像班先生能坚持25分钟到30分钟耗这'旱水'，那是需要有很扎实功底的。现在的武旦都不练顶功，怕肩膀变形。练顶功是很苦的，杂技团练顶功的孩子，上去没几分钟鼻涕眼泪就都流下来了，现在的武旦演员没有可以和班先生相比的，那是班先生的特色、绝活儿。据我所了解他在《竹

宋丹菊为班世超题字

林记》《泗州城》《火烧余洪》《梁红玉》等剧目中，'打出手'也火爆，很受观众欢迎。

班先生另一特色就是他文武兼备，文戏也好，1938年富连成科班毕业与叶盛章先生合作。20世纪40年代班先生就挑班走遍全国各地。说起武旦挑班，我父亲宋德珠开了武旦挑班的先河，这之后就是班先生，他是武旦挑班第二人，这是京剧界前所未有的，从前就是武旦傍武生，没有挑班的。1961年那次到宁夏京剧团，我跟着前辈老师们一起参观学习、座谈。班先生给我印象很平和、善良，对年轻人也都招呼，尤其听我说是宋德珠的女儿，他更是格外的关心，拍着我肩膀问长问短，比如：'你爸爸好吗？身体怎么样呀？'班先生和盖叫天先生唱《打店》，这都是我久仰的剧目。我看他戏时年龄还小就觉得他的功夫太好了，他是男旦里有一号的。我父亲在世时，每当和他提起班先生他都很佩服地说：'那好，有绝活儿！'

班先生不争名不争利、默默无闻地做事，在宁夏一干就是几十年，凭他的资历完全可以要求回北京、上海大城市的院校。他在宁夏教学也特别认真有耐心，教了很多学生。为京剧事业传承做出了很大的贡献。

（班玉芬整理）

纪念富连成社创办107周年会议
宋丹菊与班世超合影

简介：宋丹菊，京剧旦角。京剧四小名旦宋德珠的女儿，1958年加入北京京剧团。中国戏剧家协会会员，民革第九届中央委员，民革北京市第十一届市委委员，北京市东城区第九届政协委员，北京市海外同胞联谊会会员。

第三篇　追忆生平

师兄功夫好

高元升（口述）

2011 年 11 月纪念富连成社创办 107 周年时，见到了班世超师兄。一起开会、一起参加研讨会。

他是"世"字科，我是"元"字科，我在他下一科。科班时见面都说话，待我们如兄弟一样。他的功夫好，他那"旱水"一只手撑在桌子上，两条腿和另一只手伸出去，还得做各种动作，很不容易，现在流传整个戏曲界。他们踩的"跷"也叫寸子，因为大小也就一寸。踩跷是把脚放板儿上绑结实，踩跷的脚趾骨头都踩坏了。他们练踩跷，我看见几个学生都站在一条长板凳上练。我还听说"连"字科练踩跷，是站在缸沿儿上练，在缸沿儿上练，踩不好摔着骨头就够呛。练踩跷不能一会儿下来、一会儿下来，下来老师就用刀劈子打（刀劈子是假刀，涂的灰色）。弓腿也不行，腿不能弯，膝盖一弯就没功夫了，就白练了，腿和脚都绷着、有蹬劲儿，不能害怕、打哆嗦，越怕越危险，这是练踩跷。平常练功都是在罩棚底下练，雨天不漏雨也不影响练功。练功时有两根杆儿，一横一竖摆成长方形，（麻绳缠好的杆儿）在两个角铺上软垫子，以防磕着。先练基本功虎跳、抢背等。功夫不饶人，只要练就有收获，所以，他们武旦受罪受的大，我们文戏的就拿顶，拿顶是把腿弯着，像个大虾米似的放窗台上，耗得时间长了就吹气，胳膊、腰、腿都经不住了就稀里哗啦地全倒了，一砸、砸一溜儿。练这点儿功夫不容易，就得苦练，不苦练在科班就白受罪了、白立字据 7 年。我去科班晚，11 岁才去，七八岁去合适，腰软好练。那时候，宋起山师爷给我们练弯腰，他一只脚蹬小板凳儿，腰放他腿上，他用手一按，如果听腰里有响声，就知道这个不能练了，就让练练刀枪把子。富连成好几科练弯腰都归他负责，我们都称他师爷。叶

家哥儿5个，我去科班时叶春善先生正病着，我去科班晚是因为先去的中华戏校。中华戏校比富连成进步一些，可是办的晚。富连成是清朝人办的。1904年东北商人牛子厚办的，后来牛子厚买卖赔了就转给了沈家。牛子厚对京剧全懂，不但能拉会唱，还能打鼓，六场通透。在一次演戏时，看上叶春善师爷的人品好，就跟叶师爷说："你回北京给我约几个人，我要成立科班，约好了练点儿基本功我再去看，我要看着行就投资办班。"开始招的六个孩子全是"喜"字。我就知道钟喜久打人狠着呢，为什么？他是恨铁不成钢。我管你、打你都是为了让你成材。

去广和楼演戏时，正是"世"字科演，我们"元"字的就是来个龙套或是打旗的，都是不张嘴的龙套、太监、车夫。去戏楼演出都是排着队去，不许胡乱走，后边人看前边人的后脑勺、不许东张西望，社会上事儿多。如果哪件事儿看见了一走神儿，到台上把戏词儿忘了，对方答不来，这戏的倒好就上来了。那不就砸了吗？为保证演出质量，以防演戏出错。队伍前后有领队的师兄。郝喜伦"喜"字科的、个子高，他在队伍最后看着。谁一走神儿东张西望，他在后面就敲打一下后脑勺儿、或拿扇子点一下，不许胡看。

另外，叶盛茂、叶盛章、叶盛兰等几位叔儿经常在一起开会讨论、商量学生的事儿，怎么教育学生。三叔叶盛章吃完饭他一咳嗽、一喊嗓子，学生们就知道该排队去茶楼唱戏了，不唱戏的留下来练功、背戏词儿。到了戏楼，先到后台拜供奉的唐明皇。有供龛、有佛龛都得拜。这是对唐明皇的尊敬，因为唐明皇懂戏，他还能打鼓，所以，称他为祖师爷，祖师爷保佑演出别出错。学戏吃苦、受罪为的是成才，练发声、练各种技艺都要刻苦练习，既然学了戏就要死心踏地地学，学习过程中不会的、做不好的老师打几板这是避免不了的。学戏时体验到了谦虚谨慎这四个字的含义和道理。

从客观看他吃过苦，那跷功就不容易，没有身临其境不知道那个苦。武旦的功夫我没学过，体会得不深。他是武旦，第一是"跷功"厉害，第二就是"出手"。他们的出手，是以打出手的妖精为中心，和几个天兵天将互相配合，（枪）扔出去腾空了，腾空后到下手，搪出去，那个又接上了，打的千变万化。出手不能扔台上，出手掉地上就是没踢好，接不好、掉满台就乱了，一台戏就演砸了。

班世超师兄平易近人，没架子，功夫好。

（班玉芬整理）

2011 年高元升与班世超

简介：高元升，出生于绘画世家。5 岁曾于其父所演《汾河湾》《宝莲灯》等剧扮娃娃生。9 岁即演《梅龙镇》之正德帝。曾从义父李盛泉学老旦。11 岁经李介绍入富连成社习艺，排名元升。初从郝喜伦、冯富昆、段富环练毯子功，后从雷喜福、王喜秀、张连福、刘盛通等学正工老生戏。从王连平、阎岚秋、孙盛文、魏莲芳等学二路老生戏。并从萧长华、郭春山习昆曲。于科内曾与高元卓、曹元弟、姚元秀等 4 人于丽歌唱片公司灌制了昆曲《仙园》唱片，发行后受到奖励。18 岁满师出科，经张春禄介绍，1944 年于北京西单报子街 71 号张春彦府中，被张收为关门弟子。得张师亲传《奇双会》李奇、《玉堂春》刘秉义等，并为其所演剧目重新"下挂"。1947 年参加庆乐戏院的新兴京剧团后，曾任演员队队长并兼舞美队队长。1960 年随团支边成立新疆自治区京剧团。1986 年退休返京后，参加大栅栏地区老年活动站，既辅导亦演出。

班世超为人正派

童寿苓（口述）

　　如今能见到长寿老人，是我一生中的幸事，这位百岁老人是京剧界享有盛名的童家班五杰之一——童寿苓先生，著名京剧小生姜妙香先生门生。2018年秋天，童祥苓老师引荐下，我拜访了童寿苓先生。我们一起看老照片、老戏单回忆舞台生活，童老先生除了耳背，头脑还很清晰，思维敏捷，眼睛也不花。

　　他回忆说："班世超过去在天蟾舞台，我妹妹童芷苓跟他学过《金山寺》《梁红玉》，那时我在北京不在上海，详细情况不太了解。班世超人很正派，没听说过他有什么其他事情，知道他演出剧目有《泗州城》《锔大缸》《金山寺》《盗仙草》《乾元山》等。那时候我们在上海也很少见面，那时刚解放，也都各自为生活奔波。那时候大头换小头（指的是袁大头），所以只顾生活很少见面，他的戏我看得少，我们家在北京，到上海演出期满了就回去。因为接触少和交往少，我妹妹跟他学戏的时候我就不在上海，我大概在北京，学戏情况我也不明白。总之，那时候生活挺紧张的，过去虽然在一个剧场演戏，唱完戏就各自回去休息，在后台，聊天时候都很少。"

　　"武旦戏一般都在前边是推个热闹，武戏完了才是文戏，锣鼓一响热闹，观众好进场。他是武旦，有武旦的戏就有他，班世超在头里武旦戏，后边是我们文场戏。他演完就回去休息了，我们的戏时间长，所以见面都少。那时候都是因为生活所迫。我们在天蟾舞台合作过一出《尤三姐》，我妹妹童芷苓（尤三姐、后尤二姐），班世超（前尤二姐），我的柳湘莲，这次合作很成功"。

　　百岁老人能记得这些真的了不起，非常感谢童寿苓先生能记得班世超。

祝童先生福寿安康、颐养天年！

（班玉芬整理）

童家班五杰成员，前排左边：童祥苓，中间：
童芷苓，右边：童葆苓，后排左边：童寿苓，后排
右边：童遐苓（图片：童孝天先生提供）

班先生教学好

高韵笙（口述）

2019 年 6 月的一天，我怀着感恩的心拜访了远在宁夏回族自治区银川市的高韵笙先生，如今已 90 岁高龄的高先生，依然是精神矍铄、容光焕发。一见面高先生给我讲起了我的伯父班世超，高先生头脑非常清晰、思路也很敏捷。

高韵笙先生说："我二哥高盛麟是'盛'字的，班先生是他同学。班先生是'世'字的，我是'韵'字的，我和班先生差两科。那时在科班里班先生也担任老师了，教过我三打，《打孟良》《打焦赞》《打青龙》，头一个就是《打青龙》。

"班先生在世的时候，教学很认真，而且也很耐心。在上海他演的《泗州城》《金山寺》《盗仙草》等，还有和我二哥合作的《取金陵》，班先生跟我哥哥关系特别好，情同手足的同学、又是把兄弟。那阵儿我二哥抽大烟，没大烟了，班先生就给拿去，抽足了，台上有劲儿。其实，那俩钱呀，都给那小窟窿奔了，没意思，还是年轻不懂。那是一种什么呢？好像成角儿了，不抽大烟就没那份儿似的。其实那样想并不对，如果身体好了，台上演出不更好嘛！班老师那时烟酒不动，多棒啊！

"'文革'时我也靠边站了，我好在没挨打。就一句'成啦！你靠边站吧！'我就靠边了，后来我就教学了。班先生教人是真好！教的细致又耐心。

高韵笙先生之女儿高伟红说："那天，我们看电视播放的《朝金顶》，我爸告诉我说：'这就是你班大爷演的戏！'武旦戏就是演的人太少了。后来还给我讲宁夏团谁和谁来什么的。白元杰傍班大爷一辈子，他跟白教员关系也特好，白教员人也特别好。那时演员都互相捧着讲义气。"

高韵笙先生说:"班先生特别是跟我哥哥,关系特别好,真是莫逆之交。在上海俩人合作那么多年,没有啦!俩人演的对儿戏《武松打店》真是盖派、天衣无缝、珠联璧合!"

高韵笙先生之女婿苏京平(女武生俞鉴老师之公子)说:"'文化大革命',班老师就不上台了。班老师一开始在石嘴山,'文化大革命'结束以后,宁夏京剧院一团、二团就和团了,合团后班老师调到艺校了,在宁夏艺校当校长。高韵笙先生:"班先生那教学没的说,又耐心、又认真、又负责任。"

高韵笙先生之女婿苏京平(著名女武生俞鉴之公子)说:"班老师虽然他是我们长辈、先生,但是他跟我们年轻人特别能合得来,教年轻人摔跤呀、玩呀,从不以前辈而自居,让人很容易接近。"

高韵笙先生说:"有一次,班先生风湿关节炎犯了,疼的坐在椅子上不能动。班先生说:'我看、干脆让韵笙儿梳上大头得了'。白元杰和我对戏,班先生就坐在院子里看着,看我们对的差不多了,班先生说:'行啦!'"

"在上海,班先生和高盛麟关系非常好,他们俩合作,两个人的艺术价值都在那儿呢!所以上海观众愿意看高盛麟跟班先生的戏,他们同在天蟾演出,同是班底,他们可是长期的班底。北京去的角儿、全国各地去的角儿都不用带底包,天蟾舞台班底的行当齐全,凡是去上海的大角儿,班先生都陪着演出。"

非常感谢高先生和家人的热情款待!祝高先生健康长寿、永葆艺术青春!

(班玉芬整理)

2015 年 6 月高韵笙先生与班世超、刘元鹏合影

简介：高韵笙，京剧武生。高庆奎之幼子。自幼入富连成科班学艺、工武生，天资聪慧，善于模仿。5 岁时便登台与其父高庆奎演《汾河湾》之薛丁山，观众无不为其幼小年龄独到之台风神韵叹为观止。入科班后授教于王连平、茹富兰、钱富川等名家，以短打武生见长。中华人民共和国成立初期在东北参加中国人民解放军，并调入北京总政歌舞团京剧团，并于 1956 年随团出访欧洲各国，与著名武丑郭金光合作《三岔口》，享誉国内外，同时致力于教学，以自己扎实之功底，优美之身段，并授前辈真传之剧目《探庄》《夜奔》《蜈蚣岭》《八大锤》《英雄义》等授予后人，其风格与其兄高盛麟、高世寿均有异曲同工之艺术风格，亦被业内所称道。

自 1958 年随团到宁夏回族自治区至今 50 余年，亦培养出不少优秀青年演员，为京剧之发展、传承做出了令人瞩目的贡献。而今也是高氏硕果仅存之嫡传后人，虽已进入耄耋之年，但心系京剧事业的发展，仍在不懈耕耘，有问必教，有教无类，体现了我党培养出的新型文艺工作者的淡泊名利，无私奉献之精神，亦为业内人士所赞誉。

追忆京剧武旦名家班世超

童祥苓（口述）

在这天高云淡、秋高气爽的季节，我很荣幸地见到了京剧界享有盛名的"童家班"五杰之一、现代京剧《智取威虎山》中扮演杨子荣的童祥苓先生。

童祥苓先生和夫人张南云老师是同年同月生，今年都是 84 岁高龄的耄耋老人了，他们夫妇还经常参加演出活动。见到他们给我第一感觉就是慈祥、和蔼可亲的两位老师。

童祥苓先生 13 岁的时候，跟着姐姐童芷苓的童家班，姐姐童芷苓他们在哪里演出都带着他，所以，他有机会看到很多名角儿的演出。当我向童先生提到班世超在天蟾舞台演出的时候，童先生给我讲述了在天蟾舞台看戏的一些经历。

"我那时候年纪小 13 岁，天蟾舞台基本演员，也叫班底演员。有：高盛麟先生、李盛佐先生、纪玉良先生、朱斌仙先生，还有班世超先生等，他们属于一个班，是天蟾舞台包下来长期的演员。那时，我很小，知道的也不多。中华人民共和国成立前，我姐姐童芷苓（她大我 13 岁）在天蟾舞台演出的时候，班先生在前头演《青石山》《泗州城》等剧目，挺好的。那时老看他的戏，我喜欢看武戏，看过好多好多他的戏。比如：《盗仙草》《摇钱树》呀，

他的戏差不多都看过。因为，那时候我姐姐每天有演出，班先生都是前头有出戏，跟高盛麟、纪玉良他们演。那时候我小，和大人们说话少，就是每天到后台看戏。就感觉他这个人很好，也爱看班先生戏，就觉得挺好，天天看。

"他和我二哥童寿苓熟，我二哥今年百岁了，他除了耳朵不好，身体都很好。他有块黑板，想跟他说什么就写在黑板上，他眼睛很好也不戴眼镜，脑子很清晰，很敏捷、思路也清楚，记忆力也很好，他一看黑板写的就能跟你说。我二哥大我16岁。在天蟾舞台那时，我13岁，他都20多岁了，所以他们很熟。

"班先生1952年到北京参加了总政，再后来去了宁夏，他给我的总体感觉是台上很好，能在上海长期站住脚，很不错。我爱看他的"打出手"，打得挺好，那时我是刚学戏。班先生不太爱说话，给人感觉很文静、人缘也好，别看他台上是练武的，台下很书卷气，人不错。那时候我去后台看戏都挺关照我的。

"另外，那时候李盛佐先生（武丑）给我看功，每天早晨给我练功，班先生有时候见了我就

童祥苓《智取威虎山》中饰演杨子荣剧照

说：'挺是个材料的'，老是鼓励：'练得不错、不错'。还有时候告诉我手的打法：'这么打、那么打'。我就觉得他挺和善。70年前的印象还在，天蟾舞台固定的基本演员，他们是拿工资的。好多老先生，比如：李盛佐（武丑）、郭金光（跟头大王）、朱斌仙（小花脸）、纪玉良（老生）、梁慧超（武生）、萧德寅（花脸）等好多年轻人都不知道了。"

最后张南云老师补充到，比如："我姐姐童芷苓就是特约的演员，老话儿说：'班底演员，就是来角儿了，您就得陪着唱，所以，班底演员行当齐

全'。"

这次上海之行，非常感谢童祥苓老师、张南云老师，还有他们的小公子童孝天老师的大力支持和帮助！

祝福两位老师万事如意、幸福安康！

（班玉芬整理）

童祥苓、张南云与梅兰芳大师

简介：童祥苓，著名京剧表演艺术家，工老生。他夫人张南云，是梅兰芳之门生。童祥苓自幼酷爱京剧，8岁学戏，先后向刘盛通、雷喜福、钱宝森、张伯驹、陈大濩、李世可、钱富川、高连甲等学艺，多演"余（叔岩）派"戏。后又拜马连良、周信芳为师，余、马、麒各派剧目均能演出。文武兼备，唱做全面，在学习"余（叔岩）派"的基础上，融入了"麒派""马派"的表演方法，演唱富有韵味，做工细致，表演洒脱自如，善于刻画人物。擅演剧目有《龙凤呈祥》《桑园会》《群英会》《失空斩》《定军山》《四郎探母》《战太平》《淮河营》《汉宫春秋》及现代京剧《智取威虎山》等。

2020 年元旦童祥苓老师在北京演出：一次走台，三次彩排，一次演出，共五次。

2019 年 12 月 24 日到达北京的第一天，因南方与北方温差和空气湿度相差很大，定居上海几十年的童老师很不适应北京的气候。第二天（12 月 25 日）进剧场排练，开始先试音，童老手拄拐杖站在舞台上，乐队响起童老以最饱满的声音唱出了"共产党员"四个字，现场幕边和台下的导演、工作人员忍不住响起雷鸣般的掌声！试音后，晚上化妆彩排。化妆时长 45 分钟，一场演出到谢幕，妆要保持两个半小时。

84 岁高龄的童老，每场彩排都是尽自己最好的状态去完成，殊不知他那几天的身体非常不适。童老师每场彩排都当作演出对待，在装扮上要求很高，多次与化妆师沟通，用勒头带吊眉，以至于最后两天血压升高，演出当天测血压，高压达到 175。

演出当天谢幕时，童老师看到习主席向台上挥手！

注：此文中图片均为童孝天先生提供

好老师班世超先生

刘连伦

　　提到班世超老师，我禁不住要竖起大拇指，对这位生于北京贫民家庭，迫于生计才进科班学戏，饱受过艰辛，又曾名扬京、津、沪的武旦大腕大加赞叹！班世超老师是一位德艺双馨的曾为我们呕心沥血的领导和园丁，他的艺术、他的为人让我至今记忆犹新。

　　当年为了支援刚刚筹建起来的宁夏回族自治区，一个不足20分钟的动员会后，原中国京剧院四团全团上下便携带家小乘坐专列，历时三天三夜到达了还未有车站设施的古城银川。

　　自从老四团改建为宁夏京剧院后，一批原老四团的中层干部被提升为京剧院下设的两个团的领导。在这些干部当中，真正做到了身先士卒、吃苦耐劳、艰苦朴素、平易近人的，第一位就要数京剧院二团的业务团长班世超。

　　初到宁夏，困难可想而知，脱土坯、盖剧场、栽树、开荒、挖渠、种菜、割麦子、种稻子这些苦活、累活，班世超都冲在前面。为此，他不止一次成了宁夏京剧院的先进工作者。1960年，他还被推选参加了在北京举行的全国文艺界的"群英会"。

　　我第一次来到班世超老师身边是在1959年冬，当时我在宁夏京剧院学员队学习，因工作需要，宁夏京剧院二团把我和几个同学借到团里。班世超老师是团里的主演和副团长，所以我们有机会天天和他在一起工作、学习、练功、演戏。班老师每天除了安排好团里的演出之外，主要就是给青年人练功、排戏。他和郭金光、白元杰、赵鸣飞等老师带领我们这些青年演员，还有兰州豫剧团送来培训的几位青年新秀跑圆场、打飞脚、翻跟头，苦练基本功，每天都累得满头大汗。基本功练完，班老师还要为几位女生拉戏、练出手，

一练就是一上午。

　　至今我还记得 1959 年年底我们去宁夏的偏远山区海原县演出的情景。海原县地处黄土高原西北部，那里丘陵起伏，沟壑纵横，道路十分险峻。我们从固原出发，一连几个小时颠簸在这人烟稀少的土路上，汽车驶过带起一片黄土飞扬。团里安排女同志和年纪比较大的同志乘坐大轿车，而班世超团长则带着一批党员和我们这些 20 岁上下的演职员坐解放牌的敞篷大卡车，大家身裹棉大衣坐在行李上，随着装满戏箱的"嘎斯车"（卡车中的一种）向目的地驶去。等到达县城，我们从车上爬下来，厚厚的尘土敷在脸上，一个个已经变成了"土行孙"。下车之后，班世超团长将旧军大衣的尘土抖了抖，便带领全团老少投入到了卸戏箱、装舞台的紧张工作之中。

　　当时宁夏十分落后，海原是干旱地区，靠天吃饭，更是贫困交加。破旧的小剧场里，厚厚的尘土覆盖着各个角落，蜘蛛网也爬上了舞台，几乎糟朽的台板凹凸不平。后台几乎是四壁皆空、八面透风。观众席上更只有稀稀拉拉的一些盖房剩下的土坯砖，权当作看戏的座位。由于以前这里回民有不准看戏的禁忌，所以这些演出的地方大都很久无人问津了。就是在这种恶劣的条件下，班世超团长带领全团演职员完成"拓荒"，从舞台装置到上演剧目，跟在城市里没有两样。几个小时之后，漂亮的幕布横平竖直地挂了起来，剧场里被打扫得干干净净，后台也收拾得井井有条，连从外面一块块搬来的土坯座位，也码得整整齐齐。尽管这时候班世超团长和大家已经累得汗流浃背，蓬头垢面，但心里却非常欣慰。

　　那时在宁夏，慰问部队的指战员们是京剧院的演员们年年必不可少的光荣任务。中华人民共和国成立后，班世超老师感念中国共产党让他过上了幸福的日子，于是追求进步，很快参加了部队京剧团。在总政京剧团的军事化训练中，他严格要求自己，不畏艰苦。艺术上也不断精益求精，不论走到哪里，一定要把最好的艺术送给广大的观众。剧团每到一个地方演出，都少不了班世超老师的拿手戏《泗州城》。在这个戏里，他的"旱水"绝活，从不因为舞台条件的好坏，或是观众的多少而有所增减。20 分钟的"旱水"表演变化多端、高潮迭起，台下雷鸣般的掌声此起彼伏。为了使这个戏演得更好，

菊坛春秋　班世超

开打中，班世超老师把原来戏里重复地打"单对"改为了水母和六个神将对打抛踢 14 杆枪的出手，提高了开打的难度，使之更为精彩。

在《乾元山》中，班世超老师扮演石矶娘娘。这虽然不是他的主要武旦戏，但他那出手打得很稳健、火炽，极好地烘托了女武生俞鉴扮演的哪吒。他还把这个戏里武旦使用的双鞭改为了双枪，开打出手设计得更加紧凑和惊险。在宁夏的京剧舞台上，班世超老师曾先后主演了《火烧余洪》《锔大缸》《女杀四门》《武松打店》《杨排风》等戏，每出戏都是技艺非凡。即便是在《四杰村》里扮演一个次要角色鲍金花，也是不同凡响。在鲍金花和余千、冯洪、濮天鹏一起进村的翻墙表演中，他的一个"蹀子抢背"腾空而起，如鲤鱼打挺一般翻过两米高的硬墙片，让人惊叹不已。《武松打店》里他扮演孙二娘，更是把武旦的脆、漂、冲、帅、狠集于一身，除去也设计了他的绝活"旱水"以外，在与武松的对打中，风驰电掣的速度，矫捷帅美的身手让人目不暇接、赞不绝口。昔日班世超老师与盖叫天合演此剧，轰动了上海滩；1961 年他在武汉与高盛麟做示范演出，二人珠联璧合，亦是声名大振。

班世超老师是一位既尊重传统，又善于改革的艺术家。如宁夏京剧院对《闹龙宫》《卧虎沟》《乾元山》等传统戏的整理、加工、修改，都融入了班世超老师等人的心血，使得每一出戏都别具一格，情技交融，技艺惊人，在内外行中颇受赞誉。而其中由班世超老师参与整理、修改的《闹龙宫》一剧，更是在 1955 年参加了第五届世界青年联欢节，并且获得了一等奖，为祖国赢得了荣誉。从当年的军委总政治部京剧团，到中国京剧院四团，再到后来以武戏而闻名全国的宁夏京剧院，以班世超、樊富顺等为主的一批带头人为剧团的武戏发展做出了突出贡献。

1965 年，经过文艺整风后，宁夏京剧二团全团从银川调到了只有 5 万人的石嘴山市。这里是个矿区，东靠黄河畔，西临废弃的矿井塌陷地带，一条不足 5 公里的主街道贯穿全市。更名为石嘴山市京剧团的宁夏京剧二团坐落在一个只有几十间土坯房的院落里，地上杂草乱石丛生，院门悬而欲坠。就在此刻，班世超老师被上级调来，出任该团副团长。除他之外，剧团里还有王和霖、李蓉芳、蔡宝华、王天柱、刘元鹏、金玉恒、蒋世英、李韵章、沈

志广、刘金声、郑菊奎等一批老演员和高月波、王惠生、钱子龙等十几名琴师、鼓师，以及我们这批两年前毕业的学生。

从中央到地方，又从地方首府调到只有几万人的矿区，一次次极大的落差并没有让班世超老师气馁，他跟全团70余名演职员说："既来之，则安之，调到了矿区就要为广大矿工服务好，要让他们看上戏，还要看好戏。工作和居住的条件不好，我们就克服困难自己动手改变环境。"

1999年班世超（左）和武丑名家郭金光老师在练举重

于是，班世超老师带领全团挥锹抡镐平整土地，再铺上从瓷厂拉来的废弃瓷料。几天下来，剧团院里焕然一新，还种上了花草。但练功排戏这头等大事成了最大的难题，全团开会可以挤在一个不大的会议室里，而练功的场地只有这较为宽敞的院子。班世超老师很有办法，他带领年轻人在院子里挖了一个长10米、宽1米多、深不足1米的长沟，沟边砌上砖，抹好水泥，上面铺上厚厚的硬木板，就成了练功场。以后的十几年里，班世超和其他几位老师就是在这块板子上，为我们练出了《插旗》《智取威虎山》《沙家浜》《奇袭白虎团》《红灯记》及创排的《塔谷歼敌》《敌后尖刀》《边塞晨曦》

等戏中所有高难度的跟头技巧。但练武功是一件非常消耗体力的事，而当时的食品又很匮乏，为了给全团的演职员增加营养，以班世超老师为首的"伙委会"每天配合厨师一起研究伙食。班老师还和"伙委们"每天轮流下厨，协助厨师做好每一顿饭菜，尽量让大家吃好，由此可见班世超团长的用心良苦。

　　班世超团长经常带领我们全团到农村演出，进矿山慰问，还要完成大量的社会任务，如挖防空洞、修筑公路、割麦子、修水渠、挖反坦克壕等，他带领全团同甘共苦、同舟共济，这段艰苦奋斗的生活让我永生难忘。不久前，班世超老师走了，完成了他的历史使命。班老师一生为京剧事业呕心沥血、鞠躬尽瘁，他是一个好领导，也是我们的好老师。

艺高德高的班世超

石小元

　　班世超学戏的初衷是"练好本事挣大钱养家"，所以，他学戏十分刻苦，别人吃不了的苦他肯吃，别人下不了的功夫他也肯下。

　　学武旦第一条就是要有好的跷功。梨园行都知道绑硬跷异常痛苦，早上一起床就得绑上，直到晚上睡觉时才卸下来。最难受的是"耗跷"，耗时双脚绑着跷站在板凳上，将全身的重量都集中在脚尖上，一站就是几个钟头，耗不住摔下来或耗得时间太长腿僵了下不来的事都时有发生。为了练好过硬的"跷功"，班世超在师哥王世祥、艾世菊的帮助下，在科班里的小后院泼上水、结成冰，半夜里绑上跷在冰上跑圆场，让师哥帮他打快枪，整整练了一个冬天。同科的"世"字辈学员中，跷功最好的就是班世超和后来成为四小名旦之一的毛世来，他俩绑着跷，无论打出手、打快枪还是翻跟头，都很过硬。中华人民共和国成立后，废止了跷功这门技艺。

　　武旦还要能够娴熟地使用各种道具，如刀、枪、鞭、棍等。每当老师教把子功或使用道具时，班世超都十分用心，经常给查夜的大爷说好话，半夜起来苦练。将双鞭练到扔起来后用一根手指接住在指尖上旋转，然后是几根指头轮番接住转；练扔刀时手被砸得又红又肿，练双刀直练到磨破双手虎口，练踢枪练到脚背和大脚趾乌黑青紫……

　　班世超在舞台上"手里"好，就是因为练得多，熟能生巧，以致任何道具到了他手中，都能够成为他的助演工具而不是负担。毯子功也很重要。武旦离不了抢背、爬虎、肘丝爬虎、扔爬虎、过桌子抢背、踩子抢背、掉井抢背这些技巧。掉井抢背即原地干拔起来蹁腿，最后再落回原地。这就要求腰里有劲儿。科班里没有好毯子，他硬是在破麻包上练出了这手绝活儿。在顶功上，班世超下的功夫最大，吃的苦也最多。先在地上练拿顶，然后在一个小凳上拿，再到高凳上，练到有把握时就在三条腿的凳子上拿空顶，一把空顶足足要耗半个小时。有一次他拿空顶的时间过长，胳膊和腿都练僵了，自己下不来，眼泪和汗水把眼前的地面打湿了一片，老师心疼地把他抱了下来。

在"富连成"学艺 10 年后，"世"字辈学员满师，其他人都巴不得能早一点儿出科挣钱，年仅 16 岁的班世超却认为自己功夫还不到家，主动要求续学两年。两年中，他又学了《金山寺》《锔大缸》《青石山》等几出戏，阎岚秋（艺名：九阵风）老师又给他说了《女杀四门》，方连元老师给他说了《火烧余洪》。在段富环等老师的帮助下，他的顶功又有了很大长进。他的目标是要成为最好的武旦。为了这个目标，他练的"旱水"高人一筹，不光有难度，而且每个动作都要体现出造型之美。留班苦练两年后，班世超觉得凭自己的能力已经可以到社会上，去实现挣钱养家的愿望了，他终于告别了留下自己 12 年生命印迹的"富连成"科班，开始了演戏生涯。

学艺期间，班世超即以出色的技艺深获好评。他技艺超群，尤以"顶"功称武旦行中之魁首，1939 年出科时在北京已小有名气，出科不久便更加走红，与宋德珠、阎世善、李金鸿并称"四大武旦"。刚出科上海就来人到北京"邀角儿"，请他去演出，这时，叶盛章也组班去东北演出，请他帮几个月忙，他便跟叶盛章去了东北，在哈尔滨、长春、辽宁一带演出了两个多月，他的戏有《泗州城》《女三战》《杨排风》等，并为叶盛章配演《酒丐》中的马玉花、《打瓜园》里的陶三春等。从东北回来紧接着去上海，先后在天蟾舞台（搭李少春班）和黄金大戏院演出，然后到南市上光明戏院和中国大戏院演出半年左右，再次受邀于上海天蟾舞台，其间辗转于苏州、无锡、南京、常州等地，半年后再到天津、沈阳等地，邀约不断，大为轰动。

1942 年，班世超第三次去上海，在天蟾、黄金、中国大戏院演出，其间学习了《虹霓关》《辛安驿》，全部《代战公主》《四郎探母》《悦来店》等戏。又经赵桐珊（艺名：芙蓉草）举荐回北京后向尚小云学了《能仁寺》，后来又学了《霸王别姬》《玉堂春》《小放牛》等。其后再去天津，受到李洪春先生器重，给他说了《荀灌娘》，为他排了《穆桂英破十阵》，其中 10 个不

同的下场，十分精彩。1944 年再回上海，成为天蟾舞台的基本演员，直到 1952 年参军进入总政京剧团，班世超一直在上海演出。其间，他为梅兰芳先生配演过青蛇，和马富禄演过《小放牛》；与盖叫天合演的《武松打店》更是珠联璧合、精彩绝伦。此外，在《取金陵》中，盖叫天、高盛麟、叶盛章等著名演员甘愿一起为他当配角。童芷苓、言慧珠等著名演员和后来去了香港的于素秋也纷纷来向他取经、练功、学戏。

1952 年，班世超参军加入总政京剧团，1954 年，他随中国人民解放军艺术团出访苏联、罗马尼亚、波兰、捷克斯洛伐克等国家，荣获波兰"金十字"勋章，捷克"反坦克英雄"勋章、"伏契克"奖章，罗马尼亚"星"勋章等，为祖国赢得了荣誉。1955 年随中国艺术团出访越南，受到胡志明主席的亲切接见。1956 年入党，当年随团到海军部队慰问演出 8 个月，回来后在上海公演，上海观众仍记得他，对他十分热情，使他深受感动。

1958 年到宁夏后，班世超在神话剧《红色卫星闹天宫》中大胆创新，在打出手时增加音乐伴奏，结束了武旦打出手只用打击乐的时代，并在戏中新添了绞柱踢枪的技巧。他同时担任《火烧余洪》的导演和主演刘金定，再度创新，为刘金定安排了大段唱腔，设计了 8 种不同的"下场"，在东北、天津等地巡回演出时广受好评，每到一地都有青年演员向他求教。他根据传统老戏《百草山》整理改编的后排演的《锔大缸》，在前面增加了"雷公劈缸"一场，使后来的"王大娘补缸"有了依据，并且重新安排了整出戏的武打和出手，创造了扔"补虎""扣枪"的技巧。他还把"旱水"技巧运用到《武松打店》这出戏中，在墙头（桌子）上拿"旱水"，表现孙二娘扒在墙上窥探武松屋里的动静，合理巧妙，完全符合戏中的规定情景。

班世超不仅戏演得好，人格也十分高尚。他历任总政京剧团演员组长、队长，到宁夏后又担任了副团长，无论在工作还是在劳动中，他都身先士卒，堪称表率。演出不分城市、农村，大台、小台，他一样严肃认真，从不偷工减料，关节炎严重发作时，三伏天里他穿着棉裤，靠打止痛针坚持上台演出，"踩子枪背""过城"照样翻，"旱水"照样拿，不但受到观众的喜爱，更赢得了全团上下的敬重。团里最脏最苦的活儿他总是默默地去干，他不仅把自己负责的业务工作安排得井井有条，而且十分注重青年演员的培养。

班世超在京剧界享有盛誉，几十年间，不少同行纷纷向他求教。除了言慧珠、童芷苓、李玉茹、关肃霜、张美娟、赵晓岚等，也都受到过他的教益。他因材施教，凡是跟他学过戏的人都有明显的提高，他亲自教过的几代本团学生有李秀惠、金玉春、肖玉华、刘益珍、冯喜舫、马淑贤、杨道志、王志怡、方丽华、王燕、刘海英等，在她们身上花费了很多心血。团里的旦角演员不论老少都很崇拜他，每次贴好片子总要请班老师看一看是否合适，做了动作也要请班老师纠正。

1965 年，班世超调任石嘴山市京剧团副团长，到那里后，工作、生活条件比银川更为艰苦，但他毫无怨言，始终和大家同甘共苦。他带着大家自己动手，平整院子，挖出壕沟，搭上木板，作为排练场地，团里的青年演员在这块板子上练出了许多"绝跟头"。他领着大家从瓷石捡来碎瓷片在院里铺出两条甬道，从园林场买来树苗种在院里美化环境。他自己花钱买鱼做好分给大家吃，还买了香油送到食堂，为大家改善生活。

1964 年起，班世超不再登台演出，从此他把自己的全部精力都投入到剧目建设和培养青年演员方面，在艰苦的环境中，石嘴山市京剧团排出了《插旗》《塔谷歼敌》等优秀剧目。"文革"中班世超"靠边站"、1974 年他重新工作后，出任石嘴山市京剧团领导。首先，大抓本团演员在"文革"期间普遍荒疏的基本功训练，他鼓励青年演员加强练功，帮他们重建信心。在他的倡导和帮助下，青年演员们都有了很大长进，大家也都公认石嘴山市京剧团的武戏好、跟头好。

2016 年 9 月 29 日无疾而终，享年 95 岁，他也是富连成"世"字辈最后一位离世的老人。

石小元先生

简介： 刘建南（石小元），中共党员，中国戏剧家协会会员，国家一级演员，（原宁夏京剧团副团长，宁夏剧协副主席）。1960年考入宁夏京剧院（团）学员队，行当文、武丑，1968年分配宁夏京剧团至退休。1990年，全国中、青年京剧大赛《海舟过关》中饰演海舟获荧屏奖，宁夏回族自治区成立40周年创编《京风京韵．塞上飘香》获自治区第五次文学艺术作品二等奖，2000年由文化部、中国文联组织的儿童优秀剧目展演，在课本剧《金色鱼钩》中饰演老班长获表演奖，2005年创编的《过草地》获宁夏回族自治区第七次文学艺术作品二等奖，2004年创意改编的《新闹龙宫》参加在上海举办的第四届中国京剧节获特别奖，第一届宁夏文化艺术节专业表演艺术评奖中分别获《新闹龙宫》编导奖，优秀剧目创新奖，新剧目奖。2007年与郭铸同志共同创编了《小红军·回回娃》，2008年改编了《孙悟空三打白骨精》。退休后受邀先后编排了《过草地》《两个妈》《老关找羊》《活出个样子》《我是你的贫困户》等，担任导演。

班老师的平凡往事

方丽莉（口述）

我记不太清楚具体时间了，大约是在"文革"后期，班老师他们这些老艺人，从"群专室"出来了，就分配他负责练功，全团所有的武戏演员都归他管。

我们每天上午练4个小时功，头1个小时基本上是女学员的和男学员的文戏演员，他和蔡宝华俩人负责。头1个小时练完，另外那3个小时是辅导武戏演员。他在那儿一站就是4个小时，给所有演员说戏、练功，要说那么多的话，还有抄功，其实，真的很累的。那个年代粮食定量，每月一斤肉，半斤油，人都吃不饱，他每天操功，运动量很大。平时休息时，他还要给几位男演员加班，抄他们的跟头，有的演员比他高、块头也大，看着真是心疼。而且是在室外，那时条件艰苦，一年四季不见他缺席。班老师从没有怨言，每天坚持给我们练功、说戏，这样工作大家心里都有数。

他们这些老艺人就算从"群专室"彻底解放了。慢慢地领导班子又开始结合他了，恢复他主管业务团长的职务。把他结合到领导班子当了团长，可是他这个团长不光是给大家练练功就好了，还要负责排戏和全团的业务统筹规划，他恢复职务后，排了好几出戏，很多事情都要他负责，我印象可深了。

记得有一次，我们排一出《炮声隆》，那天，我们从石嘴山到银川去演出，不知怎么我就忘了带"板儿带"（板儿带是戏剧演员专用的一种皮带）了。剧中还有一个托举的动作，没带"板儿带"肯定托不起来我，我和那男演员就被笑场了。班老师在台下就急了，冲着我喊："笑什么！大家伙给你排戏呢，你还笑！"男演员喊了声："报告团长、她没带'板儿带'"！班老师边批评我边从他腰上解下"板儿带"，借给了我。就这一点儿小事儿他都特别认

真，而且对待任何人都是这样、很认真。

那时，我们的条件很艰苦，刚到石嘴山时没有给我们剧场，没有练功的场地。我们在院儿里练，无冬历夏。夏天那么热、夏天宁夏还算可以，冬天呢？多冷呀！挨着抄。刚开始练跳板时，拉着手的、拽着翻，怕我们摔着，保护我们……

团里所有的业务归他管、统筹规划。当时一起被"群专"的老艺人有：蔡宝华老师、王和霖老师，他就把他俩都拉上、进"艺委会"，蔡宝华负责导演、全盘王和霖来抓，他更是抓全盘。当时把这些业务安排得非常好、很正规，可不像一盘散沙那样。

那时，演现代戏，他是男旦，舞台就没他的角色了。人员不够时，分配他来什么、他就很认真地来一个。《奇袭白虎团》来一个朝鲜群众，好，就来一个朝鲜群众。但是，说武戏时人家一点儿不放松！比如看到谁不行就说："你这儿不行！"马上给你指出来。

那时，没有廉政这个词，实际现在回想起来真是廉政！

我们两家的房子挨着，他这个门、我这个门是平房一左一右。他当团长以后需要开会，总不能在自己家开会吧？就准备把他房子后边再接出一间，讨论业务、开会得有个会议室。我家的前门挨着他，就听他说要把他家的这个门封死，改走会议室的门，就没必要走挨着我这边的门了。那时我想，我就这一间房不够住的，就找到他说："班团长，您看我就这一间房，您盖这会议室，能不能给我接出一块来？这样，我也宽松点儿。"因为有孩子。他想了想："行！"一分钱也没用，我和他说这话时连十分钟都没用，就给我改了一间（约9平方米）房。你说人家廉洁不廉洁？没喝你一杯茶、没吃你一块糖，就一句话。他只是想想："嗯，确实！"他就给办了。

有一次，我们排一出新戏，有一段武打，我和师弟对打，他的下串儿，我拿刺刀一刺，就碰他脑门了。当时我还年轻，不知道检查自己，冲着师弟说："你怎么不知道躲呀？你怎么就不知道搪我这一下儿呢？"我正批评人家呢；班老师过来说："别说人家啦，你的事儿。""先生，怎么是我的事儿呢？""哪有照人脑门儿刺的呀！""我不照脑门儿刺，我怎么刺啊？""你看着，我给你走一遍。"他就告诉我怎么刺，我就跟他学会的。不然真照人脑门儿刺，给人脑门儿扎了一个包呢。还有一次，排《平原作战》也是扎小樱（扎枪），老是不敢扎。"你干吗呢？你那枪怎么就不出去呢？"我就实话实说："先生这枪我不敢扎，我怕扎着他。""来，我告诉你窍门！"这也是班老师手把手教的我。

　　班老师给我们排戏、练功时，虽然非常严谨，可是他授艺有方。再难的问题，经他稍微一指点，就可以解决。班老师为人和蔼可亲、平易近人。我们为有这样的团长而感到很荣幸！

方丽莉女士

　　简介：方丽莉，著名京剧表演艺术家方荣翔之二女儿，宁夏京剧团花旦演员。

回忆我的四舅班世超

丁百利（口述）

　　我 1958 年出生在北京，我家住在朝阳区神路街元老胡同。我妈在班家她们那辈儿女孩中排行老大，名叫班淑珍。我姥爷班福德和姥姥班竞氏共生了五男二女。大舅班寿恒、二舅班寿芳、三舅年少夭折，四舅班世超、五舅班寿海。

　　1970 年我 12 岁时，正是"文革"时期。四舅班世超也遭到严重迫害，他被关在潮湿的小黑屋，使他犯了关节炎症，我妈心疼四弟便写信叫四舅回北京治疗，当时，就住在我们家。

　　20 世纪 70 年代正是大唱样板戏的时代。有一天，家里来了两位京剧界的先生来看四舅，他们聊天都是排戏的事儿，具体内容我也听不懂，后来，听大人说那两位先生是包头京剧院的，他们正在排《红灯记》，缺武生这个角色。我不知道四舅和他们怎么就说起教我练武功。四舅经过我爸、妈同意后，把我叫过来问我："教你练武功，以后跟我去唱戏乐意吗？"我听说要带我去唱戏心里美极了，就高兴地回答说："行！乐意！"四舅还非常正式地对我讲："学戏、练功可是很苦啊！你能行吗？"我还是很坚定地回答说："行！我不怕苦！"

　　于是，每天早晨 4 点四舅准时带我练功。先是从压腿、踢腿、撕腿、抻筋、拿顶、下腰。记得我练抻筋时是在我家大衣柜上练的，每次四舅看我把腿在衣柜上挂好后，我就不知道要挂多长时间了。四舅在一旁坐在太师椅上，两手各拿一个四五十斤重的磨盘转动。我跟着四舅练了半年后，就能举起 80斤重的磨盘，还可以很熟练地空翻。

　　跟着四舅练功这段时间，他给我留下最深的印象：一是教学认真，二是对京剧艺术的执着。

例如：在给我练空翻时，四舅当时也快50岁了，他总是跪在八仙桌上给我把着练，一练就是几十分钟。连续空翻时他手里拿根小竹棍儿在我腰那儿一挑、一挑我就连续空翻，有时我翻不好，他就告诉我："问题出在我快翻时颈脖子了。"现在想起来这些平凡的小事儿，其实是四舅教学生不仅认真，而且还很辛苦。

每次练空翻都是听到他指令后我才能翻。有一次，我认为练这么长时间了，自己空翻没问题，没听他给我指令就做起空翻，这可把四舅吓坏了。四舅气得给了我两巴掌并且很严厉地批评我说："我教你是学功夫，你学的是要领，掌握不好要领会出人命的。"

四舅教我练功都是言传身教，教过"拿顶做俯卧撑""卧鱼儿""花盆儿顶"。"拿顶做俯卧撑"这个动作是：用腰把两条腿提起来，腰里控制着劲儿，同时左右手还要轮换着做动作，学这个动作时我怎么也伸不出一只手做动作。后来，我渐渐明白：他为什么要举四五十斤重的磨盘？为什么坚持练功？原来这就是"台上一分钟，台下十年功"的道理。

为了让我掌握好基本功，为了使我的功夫能达到京剧武功的标准，四舅不分时间、不分场合、场地的训练我。在我和他打乒乓球时，他故意把球打飞，球落到房顶，我爬到房顶捡起球想要顺着墙头爬下来时，他不让我爬下来，让我从房顶空翻到乒乓球台上后，再做一个侧空翻到地上。后来我才知道，他让我做的这套动作是《红灯记》里磨刀人从山上下来时的整套动作。

我和四舅在一起学习练功的日子，虽然短短一年多时间，可是，我也感觉很有成就感，从他身上不只是学习京剧武功的基本功，还学到许多做人的道理。

我后来也没干京剧这行，因为我妈听说要带我去包头，觉得包头太苦，我又是家里最小的孩子，去那么远的地方有些心疼和舍不得，所以我还是继续上学，长大后工作与京剧没有半点关系。

"文革"时期，四舅遭受那么大的痛苦，他却丝毫没有放弃对京剧艺术的追求、热爱，还是那么的执着，在他心中从来都是戏比天大。

近年来，我每次看到四舅总觉得他的头脑、眼睛与众不同，看到他那双明亮的眼睛使我想起小时候，四舅带我玩儿"夜接飞石"的游戏。晚上天黑后，他带我到胡同里，让我使劲朝他扔石子儿，扔完石子儿我根本看不到石子儿落到哪儿，可是，他却神奇的能接到石子儿，而且还打不到他。后来四舅告诉我说："这是在练眼神。"怪不得他95岁高龄眼睛还那么炯炯有神，这与他数十年练功分不开，这是真功夫呀！

2016年9月20日丁百利与四舅班世超在银川家中合影留念

在他临终前几天，我们一起聊天，他的思维还是那么的清晰。他还给我讲着名武术大师王子平打日本人的事儿。他说："王子平打日本人就像打小孩子似的。"一次，日本人在上海搞了个竞技比武，王子平带着我四舅和其他师兄去比武，前两场是师兄，四舅排在第三场。结果前三场全胜，第四场王子平没上场比武就结束了。日本人彻底被打服了，还要拜王子平为师，王子平坚决不收。四舅说："日本的武士道和中国的武术根本不能相提并论！中国武术功夫运用特点主要是：软、紧、巧，在进攻对方身体各部位时主要运用：肩、纣、腕、胯、膝这几点。"

当年王子平收四舅为"关门弟子"还有一个重要原因就是：王子平经常看他的戏，知道他的武功好，有一个垫步动作是武术动作技巧里的其中一个，叫黑狗子钻裆。当时，既能把这个动作做到位又可以达到老师要求的只有他，为此，颇受王子平喜欢。说到王子平的"关门弟子"，四舅总是谦虚地说："顶我差。"

2016 年 9 月 20 日我从苏州因工作上有事儿，也是说好要看望四舅。这天也是著名京剧表演家刘长瑜老师来看望四舅。听刘长瑜老师说：她爱人白继云先生特意嘱咐她："到银川一定要去看望国宝级大师班世超先生。"因此，刘老师一下飞机没有去京剧院，而是先来看望老人家。聊天时，四舅对我说："你没干这行，你要是干这行也是个好武生！"刘老师接过我四舅的话题说："您教的学生错不了！"这天我们聊得都很高兴，谁知 9 月 29 日在我回苏州两天后，四舅安详地走了。

四舅，我们永远怀念您！

（班玉芬整理）

2016 年 10 月 26 日

第四篇　报刊文摘

2013 年班世超深圳留影（摄影：王祥先生）

武旦班世超去沪担任戏校教师

来源：《立言画刊》1942 年（第 216 期第 10 页）（江洵先生提供）

富连成社出身武旦班世超，为五科继阎世善之后唯一武旦人才，在京搭有章遏云，李少春等班，极博好评，最近世超应沪戏曲学校之约，担任该校武旦组教师，班已随杨宝森去沪，除出演天蟾舞台外，并在戏校执教。

记：武旦班世超（阿徐）

来源：《和平日报》1946 年 9 月 30 日（0008 版）（江洵先生提供）

　　近年来武旦人才很寥落，可看看的只有阎世善，李金鸿，班世超等三四人，这里让我来谈谈班世超！

　　班世超是富连成社世家（字）科的高才生，今年还只有 25 岁，今春刚结婚，但事实上他在上海没回去，所以婚礼由其妹妹代庖，这也是别开生面的结婚！

　　世超私下生得个很长，眉目清秀，爱穿长衫，翩翩风雅，待人接物，也和蔼可亲，没有"武"气，他上台一经打扮，他的扮相却是凶来些，有些杀气腾腾，缺少"旦"气，不及阎世善，李金鸿等漂亮，因此使他一时不能大红，实在可惜，其实凭良心说他的武功真帅，打出手很稳准，又很惊险，扑跌功夫等更伸手其技，令人咂舌，为阎、李所不及，所以我们要是重艺不重色的话，那么班世超的武旦实在可屈一指，而且此人私生活很好，肯用功努力，则未来的武功更未可限量呢！

王泉奎班世超联袂加入"中国"（汶）

来源：1946 年 11 月 14 日《诚报》0004 版（江洵先生提供）

　　"天蟾"与"中国"的对台戏至今日业已打成矣，双方都是堂堂阵容，不过许多人这样想：如此如火如荼的演出，将来再请什么人来唱也。

　　在"中国"最低座价卖四千元，而"天蟾"只卖二千五，似乎存心贬值，使"中国"受影响，其实座价方面受影响的倒是天蟾，如梅兰芳不卖二万，以"天蟾"的开销，怎肯卖二万呢？"天蟾"自叶盛兰始而至今天的程砚秋，毛病在演员多，包银大，反成尾大不掉之势，无法排戏，观众也无兴趣，倒不如"中国"实实惠惠稳卖满堂也。

　　不过"中国"也在扩充阵容，"天蟾"下来的王泉奎班世超已过班过去，定明天登台，戏目是班世超的《大泗州城》，王泉奎的《飞虎山》。

　　注：中国，指上海中国大戏院

班世超苏州开明大红
刘文魁三本西游预告（禅翁）

来源：1948 年 7 月 13 日《力报》（0004 版）（江洵先生提供）

苏州开明大戏院，自马连良、杨荣环，短期辍演，即由袁小楼、新丽琴等领衔，排演《西游记》，上座奇惨，有两天真正只小猫三只四只之数，该院后台主持人阎晶拍急令牌，邀到刘文魁，班世超等，于九日打炮，将已排到第二本的西游记暂停。排演老戏，九日大轴为刘文魁的观画跑城麒派戏，倒第二为班世超的演火棍，中轴为田子文，王蕙云的汾河湾，上座甚佳，以班世超的彩声最多，刘文魁虽十二分卖力，但麒派业已落伍。（除非麒麟童本人出演还有苗头）反不及班世超受人欢喜。闻班系短期帮忙三天，以后由刘领衔续排三本西游记，预告已贴出。暑热炎天已到，该院没有扎硬的角儿，往后上座恐难有把握。

武工根底深厚的刀马旦——班世超

来源：1957 年 12 月 16 日剧目介绍

在京剧艺术的园地里，杰出的刀马旦还是屈指可数的，班世超同志就是数得过来的刀马旦的一人。他六岁即入富连成科学艺，得前辈老艺人九阵风的传授，练成了满身技艺。出科以后，经常在天津、沈阳、上海等地演出，

因此"班世超"三个字深深地印在观众们的心灵深处。

他的身段优美，在演文场戏时，很不容易露出武旦容易露出的僵硬身段。打出手时，花样繁多，手法稳健。在单人表演时，下场花、大刀花、溜而不野，多而不乱，使人看了就知道这是功力很深的演员，特别是他的"旱水"（鼎功）能够把两只手撑在地上，使身体凌空倒悬变换姿势达十次，称得起是当代武旦中的绝功。

他到过很多人民民主国家，和一些欧亚友好的国家，曾荣获过罗马尼亚"星"勋章。

由于世超同志一贯进步，去年光荣地加入了中国共产党，现在是中国京剧院四团领导干部之一。

（优秦）

菊坛春秋

班世超

"打出手"的好戏之一《泗州城》

来源：1958 年 3 月 18 日剧目介绍

中国京剧院四团演出的《泗州城》，是"打出手"的好戏之一，由该团武旦演员班世超（图中中立者）主演。班世超不仅扮相好，身段优美，而且武打技巧娴熟，功底深厚。在《泗州城》中他饰演水母，不但打出手的花样繁多，手法稳健，更绝妙的是"旱水"（鼎功），在两张桌子高的高台上，一

手撑着桌面，身体凌空悬起，多次的变换姿势，又美又稳，毫不费力，博得了观众热烈赞美的掌声。

《泗州城》描述的是泗州太守之子白永与泗水水母相恋的故事。白永的父亲不同意人、妖相恋，请来天兵天将，与水母大战。故事虽属神怪，但却是广泛地流行在民间的传说，是京剧的传统剧目之一，每次演出，都以精湛的武功和娴熟的"打出手"，吸引着许多的观众。

（文占化）

让京剧艺术开放绚丽的花朵

——记自治区京剧二团副团长班世超

来源：1960 年 5 月 11 日《宁夏日报》

不断攀登新的艺术高峰

严冬的夜晚，新建的石嘴山剧场里灯火辉煌，舞台上正由京剧院二团在演出神话剧《锯大缸》。一群天神和一个本领高强的女妖精在进行激烈的战斗，扮演妖精的是班世超同志，在台上连续地翻滚着，天神投出的长枪像暴风骤雨一样向妖精身上刺来，她左踢右打把它们全挡了回去。突然，妖精踢倒了想要刺杀她的大鹏金翅鸟，一跃而起；就在这时，凌空有两杆长枪像箭一样朝妖精头上飞来，她不慌不忙，把头一低，枪往后面飞去，她紧接着把右腿一抬，轻轻巧巧地就把两杆枪同时从空中踢了回去……台下响起了一阵暴雷般的掌声，观众完全被班世超的惊人绝技和这场动人心魄的武打陶醉了，他们欢笑着，使劲地鼓掌。

班世超是全国闻名的刀马旦演员，尽管他有许多绝技，每次演出都受到观众的热烈欢迎，但是他从不骄傲，不满足于已有的艺术水平。由于他能经常刻苦钻研和锻炼，富于创造和革新的精神，几年来他主演的每一出戏，都能不断发展丰富，推陈出新……

当去年京剧院二团准备排练《锯大缸》时，班世超和大家一起研究并在会上提出，要把剧中的武打——后腿踢单枪改成踢双枪。当时有人怀疑，说："在京剧武打里从来还没有人能用后腿踢双枪，恐怕做不到。"班世超说："既然我们说到，就能做到，为了把戏演得更好，我们一定要练会它！"开完会，他立刻和团里的白元杰开始练习，起初说啥也踢不准，踢了七八十次，累得

浑身是汗，腿也踢痛了。但是他毫不灰心，仍然咬着牙一遍又一遍地练着，他心里只有一个念头：我是共产党员，又是团里负责业务的副团长，我一定要练会它，来带动大家提高业务……白天练，黑夜练，苦练了 5 天，班世超凭着深厚的武功基础和丰富的经验，终于找到了踢双枪的窍门，把他练出来了。在京剧的武打艺术里，班世超同志又攀上了一座新的高峰，为我国的传统艺术增添了光彩。

● 平凡的劳动，高尚的风格

1960 年 2 月，京剧院二团到西海固作巡回演出，在海源公演时，突然有一个在《闹天宫》里扮演天兵的演员病倒了，必须马上找人代替。可是在外演出人手少，临时要找人可不容易。怎么办呢？担任剧务的同志急得团团转。这时，因两腿害关节炎暂时不能演武戏而在担任舞台监督的班世超连忙赶过来说："让我来演吧！"

负责剧务的同志惊讶地说："班副团长，你？那怎么能行！你的腿病还没好，还是让别人演吧！""没关系，我能演！"班世超心里明白，天气很冷，自己的关节炎还没好，要脱掉棉裤去扮演天兵，的确不太好受。但是同志们连日演出都很劳累，如果自己能扮演这个角色，就可以让别人多休息一会……

别的同志演完戏，赶回后台抢着要演这个角色，可是班世超早已把妆化好了。当他往前台走去时，同志们都用敬爱的眼光看着他的背影，不知是谁赞叹地说："我们的副团长是多么出色的共产党员啊，是名演员，又是领导人，他能演主角，也能演配角，只要对革命事业有利，他什么苦都能吃！"

● 辛勤培养青年一代

早晨 6 点多钟，天刚蒙蒙亮，京剧院二团的青年演员小蕙就起来准备练功。可是当她走到院子里，看见她的老师班世超已经先来了，她连忙说："老师，你昨夜演出睡得很晚，干嘛不多睡一会儿呢？"班世超说："你演的扈三娘的武打动作很难，要多多练习，还是让我帮着你练吧！"

小蕙在院子里练了一阵，当她开始做"转腰"的动作时，一连几次都没做好，班世超说："你没把腰的重心掌握好，所以旋转时速度不够，姿态也不够美。你得这样！"他就脱下棉衣开始做示范动作。他像一阵风，一会儿往左，一会儿往右，轻捷而又柔和地一连转了十几次。做完了，他就用手托着小蕙的腰，叫她重练，一次、十次、二十次……小蕙已经很累了，但是还转得不太好，她的脸上露出了急躁和不安的神色。班世超一面安慰她，一面又对她说："转腰在我们的武打艺术里是一项很难的技巧，你想要学好它，必须不断地勤学苦练。做一个武戏演员一定要有坚强的意志。你要在舞台上显出三分功夫，就得在台下练出十分本领……"

当师徒俩练到要上班的时候，都已累得浑身大汗，班世超连忙给小蕙披上棉衣，并对她说："当心着了凉，快洗脸去吧！"班世超随手拿起一把扫帚准备到办公室去扫地，忽然想起了一件事，就回头喊小蕙："小蕙，下班以后到我家里去一趟，我有事和你谈！"

午间，正当大家都休息的时候，在班世超的家里，师徒俩进行了一场严肃的谈话。

"小蕙，昨天你和同志们剪美术字装饰舞台的时候，干嘛用言语顶撞别人呀？""我没存心顶撞谁，昨天我干了老半天，刚跑到楼上想玩一会儿，他们就叫我。""是啊，大家都在劳动，你怎么能一个人去玩呢？"

小蕙的脸有些红了，她低下了头，说："老师，以后我一定注意！"

班世超用关切而又严肃的眼光看着她说："不要把这看作小事情，什么都是发展的。小的地方不注意，将来就可能犯大错误。作为一个演员，一定要红专并重，如果只注意钻研业务，不重视劳动，不热爱集体，就决不会成为好演员……"

班世超同志对待自己各方面要求都很严格；对他的学生既像母亲一样慈爱，也像父亲一样严厉。他有一个雄心大志，不但要不断提高自己的思想和艺术水平，还要把自己的一身绝技都传授给学生们，使他们能成为全国最优秀的刀马旦……

我们深信，在党的教育和关怀下，班世超同志的理想一定会实现，我区的京剧艺术会开放出更绚丽的花朵，散发出更浓郁的芳香！

（李震杰）

让京剧艺术开放绚丽的花朵

——记省自治区京剧二团副团长班世超

1960 年 5 月 11 日《宁夏日报》

漫谈宁夏京剧团的《武松打店》

苏玉飞

　　我是喜看武戏的观众，也略知演好一出武戏的不易。一出武戏能使人一看再看，不觉厌腻，的确是一件很不简单的事。这里面不但有集体劳动日积月累的功绩，也有个人艰辛刻苦、匠心独运的创造，非一朝一夕之功就能做到的。最近看了宁夏京剧团《武松打店》一出戏的演出后很有感触。

　　武戏最讲究打得干净、武得利落，分明层次，动作准确洗练；忙中不乱，快中有序，节奏明确，动中有静；程式配搭严谨，技巧有情有节；忌拖泥带水乱打一锅粥。抬手提足，既要有真实感，又有造型美。

　　《武松打店》是京剧前辈艺术家盖叫天老先生的拿手杰作。宁夏京剧团青年武生演员王天柱同志，又曾受盖老先生的传授。为此，这出戏的光彩就更加夺目。

　　武松（王天柱饰）的表演不但细致逼真，而且抬手提足异常利落。如"搜店"一节，没有台词，只凭动作和面部表情来传达武松当时的内心变化和思想活动。虽仅用了"仰望屋顶""踩踏地面""三步滚头子""吹灯上桌"等几个搜索动作，它却精确而清楚地传达出武松当时内心的高度机警，也预示了即将发生的突然的袭击。这几组动作的巧妙运用，与武松进店时的疑词："腰刀弓箭，此乃贼店"是环环紧扣、脉脉相通的。

　　再是武松着拷把孙二娘第一次打败、孙扣门逃走后，武松胜中省到："孙再若执刀杀来，我双手被刑拷锁住，岂能迎敌?!"在此惊怕之中运用了三个单手指掌的动作。这次演出免去了摩脖子、张大口等动作和表情。这一改动，除了更集中地表现了武松是曾经百战临危仍持镇静的英雄气魄外，动作也较之过去更大方、更端庄了。

漫谈宁夏京剧团的"武松打店"

苏玉飞

1961 年 7 月 18 日《宁夏日报》

　　王天柱同志在舞台上的抬手提足，不但交待的清楚，真也做到了忙而不乱，快中有序、有动有静的地步。比过去的表演更自如、优美。

　　尤其令人叫绝的是孙二娘（班世超饰）的表演。孙二娘的表演，最使人难忘的是在桌子上那为时 5 分钟的"大顶"。当然"顶功"对杂技演员来说，是不足为奇的，但如何去结合表演情节的需要，运用得巧妙而又合情合理，那就有文章了。世超同志这一把"顶"，运用在越墙行刺武松，在墙头附身窥探这一情节上，双腿在空中左右摆动寻视墙内动静。这一手演技，观众完全忘掉了演员不是在耍弄技巧而是在为孙二娘的高超武艺称绝赞佩。演员使这一绝技与剧情浑然一体，以无限的艺术魔力感染着观众。世超同志在舞台上的一招一式，不管是开合扇儿，或是弹舞绕帘，都叫人感到眼前不是在演戏，而是栩栩如生的梁山女英雄孙二娘。

他的表演特色是：刚柔相济、粗细相生，每一个动作的松、紧、收、纵，流畅合度、简繁得当。每个亮相，既有造型美，又表达了人物的光度风采，形神兼备。

总之，看了这出戏使人很满意。希望京剧团的同志们再接再厉，获得更大的成就。

班世超：富连成见证者

杨思思

2014 年，京剧科班富连成迎来了它 110 岁的生日。这座创立于清末乱世、解散于纷飞战火中的京剧学校，存世的 44 年中，享誉京华，名震一时，捧奉出无数梨园明星。如今，翻开仅存的几张斑驳旧影，那座镌刻着"富连成社"字样的院落早已如烟散去，而合影中那些身着青布大褂、虎头虎脑的光头小伙儿，也早已朱颜尽改，红氍毹上绚烂一生的他们，此刻或零落成泥，悄然谢世，或年华老去，飘零四方。今日，我们叩问寻访过往，终于寻觅到一段关于富连成古老而鲜活的记忆，一段属于"班世超"的足迹。

隐居在银川的一代天才武旦

班世超先生的家，坐落在宁夏银川湖滨西街一座临街的老楼里。马路对面，是与北京中山公园同名的市属公园。这座银川市内最大的综合性公园，据传一千年前曾是西夏国的元昊宫，如今恬静自然、浓荫蔽日的风景里，已不复当年宫殿巍峨的荣华景象。

班世超先生生于 1920 年，按照中国传统的年龄计算方法，今年已经 95 岁。作为富连成科班"世"字辈硕果仅存的老人，他也是富社历史上年岁最长的见证者。

而今，年已耄耋的班先生身体依然朗健，作息规律，每天七时起床，晚上十时就寝，吃饭时仍不会避讳五花肉，"从来没有高血脂、高血压"。鹤发如雪的他，只是耳朵不大灵光，旁人说话时需要放大声音。细碎的皱纹爬上额头，两鬓之间老年斑星星点点，因为严重的关节炎，站立时，身体会弯成一张遒劲有力的苍弓。岁月像风霜一样，在他身上留下了不可逆转的痕迹。

和三年前的采访录像相比，如今班世超的语速更加徐缓，平静轻匀，带着光阴的沉淀与通透，未加改变的是浓郁的京腔，悦耳动听，恍惚间，让人忘记这里是远在西陲的边城银川。

班世超的家朴素简洁，老式折叠圆桌，25 寸显像管彩电，20 世纪八九十年代的木制家具，看上去像极了一位普通退休老人的家，只有挂在墙上的京剧人物泥塑，透出些许身份的痕迹。翻开文字史料，可以发现班世超耀眼辉

煌的过往：天才武旦，传奇人生，一套半小时的"旱水"（京剧鼎功一种，今舞台已不常见），他身轻如燕，在上海演戏一月拿几千包银，新中国成立后多次代表国家出访海外，担任宁夏京剧团副团长直至退休。然而，除了一张极其有名的"旱水"照和一张定妆照外，人们很难再找出其他的相片。"先生没有任何视频资料留下来，太可惜了。"而那几张为数不多的剧照，也被这位昔日名贯全国的绝世武旦低调地放进里屋，不事张扬。

"歇歇，先喝口水。"班先生悉心嘱咐，目光慈祥，站在一旁的学生赶忙把桌上的茶水往我跟前推了推，笑着说："刚沏的，快喝点。"班老一人独居，膝下无子，饮食坐卧全靠学生照料。

碧茶飘香间，我们的话题从他进入富连成前开始。"那时候我就是苦娃娃，没有饭吃的娃娃……"才一句，原本平静的班先生就流下了眼泪。看到他颤抖着用毛巾擦拭眼角，我一边自责，一边轻轻握住了先生的手。那双素手，曾幻化出娇媚英武的扈三娘、泼辣可爱的杨排风，此刻，经脉凸起，干瘦而冰凉。"先生，对不起，我不问了。"老人却拍了拍我的手，安慰道："我这个人比较脆弱，咱们缓一缓。"一脸温暖和蔼。

心思柔软的班世超一生淡泊名利，菩萨心肠，学生马淑娴讲起以前的事情："解放前先生在上海与四大名旦同台时，大红大紫，戏班里群众演员没有钱结婚了，他的金元宝就给人一个，接济人家。老先生这辈子没把钱当回事！"而今，这位坦荡无私的老艺术家，一个月退休金只有三千多元，远远低于大城市京剧团二三级演员的工资水平。

退休后，班世超仍旧承担着一部分教学工作，即便现在，也间或会有北京上海的学生打来电话向他请教，"有时他们还会登门拜访，让先生给指点指点脚步跷功什么的。"

对于人们说他是"天生的武旦"，班世超说那是抬举他了，"我就是喜欢武旦这行，我也只能演好武旦。好武旦需要坚持不懈，超乎常人地练。但现在舞台上，真正的武旦动作很少见到了，要么忽略人物过分炫技，要么过分强调女性娇柔，而完全失去了武旦的传统。"班世超说他很怀念和梅兰芳先生同台演戏的日子，"我现在听戏、看戏主要靠电视，但像梅先生那样的角儿，再也看不到了。"

生于北京，长于北京的班世超先生，最近一次回来是 2011 年。那年 11 月，他被请来参加富连成创办 107 周年纪念活动，其间，见到许多数十载未见的师兄弟，也圆了在北京梅兰芳大剧院看一场京剧的梦。就在笔者采访结束后没多久，学生们准备开车带着班先生出去转转，"去西安、上海溜达一圈儿，那些他当年大红大紫的地方，离开后，先生就没再回去过。"

"有饭吃就不算苦"

和富连成的许多梨园子弟不同，年幼的班世超并没有一个叫作"京剧世家"的背景。做泥瓦匠的父亲与给人家缝穷的母亲，带给他的是一个即便在梨园行看来也不甚体面的童年，贫穷与饥饿是彼时全部的记忆。五岁前，这个还叫作班寿泉的小孩，印象最深的就是跟着姐姐去挖野菜。每天清早，风雨无阻，姐弟俩小手紧牵，一步一滑，在莲花池畔寻寻觅觅，为全家找寻一天的嚼裹儿。"虽然五岁前没吃过一顿饱饭，可从那时起就知道了人要受苦，无论多苦我也能撑着，挨着。"这段经历，在班世超那里最终化作了坚强的倔强。以致日后，当师兄弟们感慨着七年坐科就像"蹲大狱"一样可怕时，班世超却心存感念："对我来说，有饭吃就不算苦。"

饥寒交迫的景况一直持续到五岁。那一年，祖父偶然听人说起富连成，才知南城有这样一个招收幼儿学戏的戏班子，管吃管住还管教戏。心疼吃不上饭的孙儿们，动了心思的老人悄悄站在门口瞅了瞅家里的五个孩子，最终，目光停留在老四寿泉的身上。五岁的小寿泉模样清秀、性格伶俐，送到戏班还许有碗饭吃。老人们知道戏班苦，可更知道吃不上饭的苦，叹了一夜的气后，终于还是狠下心托了人去说合。

时光划过 90 年，班世超至今仍记得那天面试的情景：不大丁点儿的自己，一路跟在充当保人角色的棺材铺老板身后，心里有点儿忐忑的他并不知道，一会儿将有怎样的面试等在前面；他同样不知道的是，一会儿将要给他面试的，正是富连成的五大"开班元勋"之一的唐宗成先生。关于唐宗成的

最初印象，年幼的班世超只记得这是位"姓唐的、鼻直口阔、身材高大、好心肠"的叔叔，而正是这位姓唐的叔叔，让自己有了个吃饱饭的地方。"后来我才知道，富连成一般只招收七岁以上的孩子，可他一见我……嗯，那天与其说是面试，其实也没考试，就看了看模样，让我蹦了蹦，跳了跳，然后说："明儿个给他送进富连成吧。"短暂简单的面试中，分明浮现出一份长辈对幼儿的惜疼与体贴。"他何尝不知道五岁的小孩儿根本上不了台，收下我就是怕我挨饿呀。"

谁说以责打和严苛闻名的富连成社，没有人情味儿的一面，细细品察，这种人与人之间的关爱与温暖，其实更多时候悄隐在威严之下，它更像是早春的寒风，虽然吹过来时总带着丝丝凉意，却还是一不小心就露出了春天的马脚。

● "从板子里面出来的功夫才瓷实"

入科后不久，班世超便被萧长华先生叫去。这位精通文墨、六场通透的总教习负责为所有学员起名字。自此，班寿泉正式改名为班世超。有人说，这简简单单的名字里寄予着萧先生对小世超的期望。或许，他希望这个灵巧聪明的男孩儿能像几千年前的大将班超一样，少怀大志、矢志不渝，最终成就一番人生功业。于是，揣着这样殷殷嘱托，班世超开始了自己在富连成刻苦而单调的生活。

虽然只有五岁，可师父们对他没有放松任何要求。每天，班世超都要像其他师兄一样，撕腿，耗腿，拿大顶，跑圆场。是该有点儿像电影《霸王别姬》中的场景吧，年少的孩子，双手被绑在墙上，当那些层层叠叠的砖块挤得腿骨"咔咔"作响时，他应该也会疼得忍不住流下泪水。

日复一日的苦练与流泪，六岁上，班世超终于第一次登上了舞台——跑龙套。那时还未归行归路的他，并没有真正意义上的角色，所饰演的不过是宫女、丫鬟一类的群众角色。"开始跟着别人后头跑，后来带着别人跑。"慢慢地，幼年班世超从"四旗儿"升为了"头旗儿"。

为学戏，班世超所经历的体罚简直像是电影的翻版。他沉浸到记忆的深处，回忆起那次痛苦的经历：一次念白课上，一句"大老爷容禀"的白口让他好赖过不了关。彼时，年幼的班世超并不能领悟上口字的发音要领，一塌糊涂的念白让师父怒气冲冲："过来，张开嘴，我看看。"于是，小人儿刚一张开嘴，师父就把包着布的掸把子杵进嘴里，"跟那摇汽车的把儿似的，在嘴里豁，疼得我啊，几天都吃不了东西。"

"可老师也有他传统而朴素的想法——别看我今儿打你，你就会了，会了将来才能有钱，才能成角儿。"在班世超的眼中，师父这样的做法在今天看来仍有道理，"我想，正是有如此严格的训练，演员的技艺、表演，拿到市场上才是好样的。从板子里面出来的功夫瓷实，不会忘。"

归入武旦行当时，班世超已经八岁，俊美的扮相、矫健的身姿，令他在武旦行当中如鱼得水，分外出挑。"那时我跟着徐天元先生学戏练功，腰功、腿功、刀、枪基本功都练，之后又陆续跟着郝喜伦、段富环、邱福棠几位老师学。边学、边演、边练。十岁上，我就开始给师兄们配戏了。起初也不是什么太要紧的，属于二三路，比如给叶盛章配《黄一刀》，《青石山》《打瓜园》也是我给他配。像他们常说的《蟠桃会》《摇钱树》，也是那时开始接触的，可那都是个别的，毕竟才十岁，主演的比较少。"

听班世超述说闪亮的过往，永远是那样静水深流、风轻云淡，然而，当我们翻开当年的报刊剧评，却会发现彼出《蟠桃会》留给观众的印象甚为可观："班世超之《蟠桃会》，大打出手，较阎世善不弱。"

宝剑锋从磨砺出。班世超自己不肯讲的，是他在背后付出的几多心血、细节过往。不服输的性格，使他在不长的时间里便跟随先生们掌握了武旦行当的大部分技巧。"由于我伯父在众多的学徒中天资聪明、吃苦耐劳，戏班子指定郝喜伦、段富环老师传授他武旦特技，如转包、撩裆、背口袋、寒鸦赴水等11个动作，一个月后成效明显。伯父的师傅又要求一整套武打特技一气呵成，这样又练了一年。苦尽甘来，十岁时伯父就被师傅推荐上剧目了。第一台是神话戏剧《蟠桃会》，我伯父一举成功，接着一发不可收，《张四姐下凡》《周仓下水》这些传统神话戏剧演出技巧，他都能如鱼得水，耍大刀、弯

萝卜、旋风脚,舞台上灵巧多姿、顾盼生辉。"在《我的伯父班世超》中,侄女班玉芬如此详尽描述。

所以,当班世超四五十岁还能在两张桌子垒成的高台上一气耍半个小时的"旱水"时,了解他的人并不以为奇,一把汗水曾被毫无怨言地洒下,总会在生命的旅途上开出耀眼的花来。

● 静守淡泊流年

如今,上了年岁的班世超仍会偶尔提起叶春善和萧长华先生。这两位富连成的创社元老,克勤克俭,对梨园传承兢兢业业的态度令他动容。"这两位老先生啊,几乎像长在富连成一样,为了富连成的成长,真是没的说!比如叶社长吧,每天上午八九点钟就过来看我们练功,如果下午有演出,等我们到时,他已经赶到后台了,一天老那么连轴转,尽心尽责,太不容易了!"

而萧长华先生除了负责外,更多的是诙谐幽默。"他人品没挑儿,德高望重,所以在我们心里从不失威信。萧先生的幽默很高级,点点滴滴都化进生活中,让人印象深刻。"

班世超回忆起一次在上海的演戏经历。当时,由"富"字科的冯富坤负责料理学生生活。一日做饭时,他揭开锅盖,顺手把锅盖上的水甩在了地上,萧长华在旁边看到了,便瘪着嗓子来了句"哎——"。

"很长的一声儿,瓮声瓮气的,灌满了整个地下室。"班世超笑着模仿起那个有趣的声音,接着萧先生很有节奏地对冯老师说:"你拿家伙把这水给我盛起来。我喝,不喝不成。"我们在旁边捂着嘴不敢笑出来,就听冯富坤接道:"您甭喝了,我喝得了。"结果萧先生又跟警笛似的拖着长音来了一嗓子,"哦——"戛然而止:"小子哎,你甭喝了,我给咽了!"这时我们实在是憋不住了,笑得前仰后合。你看,就这么个小事,他处理得非常幽默,既宣传了节约精神,又不至于让人难堪。这点蒸馏水是来之不易的,是健康的,他从这个角度教育了我们。

笑涡渐起,看得出这件小事让老人迄今难忘。或许是那时科班生活得太苦太枯燥，善良眷注的老师才会如此用心，点滴处用善解人意为学生们送去一段段解颐的幽默。

实际上，先生们这样润物无声的教诲，也春风化雨般地融入了孩子们的心里。几十年后，当班世超带着中国京剧院四团来到当时的不毛之地银川开荒时，他对事的那些勤勉、那些尽责，对人的那些温和、那些忘我，无不打动那些跟随他学戏的年轻人。

"班先生关键时刻站得出来、豁得出去。他不仅仅教我们学艺，还教我们怎样做人。德艺双馨，吃苦第一，什么苦活儿累活儿，他都跟着我们一起干。"文革"时那些整他的人，用锥子扎过他的人他都不记恨，多么大的胸怀！不止艺术造诣高，班先生最重要的一条：德。积德，所以老人家长寿。胸怀之大，一般人很难做到，这就是教我们怎样做人，一生怎么为人是最重要的。"班世超的学生王家明如此描述先生。

对人问心无愧、对己淡泊寡欲，这样的性格，令班世超宁静长寿，也令他一直默默无闻。当年那些同他一起来到银川的演员，20 世纪 80 年代纷纷调回了京沪，而他，却始终扎根在这片远离繁华的土地。学生为他鸣不平："命运对先生太不公平。"可班世超却只笑笑，并不多言。想来，那笑容里是恬阔，是宁远，是一片淡然气象，静守淡泊流年，不理繁华万千。

名至实归

2012 年 10 月，班世超并不宽敞的家里被挤得满满当当。几位从北京来的业界评委，将一张印有"弘扬京昆艺术特殊贡献奖"的获奖证书送到了老人的手上。其中一位评委不无感慨地说："本来早就应该给您颁这个奖，您这是迟到的春天。"

那天，班世超坐在那里，穿着学生买的绛红色寿纹唐装，喜气之余，脸上仍是含蓄的微笑，是阅尽千帆后的返璞归真，是岁月所赐的平静慈祥。

最后，让我们再来重读一遍那段如此鲜艳亮烈的图卷，绘尽这位武旦大师传奇一生的颁奖贺词：

"班老世超，富社精英，年过九旬，矍铄英雄。世字科，硕果存，武旦绝技，剧坛享大名。一出《泗州城》，十杆枪高空穿梭往来。刀光剑影，满台飞舞纵横，稳准狠，似有神助，无一失手，惊撼天津卫，掌声似雷鸣。再赴上海滩，十余载天蟾折桂袅娜娉婷。《扈家庄》上《锔大缸》，《杨排风》点兵《火烧余洪》。《周仓下水》为了《女三战》，最拿手《虹桥赠珠》精彩纷呈。'大顶旱水'空前绝后，班氏'吊井抢背'地崩山裂，一九五八年支援边疆积极响应，赴宁夏历经艰辛五十春冬，青丝脱换鹤发顶，谁不景仰，武旦大师德艺双馨万古长青。"

来源：《北京日报》2014 年 7 月 15 日

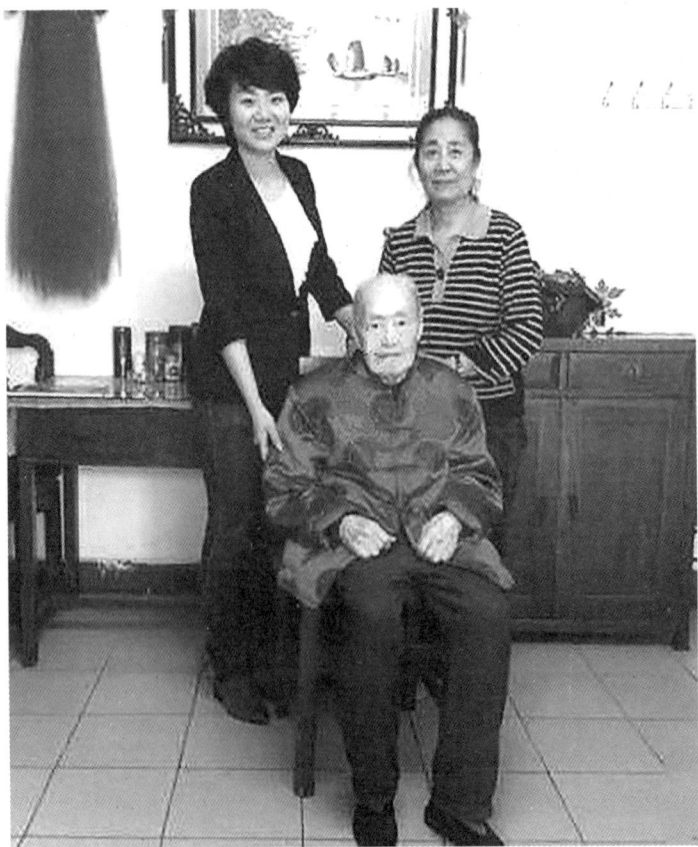

菊坛春秋 班世超

2014 年后排左：杨思思；右：马淑娴与班世超于银川合影

天生武旦班世超

来源：2012 年 10 月 24 日《银川日报》

10月，一张印有"弘扬京昆艺术特殊贡献奖"的获奖证书寄到了92岁高龄的班世超手中，获知此事的业内人士纷纷致电、来访祝贺，并称此奖颁予京剧武旦大师班世超可谓实至名归，算是对班老毕生奉献京剧事业的一份"迟到的祝福"。的确，对于5岁就入行学艺，坐科11年，16岁独立登台，17岁便以《泗州城》名震京剧界，1958年随国家京剧四团支援宁夏，任中国京剧四团（宁夏京剧团前身）副团长，为宁夏的京剧发展奉献了一生的班世超来说，这份荣誉的确有些"姗姗来迟"。

"打"出来的武旦

班世超居住在文化街一处老式居民楼里，天气好的时候，他会下楼转悠，他喜欢静静地看人下棋，一旦下棋一方陷入劣势，他也会指点一两招。每当这时，人们才会注意到这位操着一口京腔、皮肤白皙、眼神明亮、个头不高的老人。单凭眼缘，人们就觉得老人身上有股与众不同的气度。因为为人低调，所以即使是住在同一栋楼上，都很少有人知道他唱演京剧的传奇身世。

班老如今独居，生活一直由他的学生照料。虽耳聪目明，但老人却不喜与人交谈，更多的时候，他宁可与他的武旦刀、马鞭为伴，在不停的擦拭与摩挲中，回忆往昔的舞台岁月。

仅仅为了有口饭吃，年仅5岁的班世超便进入北京城赫赫有名的"富连成"京剧科班学艺。半年后，外出借粮的父亲回到家中，数自家孩子人头时，才得知行四的班世超已入行学戏。不用去看望，父亲也知道年幼的儿子身上肯定已经是伤痕累累。

和饥饿相比，练功所受的疼痛不算什么。为了吃饱，班世超努力练功，很快就在同时学艺的孩子中脱颖而出，6岁的时候，就已跟着戏班跑起了龙套。8岁分行当那年，因为长相俊美，身体矫健，素日里爱耍弄刀枪棍棒，班世超被分到了武旦行，开始系统学习戏曲发声、刀马旦功夫。

"练功的日子也是挨打的日子"，所以每年的端午和除夕是班世超最开心的日子，因为一年里，唯有这两天不用练功，虽说仍然要跑龙套，但至少不

用再担心挨师傅打骂。练习"1、2、3"的发声是每天必做的功课。练到
"2"（戏曲'啊'音）时，只要看到师傅背着手走近，班世超的头都要冒冷
汗，手会发抖，因为如果发声不合要求，师傅手中的一根缠着布条的木棍，
会冷不丁戳进他的口中，快速旋转，随后班世超的嘴里立刻鲜血汩汩而出，
嘴和舌头肿得半月无法咀嚼食物。

13 年学艺一朝扬名

近乎苛刻的训练，让班世超 16 岁时就在北京京剧界小有名气。按照戏班
的规定，在"富连成"学满 11 年，学员便可拜别"祖师爷"，独立组班子搭
台。但班世超却作出了当时让许多人都费解的决定，继续留在戏班子里，师
从京剧名家萧连芳、赵桐珊学文戏，跟随"红净"（关公）名角李洪春学习
武戏。

这个决定，当年的班世超不是贸然作出的，至今他仍认为完全是出于自
己骨子里对京剧的热爱。他自己从事的武旦行当，不重唱、念，重在舞、打
以及各种表演身段，但在喊杀声中不乏女人的娇媚，在拳脚功夫中捎带出女
性的温柔。在名师指点下，班世超很快便练就了一身偌大北京城无人企及的
武旦绝活"撺水""剪子鼓""掐葫芦"，加上姣好的扮相，很快就被京剧名
家带着辗转东北、天津、上海演出。

18 岁那年，在上海著名的"天蟾"剧院，班世超终于获得了与梅兰芳、
程砚秋、荀慧生、马连良、谭富英、李少春等同台演出的机会，得益甚多，
技艺突飞猛进。第一次以主演身份表演的戏曲便是日后让他声名大振的《泗
州城》。快开场时，班世超还在抚弄着头顶的长翎，看着镜子里英姿勃发的自
己，班世超隐约感到属于自己的舞台春天可能要来了。

果然，当班世超一手刀枪棍棒满台飞舞，他所饰演的水母以拍枪、挑枪、
踢枪、前桥踢、后桥踢、虎跳踢及连续跳踢等高难度动作接连亮相，尤其是
当他单手稳稳撑在几丈高的"撺水台"上，立刻技压四座，台下叫好声一片，
从此一炮走红上海滩。为留住班世超在上海"天蟾"剧院继续表演，剧院经

理开出了 2000 包银薪水挽留。这个薪水在当时是能买近 2 辆汽车。寄回家的薪水，喜坏了班世超的家人，父亲托人捎来口信，家里买了整整一间屋子的面粉。直到那时，班世超才算真正摆脱了童年时代对饥饿的恐惧。

● "梨园" 之憾

1958 年，已身为总政京剧院主要演员的班世超凭借一腔热血，响应国家支援边疆的号召，以国家京剧四团副团长身份来到银川，筹建宁夏京剧团。

初到银川的 300 多名国家京剧团的演员，其中不乏名角，李鸣盛、李丽芳都在列。但演员们最初的工作却离京剧很远，每天都在不停地打土坯、盖房子。剧团基建完成后，剧团便开始下乡演出。"一年时间里，我们就演了 1001 场戏。为此我们还落了个'千场团'的名号。"班世超说。

"您当时演什么?"记者问。

"《红色卫星闹天宫》里的女卫星啊。"班世超说，"我是演武旦的，当时，戏里只要有舞枪弄棒、翻跟头的、耍流星的，都是我来。"说到这里，班世超解释道，那时银川人不怎么爱看京剧里的文戏，喜欢看热闹的武戏。"当时，我一个跟头，台下就叫好，那叫一个带劲。"

台上风光，台下却艰苦无比。班世超回忆说："银川当年还缺电少水，舞台灯光、规格都不够，但京剧四团的演员照样唱得高兴。"曾经的银川剧院便是当时专为更名后的宁夏京剧团盖的，团里 90% 的戏都在那里上演，演出地还有以前的红旗剧院、东方红剧院。班世超无限感慨地说："虽然当时宁夏的表演团体很多，但宁夏京剧团绝对是宁夏文艺界的老大，因为它传承的是国家京剧团的血脉。"

20 世纪 80 年代后，京剧在宁夏乃至全国开始进入了一个低迷的阶段。随着班世超等国家京剧团老艺术家们退休的退休、去世的去世，"如今，京剧行业不景气，文化遗产未能良好的传承，所以爱唱戏的人、听戏的人也越来越少了。"说到这里，班世超的手不由得剧烈颤抖起来。而这算是班世超眼下最深感遗憾的一件事。

对话：

记者：业内人士评价您是天生的武旦，您怎么理解武旦这个行当？

班世超：人说我是天生的武旦，那抬举我了。我就是喜欢武旦这行，我也只能演好武旦。好武旦需要下功夫练，需要坚持不懈地练，超乎正常地练，翻身、下腰、劈叉都要到位。但现在的舞台上，真正的武旦动作很少看到了，武旦要么过分注重技巧，要么过分强调女性娇柔，而完全失去了武旦的传统。

记者：以前您除了演出和练功，还有没有其他爱好？

班世超：我没有太多的爱好，因为我是白字先生。除了听戏，我还爱看足球赛和下象棋。

记者：京剧呢，有没有您特喜欢的角儿，特想看的戏？

班世超：我最喜欢、最崇拜的，还是梅兰芳先生的戏。很幸运，我和他同台演出过，他的艺德、人格影响了我一生。我现在听戏、看戏主要靠电视，但是像梅先生那样的角儿演的戏再也看不到了。

"弘扬京昆艺术特殊贡献奖"颁奖词

班老世超，富社精英，年过九旬，矍铄英雄。世字科，硕果存，武旦绝技，剧坛享大名。一出《泗州城》，十杆枪高空穿梭往来。刀光剑影，满台飞舞纵横，稳准狠，似有神助，无一失手，惊憾天津卫，掌声似雷鸣。再赴上海滩，十余载天蟾折桂袅娜婷婷。《扈家庄》上《锯大缸》，《杨排风》点兵《火烧余洪》。《周仓下水》为了《女三战》，最拿手《虹桥赠珠》精彩纷呈。"大顶旱水"空前绝后，班氏"吊井抢背"地崩山裂，一九五八年支援边疆积极响应，赴宁夏历经艰辛五十春冬，青丝脱换鹤发顶，谁不景仰，武旦大师德艺双馨万古常青。

本报记者乔建萍/文图

附　录

班世超代表剧目及改革创新

来源：宁夏档案局

《泗州城》，他的"旱水"绝活，行内人无人不知无人不晓。在"扑水"一场戏里，他登上了三张桌子的高台上，表演"旱水"绝活。只见他一只手按在桌面上，两脚并拢横伸在高空，另只手掏额头上的翎子，那只按在桌子上的手还不停地升起落下，再升起再落下，并随着手的转动，横撑空中的身体也跟着转动，然后，两手交换，那只掏翎子的手再按到桌面上，就这样反复多次，长达二十多分钟，体轻如燕，矫健敏捷。不论是天蟾舞台、还是全国各地及国外友人，每当看到这一表演时，场内掌声、喝彩声交织一片，加之乐队锣鼓声，使演出热烈火爆。

《火烧余洪》又名《竹林记》。《火烧余洪》是一出主要以刀马旦和武花脸应工的重头戏，扮演刘金定的演员靠功要求都要过硬。武旦演员班世超在富连成科班时就擅演刘金定，他与骆连翔联袂合演《火烧余洪》曾经轰动一时。

《杀四门》亦名《刘金定力杀四门》。《杀四门》是一部武旦应工的重头戏。演员身披大靠，手舞长枪，在四个门前都要进行武打，还要耍下场、扔枪花，要求演员必须靠功过硬。著名武旦班世超擅演此剧。他的功底深厚，跑起来靠旗平稳不动。他除了在四个门前安排有惊险的挡子外，还精心设计了八个不同的下场，难度极高，非朝夕之功可完成。他十分讲究每个亮相、造型，在【四击头】的锣鼓声中完成一个高难度动作，接着既狠又脆地亮住，马上有全身松弛，娇态十足，使这出武戏有紧有松，既炽烈又韵味无穷。各地青年武旦曾向他学习此剧，是班世超的代表作之一。

《武松打店》亦名《十字坡》。《武松打店》是盖叫天代表剧之一。宁夏

京剧团武旦演员班世超曾于 1939 年与盖老在上海合作演出该剧，蜚声艺坛。1961 年班世超与高盛麟再一次合作《武松打店》，在武汉又引起轰动。

《武松打店》是宁夏京剧团的保留剧目，多次参加全国巡回演出。武松由王天柱扮演，孙二娘由班世超扮演。他们从五十年代起合作此剧。他们除各人身怀绝技外，武打安排合理，忙中有序，动中有静，配搭严谨、自如、优美，又不断给人惊险的悬念，故受到观众好评，兄弟剧团纷纷学演该剧。

在《武松打店》中，班世超大胆创新，将自己的绝活"旱水"用到戏中，在上场门和一张桌子上拿"旱水"（既变换各种姿态的空手顶，双腿在空中左右摆动），长达十多分钟之久不落地全凭臂力功夫。用这一技巧表现孙二娘扒在墙头上窥探武松动静的情景，由于运用得巧妙合理，丝毫无卖弄技巧之感，使该剧生辉不少。他演孙二娘刚柔相济，流畅合度，形神兼备，每个亮相既有造型美，又赋予人物光彩风度，把梁山女英雄演得栩栩如生。

《乾元山》，故事出自中国古典小说《封神演义》。该剧最早为京剧短打武生的开蒙戏，原本结构松散，武打也平淡无奇。1953 年，中国人民解放军总政治部京剧团，在导演刘元彤的支持下，开始对此戏进行改革。改革整理后的《乾元山》，场次紧凑，加强了舞蹈性，对武打进行了重新设计，使之新颖、奇巧。剧中哪吒由女武生俞鉴扮演，石矶娘娘由班世超扮演。剧中的石矶娘娘，原本演出时，只是一般配角，而经著名武旦班世超以他那稳练的出手和矫健、帅美的武打等艺术手段，着力对这一角色刻画、塑造，使得这出戏颇添光彩，石矶这个人物形象也更加鲜明，给观众留下了深刻印象。

1954 年，该团随中国人民解放军艺术团赴波兰、苏联、捷克斯洛伐克、罗马尼亚、越南等国访问演出，均获好评。以后又成为宁夏回族自治区京剧团的保留节目。

《锔大缸》剧本整理班世超、徐鸣远。此剧原出自明传奇《钵中莲》。宁夏京剧团 1961 年 12 月首演此剧。导演班世超。该剧属武旦应工戏，以打出手见长。王大娘由班世超扮演，土地由徐鸣远扮演，土地奶奶由陈玉贤扮演，乌王由舒茂林扮演。班世超是富连成科班武旦杰出人才，他功底十分扎实；圆场轻盈优美，如微风拂柳，婀娜多姿；武打时狠中有稳，出手有条不紊，干净利索，节奏强烈鲜明，其戏曲舞蹈具有独特、完美的风格。此剧是 1961 年 6 月自治区文化厅文化局组成"传统剧目挖掘整理小组"后，由班世超亲自整理的。他根据往昔富连成科班的演出本，做了艺术上的增删和情节上的调整，在武打和出手方面，有新的尝试和处理。此剧目搬上舞台同观众见面后，深受欢迎，当时《宁夏日报》曾载苗刚、江枫等人的评介文章，给予好评。摘自：《中国戏曲日志》

代表剧目及常演剧目：

《泗州城》《蟠桃会》《摇钱树》《盗仙草》《盗宝库》《聚宝盆》《杨排风》（打青龙、打孟良、打焦赞、打耶律、打韩昌）《朝金顶》《百鸟朝凤》《百草山》（锔大缸）《取金陵》《金山寺》《战金山》（梁红玉）《扈家庄》《武松打店》（十字坡）《四杰村》《竹林计》（火烧余洪）《乾元山》（乾坤圈）《夺太仓》《湘江会》《芦林坡》《攻潼关》《青石山》《小放牛》《巴骆和》《红桃山》《杀四门》《红色卫星闹天宫》。

老 戏 单

1、1946 年 11 月 27、28 日夜场上海中国大戏院班世超与梅兰芳、杨宝森
同台（来源：《梅兰芳戏单集》陈志明先生提供）

2、1946 年 12 月 5、6 日夜场，上海中国大戏院班世超与梅兰芳、杨宝森同台，陪梅兰芳先生 5 日前部、6 日后部《西施》。（来源：《梅兰芳戏单集》陈志明先生提供）

3、1946 年 12 月 15、16 日夜场，上海中国大戏院班世超与梅兰芳、杨宝森同台，陪梅兰芳先生《水漫金山》《断桥相会》。（来源：《梅兰芳戏单集》陈志明先生提供）

4、1951 年 4、5、6 月天蟾舞台班世超与尚小云剧团同台合作。（来源：钮二可《戡乱印象》京昆老戏单）

5、1月8、9日上海天蟾舞台班世超与梅兰芳、程砚秋、周信芳、谭富英等名角儿义演（来源:《梅兰芳戏单集》陈志明先生提供）

6、1944 年 4 月至 5 月上海中国大戏院班世超与荀慧生、陈少霖、高盛麟、芙蓉草同台合作。（来源：张晶先生提供）

7、50年代上海天蟾舞台班世超与麒麟童、黄桂秋同台演出《聚宝盆》
（来源：上海京剧院尚长荣先生提供）

8、1949 年 10 月 27 日至 12 月 11 日代天蟾舞台班世超与李少春、袁世海、杜近芳同台合作。（来源：钮二可《氍毹印象》京昆老戏单）

菊坛春秋　班世超

9、1942 年 2 月 8 日 上海天蟾舞台班世超与李少春、白玉薇同台合作。（来源：张晶先生提供）

10、1946 年班世超与马连良、黄桂秋同台

11、1949 年 4 月 20 日上海天蟾舞台 班世超与李万春、李桐春、李仲林、高盛麟、沈松丽等同台合作。班世超《金山寺》

12、1949 年 4 月 27 日上海天蟾舞台班世超《蟠桃会》

13、1949 年 4 月 29、30 日上海天蟾舞台 班世超《盗宝库》（来源：张晶先生提供）

14、1949 年 5 月 1 日上海天蟾舞台班世超《杨排风》

15、1949 年 5 月 6 日上海天蟾舞台班世超《大泗州城》

16、1949 年 12 月 12 日至 1950 年 1 月 25 日上海天蟾舞台班世超与童芷苓、唐韵笙、同台（来源：钮二可《氍毹印象》京昆老戏单）

17、1950 年 2 月 17 日至 4 月 19 日上海天蟾舞台班世超与唐韵笙、杜近芳等同台，3 月 10 日、4 月 14、18 日《抗金兵》（来源：钮二可《氍毹印象》京昆老戏单）

18、1951年班世超与谭富英、马富禄、裘盛戎等太平剧团同台合作（来源：钮二可《氍毹印象》京昆老戏单）

19、1951年班世超与谭富英、马富禄、裘盛戎等太平剧团同台合作（来源：张晶先生提供）

20、1951 年天蟾舞台班世超与吴素秋、迟世恭同台演出《金山寺》。摘自 钮二可《氍毹印象》京昆老戏单

21、总政时期首次公演（郭澄宇先生提供）

22、1948年4月4日—5月27日上海天蟾舞台 班世超与梅兰芳、杨宝森两大剧团再次同台合作（戏单：上海郑健强先生收藏提供）

舞　台　日　志

（1935 年—1939 年富连成老戏单）

中华民国时期

● 1935 年（民国二十四年）14 岁

7 月 1 日富连成 广和楼：

刘世勋、班世超《甘露寺》

12 月 15 日富连成 广和楼：

王世刚、黄元庆、郭世怡、班世超、王世袭、冯世宁、徐世亮、徐世光、刘世臣《武文华》。

● 1936 年（民国二十五年）15 岁

5 月 7 日富连成 广和楼：

刘世亭、沈世启、黄元庆、王元锡、班世超、李世香、王世袭、徐世和、张世年、王世刚、朱世业、朱世富、郭世怡《薛家窝》。

5 月 24 日富连成 广和楼：

李世斌、班世超、诸世芹、郭世怡、王世袭、白元杰、刘世亭、诸世芬《百草山》。

5 月 31 日富连成 广和楼：

王世袭、刘世亭、王世祥、裘世戎、黄元庆、郭世怡、朱世富、朱世业、罗世保、诸世芬、王世刚、李世香、陈元刚、叶盛章、班世超、张世年《丁

甲山》。

6月14日富连成 广和楼：

冯世宁、王世袭、郭世怡、毛世来、黄元庆、沈世启、赵世璞、王世刚、刘世亭、阎世喜、班世超、陆世聚、谢世安、徐世光《酸枣岭》《刺巴杰》《巴骆和》。

8月17日富连成 广和楼：

刘世亭、班世超、郭世怡、王世祥、朱世业、王世袭、徐世光、诸世芬《乾元山》。

8月22日富连成 广和楼：

曹世嘉、阎世喜、詹世辅、于世文、李世芳、沙世鑫、刘世庭、刘元彤、裴世戎、班世超、诸世芬、王世霞、谢世安、王世祥、张世孝、傅世云《天河配》。

9月13日富连成 广和楼：

王世袭、刘世亭、王世刚、裴世戎、黄元庆、郭世怡、朱世富、朱世业、罗世保、诸世芬、王元喜、李世香、王世昌、张世孝、班世超、张世蓬《丁甲山》。

10月18日富连成 广和楼：

郭世怡、沈世启、刘世亭、费世威、张世年、萧世佑、诸世芬、班世超、刘世臣、王世袭《大神洲》。

● 1937年（民国二十六年）16岁

1月2日富连成 广和楼：

王世刚、王世袭、艾世菊、毛世来、黄元庆、高盛虹、赵世璞、冯世宁、曹世才、刘世亭、阎世喜、班世超、陆世聚、谢世安、徐世光《酸枣岭》《刺巴杰》《巴骆和》。

1月25日富连成 广和楼：

李世香、班世超、王元锡、黄元庆、沈世启、黄元钟、王世刚、迟世恭、刘世亭、冯世宁、张世年、朱世业、朱世富、郭世怡、韩世植《薛家窝》

3 月 6 日 富连成 广和楼：

费世威、班世超、诸世芹、郭世怡、徐世光、诸世芬、白元杰《百草山》。

4 月 5 日 富连成 广和楼：

郭世怡、诸世芹、班世超、费世威、冯世宁、徐世光、诸世芬、白元杰《百草山》。

7 月 3 日 富连成 广和楼：

江世升、高盛虹、刘世亭、王世袭、班世超、郭世怡《武文华》

● **1938 年（民国二十七年）17 岁**

1 月 23 日 梨园公会救济义演 富连成 华乐大戏院：
黄元庆、裘世戎、班世超、詹世辅、王世刚、徐世光《普球山》。

11 月 15 日 富连成 吉祥大戏院：

班世超、孙盛云、黄元庆、沈世启、迟世恭、黄元钟、朱世富、张世年、韩世植、王世刚、白元杰、朱世业《昊天关》。

● **1939 年（民国二十八年）18 岁**

3 月 18 日 富连成 华乐大戏院：

苏富恩、班世超、高盛虹、江世升、刘世亭、孙盛云、郭世怡、艾世菊、李盛佐、高世泰、赵世璞、王元喜、陈世啸、徐世宸、白元杰《四杰村》。

（来源：旧京戏报）

● **1941 年（民国三十年）20 岁**

11 月 28 日 –1942 年 2 月 9 日上海天蟾舞台 班世超与李少春、白玉薇等同台合作。

11 月 28 日 上海天蟾舞台夜场：

班世超《蟠桃会》，张海臣《取洛阳》，李少春、苏连汉《击鼓骂曹》，压轴白玉薇、高维廉《春秋配》，大轴李少春、李宝魁、毛庆来《两将军》。

11 月 29 日 上海天蟾舞台夜场：

班世超《大泗州城》，李宝魁《九更天》，压轴白玉薇、高维廉《虹霓关》，大轴李少春、白玉薇、高维廉、苏连汉 全部《战太平》。

11 月 30 日 上海天蟾舞台

日场：班世超《取金陵》，压轴李宝魁、张海臣、刘俊芳《下河东》，大轴李少春、白玉薇、高维廉、苏连汉、贾松龄、新丽琴《双娇奇缘》。

夜场：刘俊芳《鸿鸾禧》，毛庆来、班世超《嘉兴府》，压轴白玉薇、高维廉《得意缘》，大轴李少春、张海臣、李宝魁、苏连汉 全部《打金砖》。

12 月 1 日 上海天蟾舞台夜场：

班世超《摇钱树》，压轴白玉薇、高维廉、新丽琴、张盛馀《花田八错》，大轴李少春、张海臣、李宝魁、苏连汉《失街亭》《空城计》《斩马谡》。

12 月 2 日 上海天蟾舞台夜场：

班世超《盗仙草》，压轴苏连汉、张海臣《闹江州》，大轴李少春、白玉薇、高维廉、李宝魁、毛庆来、贾松龄、骆鸿年 一至四本《武松》。

12 月 3 日 上海天蟾舞台夜场：

张海臣《父子会》，压轴苏连汉、班世超《黄一刀》，大轴李少春、白玉薇、高维廉、贾松龄、张盛馀、李宝魁、新丽琴 全部《四郎探母》。

12 月 4 日 上海天蟾舞台夜场：

苏连汉、班世超《普球山》，压轴白玉薇《宇宙锋》，大轴李少春、李宝魁、高维廉、班世超、贾松龄、新丽琴、骆鸿年、毛庆来、张德来 一至四本《金钱豹》。

12 月 5 日 上海天蟾舞台夜场：

新丽琴《打面缸》，压轴白玉薇、高维廉、李宝魁《贩马记》，大轴李少春、苏连汉、毛庆来、班世超、李幼春《新水帘洞》（闹海岛）（闹龙宫）（闹地殿）（闹五殿）

12 月 6 日 上海天蟾舞台夜场：

高维廉《岳家庄》，李少春、毛庆来、班世超《武文华》，压轴白玉薇、李宝魁《春香闹学》，大轴李少春、苏连汉、贾松龄、骆鸿年、张海臣 全部《奇冤报》。

12月7日 上海天蟾舞台：

日场：班世超《攻潼关》，李宝魁《刀劈五虎》，压轴白玉薇、高维廉《花田错》，大轴李少春、苏连汉、张海臣、毛庆来、班世超、贾松龄 全部《恶虎村》。

夜场：班世超《泗州城》，高维廉、李宝魁《镇潭州》，压轴白玉微、李宝魁《小放牛》，大轴李少春、苏连汉、张海臣、毛庆来、贾松龄、陈世鼎、张盛馀 全部《洗浮山》。

12月8日 上海天蟾舞台夜场：

张海臣《牧虎关》，苏连汉《丁甲山》，压轴白玉薇《樊江关》，大轴李少春、李宝魁、高维廉、班世超、贾松龄、新丽琴、骆鸿年、毛庆来、张德来 一至四本《金钱豹》。

12月15日 上海天蟾舞台夜场：

班世超、白元杰、孙智良《杨排风》，大轴李少春、白玉薇、高维廉、李宝魁、苏连汉、毛庆来、张海臣 全部《智激美猴王》。

12月16日 上海天蟾舞台夜场：

班世超《取金陵》，压轴张海臣《刺王僚》，大轴李少春、白玉微、李宝魁、高维廉、苏连汉、毛庆来、李幼春一至八本《铁公鸡》。

12月20日 上海天蟾舞台夜场：

张海臣《审李七》，苏连汉、贾松龄、班世超《黄一刀》，压轴白玉微、骆鸿年《女起解》，大轴李少春、李宝魁、张德来、高维廉、班世超《金钱豹》。

12月21日 上海天蟾舞台：

日场：班世超、张海臣、张铭轩《万花楼》，大轴李少春、白玉薇、李宝魁、毛庆来、高维廉、贾松龄 一至八本《铁公鸡》。

夜场：班世超、白元杰、孙智良《攻潼关》，高维廉、李宝魁《借赵云》，压轴白玉微、新丽琴、骆鸿年《樊江关》，大轴李少春、苏连汉、张海

臣、毛庆来、贾松龄 全部《洗浮山》。

12月22日 上海天蟾舞台夜场：

白玉薇、高维廉、李宝魁《得意缘》，大轴李少春、苏连汉、张海臣、毛庆来、李幼春、贾松龄、班世超《新水帘洞》。

12月23日 上海天蟾舞台夜场：

班世超《蟠桃会》，高维廉、张海臣《飞虎山》，压轴李少春、白玉薇《宝莲灯》，大轴李少春、李宝魁、毛庆来、苏连汉、张德来《挑华车》。

12月24日 上海天蟾舞台夜场：

班世超、白元杰、孙智良《百草山》，压轴苏连汉、张海臣《闹江州》，大轴李少春、白玉薇、高维廉、李宝魁、毛庆来、骆鸿年、贾松龄、张德来一至四本《武松》。

12月25日 圣诞节 上海天蟾舞台：

日场：张海臣《御果园》，苏连汉、班世超、贾松龄《黄一刀》，压轴白玉薇、李宝魁《武昭关》，大轴李少春、高维廉、贾松龄、班世超、毛庆来《收董平》。

夜场：班世超、贾松龄、白元杰、孙智良《打瓜园》，大轴李少春、白玉薇、高维廉、李宝魁、苏连汉、毛庆来、张海臣、新丽琴、刘俊芳、张盛馀、张德来 全部《智激美猴王》。

12月26日 上海天蟾舞台夜场：

班世超《大泗州城》，张海臣、贾松龄、张盛馀《审李七》，压轴白玉薇、李宝魁、刘俊芳《春香闹学》，大轴李少春、白玉薇、高维廉、苏连汉、毛庆来、新丽琴《战太平》。

12月27日 上海天蟾舞台夜场：

班世超《盗仙草》，白玉薇、高维廉、新丽琴《拾玉镯》，压轴李少春、苏连汉《击鼓骂曹》，大轴李少春、李宝魁、毛庆来、张盛馀、骆鸿年《两将军》。

12月28日 上海天蟾舞台

日场：白玉薇、李宝魁、高维廉、班世超、骆鸿年、张德来《金山寺》，大轴李少春、李宝魁、苏连汉、张海臣、毛庆来、骆鸿年、贾松龄、张盛徐、张德来《盗御马》《连环套》《盗双钩》。

夜场：班世超、白元杰、孙智良《赤福寿》，压轴白玉薇、高维廉、贾松龄《能仁寺》，大轴李少春、李宝魁、苏连汉、贾松龄、张盛徐 全部《定军山》。

12 月 29 日 上海天蟾舞台夜场：

张海臣《草桥关》，压轴白玉薇、高维廉、新丽琴《瓦岗寨》，大轴李少春、李宝魁、高维廉、苏连汉、毛庆来、李幼春、贾松龄、班世超、骆鸿年、张盛徐《十八罗汉斗悟空》。

12 月 30 日 上海天蟾舞台夜场：

张海臣《父子会》，压轴白玉微、高维廉《穆天王》，大轴李少春、李宝魁、高维廉、苏连汉、毛庆来、李幼春、贾松龄、班世超、骆鸿年、张盛徐《十八罗汉斗悟空》。

12 月 31 日 上海天蟾舞台夜场：

李宝魁、张海臣、班世超《巴骆和》，压轴白玉薇、高维廉、骆鸿年《悦来店》，大轴李少春、苏连汉、毛庆来、贾松龄、张盛徐、骆鸿年、陈世鼎 全部《罗成》

● 1942 年（民国三十一年）21 岁

1 月 1 日 上海天蟾舞台：

日场：张海臣、班世超《万花楼》，大轴李少春、白玉薇、李宝魁、高维廉、苏连汉、毛庆来、李幼春、贾松龄 一至八本《铁公鸡》。

夜场：毛庆来、班世超《嘉兴府》，压轴张海臣《御果园》，大轴李少春、白玉薇、高维廉、李宝魁、苏连汉、张盛徐、骆鸿年全部《红鬃烈马》。

1 月 2 日 上海天蟾舞台日场：

张海臣《刺王僚》，压轴白玉薇、骆鸿年《女起解》，大轴李少春、李宝魁、高维廉、毛庆来、张德来、班世超、贾松龄 一至四本《金钱豹》。

1 月 3 日 上海天蟾舞台日场：

班世超《攻潼关》，高维廉《岳家庄》，李少春、毛庆来、陈世鼎《英雄义》，压轴白玉薇、贾松龄《小放牛》，大轴李少春、苏连汉、李宝魁、张海臣、贾松龄、张盛馀《洪羊洞》。

1月4日 上海天蟾舞台日场：

白玉薇、新丽琴《樊江关》，大轴李少春、李宝魁、高维廉、苏连汉、毛庆来、班世超、贾松龄 五至八本《武松》。

1月5日 上海天蟾舞台日场：

班世超《杨排风》，李少春、白玉薇、李宝魁、贾松龄、新丽琴 全部《翠屏山》，压轴白玉薇、高维廉《花园赠金》，大轴李少春、苏连汉、张海臣、贾松龄、骆鸿年、新丽琴 全部《奇冤报》。

1月6日 上海天蟾舞台日场：

班世超《大泗州城》，张海臣、贾松龄《李七长亭》，压轴李少春、白玉薇、李宝魁、高维廉、贾松龄 全部《御碑亭》，大轴李少春、李宝魁、苏连汉、毛庆来、张德来 全部《挑华车》。

1月7日 上海天蟾舞台日场：

马鸿麟《拿谢虎》，张海臣《父子会》，班世超《蟠桃会》，压轴苏连汉《青风寨》，大轴李少春、白玉薇、高维廉、李宝魁、新丽琴、贾松龄、张盛馀、骆鸿年、刘俊芳全部《探母》《回令》。

1月8日 上海天蟾舞日场：

班世超《攻潼关》，张海臣《牧虎关》，压轴白玉薇、高维廉《虹霓关》，大轴李少春、李宝魁、高维廉、苏连汉、毛庆来、李幼春、班世超、贾松龄、新丽琴《十八罗汉斗悟空》。

1月9日 上海天蟾舞台日场：

班世超《赤福寿》，张海臣《取洛阳》，压轴白玉薇、李宝魁、贾松龄《雪艳娘》，大轴李少春、李宝魁、高维廉、苏连汉、毛庆来《八大锤》。

1月10日 上海天蟾舞台日场：

班世超《泗州城》，张海臣《御果园》，压轴李少春、白玉薇、高维廉、苏连汉、贾松龄、新丽琴《夺双娇奇缘》，大轴李少春、李宝魁、毛庆来、李幼春、贾松龄、骆鸿年《铁公鸡》。

1月11日 上海天蟾舞台日场：

班世超《百草山》，白玉薇、李宝魁《武昭关》，压轴李少春、张海臣、张盛徐、骆鸿年《李陵碑》，白玉薇、高维廉《文章会》，大轴李少春、苏连汉、毛庆来、班世超《恶虎村》。

1月12日 上海天蟾舞台日场：

班世超《蟠桃会》，压轴白玉薇、高维廉《得意缘》，大轴李少春、李宝魁、苏连汉、张海臣、贾松龄、张盛徐、骆鸿年 全部《打金砖》。

1月13日 上海天蟾舞台日场：

刘俊芳《六月雪》，班世超《摇钱树》，张海臣、张盛徐《刺王僚》，压轴苏连汉、马鸿麟《战濮阳》，大轴李少春、白玉薇、高维廉、李宝魁、毛庆来、贾松龄、新丽琴、骆鸿年、张盛徐 一至四本《武松》。

1月14日 上海天蟾舞台日场：

新丽琴《五花洞》，马鸿麟《艳阳楼》，压轴白玉薇、贾松龄《女起解》，大轴李少春、高维廉、苏连汉、毛庆来、张海臣、班世超、贾松龄 五至八本《武松》。

1月15日 上海天蟾舞台日场：

张海臣《草桥关》，苏连汉《黄一刀》，压轴白玉薇、新丽琴、骆鸿年《樊江关》，大轴李少春、李宝魁、高维廉、毛庆来、班世超、张德来、贾松龄 一至八本《金钱豹》。

1月16日 上海天蟾舞台日场：

班世超、白元杰《杨排风》（打孟良、打韩昌），大轴李少春、白玉薇、李宝魁、高维廉、苏连汉、毛庆来、张海臣、新丽琴《智激美猴王》。

1月17日 上海天蟾舞台日日场：

班世超《盗仙草》，压轴白玉薇、高维廉《穆天王》，大轴李少春、李宝魁、苏连汉、张海臣、毛庆来、贾松龄、骆鸿年 全部《马超》。

1月18日 上海天蟾舞台日场：

班世超《赤福寿》，张海臣 头本《赛太岁》，压轴白玉薇、李宝魁、苏连

汉 全部《战宛城》，大轴李少春、高维廉、毛庆来、李幼春、贾松龄、新丽琴、骆鸿年《孙悟空》。

1月19日上海天蟾舞台日场：

张铭轩《古城会》，班世超《摇钱树》，压轴白玉薇、贾松龄《六月雪》，大轴李少春（饰黄霸天）、李宝魁、苏连汉、高维廉、张海臣、毛庆来、班世超（饰素玉）《殷家堡》连演《落马湖》。

1月20日上海天蟾舞台日场：

班世超《攻潼关》，苏连汉《闹江州》，压轴白玉薇、高维廉《打樱桃》，大轴李少春、李宝魁、高维廉、毛庆来、张德来、班世超、贾松龄《金钱豹》。

1月21日上海天蟾舞台日场：

班世超《盗仙草》，张海臣《御果园》，压轴白玉薇、高维廉《花田错》，大轴李少春、李宝魁、高维廉、苏连汉、李幼春、毛庆来、贾松龄《十八罗汉斗悟空》。

1月22日上海天蟾舞台日场：

李宝魁、班世超《巴骆和》，李少春、毛庆来、陈世鼎、陈盛德《英雄义》，压轴白玉薇、高维廉、骆鸿年《鸿鸾禧》，大轴李少春、白玉薇、苏连汉、贾松龄、张盛馀、骆鸿年《打渔杀家》。

1月23日上海天蟾舞台日场：

班世超、白元杰、孙智良《青龙棍》，张海臣《丁甲山》，压轴白玉薇、苏连汉、李宝魁、高维廉 全部《霸王别姬》，大轴李少春、高维廉、李幼春、毛庆来、贾松龄《孙悟空》。

1月24日上海天蟾舞台日场：

班世超《泗州城》，白玉薇、高维廉、李宝魁《玉堂春》，压轴李少春、李宝魁、苏连汉、张海臣、贾松龄《失街亭》《空城计》《斩马谡》，大轴李少春、白玉薇、李宝魁、高维廉、苏连汉、毛庆来《八腊庙》。

1月25日上海天蟾舞台日场：

张海臣、班世超、张铭轩《万花楼》，高维廉《辕门射戟》，压轴白玉薇、贾松龄《牧童放牛》，大轴李少春、白玉薇、李宝魁、高维廉、苏连汉、贾松龄 全部《珠帘寨》。

1月26日 上海天蟾舞台日场：

贾松龄《时迁偷鸡》，苏连汉、班世超《赤福寿》，高维廉、张海臣《飞虎山》，压轴李少春、白玉薇《汾河湾》，大轴李少春、李宝魁、毛庆来《两将军》。

1月27日 上海天蟾舞台日场：

班世超《蟠桃会》，张海臣《青风寨》，李少春、李宝魁、苏连汉、毛庆来《百凉楼》，压轴白玉薇、高维廉 头本《虹霓关》，大轴李少春、苏连汉、张海臣、贾松龄、新丽琴《奇冤报》。

1月28日 上海天蟾舞台日场：

班世超《大泗州城》，李少春、白玉薇、李宝魁、苏连汉、毛庆来、张海臣《长坂坡》，压轴高维廉《罗成叫关》，大轴李少春、白玉薇、张海臣《二进宫》。

1月29日 上海天蟾舞台日场：

张铭轩《打神州》，新艳琴《打钢刀》，班世超《打焦赞》，李宝魁、高维廉《打侄上坟》，白玉薇、贾松龄《打面缸》，李少春、苏连汉、张盛徐《击鼓骂曹》，压轴白玉薇、高维廉《打樱桃》，大轴李少春、苏连汉、毛庆来、张海臣、李幼春《窦尔敦》。

1月30日 上海天蟾舞台日场：

班世超、孙智良、白元杰《摇钱树》，张海臣《忠孝全》，压轴李少春、白玉薇、高维廉、李宝魁、苏连汉、贾松龄《红鬃烈马》，大轴李少春、白玉薇、贾松龄、新丽琴、苏连汉、毛庆来、张海臣、班世超《大溪皇庄》。

1月31日 上海天蟾舞台日场：

班世超《攻潼关》，张海臣《白良关》，压轴白玉薇、苏连汉、贾松龄《红柳村》，大轴李少春、李宝魁、高维廉、毛庆来、班世超《金钱豹》。

2月1日 上海天蟾舞台日场：

班世超、孙智良、白元杰《泗州城》，白玉薇、高维廉、李宝魁《玉堂

春》，压轴李少春、李宝魁、苏连汉、张海臣、贾松龄《失街亭》《空城计》
《斩马谡》，大轴李少春、白玉薇、苏连汉、毛庆来、张海臣、贾松龄《大八
腊庙》。

2月2日上海天蟾舞台日场：

班世超《打瓜园》，张海臣《牧虎关》，压轴白玉薇、新丽琴《樊江关》，
大轴李少春、李宝魁、高维廉、苏连汉、毛庆来、李幼春、班世超、贾松龄
《十八罗汉斗悟空》。

2月3日上海天蟾舞台日场：

班世超《盗仙草》，张海臣《取洛阳》，李少春、苏连汉、李宝魁《捉放
曹》，压轴白玉薇、贾松龄《小放牛》，大轴李少春、白玉薇、李宝魁、高维
廉、苏连汉、毛庆来、张海臣、李幼春、新丽琴、贾松龄、张盛馀、骆鸿年、
班世超《四五花洞》。

2月4日上海天蟾舞台日场：

班世超、孙智良、白元杰《蟠桃会》，李少春、李宝魁、苏连汉、张海臣
《洪羊洞》，压轴白玉薇、高维廉《花田错》，大轴李少春、苏连汉、毛庆来、
张海臣、班世超、贾松龄、张盛馀《恶虎村》。

2月5日上海天蟾舞台日场：

班世超、陈世鼎、孙智良《赤福寿》，李宝魁《凤鸣关》，李少春、苏连
汉、张海臣、贾松龄《问樵闹府》《打棍出箱》，压轴白玉薇、高维廉《鸿鸾
禧》，大轴李少春、白玉薇、李宝魁、高维廉、苏连汉、李幼春《大翠屏山》。

2月6、7日上海天蟾舞台，中华洪道社、上海租界区支社筹募基金筹款
大会串

2月6日上海天蟾舞台日场：

班世超、阎世善 双演《大泗州城》，杨瑞亭、应宝莲 双演《目莲救母》，
李仲林、高雪樵、王筱芳、王富英《大四杰村》，金素雯《白门楼》，压轴麒
麟童、金素琴、赵松樵、刘文魁、王富英、王福胜、高维廉、李秀英《龙凤
呈祥》，大轴李少春、白玉薇《战太平》。

2月7日上海天蟾舞台日场：

应宝莲《伐子都》，阎世善、班世超 双打出手《金山寺》，陈筱穆《徐策跑城》，李仲林、高雪樵、王筱芳、刘文魁、王富英、张国斌、张质彬、赵如泉 三本《铁公鸡》，白玉微、王鸿福、芙蓉草《四郎探母》，压轴李少春《挑华车》，大轴赵松樵、麒麟童、林树森《战长沙》。

2月8日 上海天蟾舞台日场：

班世超《杨排风》，苏连汉、张海臣《闹江州》，压轴白玉薇、贾松龄《苏三起解》，大轴李少春、李宝魁、高维廉、毛庆来、班世超《金钱豹》。

2月9日 上海天蟾舞台中华洪道社、上海普德会、中国理教普缘社联合义演

日场：应宝莲《伐子都》，班世超、阎世善双打出手《摇钱树》，陈筱穆《打銮驾》，刘汉臣、李仲林、高雪樵、王筱芳、刘文魁、王富英、张国斌、张质彬三本《铁公鸡》，王鸿福、白玉薇、芙蓉草《四郎探母》，李少春《挑滑车》，麒麟童、林树森、赵松樵《战长沙》。

夜场：班世超、白元杰、孙智良《蟠桃会》，张海臣《御果园》，白玉薇、高维廉、贾松龄《打樱桃》，压轴李少春、苏连汉《击鼓骂曹》，大轴李少春、李宝魁、毛庆来《两将军》。

6月22日—7月13日天津中国大戏院 班世超与李少春、李玉芝、毛庆来、王泉奎、蔡宝华、高维廉、哈宝山、苏连汉、贾松龄、新丽琴、张椿华、李幼春、陈盛德、贺永华、骆鸿年等同台合作。

6月22日 天津中国大戏院夜场：

《赤福寿》《白龙关》《女起解》一至四本《金钱豹》。

6月23日 天津中国大戏院夜场：

《泗州城》《探阴山》《玉堂春》一、二本《洗浮山》。

6月24日 天津中国大戏院夜场：

《青石山》《奇双会》《新水帘洞》（闹海）（岛闹）（龙宫）（闹地）（府闹）（五殿）。

6月26日 天津中国大戏院夜场：

《摇钱树》《草桥关》《宇宙锋》全部《武松》。

6月27日 天津中国大戏院夜场：

《蟠桃会》《牧虎关》《罗四虎》《贺后骂殿》全部《战太平》。

6月28日 天津中国大戏院：

日场：《一匹布》《御果园》《战滁州》《奇双会》《恶虎村》。

夜场：《杨排风》《艳阳楼》《得意缘》全部《打金砖》。

6月29日 天津中国大戏院夜场：

《青龙棍》《铁笼山》《智激美猴王》。

6月30日 天津中国大戏院夜场：

《杨排风》《艳阳楼》《得意缘》全部《打金砖》。

7月1日 天津中国大戏院夜场：

《盗仙草》《四平山》《十三妹》《失街亭》《空城计》《斩马谡》。

7月2日 天津中国大戏院夜场：

《青龙棍》《铡美案》《太史慈》全部《珠帘寨》。

7月3日 天津中国大戏院夜场：

《英雄义》《拾玉镯》《盗御马》《连环套》。

7月4日 天津中国大戏院夜场：

《三岔口》《六月雪》《十八罗汉斗悟空》。

7月5日 天津中国大戏院：

日场：《泗洲城》《夜战马超》《拾玉镯》《法门寺》。

夜场：《探阴山》《霸王庄》《贺后骂殿》《孙悟空》。

7月6日 天津中国大戏院夜场：

《巧连环》《鸿鸾禧》《十八罗汉斗悟空》。

7月8日 天津中国大戏院夜场：

《三岔口》《六月雪》《十八罗汉斗悟空》。

7月9日 天津中国大戏院夜场：

《连环套》《女起解》《十八罗汉斗悟空》。

7月10日 天津中国大戏院夜场：

《探阴山》《霸王庄》《贺后骂殿》《孙悟空》。

7 月 11 日 天津中国大戏院日场：

《三岔口》《六月雪》《十八罗汉斗悟空》。

7 月 12 日 天津中国大戏院日场：

《探阴山》《霸王庄》《贺后骂殿》《孙悟空》。

7 月 13 日 天津中国大戏院日场：

《连环套》《女起解》《十八罗汉斗悟空》。

11 月 21 日—1943 年 1 月 6 日上海天蟾舞台班世超与杨宝森、郑冰如同台合作。

11 月 21 日上海天蟾舞台夜场：

慈永胜、陈少武《风云会》，李雯溪、曹世嘉《胭脂虎》，王泉奎、罗荣贵《父子会》，压轴班世超、伊克勤、白元杰、萧德寅、罗文奎《蟠桃会》，大轴杨宝森、郑冰如、储金鹏、林秋雯、李宝魁、李金泉、贾松龄、罗小奎全部《四郎探母》。

11 月 22 日上海天蟾舞台：

日场：新丽琴《荷珠配》，刘砚亭《青风寨》，李金泉《断太后》，压轴班世超、张荣奎、萧德寅、伊克勤、白元杰、罗文奎《大取金陵》，大轴杨宝森、郑冰如、林秋雯、王泉奎、储金鹏、李宝魁、李雯溪、贾松龄、慈永胜、罗小奎全本《法门寺》。

夜场：林秋雯、刘砚亭、储金鹏、李雯溪、李金泉《花田错》，压轴班世超《杨排风》，大轴杨宝森、郑冰如、王泉奎、贾松龄、慈永胜 全本《龙凤阁》。

11 月 23 日上海天蟾舞台夜场：

林秋雯《打樱桃》，班世超、伊克勤、白元杰《盗仙草》，压轴郑冰如、储金鹏、李金泉、萧德寅、李雯溪、罗文奎《春秋配》，大轴杨宝森、王泉奎、刘砚亭、贾松龄、新丽琴、罗小奎 全本《奇冤报》。

11 月 24 日上海天蟾舞台夜场：

林秋雯《樊江关》，班世超、萧德寅、伊克勤、白元杰《泗洲城》，压轴郑冰如、储金鹏、曹世嘉《玉堂春》，大轴杨宝森、王泉奎、刘砚亭、李宝

魁、贾松龄、陈少武、罗小奎、慈永胜《失街亭》《空城计》《斩马谡》。

11月25日 上海天蟾舞台夜场：

王泉奎、李金泉《打龙袍》，林秋雯、新丽琴、罗文奎《双摇会》，班世超、萧德寅、白元杰、伊克勤《梁红玉》，压轴郑冰如、储金鹏、罗荣奎《宇宙锋》，大轴杨宝森、李宝魁、刘砚亭、贾松龄、曹世嘉、慈永胜《定军山》。

11月26日上海天蟾舞台夜场：

刘砚亭、曹世嘉《下河东》，班世超、萧德寅、白元杰、伊克勤《红桃山》，压轴郑冰如、林秋雯、储金鹏、贾松龄、李金泉《孔雀东南飞》，大轴杨宝森、王泉奎、李宝魁、罗小奎、罗文奎《捉放曹》。

12月8日 上海天蟾舞台夜场：

班世超《朝金顶》，压轴杨宝森、王泉奎、林秋雯、李宝魁、贾松龄《庆顶珠》，大轴郑冰如、储金鹏、新丽琴、罗小奎、陈少武《绣襦记》。

12月9日上海天蟾舞台夜场：

储金鹏、林秋雯、刘砚亭《岳家庄》，班世超《摇钱树》，杨宝森、郑冰如《三娘教子》，压轴王泉奎《盗御马》，大轴杨宝森、郑冰如《汾河湾》。

12月10日 上海天蟾舞台夜场：

王泉奎、李宝魁《断密涧》，压轴班世超《攻潼关》，大轴杨宝森、郑冰如、储金鹏、李金泉、曹世嘉、罗小奎、刘砚亭、贾松龄《朱痕记》。

12月11日 上海天蟾舞台夜场：

林秋雯、储金鹏《悦来店》，班世超《红桃山》，压轴杨宝森、郑冰如、刘砚亭、贾松龄、罗小奎《宝莲灯》，大轴杨宝森、王泉奎、李宝魁、曹世嘉《击鼓骂曹》。

12月12日 上海天蟾舞台夜场：

王泉奎、李宝魁《打严嵩》，班世超《蟠桃会》，压轴杨宝森、林秋雯、贾松龄《乌龙院》，大轴郑冰如、储金鹏、李金泉、罗小奎《生死恨》。

12月13日 上海天蟾舞台：

日场：班世超、萧德寅、伊克勤、白元杰《擂鼓战金山》，杨宝森、王泉奎、储金鹏、曹世嘉《连营寨》，压轴郑冰如、李宝魁《芦花河》，大轴杨宝森、刘砚亭、林秋雯《猪八戒》。

夜场：班世超《盗仙草》，压轴郑冰如、李金泉《六月雪》，大轴杨宝森、李宝魁、林秋雯、刘砚亭、储金鹏、贾松龄、新丽琴 全本《珠帘寨》。

12 月 14 日 上海天蟾舞台夜场：

班世超《金山寺》，压轴杨宝森、李宝魁、贾松龄、王泉奎、罗荣贵《洪羊洞》，大轴郑冰如、储金鹏、李金泉 全本《活捉王魁》。

12 月 15 日 上海天蟾舞台夜场：

刘砚亭、储金鹏《取洛阳》，压轴班世超《芦林坡》，大轴杨宝森、郑冰如、王泉奎、林秋雯、李宝魁、贾松龄、曹世嘉《一捧雪》。

12 月 16 日 上海天蟾舞台夜场：

班世超《杨排风》，压轴杨宝森、王泉奎《捉放曹》，大轴郑冰如、储金鹏、李宝魁、刘砚亭、全本《凤还巢》。

12 月 17 日至 23 日休息调养。

12 月 24 日 上海天蟾舞台夜场：

班世超《刺巴杰》，压轴郑冰如、储金鹏、曹世嘉、王盛海《玉堂春》，大轴杨宝森、王泉奎、刘砚亭、李宝魁、陈少武、贾松龄、慈永胜《失街亭》《空城计》《斩马谡》。

12 月 25 日上海天蟾舞台夜场：

李雯溪、新丽琴《双沙河》，压轴班世超、刘砚亭《黄一刀》，大轴杨宝森、郑冰如、林秋雯、李宝魁、刘砚亭、储金鹏、李金泉、贾松龄、曹世嘉 全部《王宝钏》。

12 月 26 日 上海天蟾舞台夜场：

班世超、贾松龄《打瓜园》，杨宝森、郑冰如《三娘教子》，压轴王泉奎《威镇草桥》，大轴杨宝森、郑冰如、林秋雯、储金鹏、李金泉《四郎探母》。

12 月 27 日 上海天蟾舞台：

日场：班世超《盗仙草》，压轴杨宝森、郑冰如、王泉奎《宝莲灯》，大轴杨宝森、林秋雯、储金鹏、刘砚亭、贾松龄《晋楚交兵》。

夜场：杨宝森、班世超 全部《雪弟恨》，大轴郑冰如、储金鹏、王泉奎

全部《鸳鸯泪》。

12 月 28 日 上海天蟾舞台夜场：

班世超《女三战》，压轴杨宝森、林秋雯、刘砚亭、曹世嘉《打渔杀家》，大轴郑冰如、储金鹏、贾松龄、曹世嘉《凤还巢》。

12 月 29 日 上海天蟾舞台夜场：

班世超《摇钱树》，压轴杨宝森、刘砚亭《击鼓骂曹》，大轴郑冰如、储金鹏、王泉奎、新丽琴、萧德寅、熊志云全部《鸳鸯泪》。

12 月 30 日 上海天蟾舞台夜场：

班世超、萧德寅《攻潼关》，压轴杨宝森、王泉奎、曹世嘉《捉放曹》，大轴郑冰如、贾松龄、李金泉 全部《荒山泪》。

12 月 31 日 上海天蟾舞台夜场：

熊志云、倪金利 头本《走麦城》，压轴班世超、贾松龄、伊克勤《打瓜园》，大轴杨宝森、郑冰如、王泉奎 全部《龙凤阁》。

● 1943 年（民国三十二年）22 岁

1 月 1 日 上海天蟾舞台：

日场：班世超《杨排风》，杨宝森、王泉奎、贾松龄、罗荣贵《洪羊洞》，压轴郑冰如、储金鹏、曹世嘉《玉堂春》，大轴杨宝森、林秋雯、刘砚亭《猪八戒》《盗魂铃》。

夜场：班世超《朝金顶》，压轴郑冰如、储金鹏《宇宙锋》，大轴杨宝森、林秋文、王泉奎、刘砚亭、李金泉、贾松龄、新丽琴 全部《伍子胥》。

1 月 2 日 上海天蟾舞台：

日场：班世超《大取金陵》，压轴郑冰如、储金鹏、李金泉、萧德寅 全部《春秋配》，大轴杨宝森、王泉奎、刘砚亭、贾松龄 全部《奇冤报》。

夜场：班世超《蟠桃会》，压轴杨宝森、郑冰如、曹世嘉、李雯溪 全部《大翠屏山》，大轴杨宝森、储金鹏、曹世嘉、林秋雯、刘砚亭《珠帘寨》。

1 月 3 日 上海天蟾舞台：

日场：班世超、伊克勤、白元杰《大泗州城》，大轴杨宝森、郑冰如、王泉奎、林秋雯、贾松龄、曹世嘉《一捧雪》。

夜场：班世超《芦林坡》，压轴杨宝森、郑冰如、曹世嘉、李雯溪《大翠屏山》，大轴杨宝森、刘砚亭、曹世嘉《定军山》。

1 月 4 日 上海天蟾舞台夜场：

熊志云《扫松下书》，压轴郑冰如、班世超、储金鹏、曹世嘉、萧德寅《金山寺》连演《雷峰塔》，大轴杨宝森、林秋雯、王泉奎、刘砚亭、李金泉、贾松龄、新丽琴 全部《伍子胥》。

1 月 5 日 上海天蟾舞台 夜场：

班世超《杨排风》，压轴杨宝森、郑冰茹、林秋雯、李金泉《御碑亭》，大轴杨宝森、王泉奎、刘砚亭、贾松龄、曹世嘉《失街亭》《空城计》《斩马谡》。

1 月 6 日 上海天蟾舞台 夜场：

林秋文、储金鹏《穆柯寨》，班世超《摇钱树》，杨宝森、郑冰如《汾河湾》，压轴王泉奎《盗御马》，大轴杨宝森、林秋文、刘砚亭《猪八戒》《盗魂铃》。

1 月 12 日至 7 月 20 日上海天蟾舞台 班世超与李少春、白玉薇同台合作。

1 月 12 日 上海天蟾舞台夜场：

班世超《蟠桃会》，白玉薇、高维廉、艾世菊、罗荣贵、李金泉《花田错》，压轴李少春、王泉奎《击鼓骂曹》，大轴李少春、毛庆来、陈少武《两将军》。

1 月 13 日 上海天蟾舞台夜场：

王泉奎《探阴山》，压轴班世超、艾世菊《打瓜园》，大轴李少春、白玉薇、高维廉、毛庆来、张世年、罗小奎 全部《武松》。

1 月 14 日 上海天蟾舞台夜场：

班世超、艾世菊《青石山》，压轴白玉薇、高维廉、李金泉《得意缘》，大轴李少春、王泉奎、毛庆来《洗浮山》。

1 月 15 日 上海天蟾舞台夜场：

白玉薇、高维廉、艾世菊《棒打薄情郎》，大轴李少春、班世超、王泉

奎、毛庆来、李幼春、张世年、萧德寅、《新水帘洞》。

1月16日 上海天蟾舞台夜场：

班世超、艾世菊《百草山》，大轴李少春、白玉薇、高维廉、王泉奎、曹世嘉、李金泉、新丽琴、张盛馀、张世年《薛平贵与王宝钏》。

1月17日 上海天蟾舞台：

日场：白玉薇、王泉奎、高维廉、曹世嘉《霸王别姬》，大轴李少春、班世超、毛庆来、艾世菊、张世年、萧德寅、慈永胜、张盛馀《大恶虎村》。

1月18日 上海天蟾舞台夜场：

白玉薇、艾世菊《小放牛》，大轴李少春、高维廉、李幼春、班世超、毛庆来、张德来、新丽琴、张盛馀、张世年、慈永胜《大金钱豹》。

1月25日至27日 上海天蟾舞台 上海特别市社会局主办评剧联合大会串三天义演

1月25日 上海天蟾舞台义演日场：

班世超《大泗州城》，白玉薇、钱麟童、曹雪芹、韩金奎、刘斌昆、王富英、梁慧超、赵如泉、赵东升《大翠屏山》《时迁偷鸡》，压轴张文涓、郑冰如《汾河湾》，大轴李少春、麒麟童、王泉奎、毛庆来、李幼春、张德来、张世年、李金泉《八大锤》。

1月25日 上海天蟾舞台夜场：

李洪春、王泉奎《斩颜良》，白玉薇、艾世菊《小放牛》，李少春、高维廉、李幼春、班世超、毛庆来、张德来、新丽琴、张盛馀、张世年、慈永胜《大金钱豹》。

2月5日（春节）上海天蟾舞台日场：

熊志云《英雄会》，王泉奎《威镇草桥》，压轴班世超《蟠桃会》，大轴李少春、白玉薇、高维廉、李洪春、艾世菊 全部《御碑亭》。

2月6日 上海天蟾舞台夜场：

熊志云《凤凰山》，李金泉《吊金龟》，班世超《青石山》，压轴白玉薇、艾世菊《春香闹学》，大轴李少春、王泉奎、李洪春、罗荣贵、张世年、慈永胜、张盛馀《失街亭》《空城计》《斩马谡》。

2月7日 上海天蟾舞台：

日场：王泉奎、罗荣贵《双包案》，李洪春《水淹七军》，班世超《红桃山》，压轴白玉薇、罗小奎《铁弓缘》，大轴李少春、高维廉、毛庆来、新丽琴《收董平》。

夜场：王泉奎《御果园》，李洪春《古城会》，压轴班世超《朝金顶》，大轴李少春、白玉薇、高维廉、艾世菊、新丽琴、李金泉、张盛徐、张世年全部《四郎探母》。

2月8日 上海天蟾舞台：

日场：王泉奎《探阴山》，班世超《大取金陵》，压轴白玉薇、高维廉《春秋配》，大轴李少春、毛庆来、李洪春《两将军》。

夜场：李雯溪《查头关》，罗荣贵《取洛阳》，班世超、艾世菊《铜大缸》，压轴白玉薇、高维廉、李金泉《得意缘》，大轴李少春、王泉奎、毛庆来、萧德寅、霍益仲、戴庆胜、伊克勤、张德来 一、二本《洗浮山》。

2月9日 上海天蟾舞台：

日场：王泉奎、李金泉《断太后》，班世超、艾世菊《打瓜园》，压轴白玉薇、新丽琴《樊江关》，大轴李少春、李洪春、高维廉、毛庆来、萧德寅、熊志云 三本《走麦城》。

夜场：李洪春《战长沙》，班世超《娘子军》，压轴白玉薇《虹霓关》，大轴李少春、白玉薇、王泉奎、高维廉、艾世菊、毛庆来、新丽琴《战太平》。

2月10日 上海天蟾舞台夜场：

李少春、王泉奎、萧德寅《斩颜良》，压轴白玉薇、艾世菊《小放牛》，大轴李少春、班世超、高维廉、毛庆来、李幼春、张德来、新丽琴《大金钱豹》。

2月11日 上海天蟾舞台夜场：

李金泉《太后辞朝》，李洪春《单刀会》，白玉薇、高维廉《悦来店》，压轴李少春、班世超、毛庆来《大白水滩》，大轴李少春、白玉薇、王泉奎、艾世菊、曹世嘉、慈永胜《打渔杀家》。

2月12日 上海天蟾舞台夜场：

熊志云、应宝莲、倪金利 头本《走麦城》，李金泉《滑油山》，班世超、萧德寅、白元杰《杨排风》，压轴白玉薇、高维廉、李洪春《贩马记》，大轴李少春、王泉奎、艾世菊、新丽琴、罗小奎《奇冤报》。

2月14日 上海天蟾舞台：

日场：李洪春、倪金利《古城会》，压轴班世超《攻潼关》，大轴李少春、白玉薇、王泉奎、高维廉、曹世嘉、艾世菊、张世年《双姣奇缘》。

夜场：李洪春《过五关》，班世超《金山寺》，压轴白玉薇、高维廉、新丽琴、陈少武、慈永胜《能仁寺》，大轴李少春、王泉奎、李洪春、艾世菊、罗荣贵、李金泉、曹世嘉 全本《洪羊洞》。

2月15日 上海天蟾舞台夜场：

熊志云、吴蕊兰《别窑》，李金泉《徐母骂曹》，班世超《青石山》，压轴白玉薇、高维廉、艾世菊《瓦岗寨》，大轴李少春、王泉奎、李洪春、罗荣贵、慈永胜、张世年、张盛馀、戴庆胜 全部《打金砖》。

2月16日 上海天蟾舞台夜场：

王泉奎、李洪春、熊志云《盗御马》《连环套》，压轴班世超、艾世菊《打瓜园》，大轴李少春、白玉薇、毛庆来、高维廉、罗小奎、张世年、陈盛德、张盛馀 全部《武松》。

2月17日 上海天蟾舞台夜场：

罗荣贵《威镇草桥》，李洪春、熊志云《九龙山》，班世超、萧德寅、白元杰《朝金顶》，压轴白玉薇、高维廉 二本《虹霓关》，大轴李少春、白玉薇、王泉奎、高维廉、艾世菊、曹世嘉、新艳琴、张德来 全部《珠帘寨》。

2月18日 上海天蟾舞台夜场：

罗荣贵《铡美案》，李洪春、熊志云、倪金利《八蜡庙》，压轴白玉薇、高维廉、艾世菊、曹世嘉 全本《鸿鸾禧》，大轴李少春、班世超、王泉奎、毛庆来、李幼春、张世年、萧德寅《新水帘洞》。

2月19日 上海天蟾舞台夜场：

许振庭、应宝莲 三本《铁公鸡》，李雯溪《妓女擒寇》，王泉奎《御果园》，李洪春《古城会》，压轴班世超、萧德寅、白元杰、伊克勤《张四姐下凡》，大轴李少春、白玉薇、高维廉、艾世菊、新丽琴、李金泉、曹世嘉、张世年 全部《四郎探母》。

2月20日 上海天蟾舞台 夜场：

熊志云《打銮驾》，李洪春《三家店》，班世超、伊克勤、白元杰、倪金利《取金陵》，压轴白玉薇、高维廉、李金泉、李雯溪《春秋配》，大轴李少春、王泉奎、艾世菊、萧德寅、张世年《问樵闹府》《打棍出箱》。

2月21日 上海天蟾舞台：

日场：熊志云《百凉楼》，王泉奎、李金泉《断太后》，班世超、李洪春、萧德寅《湘江会》，压轴白玉薇、艾世菊《打樱桃》，大轴李少春、高维廉、毛庆来、李幼春、新丽琴、戴庆胜、张盛馀、张世年、陈少武《五百年后孙悟空》。

夜场：熊志云《追韩信》，李洪春、倪金利《牧虎关》，班世超《泗洲城》，压轴白玉薇、高维廉、艾世菊《棋盘山》，大轴李少春、王泉奎、曹世嘉 全本《捉放曹》。

2月22日 上海天蟾舞台 夜场：

熊志云、倪金利、应宝莲《失徐州》《困土山》，李少春、王泉奎、萧德寅《斩颜良》，压轴白玉薇、艾世菊《杏花村》，大轴李少春、班世超、高维廉、毛庆来、李幼春、张德来、新丽琴《大金钱豹》。

2月23日 上海天蟾舞台 夜场：

罗荣贵《取洛阳》，班世超《大百草山》，压轴白玉薇、高维廉、李金泉《得意缘》，大轴李少春、王泉奎、毛庆来、萧德寅、霍益仲、戴庆胜、伊克勤、张德来《洗浮山》。

2月25日 上海天蟾舞台 夜场：

许振庭、应宝莲 三本《铁公鸡》，李洪春、熊志云《战长沙》，班世超《娘子军》，压轴白玉薇《虹霓关》，大轴李少春、白玉薇、王泉奎、高维廉、艾世菊、毛庆来、新丽琴、慈永胜《战太平》。

2月27日 上海天蟾舞台 夜场：

熊志云、吴筱兰《别窑》，班世超《攻潼关》，压轴白玉薇、艾世菊、新丽琴《樊江关》，大轴李少春、王泉奎、高维廉、李洪春、毛庆来、李金泉《八大锤》。

2月28日 上海天蟾舞台：

日场：熊志云、应宝莲《八蜡庙》，罗荣贵、李金泉《断太后》，班世超、李佩芳、伊克勤、白元杰《金山寺》，压轴白玉薇、高维廉《文章会》，大轴李少春、王泉奎、李洪春、艾世菊《挑华车》。

夜场：熊志云、应宝莲《走麦城》，罗荣贵、李金泉《打龙袍》，班世超《杨排风》，压轴白玉薇、高维廉、李洪春 全本《奇双会》，大轴李少春、王泉奎、曹世嘉《托兆碰碑》。

3月1日 上海天蟾舞台 夜场：

许振庭、应宝莲 三本《铁公鸡》，李金泉《吊金龟》，压轴白玉薇 二本《虹霓关》，大轴李少春、班世超、王泉奎、高维廉、李洪春、李幼春、毛庆来、艾世菊、萧德寅《十八罗汉斗悟空》。

3月2日 上海天蟾舞台夜场：

许振庭《花蝴蝶》，熊志云、吴筱兰《斩经堂》，压轴白玉薇《幽界关》，大轴李少春、班世超、王泉奎、高维廉、李洪春、李幼春、毛庆来、艾世菊、萧德寅《十八罗汉斗悟空》。

3月3日 上海天蟾舞台 夜场：

王泉奎、熊志云《连环套》，压轴班世超、艾世菊、白元杰《打瓜园》，大轴李少春、白玉薇、高维廉、张世年、罗小奎、张德来 全部《武松》。

3月4日 上海天蟾舞台夜场：

李金泉《太君辞朝》，班世超、伊克勤、白元杰《摇钱树》，李少春、艾世菊、毛庆来、王泉奎、箫德寅《霸王庄》，压轴白玉薇、高维廉、陈少武《玉堂春》，大轴李少春、王泉奎、曹世嘉、萧德寅、新丽琴 全本《南阳关》。

3月5日 上海天蟾舞台夜场：

熊志云、应宝莲、倪金利《走麦城》，压轴班世超、艾世菊、萧德寅《大百草山》，大轴李少春、白玉薇、高维廉、王泉奎、曹世嘉、李金泉、新丽

菊坛春秋 班世超

琴、陈少武、张世年《薛平贵与王宝钏》。

3月6日 上海天蟾舞台夜场：

李金泉《游六殿》，班世超、伊克勤、白元杰《大泗州城》，压轴白玉薇、新丽琴、慈永胜《宇宙锋》，大轴李少春、王泉奎、高维廉、艾世菊、毛庆来、张世年、曹世嘉 全部《落马湖》。

3月7日 上海天蟾舞台：

日场：许振庭、应宝莲《嘉兴府》，李金泉、罗荣贵《打龙袍》，压轴白玉薇、高维廉、艾世菊、曹世嘉《棒打薄情郎》，大轴李少春、班世超、毛庆来、张德来《大白水滩》。

夜场：熊志云、应宝莲、倪金利《战长沙》，班世超、伊克勤、白元杰《蟠桃会》，压轴白玉薇、高维廉、新丽琴《能仁寺》，大轴李少春、王泉奎、曹世嘉、慈永胜、张世年《定军山》。

3月8、21日 上海天蟾舞台夜场：

熊志云、吴筱兰《别窑》，李金泉《徐母骂曹》，班世超、伊克勤、马鸿麟《青石山》，压轴白玉薇、高维廉、艾世菊《瓦岗寨》，大轴李少春、白玉薇、王泉奎、曹世嘉、罗荣贵、萧德寅、张世年、陈少武、戴庆胜 全部《打金砖》。

3月9日 上海天蟾舞台夜场：

许振庭、倪金利《四杰村》，熊志云、吴筱兰《坐楼杀惜》，班世超、萧德寅、白元杰《朝金顶》，压轴白玉薇、高维廉、李金泉、张世年、新丽琴《花田错》，大轴李少春、王泉奎、毛庆来、艾世菊、罗荣贵、曹世嘉、陈少武 全部《连环套》。

3月10、11日 休息两天。

3月12日 上海天蟾舞台夜场：

班世超、白元杰《擂鼓战金山》，李金泉《滑油山》，李少春、毛庆来、张德来、张世年《武文华》，压轴白玉薇、高维廉、徐宝祥《铁弓缘》，大轴李少春、王泉奎、艾世菊、新丽琴、罗小奎《奇冤报》。

3月13、20、30日 上海天蟾舞台夜场：

吴筱兰《打花鼓》，熊志云《追韩信》，马鸿麟、萧德寅《金雁桥》，压轴白玉薇、艾世菊《杏花村》，大轴李少春、班世超、高维廉、毛庆来、李幼春、张德来、新丽琴《大金钱豹》。

3月14日 上海天蟾舞台：

日场：熊志云《百凉楼》，王泉奎、李金泉《断太后》，班世超、伊克勤、白元杰《大取金陵》，压轴白玉薇、曹世嘉《游龙戏凤》，大轴李少春、高维廉、李幼春、毛庆来、新丽琴、张世年、张德来《五百年后孙悟空》。

夜场：班世超《摇钱树》，李金泉《太君辞朝》，李少春、毛庆来、萧德寅《霸王庄》，压轴白玉微、高维廉《悦来店》，大轴李少春、白玉薇、王泉奎、艾世菊《打渔杀家》。

3月15日 上海天蟾舞台夜场：

许振庭、应宝莲《铁公鸡》，李金泉、徐宝祥《钓金龟》，压轴白玉薇《虹霓关》，大轴李少春、班世超、王泉奎、高维廉、曹世嘉、李幼春、毛庆来《十八罗汉斗悟空》。

3月16、29日 上海天蟾舞台夜场：

许振庭《花蝴蝶》，熊志云、吴筱兰《南天门》，班世超、伊克勤、白元杰、萧德寅《金山寺》，压轴白玉薇《宇宙锋》，大轴李少春、白玉薇、王泉奎、高维廉、艾世菊、毛庆来、新丽琴、慈永胜《战太平》。

3月17日上海天蟾舞台夜场：

熊志云《打銮驾》，压轴班世超《杨排风》，大轴李少春、白玉薇、王泉奎、李幼春、高维廉、艾世菊、萧德寅、新丽琴、毛庆来 全部《智激美猴王》。

3月18日 上海天蟾舞台夜场：

班世超、白元杰、伊克勤《蟠桃会》，白玉薇、高维廉、艾世菊、罗荣贵、李金泉《花田错》，压轴李少春、王泉奎、曹世嘉、陈少武、《击鼓骂曹》，大轴李少春、毛庆来、曹世嘉《两将军》。

3月19日 上海天蟾舞台夜场：

罗荣贵《取洛阳》，班世超、艾世菊、白元杰、伊克勤《百草山》，压轴白玉薇、高维廉、李金泉《得意缘》，大轴李少春、王泉奎、毛庆来、萧德寅、霍益仲、戴庆胜、张德来、朱子荃、马鸿麟 头二本《洗浮山》。

3月21日上海天蟾舞台日场：

吴筱兰《贵妃醉酒》，班世超、艾世菊、熊志云《刺巴杰》，压轴白玉薇、高维廉、王泉奎、李金泉、萧德寅、张世年、新丽琴《红柳村》《悦来店》，大轴李少春、毛庆来《英雄义》。

3月22日 上海天蟾舞台：

夜戏：王泉奎《威镇草桥》，班世超《红桃山》，压轴白玉薇、新丽琴、陈少武《春香闹学》，大轴李少春、白玉薇、高维廉、李皓明、李幼春、毛庆来、曹世嘉、萧德寅、张世年 全部《铁公鸡》。

3月23日 上海天蟾舞台夜场：

许振庭《花蝴蝶》，熊志云、吴筱兰《斩经堂》，压轴白玉薇《虹霓关》，大轴李少春、班世超、王泉奎、高维廉、曹世嘉、李幼春、毛庆来《十八罗汉斗悟空》。

3月24日上海天蟾舞台夜场：

熊志云《战长沙》，班世超、伊克勤、白元杰、萧德寅《攻潼关》，压轴白玉薇、艾世菊、新丽琴《樊江关》，大轴李少春、王泉奎、毛庆来、高维廉、戴庆胜《八大锤》。

3月25日 上海天蟾舞台夜场：

熊志云、倪金利《八蜡庙》，压轴白玉薇、高维廉、艾世菊、曹世嘉 全本《鸿鸾禧》，大轴李少春、班世超、王泉奎、毛庆来、李幼春、张世年、萧德寅《新水帘洞》。

3月26日 上海天蟾舞台夜场：

许振庭、应宝莲 三本《铁公鸡》，熊志云《古城会》，王泉奎《御果园》，压轴班世超、伊克勤、萧德寅、白元杰《张四姐下凡》，大轴李少春、白玉薇、高维廉、艾世菊、新丽琴、李金泉、曹世嘉、张世年 全部《四郎探母》。

3月27日 上海天蟾舞台夜场：

熊志云、吴筱兰《战宛城》，李金泉、徐宝祥《钓金龟》，班世超、马鸿麟《虹桥赠珠》，压轴白玉薇、高维廉、李金泉 全部《春秋配》，大轴李少春、王泉奎、曹世嘉、艾世菊、萧德寅、张世年《失街亭》《空城计》《斩马谡》。

3 月 28 日 上海天蟾舞台：

日场：熊志云《潇湘夜雨》，王泉奎、李金泉《断太后》，高维廉、曹世嘉、萧德寅《借赵云》，压轴班世超、白元杰、伊克勤《取金陵》，大轴李少春、白玉薇《汾河湾》。

夜场：班世超、白元杰、伊克勤《蟠桃会》，白玉薇、高维廉、艾世菊、李金泉《花田错》，压轴李少春、王泉奎、曹世嘉、陈少武《击鼓骂曹》，大轴李少春、毛庆来、曹世嘉《两将军》。

4 月 9 日—6 月 25 日 上海天蟾舞台 班世超与李少春、白玉薇、叶盛章、袁世海、叶世长两大剧团同台合作。

4 月 9 日上海天蟾舞台夜场：

张英武《赠袍赐马》，高雪樵、班世超、程少馀、李皓明《四杰村》，压轴白玉薇、高维廉、叶盛长、韩金奎、刘斌昆全部《蝴蝶梦》，大轴李少春、叶盛章、袁世海、苏富恩、毛庆来、高盛虹、罗荣贵、萧德寅《盗御马》《连环套》《盗双钩》。

4 月 10 日上海天蟾舞台夜场：

邱玉成、李佩芳《别窑》，班世超、李皓明《大泗州城》，刘斌昆、韩金奎《双拾黄金》，压轴叶盛章、李少春、袁世海、毛庆来、高盛虹、罗小奎《九龙杯》，大轴李少春、白玉薇、叶盛章、程少馀、张彦堃《打渔杀家》。

4 月 11 日上海天蟾舞台夜场：

李佩芳《贺后骂殿》，班世超、李皓明《摇钱树》，压轴白玉薇、袁世海、高维廉《霸王别姬》，大轴叶盛章、李少春、娄振奎、程少馀、刘斌昆《问樵闹府》《打棍出箱》。

4 月 12 日上海天蟾舞台夜场：

娄振奎、罗荣贵《白良关》，高雪樵《驱车战将》，李少春、袁世海《击鼓骂曹》，压轴叶盛章、班世超、高盛虹《打瓜园》，大轴李少春、毛庆来、张彦堃《两将军》。

4月14日上海天蟾舞台夜场：

张英武、贾春虎《古城会》，班世超《金山寺》，压轴李少春、叶盛章、袁世海、毛庆来《霸王庄》，大轴李少春、刘斌昆、娄振奎、程少馀《奇冤报》。

4月15日上海天蟾舞台夜场：

邱玉成、李佩芳《武昭关》，班世超《杨排风》（打焦赞），压轴叶盛章、高雪樵《徐良出世》，大轴李少春、白玉薇、娄振奎、张彦堃、程少馀 全部《打金砖》。

4月16、25日上海天蟾舞台夜场：

李佩芳《夺头彩》，娄振奎《万花亭》，压轴叶盛章、白玉薇、袁世海、叶盛长《酸枣岭》《刺巴杰》《巴骆和》，大轴李少春、班世超、高维廉、毛庆来、李幼春《大金钱豹》。

4月18日上海天蟾舞台夜场：

娄振奎《牧虎关》，压轴白玉薇、新丽琴《樊江关》，大轴李少春、叶盛章、班世超、高维廉、高盛虹、李幼春、毛庆来 全部《十八罗汉斗悟空》。

4月20日上海天蟾舞台夜场：

白玉薇、叶盛长、刘斌昆、芙蓉草《宋江闹院》《坐楼杀媳》，压轴叶盛章、班世超、高盛虹《打瓜园》，大轴李少春、叶盛章、毛庆来《洗浮山》。

4月22日上海天蟾舞台夜场：

邱玉成、李佩芳《别窑》，班世超、高雪樵《泗州城》，压轴叶盛章、李少春、袁世海、苏富恩、高盛虹、毛庆来《九龙杯》，大轴李少春、白玉薇、叶盛章、娄振奎、张彦堃、罗小奎《打渔杀家》。

4月23日上海天蟾舞台夜场：

罗荣贵《锁五龙》，压轴班世超、程少馀《取金陵》，大轴李少春、叶盛章、高维廉、白玉薇、张彦堃、韩金奎、毛庆来 全部《武松》。

4月24日上海天蟾舞台夜场：

罗荣贵《赵州桥》，白玉薇、新丽琴《虹霓关》，压轴叶盛章、班世超、高雪樵、韩金奎《蒋平闹舟》，大轴李少春、袁世海、高维廉、毛庆来《八大锤》。

4月25日上海天蟾舞台日场：

娄振奎《御果园》，大轴李少春、叶盛章、白玉薇、袁世海、班世超、叶盛长、艾世菊、高雪樵、苏富恩、毛庆来、张彦堃、萧德寅、程少馀、高盛虹、罗小奎、韩金奎 全部《殷家堡》《落马湖》。

4月26日上海天蟾舞台夜场：

邱玉成《定军山》，韩云峰、张英武《嘉兴府》，压轴白玉薇、袁世海、芙蓉草、高维廉、程少馀《花田错》连演《桃花村》，大轴李少春、叶盛章、高盛虹、班世超《三岔口》。

4月27日上海天蟾舞台夜场：

李佩芳、陈兆霖《桑园会》，韩云峰、阎世岚、程少馀《大四杰村》，袁世海、邱玉成《瓦口关》，压轴白玉薇、刘斌昆、叶盛长、高维廉、韩金奎 全部《蝴蝶梦》《大劈棺》，大轴李少春、叶盛章、高盛虹、班世超《三岔口》。

4月30日上海天蟾舞台夜场：

罗荣贵《叹皇陵》，韩云峰《挑华车》，刘斌昆、韩金奎《双拾黄金》，压轴叶盛章、班世超、高盛虹《打瓜园》，大轴李少春、叶盛章、高雪樵、毛庆来、程少馀《大洗浮山》。

5月1日上海天蟾舞台夜场：

邱玉成、李佩芳《别窑》，班世超、韩云峰、李皓明《大泗洲城》，压轴叶盛章、高盛虹、苏富恩 全部《雁翎甲》，大轴李少春、白玉薇、袁世海、娄振奎、张彦堃 全部《打金砖》。

5月2日上海天蟾舞台：

日场：娄振奎《叹皇陵》，班世超《金山寺》，压轴白玉薇《拾玉镯》，大轴李少春、叶盛章、袁世海、高维廉、高雪樵《冲霄楼》《铜网阵》《蒋平捞印》。

夜场：高雪樵《驱车战将》，压轴白玉薇、韩金奎、新丽琴《春香闹学》，大轴李少春、叶盛章、班世超、高维廉、高盛虹、李幼春、毛庆来 全部《十八罗汉斗悟空》。

5月3日上海天蟾舞台夜场：

张英武《大八蜡庙》，班世超、萧德寅 全部《杨排风》，李少春、袁世海《击鼓骂曹》，压轴白玉薇、叶盛章《小放牛》，大轴李少春、毛庆来、张彦堃《两将军》。

5月4日上海天蟾舞台夜场：

张英武《古城训弟》，班世超《朝金顶》，压轴叶盛章、白玉微、袁世海、叶盛长《酸枣岭》《刺巴杰》《巴骆和》，大轴李少春、白玉薇、高维廉、娄振奎、新丽琴、毛庆来《战太平》。

5月5日上海天蟾舞台夜场：

刘俊芳《烛影记》，娄振奎《探阴山》，袁世海、叶盛长、高雪樵《火烧博望坡》，压轴白玉薇、高维廉、刘斌昆《鸿鸾禧》，大轴李少春、叶盛章、高盛虹、班世超《三岔口》。

5月6日上海天蟾舞台夜场：

霍钧衡、霍素兰《九更天》，高雪樵、程少馀、张英武、新丽琴、罗荣贵《长坂坡》《汉津口》，压轴白玉薇、芙蓉草、高维廉、贾春虎、陈兆霖《得意缘》，大轴李少春、叶盛章、高盛虹、班世超《三岔口》。

5月7日上海天蟾舞台夜场：

邱玉成、李佩芳《别窑》，班世超、程少馀《取金陵》，压轴李少春、叶盛章、袁世海、苏富恩、毛庆来、高盛虹 全部《九龙杯》，大轴李少春、白玉薇、叶盛章、娄振奎、张彦堃、罗小奎《打渔杀家》。

5月9日上海天蟾舞台夜场：

韩云峰《收关胜》，白玉薇、袁世海、高维廉《弓砚缘》，压轴叶盛章、高雪樵、班世超《蒋平闹舟》，大轴李少春、叶盛章、娄振奎、程少馀、刘斌昆《问樵闹府》《打棍出箱》。

5月10日上海天蟾舞台夜场：

刘俊芳《宇宙锋》，高雪樵、张英武《斩颜良》，压轴李少春、叶盛章、班世超、李幼春 全本《新水帘洞》，大轴李少春、白玉薇、叶盛章、袁世海、芙蓉草、刘斌昆《法门寺》。

5月11日上海天蟾舞台夜场：

邱玉成《别窑》，娄振奎《白良关》，压轴叶盛章、高雪樵、高盛虹、苏富恩《徐良出世》，大轴李少春、班世超、高维廉《盗魂铃》。

5月13日上海天蟾舞台夜场：

张英武《战长沙》，压轴班世超《金山寺》，大轴李少春、叶盛章、袁世海、白玉薇、高维廉《珠帘寨》。

5月14日上海天蟾舞台夜场：

韩云峰《周瑜归天》，芙蓉草、刘斌昆《活捉三郎》，压轴叶盛章、班世超、高盛虹《打瓜园》，大轴李少春、叶盛章、毛庆来、高雪樵、程少馀《大洗浮山》。

5月15日上海天蟾舞台夜场：

霍钧衡、霍素兰《九更天》，高雪樵、程少馀、张英武《长坂坡》《汉津口》，压轴白玉薇、刘斌昆、叶盛长、高维廉、韩金奎《蝴蝶梦》《大劈棺》，大轴李少春、叶盛章、高盛虹、班世超《三岔口》。

5月16日上海天蟾舞台：

日场：娄振奎《叹皇陵》，班世超《金山寺》，压轴白玉薇《樊江关》，大轴李少春、叶盛章、袁世海、高维廉、高雪樵《冲霄楼》《铜网阵》《蒋平捞印》。

夜场：刘俊芳《彩楼配》，班世超《朝金顶》，压轴白玉薇、叶盛章、袁世海、叶盛长《酸枣岭》《刺巴杰》《巴骆和》，大轴李少春、白玉薇、高维廉、娄振奎、新丽琴、毛庆来《战太平》。

5月19日上海天蟾舞台夜场：刘俊芳《浣纱记》，高雪樵《冀州城》，压轴李少春、班世超、叶盛章、李幼春 全本《水帘洞》，大轴李少春、白玉薇、叶盛章、袁世海、芙蓉草、刘斌昆《法门寺》。

5月20日上海天蟾舞台夜场：

　　刘俊芳《二度梅》，班世超《蟠桃会》，压轴李少春、叶盛章、韩金奎、程少馀《奇冤报》，大轴李少春、叶盛章、韩金奎、毛庆来、刘斌昆、张英武《铁公鸡》。

　　5月21日上海天蟾舞台夜场：

　　罗荣贵《铡美案》，班世超《朝金顶》，压轴白玉薇、叶盛长、刘斌昆、芙蓉草《宋江闹院》《坐楼杀媳》《活捉三郎》，大轴李少春、叶盛章、高盛虹、班世超《三岔口》。

　　5月22日上海天蟾舞台夜场：

　　程少馀《双李逵》，白玉微、叶盛长《游龙戏凤》，压轴叶盛章、班世超《打瓜园》，大轴李少春、班世超、李幼春、毛庆来、高维廉《大金钱豹》《盗魂铃》。

　　5月23日上海天蟾舞台夜场：

　　班世超《红桃山》，压轴白玉薇、高维廉《拾玉镯》，大轴李少春、叶盛章、班世超、高维廉、艾世菊、李幼春、毛庆来 全部《十八罗汉斗悟空》。

　　5月29日上海天蟾舞台夜场：

　　韩云峰《白水滩》，压轴白玉薇、叶盛长《游龙戏凤》，大轴叶盛章、叶盛长、芙蓉草、高维廉、刘斌昆、班世超、娄振奎 全部《酒丐》。

　　5月30日上海天蟾舞台：

　　日场：邱玉成《武昭关》，班世超《取金陵》，压轴叶盛章、袁世海、高雪樵、毛庆来、高盛虹《九龙杯》，大轴叶盛章、白玉微、袁世海、叶盛长《酸枣岭》《刺巴杰》《巴骆和》。

　　夜场：韩云峰《两将军》，压轴白玉薇、叶盛长《汾河湾》，大轴叶盛章、叶盛长、芙蓉草、高维廉、班世超、刘斌昆、娄振奎 全部《酒丐》。

　　5月31日上海天蟾舞台夜场：

　　班世超《摇钱树》，压轴白玉薇《虹霓关》，大轴叶盛章、叶盛长、芙蓉草、刘斌昆、高盛虹、高维廉、韩金奎 全部《佛手橘》《盗银壶》。

　　6月1日上海天蟾舞台夜场：

　　班世超《朝金顶》，压轴白玉薇《春香闹学》，大轴叶盛章、叶盛长、芙

蓉草、刘斌昆、高盛虹、高维廉、韩金奎 全部《佛手橘》《盗银壶》。

6月2日上海天蟾舞台夜场：

霍钧衡《九更天》，班世超《攻潼关》，压轴白玉薇、韩金奎、刘斌昆、叶盛长、高维廉《蝴蝶梦》《大劈棺》，大轴叶盛章、芙蓉草、苏富恩、邱玉成 全部《白泰官》。

6月3日上海天蟾舞台夜场：

韩云峰《少年立志》，压轴白玉薇、高维廉《打樱桃》，大轴叶盛章、叶盛长、芙蓉草、高维廉、刘斌昆、班世超、娄振奎 全部《酒丐》。

6月6日上海天蟾舞台：

日场：娄振奎《御果园》，大轴李少春、白玉薇、叶盛章、袁世海、叶盛长、苏富恩、高盛虹、班世超、高雪樵、毛庆来、张英武、程少馀、萧德寅、韩金奎、罗小奎 全部《殷家堡》《落马湖》。

夜场：罗荣贵《打龙袍》，班世超《盗仙草》，压轴叶盛章、高盛虹、苏富恩 全本《雁翎甲》，大轴李少春、白玉薇、高维廉、娄振奎、毛庆来、新丽琴 全部《战太平》。

6月7日上海天蟾舞台：

日场：韩云峰《挑华车》，压轴白玉薇《樊江关》，大轴李少春、叶盛章、班世超、高维廉、艾世菊、李幼春、毛庆来《十八罗汉斗悟空》。

夜场：韩云峰《伐子都》，白玉薇、高维廉《花田错》，压轴叶盛章、班世超、高盛虹《打瓜园》，大轴李少春、叶盛章、毛庆来、高雪樵、程少馀 全部《大洗浮山》。

6月8日上海天蟾舞台夜场：

班世超《大泗州城》，压轴白玉薇、高维廉、叶盛长、刘斌昆《蝴蝶梦》《大劈棺》，大轴李少春、叶盛章、高盛虹、班世超《三岔口》。

6月9日上海天蟾舞台夜场：

娄振奎《万花亭》，压轴白玉薇、叶盛章、袁世海、叶盛长《酸枣岭》《刺巴杰》《巴骆和》，大轴李少春、班世超、高维廉《大金钱豹》。

6月10日上海天蟾舞台夜场：

刘俊芳《浣纱记》，韩云峰《冀州城》，压轴李少春、叶盛章、班世超、李幼春 全本《新水帘洞》，大轴李少春、白玉薇、叶盛章、袁世海、芙蓉草、刘斌昆《法门寺》。

6月11日上海天蟾舞台夜场：

韩云峰《铁笼山》，压轴白玉薇、叶盛长、刘斌昆、芙蓉草《宋江闹院》《坐楼杀惜》《活捉三郎》，大轴李少春、叶盛章、高盛虹、班世超《三岔口》。

6月12日上海天蟾舞台：

日场：叶盛章、白玉薇、叶盛长《酸枣岭》《刺巴杰》《巴骆和》，大轴李少春、班世超、高维廉《大金钱豹》。

夜场：娄振奎《探阴山》，压轴叶盛章、袁世海、班世超《黄一刀》，大轴李少春、白玉薇、叶盛章、芙蓉草、高维廉、刘斌昆 全部《四郎探母》。

6月13日上海天蟾舞台

日场：娄振奎《叹皇陵》，班世超《金山寺》，压轴白玉薇《樊江关》，大轴李少春、叶盛章、袁世海、高维廉、高雪樵《冲霄楼》《铜网阵》《蒋平捞印》。

夜场：韩云峰《界牌关》，白玉薇、高维廉《悦来店》，压轴叶盛章、班世超、韩云峰《蒋平闹舟》，大轴叶盛章、李少春、娄振奎、萧德寅、韩金奎《问樵闹府》《打棍出箱》。

6月14日上海天蟾舞台夜场：

刘俊芳《二度梅》，班世超《梁红玉》，压轴李少春、叶盛章、娄振奎、韩金奎《奇冤报》，大轴李少春、叶盛章、韩金奎、毛庆来、刘斌昆、张英武《铁公鸡》。

6月15日上海天蟾舞台夜场：

张英武《战长沙》，压轴班世超《红桃山》，大轴李少春、叶盛章、袁世海、白玉薇、高维廉《珠帘寨》。

6月16日上海天蟾舞台夜场：

邱玉成《武昭关》，班世超《朝金顶》，李少春、娄振奎《击鼓骂曹》，

压轴叶盛章、徐世宸《巧连环》，大轴李少春、毛庆来《两将军》。

6月17日上海天蟾舞台夜场：

班世超《大泗州城》，白玉薇、艾世菊《小放牛》，压轴叶盛章、高雪樵《徐良出世》，大轴李少春、萧德寅、邱玉成《定军山》。

6月18日上海天蟾舞台夜场：

韩云峰《嘉兴府》，白玉薇、高维廉《花田错》，压轴李少春、袁世海《捉放曹》，大轴李少春、叶盛章、高盛虹、班世超《三岔口》。

6月19日上海天蟾舞台夜场：

罗荣贵《草桥关》，白玉薇、高维廉《铁弓缘》，压轴叶盛章、班世超、高盛虹《打瓜园》，大轴李少春、叶盛章、高雪樵、毛庆来 全部《大洗浮山》。

6月20日上海天蟾舞台：

日场：娄振奎《打龙袍》，压轴白玉薇、叶盛章、袁世海、叶盛长《酸枣岭》《刺巴杰》《巴骆和》，大轴李少春、班世超、高维廉《大金钱豹》。

夜场（加演空前大反串）：李少春、叶盛章、袁世海、毛庆来、苏富恩、罗荣贵、萧德寅《盗御马》《连环套》《盗双钩》，压轴白玉薇、新丽琴《樊江关》，大轴李少春、李幼春、袁世海、娄振奎、高维廉、叶盛长、叶盛章、刘斌昆、白玉薇（反串吴大炮）、毛庆来、班世超、高盛虹、高雪樵、张英武、程少馀、韩云峰、苏富恩《大五花洞》（反串潘金莲、反串武大郎）

6月21日上海天蟾舞台（最后一场演毕载誉反北）夜场：

班世超《大泗州城》，李少春《定军山》，白玉薇、高维廉《御碑亭》，压轴李少春、叶盛章、高盛虹、班世超《三岔口》，大轴李少春、叶盛章、白玉薇、叶盛长、娄振奎、芙蓉草、李幼春、高维廉《八蜡庙》（全体反串）。

6月25日上海天蟾舞台夜场：

班世超《摇钱树》，王金璐、程玉焕、邓金昆《挑华车》，压轴李玉茹、贯盛习、芙蓉草、刘斌昆《宋江闹院》《坐楼杀媳》《活捉三郎》，大轴李玉茹、储金鹏、新丽琴、盖三省《辛安驿》。

6月27日上海天蟾舞台：

日场：班世超、韩云峰《泗州城》，马德成《落马湖》，压轴贯盛习、娄振奎《捉放曹》，大轴李玉茹、王金璐、俞振飞、王玉让、郭和湧《铁弓缘》《大英节烈》。

6月28日上海天蟾舞台夜场：

班世超《朝金顶》，王金璐《铁笼山》，压轴李玉茹、贯盛习《汾河湾》，大轴李玉茹、贯盛习、俞振飞、韩金奎《贩马记》。

6月29日上海天蟾舞台：

夜场：班世超《盗宝库》，压轴王金璐《拿高登》，大轴李玉茹、贯盛习、俞振飞、芙蓉草、艾世菊、王玉让《穆桂英》。

6月30日上海天蟾舞台夜场：

班世超、崔广福《杨排风》，压轴李玉茹、王金璐、马德成、艾世菊、萧德寅《酸枣岭》《刺巴杰》《巴骆和》，大轴李玉茹、贯盛习、王金璐、俞振飞、娄振奎、郭和湧 全部《美人计》《甘露寺》《回荆州》《芦花荡》。

7月1日上海天蟾舞台夜场：

班世超、韩云峰《大泗州城》，李玉茹、王金璐、王玉让、萧德寅、郭和湧、程玉焕《大战宛城》，压轴马德成《落马湖》，大轴李玉茹、贯盛习、俞振飞、芙蓉草、艾世菊、韩金奎 全部《四郎探母》。

7月2日上海天蟾舞台夜场：

韩云峰《嘉兴府》，班世超《盗宝库》，压轴贯盛习、王金璐、马德成、崔广福、张彦堃《伐东吴》《连营寨》，大轴李玉茹、俞振飞、孙盛武、李金泉《孔雀东南飞》。

7月3日鑫记大舞台日场（上海市评剧院联谊会、上海市伶界联合会主办华北急赈义演）：

发起人：黄金荣、张善琨。

赞助人：顾竹轩、范恒良、范恒裕、范恒成、蔡清祺、金元声、柳中浩、柳中亮、董兆斌、孙兰亭、张镜寿、张伯铭、盖叫天、周信芳、林树森、赵如泉、周翼华、汪其俊、周喜如、李金龙、李子洋、孙克仁、黄中乐、倪昌贵、金次泉、周剑星。

（四水母）阎世善、李金鸿、朱盛富、班世超，（悟空）郭玉昆，（神将）李仲林、高雪樵、周英鹏、韩云峰《大泗州城》，李金龙、倪昌贵、包小蝶、李子洋、董兆斌、周翼华、周剑星、石德康、何海生、汪其俊、方亦德、孙克仁、张镜寿、周喜如、孙兰亭、范恒成、张伯铭、张善琨 全本《盗御马》《连环套》，压轴周信芳、李玉茹、林树森、赵志秋、张慧聪、刘斌昆、韩金奎《善宝庄》《蝴蝶梦》《大劈棺》，大轴盖叫天、周信芳、童芷苓、李玉茹、袁世海、赵如泉、李如春、王富英、顾正秋、新艳琴、应晼云、张淑芸、张淑娴、盖三省、韩金奎、刘斌昆、郭少亭、慈少泉、陈永奎《大溪皇庄》。

7月3日上海天蟾舞台夜场：

贾春虎《取洛阳》，班世超《金山寺》，压轴王金璐、马德成、萧德寅、邱玉成《冲霄楼》《铜网阵》，大轴李玉茹、贯盛习、俞振飞、芙蓉草、孙盛武、王玉让、李金泉、郭和湧、韩金奎 全部《王宝钏》。

7月4日上海天蟾舞台：

日场：张英武《凤凰山》，班世超《红桃山》，李玉茹、王金璐、马德成、孙盛武、苗胜春《翠屏山》，压轴李金鸿、王金璐、艾世菊、萧德寅《青石山》，大轴李玉茹、贯盛习、孙盛武、王玉让《牧羊山》。

夜场：娄振奎《草桥关》，马德成、韩云峰、班世超《剑峰山》，李玉茹、贯盛习、艾世菊、王玉让、郭和湧、李盛芳《打渔杀家》，王金璐《安天会》，

7月5日（青年日报社主办、工部局警察保甲部后援 急赈华北潮汕名伶评剧义演）上海天蟾舞台：

日场：全班合演百寿图，邱慧波、李佩芳《梅龙镇》，（全班武行合作）朱盛富、李金鸿、周菊芳、班世超、阎世善、阎少泉、韩云峰、崔广福、白元杰、李佩芳、伊克勤、许振庭、祁玉昆《大泗州城》，压轴全武行 王金璐、程玉焕、许振庭、祁玉昆《铁笼山》，大轴纪玉良、陈鸿声、贯盛习、迟世恭、李玉茹、张淑娴、艾世菊、慈少泉、芙蓉草、俞振飞、李宝魁、李金泉、张蝶芬全部《四郎探母》。

夜场：班世超《取金陵》，王金璐《安天会》，压轴贯盛习、娄振奎、邱

玉成、萧德寅《失街亭》《空城计》《斩马谡》，大轴李玉茹、芙蓉草、孙盛武、郭和湧、韩云峰、张彦堃《玉堂春》。

7月6日（青年日报社主办、工部局警察保甲部后援 急赈华北潮汕名伶评剧义演）上海天蟾舞台：

日场：朱盛富、李金鸿、班世超、伊克勤、艾世菊、刘桐轩、萧德寅、陈兆霖 全部《杨排风》，上海戏剧学校全体高材生《潘金莲》，压轴言慧珠、芙蓉草《樊江关》，大轴江世玉、俞振飞、高维廉、金少臣、裘盛戎、麒麟童、贯盛习、孙盛武、袁世海《三国志》。

7月7日上海天蟾舞台夜场：

班世超《盗仙草》，马德成《独木关》，压轴李金鸿、王金璐《湘江会》，大轴李玉茹、贯盛习、芙蓉草、俞振飞、孙盛武、刘斌昆、王玉让、郭和湧 全部《双姣奇缘》。

7月8日上海天蟾舞台夜场：

邱玉成《大战樊城》，班世超、韩云峰《大泗州城》，压轴贯盛习、王金璐、罗荣贵《阳平关》，大轴李玉茹、芙蓉草、储金鹏、艾世菊、王玉让、苗胜春、郭和湧、李金泉 全部《凤双飞》。

7月10日上海天蟾舞台夜场：

罗荣贵《万花亭》，班世超《朝金顶》，王金璐、马德成、王玉让《大洗浮山》，压轴贯盛习、李金鸿、孙盛武《乌龙院》，大轴李玉茹、俞振飞、芙蓉草、萧德寅、郭和湧、李金泉 全部《花田错》《桃花村》。

7月11日上海天蟾舞台夜场：

班世超《演火棍》，马德成、应宝莲《落马湖》，压轴贯盛习、李金鸿、张彦堃《珠帘寨》，大轴李玉茹、王金璐、俞振飞、孙盛武、王玉让《铁弓缘》《英节烈》。

7月12日上海黄金大戏院 夜场：

崔广福《收关胜》，班世超、阎少泉、韩云峰《大泗州城》，王金璐、马德成、王玉让、苗胜春《连环套》，压轴贯盛习、李金鸿、艾世菊、娄振奎《庆顶珠》，大轴李玉茹、俞振飞、孙盛武、郭和湧《玉堂春》

7月14日上海黄金大戏院 夜场：

娄振奎《断太后》，马德成、班世超、阎少泉、韩云峰、崔广福《五老聚会》，李金鸿、艾世菊、王金璐《青石山》，压轴李玉茹、贯盛习《游龙戏凤》，大轴李玉茹、俞振飞、孙盛武、张国斌《贩马记》。

7月20日上海黄金大戏院 夜场：

班世超《大取金陵》，李金鸿、马德成、艾世菊、崔广福《酸枣岭》《刺巴杰》，压轴贯盛习、王金璐、程玉焕《连营寨》，大轴李玉茹、俞振飞、孙盛武、李金泉、新丽琴、李盛芳《孔雀东南飞》。

8月11日至9月20日，9月29日至10月24日上海黄金大戏院，班世超与杨宝森、李玉茹、高盛麟、袁世海同台合作。

8月11日上海黄金大戏院夜场：

班世超、韩云峰《泗州城》，压轴高盛麟、袁世海、艾世菊《盗御马》《连环套》《盗双钩》，大轴杨宝森、李玉茹、俞振飞、芙蓉草、孙盛武、艾世菊、哈宝山、刘斌昆、新丽琴 全部《四郎探母》。

8月12日上海黄金大戏院夜场：

罗荣贵《取洛阳》，班世超、萧德寅全部《杨排风》，压轴高盛麟、袁世海、崔广福《挑华车》，大轴杨宝森、李玉茹、芙蓉草、俞振飞、孙盛武、高德松、哈宝山《红鬃烈马》。

8月14日上海黄金大戏院夜场：

班世超《红桃山》，高盛麟、芙蓉草、哈宝山、娄振奎、高德松、张连庭《长坂坡》，压轴杨宝森、李玉茹、袁世海《宝莲灯》，大轴杨宝森、李玉茹、孙盛武《宋江闹院》《坐楼杀媳》。

8月15日上海黄金大戏院日场：

娄振奎《白良关》，班世超《盗仙草》，压轴李玉茹、俞振飞、孙盛武、哈宝山《鸿鸾禧》，大轴杨宝森、高盛麟、张连庭、朱德芳《连营寨》。

8月17日上海黄金大戏院夜场：

班世超《演火棍》，高盛麟《一箭仇》，压轴李玉茹、俞振飞、芙蓉草、苗胜春 全本《得意缘》，大轴杨宝森、孙盛武、娄振奎、高德松《奇冤报》。

8 月 19、26 日上海黄金大戏院夜场：

班世超《火烧关胜》，压轴高盛麟、袁世海、高德松、邱玉成、苗胜春《盗御马》《连环套》《盗双钩》，大轴杨宝森、李玉茹、芙蓉草、俞振飞、孙盛武、李小龙、哈宝山、刘斌昆、新丽琴《四郎探母》。

8 月 20 日上海黄金大戏院夜场：

邱玉成《武昭关》，班世超、萧德寅《取金陵》，压轴李玉茹、高盛麟、刘斌昆、孙盛武、苗胜春《大翠屏山》，大轴杨宝森、哈宝山、高德松 全本《定军山》。

8 月 22 日上海黄金大戏院日场：

娄振奎《打龙袍》，班世超《蟠桃会》，压轴高盛麟、袁世海、芙蓉草、邱玉成、高德松《长坂坡》，大轴杨宝森、李玉茹、俞振飞、孙盛武、哈宝山《御碑亭》《金榜乐》《大团圆》。

8 月 23 日上海黄金大戏院夜场：

班世超、伊克勤《演火棍》，高盛麟、张连庭《铁笼山》，压轴李玉茹、俞振飞、芙蓉草、苗胜春 全本《得意缘》，大轴杨宝森、孙盛武、娄振奎、高德松《奇冤报》。

8 月 24 日上海黄金大戏院夜场：

班世超 全部《杨排风》，压轴高盛麟、袁世海《挑华车》，大轴杨宝森、李玉茹、芙蓉草、俞振飞、孙盛武、哈宝山、高德松《红鬃烈马》。

8 月 25 日上海黄金大戏院夜场：

班世超、韩云峰《大泗州城》，高盛麟、张连庭、张彦堃《战马超》，压轴杨宝森、李玉茹《游龙戏凤》，大轴杨宝森、李玉茹、孙盛武、高德松《硃痕记》。

8 月 29 日上海黄金大戏院日场：

曹雪芹《南天门》，班世超《盗仙草》，压轴李玉茹、俞振飞、芙蓉草、孙盛武、哈宝山、萧德寅、高德松《穆柯寨》《穆天王》，大轴杨宝森、高盛麟、袁世海、李盛泉、张连庭《八大锤》。

9 月 1 日上海黄金大戏院夜场：

曹雪芹、邱玉成《武昭关》，李盛泉《钓金龟》，班世超、韩云峰《大泗州城》，压轴高盛麟、袁世海、萧德寅《挑华车》，大轴杨宝森、李玉茹、娄振奎《大保国》《叹皇陵》《二进宫》。

9月2、15、20日上海黄金大戏院夜场：

班世超《火烧关胜》，压轴高盛麟、袁世海、高德松、邱玉成、苗胜春《盗御马》《连环套》《盗双钩》，大轴杨宝森、李玉茹、芙蓉草、俞振飞、孙盛武、哈宝山、刘斌昆、新丽琴《四郎探母》。

9月3日上海黄金大戏院夜场：

班世超《演火棍》，高盛麟《铁笼山》，压轴李玉茹、俞振飞、芙蓉草、苗胜春 全本《得意缘》，大轴杨宝森、孙盛武、娄振奎、高德松《奇冤报》。

9月5日上海黄金大戏院夜场：

曹雪芹《双沙河》，娄振奎《探阴山》，班世超《取金陵》，压轴李玉茹、俞振飞、孙盛武《文章会》，大轴杨宝森、高盛麟、萧德寅、李盛泉《八大锤》。

9月6日上海黄金大戏院夜场：

邱玉成《贺后骂殿》，班世超《盗仙草》，杨宝森、高盛麟《连营寨》，压轴李玉茹、芙蓉草、孙盛武《辛安驿》，大轴杨宝森、娄振奎、哈宝山、高德松《洪羊洞》。

9月7日上海黄金大戏院夜场：

班世超《演火棍》，高盛麟《两将军》，压轴杨宝森、李玉茹《游龙戏凤》，大轴杨宝森、李玉茹、孙盛武、高德松、李盛泉《硃痕记》。

9月10日上海黄金大戏院夜场：

班世超 全部《杨排风》，杨宝森、高盛麟、娄振奎《阳平关》，压轴李玉茹、俞振飞、孙盛武《铁弓缘》，大轴杨宝森《盗魂铃》。

9月12日上海黄金大戏院日场：

邱玉成、曹雪芹《南天门》，班世超《盗宝库》，高盛麟《战马超》，压轴李玉茹、俞振飞、孙盛武《鸿鸾禧》，大轴杨宝森、哈宝山、娄振奎《击鼓骂曹》。

9 月 13 日上海黄金大戏院夜场：

班世超《盗仙草》，高盛麟《铁笼山》，压轴李玉茹、孙盛武《探亲家》，大轴杨宝森、孙盛武、哈宝山、娄振奎、张彦堃 全部《伍子胥》。

9 月 14 日（中秋节）上海黄金大戏院：

日场：娄振奎《探阴山》，班世超 全部《杨排风》，杨宝森、高盛麟、芙蓉草、孙盛武《摘缨会》，压轴李玉茹《春香闹学》，大轴杨宝森《盗魂铃》。

夜场：曹雪芹《双摇会》，班世超、韩云峰《泗州城》，压轴高盛麟、萧德寅《挑华车》，大轴杨宝森、李玉茹、娄振奎《大保国》《叹皇陵》《二进宫》。

9 月 15、20 日上海黄金大戏院夜场：

班世超《火烧关胜》，高盛麟、袁世海、苗胜春、高德松、邱玉成《盗御马》《连环套》《盗魂铃》，杨宝森、李玉茹、芙蓉草、俞振飞、孙盛武、哈宝山、新丽琴《四郎探母》。

9 月 18 日上海黄金大戏院夜场：

班世超《演火棍》，高盛麟《一箭仇》，压轴李玉茹、俞振飞、芙蓉草、高德松、李盛泉 全本《得意缘》，大轴杨宝森、袁世海、娄振奎、孙盛武、哈宝山《失街亭》《空城计》《斩马谡》。

9 月 19 日上海黄金大戏院日场：

娄振奎《探阴山》，班世超《擂鼓战金山》，压轴李玉茹、高盛麟、刘斌昆、孙盛武、苗胜春《翠屏山》，大轴杨宝森、孙盛武、哈宝山、高德松 全本《定军山》。

9 月 29 日—10 月 23 日上海黄金大戏院 班世超与杨宝森、章逸云、芙蓉草、高盛麟、俞振飞等同台合作

9 月 29 日夜场：

班世超《摇钱树》，高盛麟《挑华车》，压轴章逸云、俞振飞、芙蓉草、高德松、李盛泉 全本《得意缘》，大轴杨宝森、茹富蕙、张洪祥、娄振奎、李世章《失街亭》《空城计》《斩马谡》。

9 月 30 日上海黄金大戏院夜场：班世超《金山寺》，压轴高盛麟《一箭

仇》，大轴杨宝森、章逸云、俞振飞、芙蓉草、茹富蕙、艾世菊、李世章、张洪祥 全部《红鬃烈马》。

10月1日上海黄金大戏院夜场：

高德松《牧虎关》，班世超、萧德寅《取金陵》，压轴章逸云、高盛麟、刘斌昆、韩金奎、苗胜春《翠屏山》，大轴杨宝森、茹富蕙、娄振奎、张洪祥全本《奇冤报》。

10月2、15日上海黄金大戏院夜场：

班世超《火烧关胜》，压轴高盛麟、王泉奎、苗胜春、高德松、邱玉成《盗御马》《连环套》《盗双钩》，大轴杨宝森、章逸云、俞振飞、芙蓉草、茹富蕙、刘斌昆、吴继兰、李世章、李盛泉《四郎探母》。

10月3日上海黄金大戏院：

日场：邱玉成、曹雪芹《南天门》，班世超《朝金顶》，压轴章逸云、俞振飞、茹富蕙《鸿鸾禧》，大轴杨宝森、高盛麟、王泉奎、李盛泉《八大锤》。

夜场：张国斌《焚棉山》，高盛麟、班世超、艾世菊、萧德寅《恶虎村》，压轴章逸云、俞振飞、芙蓉草、茹富蕙《能仁寺》，大轴杨宝森、王泉奎《捉放曹》。

10月6日上海黄金大戏院夜场：

高德松《万花亭》，班世超、韩云峰《大泗州城》，高盛麟《麒麟阁》（三挡杨林），压轴章逸云、俞振飞《悦来店》，大轴杨宝森、王泉奎、茹富蕙、李世章《失街亭》《空城计》《斩马谡》。

10月7、16日上海黄金大戏院夜场：

班世超《金山寺》，压轴高盛麟《挑华车》，大轴杨宝森、章逸云、王泉奎《大保国》《叹皇陵》《二进宫》。

10月9日上海黄金大戏院夜场：

班世超《盗仙草》，大轴杨宝森、章逸云、高盛麟、俞振飞、芙蓉草、王泉奎、茹富蕙 全部《杨家将》。

10月10日上海黄金大戏院：

日场：吴继兰《春香闹学》，王泉奎《黑风帕》，压轴高盛麟、班世超、张洪祥《恶虎村》，大轴杨宝森、章逸云、俞振飞、茹富蕙、李世章 全部《御碑亭》。

夜场：邱玉成《贺后骂殿》，高盛麟、班世超《嘉兴府》，压轴杨宝森、张洪祥、李世章《击鼓骂曹》，大轴杨宝森、章逸云、俞振飞、王泉奎、茹富蕙、芙蓉草、刘斌昆《拾玉镯》《法门寺》。

10 月 11、21 日上海黄金大戏院夜场：

吴继兰《南天门》，压轴班世超《蟠桃会》，大轴杨宝森、章逸云、高盛麟、俞振飞、芙蓉草、王泉奎、茹富蕙 全部《杨家将》。

10 月 12 日上海黄金大戏院夜场：

班世超《金山寺》，高盛麟、张洪祥 全本《落马湖》，压轴杨宝森、章逸云、茹富蕙《审头刺汤》，大轴杨宝森、王泉奎、李世章《捉放曹》。

10 月 13 日上海黄金大戏院夜场：

班世超《盗仙草》，高盛麟、王泉奎《长坂坡》，杨宝森、李盛泉《法场换子》，压轴章逸云、俞振飞 二本《虹霓关》，大轴杨宝森、茹富蕙、李世章、张洪祥 全本《定军山》。

10 月 14 日上海黄金大戏院 夜场：

张国斌《火焚棉山》，班世超《摇钱树》，高盛麟《两将军》，压轴章逸云、俞振飞《玉堂春》，大轴杨宝森、茹富蕙、王泉奎 全本《奇冤报》。

10 月 17 日上海黄金大戏院：

日场：吴继兰、张国斌《浣花溪》，王泉奎《草桥关》，压轴高盛麟、班世超、苗胜春、高德松《酸枣岭》《刺巴杰》《巴骆和》，大轴杨宝森、章逸云、茹富蕙、张洪祥、李盛泉 全部《砝痕记》。

夜场：曹雪芹《贺后骂殿》，班世超《打青龙》，高盛麟《一箭仇》，压轴章逸云、俞振飞、吴继兰、韩金奎《能仁寺》，大轴杨宝森、王泉奎、茹富蕙、李世章《失街亭》《空城计》《斩马谡》。

10 月 19 日上海黄金大戏院夜场：

张国斌《胭脂虎》，高盛麟、班世超《殷家堡》，杨宝森、王泉奎《击鼓

骂曹》，压轴章逸云、艾世菊《女起解》，大轴杨宝森、王泉奎、茹富蕙 全部《洪羊洞》。

10月20日上海黄金大戏院夜场：

班世超《盗仙草》，高盛麟《冀州城》，杨宝森、俞振飞、茹富蕙《打侄上坟》，压轴章逸云、盖三省《六月雪》，大轴杨宝森、茹富蕙、王泉奎、艾世菊《琼林宴》。

10月22日上海黄金大戏院夜场：

曹雪芹、邱玉成《梅龙镇》，班世超《盗宝库》，大轴杨宝森、章逸云、高盛麟、俞振飞、芙蓉草、王泉奎、茹富蕙 全部《杨家将》。

10月23日上海黄金大戏院夜场：

曹雪芹《回龙阁》，高盛麟、班世超《武松打店》，压轴章逸云、俞振飞、张国斌、李小龙 全部《贩马记》，大轴杨宝森、王泉奎、茹富蕙、李世章《失街亭》《空城计》《斩马谡》。

10月25日上海黄金大戏院夜场：

班世超 全部《杨排风》，孙老乙《巧连环》，压轴彭德良、娄振奎《击鼓骂曹》，大轴孙老乙、萧德寅、卢元义《两将军》。

10月26日上海黄金大戏院夜场：

班世超《取金陵》，压轴彭德良、娄振奎《定军山》，大轴孙老乙、高德松、刘世英《安天会》《闹天宫》。

10月27日上海黄金大戏院夜场：

班世超《金山寺》，汪毓文《女起解》，压轴彭德良、娄振奎、萧德寅、卢元义《捉放曹》，大轴孙老乙、高雪樵、刘世英、顾宝亭《洗浮山》《霸王庄》。

11月13日至1944年1月9日 上海黄金大戏院十六位名角：纪玉良、林树森、王筱芳、张淑娴、叶盛兰、芙蓉草、高盛麟、袁世海、班世超、艾世菊、高雪樵、高百岁、刘斌昆、韩云峰、韩金奎、娄振奎等同台合作。

11月13日上海黄金大戏院夜场：

班世超《聚宝盆》，大轴纪玉良、林树森、高盛麟、王筱芳、高百岁、袁世海、叶盛兰、张淑娴 全部《连环计》。

11 月 14 日上海黄金大戏院日场：

班世超《取金陵》，高盛麟《史文恭》，压轴张淑娴、盖三省《辛安驿》，大轴纪玉良、叶盛兰、芙蓉草、艾世菊、张淑娴、贾振声、吴继兰 全部《四郎探母》。

11 月 14、25 日上海黄金大戏院夜场：

班世超《盗宝库》，大轴纪玉良、林树森、高盛麟、王筱芳、高百岁、袁世海、叶盛兰、张淑娴 全部《连环计》。

11 月 15 日上海黄金大戏院夜场：

班世超《金山寺》，压轴纪玉良、艾世菊、张淑娴、高盛麟、叶盛兰 全部《甘露寺》，大轴叶盛兰、张淑娴、艾世菊、纪玉良、芙蓉草 全部《拾玉镯》连演《法门寺》。

11 月 16 日上海黄金大戏院夜场：

高盛麟《挑华车》，大轴王筱芳、张淑娴、纪玉良、林树森、叶盛兰、班世超、袁世海、高雪樵、艾世菊、阎少泉《金钱豹》《盘丝洞》《盗魂铃》。

11 月 17 日上海黄金大戏院夜场：

班世超《摇钱树》，大轴纪玉良、林树森、高盛麟、王筱芳、高百岁、袁世海、叶盛兰、张淑娴 全部《连环计》。

11 月 21 日上海黄金大戏院夜场：

高盛麟《史文恭》，大轴王筱芳、张淑娴、纪玉良、林树森、叶盛兰、班世超、袁世海、高雪樵、艾世菊、阎少泉《金钱豹》《盘丝洞》《盗魂铃》。

11 月 22 日上海黄金大戏院夜场：

邱玉成《南阳关》班世超《杨排风》，压轴纪玉良、高盛麟《八大锤》，大轴叶盛兰、张淑娴、高百岁 全部《霸王别姬》。

11 月 23、24 日 上海黄金大戏院（连演二天）夜场：

班世超《盗仙草》，大轴纪玉良、林树森、高盛麟、王筱芳、高百岁、袁世海、叶盛兰、张淑娴 全部《连环计》。

11 月 25 日 上海黄金大戏院夜场：

班世超《盗宝库》，大轴纪玉良、林树森、高盛麟、王筱芳、高百岁、袁世海、叶盛兰、张淑娴全部《连环计》。

11月26日上海黄金大戏院夜场：

娄振奎《探阴山》，压轴纪玉良、叶盛兰、张淑娴、袁世海、林树森、高德松、萧德寅、新丽琴《穆桂英》连演《辕门斩子》，林树森、王筱芳、程少馀、张晓忠《古城会》。

11月27日上海黄金大戏院夜场：

班世超、韩云峰《泗州城》，压轴张淑娴、高盛麟、叶盛兰、苗胜春《大翠屏山》，大轴林树森、王筱芳、高盛麟、毕春芳、程少馀、王少芳、萧德寅、张晓忠《走麦城》。

11月28日上海黄金大戏院停演一天全体参加天蟾舞台会演日场：

两班合演《大收关胜》，压轴高百岁、芙蓉草、高雪樵、班世超、张淑娴、麒麟童、黄桂秋、林树森、纪玉良全本《红鬃烈马》（出场序），大轴麒麟童、高盛麟、叶盛兰、袁世海 全本《八大锤》。

11月29日上海黄金大戏院夜场：

韩云峰《嘉兴府》，班世超《朝金顶》，压轴张淑娴、高百岁、曹雪芹《御碑亭》《金榜乐》《大团圆》，大轴高百岁、高德松、张淑娴、萧德寅、艾世菊 全部《大战宛城》。

12月1、7、8、10、15、18、19、21日上海黄金大戏院夜场：

班世超《盗仙草》，大轴纪玉良、叶盛兰、林树森、高盛麟、王筱芳、张淑娴、高百岁、袁世海 全部《连环计》。

12月2日上海黄金大戏院：

班世超、韩云峰《泗州城》，压轴张淑娴、高盛麟、叶盛兰、苗胜春《大翠屏山》，大轴林树森、高盛麟、王筱芳、毕春芳《走麦城》。

12月3、12、17日上海黄金大戏院夜场：

班世超《摇钱树》，压轴林树森、叶盛兰、纪玉良、高盛麟、袁世海 二、三、四本《走麦城》，大轴张淑娴、王筱芳、林树森《戏迷传》。

12月4日上海黄金大戏院夜场：

班世超《盗宝库》，大轴纪玉良、叶盛兰、林树森、高盛麟、王筱芳、张淑娴、高百岁 全部《连环计》。

12月11日上海黄金大戏院夜场：

高盛麟、班世超《刺巴杰》，大轴纪玉良、叶盛兰、袁世海、林树森、张淑娴、艾世菊、毕春芳、程少馀、吴继兰全部《黄巢造反》。

12月13日上海天蟾舞台日场：（全体名角加入）

班世超、韩云峰《泗州城》，压轴林树森、纪玉良、麒麟童、曹慧麟、叶盛兰、高盛麟、张淑娴、袁世海、艾世菊、刘斌昆、娄振奎 全部《龙凤呈祥》，大轴黄桂秋、麒麟童、芙蓉草、高百岁、刘斌昆《一捧雪》。

12月13日上海黄金大戏院夜场：

邱玉成《定军山》，压轴班世超《蟠桃会》，大轴纪玉良、张淑娴、高盛麟、叶盛兰、林树森、艾世菊、袁世海、高德松、程少馀 吴继兰全部《杨家将》。

12月14日上海黄金大戏院夜场：

张国斌、曹雪芹《胭脂虎》，高盛麟、班世超《殷家堡》，压轴高百岁、娄振奎《击鼓骂曹》，大轴高百岁、张淑娴、高德松、艾世菊 全部《铁弓缘》《英节烈》。

12月20日上海黄金大戏院夜场：

高盛麟《挑华车》，大轴纪玉良、王筱芳、叶盛兰、林树森、班世超、张淑娴、艾世菊、韩云峰、韩金奎、程少馀、盖三省、王少芳、曹雪芹《金钱豹》《盘丝洞》《盗魂铃》。

12月23日上海黄金大戏院夜场：

班世超《摇钱树》，高盛麟《麒麟阁》，压轴纪玉良、娄振奎、艾世菊、程少馀、邱玉成《失街亭》《空城计》《斩马谡》，大轴筱翠花、叶盛兰、马富禄《贵妃醉酒》。

12月24日上海黄金大戏院夜场：

班世超《盗宝库》，高盛麟《铁笼山》，压轴纪玉良、娄振奎《上天台》，大轴筱翠花、叶盛兰、马富禄、艾世菊、马世啸、高德松 全部《红梅阁》。

12月25日上海黄金大戏院夜场：

高盛麟、班世超、艾世菊《青石山》，压轴纪玉良、娄振奎《李陵碑》，大轴筱翠花、叶盛兰、马富禄、艾世菊、马世啸、高德松 全部《红梅阁》。

12月26日上海黄金大戏院：

日场：班世超《取金陵》，压轴纪玉良、娄振奎《捉放曹》，大轴筱翠花、高盛麟、叶盛兰、马富禄 全部《大翠屏山》。

夜场：班世超《金山寺》，压轴纪玉良、高德松《辕门斩子》，大轴筱翠花、高盛麟、叶盛兰、马富禄 全部《武松与潘金莲》。

12月27日上海黄金大戏院夜场：

班世超《蟠桃会》，压轴纪玉良、叶盛兰、高盛麟《黄鹤楼》，大轴筱翠花、马富禄、艾世菊、马世啸、新艳琴、李小龙 全部《双钉记》。

12月28日上海黄金大戏院夜场：

高盛麟、班世超《武松打店》，筱翠花、马富禄、艾世菊《双怕妻》，压轴纪玉良、程少馀、娄振奎《奇冤报》，大轴筱翠花、叶盛兰、马富禄 全本《鸿鸾禧》。

12月29日上海黄金大戏院夜场：

高盛麟、班世超《嘉兴府》，压轴纪玉良、娄振奎、高德松《洪羊洞》，大轴筱翠花、叶盛兰、马富禄、艾世菊、马世啸 全部《马思远》。

12月30日上海黄金大戏院夜场：

高盛麟、班世超、苗胜春《刺巴杰》，压轴纪玉良《换金斗》，大轴筱翠花、叶盛兰、马富禄、艾世菊、马世啸 全部《马思远》。

12月31日上海黄金大戏院夜场：

娄振奎《打龙袍》，班世超《打焦赞》，高盛麟《打青面虎》，筱翠花、马富禄、艾世菊《打面缸》，压轴纪玉良、叶盛兰、李盛泉《打侄上坟》，大轴筱翠花、马富禄、艾世菊《打杠子》。

● 1944年（民国三十三年）23岁

1月1日上海黄金大戏院：

日场：班世超《八仙过海》，叶盛兰、张国斌《石秀探庄》，压轴纪玉良、娄振奎《八义图》，大轴筱翠花、高盛麟、马富禄、艾世菊、萧德寅《大战宛城》。

夜场：班世超《盗宝库》，高盛麟《铁笼山》，压轴纪玉良、娄振奎《上天台》，大轴筱翠花、叶盛兰、马富禄、艾世菊 全部《红梅阁》。

1月2日上海黄金大戏院：

日场：班世超、韩云峰《泗州城》，压轴纪玉良、叶盛兰、高盛麟 全部《八大锤》，大轴筱翠花、马富禄、艾世菊、马世啸 全部《荷珠配》。

夜场：班世超《盗仙草》，高盛麟《状元印》，压轴纪玉良《捉放曹》，大轴筱翠花、叶盛兰、马富禄、艾世菊 全部《红梅阁》。

1月3日上海黄金大戏院夜场：

班世超《朝金顶》，压轴纪玉良、叶盛兰、高盛麟《黄鹤楼》，大轴筱翠花、马富禄、艾世菊、张国斌 全本《杀子报》。

1月4日上海黄金大戏院夜场：

高盛麟、班世超《嘉兴府》，压轴纪玉良、叶盛兰《清官册》，大轴筱翠花、马富禄、艾世菊、张国斌全本《杀子报》。

1月6日上海黄金大戏院夜场：

吴继兰《烛影记》，高盛麟、班世超、程少馀《恶虎村》，压轴纪玉良、叶盛兰、艾世菊《打侄上坟》，大轴筱翠花、马富禄、张国斌、李盛泉全部《宋十回》（宋江闹院、坐楼杀媳、活捉三郎）。

1月7日上海黄金大戏院夜场：

高盛麟、班世超《十字坡》（打店），压轴纪玉良、娄振奎、艾世菊《失街亭》《空城计》《斩马谡》，大轴筱翠花、叶盛兰、马富禄、艾世菊 全部《红梅阁》。

1月8日上海黄金大戏院夜场：

吴继兰《探亲家》，班世超《摇钱树》，高盛麟《铁笼山》，压轴纪玉良、娄振奎《李陵碑》，大轴筱翠花、叶盛兰、马富禄、艾世菊、马世啸、张国斌 全部《红梅阁》。

1月9日上海黄金大戏院:

日场:班世超《盗仙草》,高盛麟《拿高登》,陈中一夫人、叶盛兰、马富禄《拾玉镯》,压轴纪玉良《上天台》,大轴筱翠花、陈中一夫人、叶盛兰、马富禄 三本《虹霓关》。

夜场:高盛麟、班世超、艾世菊《青石山》,筱翠花、叶盛兰、马富禄《喜荣归》,压轴纪玉良、娄振奎《捉放曹》,大轴筱翠花、叶盛兰、马富禄《贵妃醉酒》。

1月25日至2月27日上海黄金大戏院 班世超与童芷苓、雷喜福、姜妙香、芙蓉草、小三麻子、梁慧超等同台合作。

1月25日(春节)上海黄金大戏院日场:

班世超《摇钱树》,小三麻子《扫松》,马德成《落马湖》,压轴梁慧超《两将军》,大轴童芷苓、雷喜福、芙蓉草、姜妙香、刘斌昆 全本《四郎探母》

1月27日上海黄金大戏院夜场:

班世超《蟠桃会》,小三麻子、程少馀《古城会》,压轴童芷苓、马德成、刘砚亭《刺巴杰》,大轴童芷苓、雷喜福、梁慧超、姜妙香全部《金钱豹》《盗魂铃》《盘丝洞》。

1月28日上海黄金大戏院夜场:

班世超《盗仙草》,梁慧超《挑华车》,压轴童芷苓、雷喜福、姜妙香、吴继兰、艾世菊、刘砚亭《四进士》,大轴童芷苓、芙蓉草、童寿苓、刘砚亭、刘斌昆《秦淮河》《贪欢报》。

1月30日上海黄金大戏院:

日场:班世超《泗州城》,杨红英《宇宙锋》,梁慧超《越虎城》,压轴童芷苓、雷喜福、芙蓉草、刘斌昆《宋十回》(坐楼杀媳、活捉三郎),大轴马德成、苗胜春、刘砚亭、盖春来、吴继兰、杨洪英、周金莲、班世超、贾多才、詹世辅《大溪皇庄》《十美跑车》童芷苓独擅流行歌曲(出场为序)。

夜场:小三麻子《观画》,马德成《凤凰山》,梁慧超、艾世菊、班世超《三岔口》,雷喜福、张彦堃《盗宗卷》,压轴童芷苓、芙蓉草《樊江关》,大轴童芷苓、雷喜福、童寿苓、童祥苓、童葆苓《新戏迷传》。

1月31日上海黄金大戏院夜场：

梁慧超、班世超、程少馀《乾元山》，童芷苓、童寿苓、吴继兰《打樱桃》，压轴雷喜福、姜妙香、刘斌昆、《状元谱》，大轴童芷苓、童寿苓、周金莲《孔雀东南飞》。

2月2日上海黄金大戏院夜场：

小三麻子、姜妙香《举鼎观画》，马德成《凤凰山》，梁慧超、艾世菊、班世超《三岔口》，雷喜福、张彦堃《盗宗卷》，压轴童芷苓、芙蓉草《樊江关》，大轴童芷苓、雷喜福、童寿苓、童祥苓、童葆苓《新戏迷传》。

2月3日上海黄金大戏院夜场：

小三麻子、董俊峰《华容道》，梁慧超、班世超、刘砚亭《青石山》，雷喜福《琼林宴》，压轴童芷苓、雷喜福、梁慧超、马德成、周金莲《大翠屏山》，大轴童芷苓、刘斌昆、童寿苓《新纺棉花》。

2月10日上海黄金大戏院夜场：

小三麻子、董俊峰《古城会》，马德成《薛礼叹月》，梁慧超、班世超、刘砚亭《青石山》，压轴童芷苓、雷喜福、姜妙香、刘斌昆《蝴蝶梦》《大劈棺》，大轴童芷苓、雷喜福、童寿苓、童祥苓、童葆苓《新戏迷家庭》。

2月13日上海黄金大戏院日场：

小三麻子《单刀赴会》，梁慧超《冀州城》，压轴童芷苓、雷喜福《大英节烈》，大轴童芷苓、雷喜福、梁慧超、小三麻子、刘砚亭、班世超、艾世菊、马德成、程少馀、吴继兰《大八蜡庙》。

2月15日上海黄金大戏院夜场：

班世超《大战赤福寿》，雷喜福、小三麻子、董俊峰《阳平关》，压轴童芷苓、梁慧超、姜妙香、芙蓉草、艾世菊《潘金莲与武松》，大轴童芷苓、童寿苓、刘斌昆《新纺棉花》。

2月18日上海黄金大戏院夜场：

班世超《大泗州城》，小三麻子《水淹七军》，压轴童芷苓、雷喜福、梁慧超、姜妙香、刘斌昆 全本《金钱豹》《盗魂铃》《盘丝洞》，大轴童芷苓、

刘斌昆、童寿苓《新纺棉花》。

2月19日上海黄金大戏院夜场：

马德成《凤凰山》，梁慧超、班世超、程少馀《乾元山》，压轴童芷苓、雷喜福、姜妙香、刘斌昆《蝴蝶梦》《大劈棺》，大轴童芷苓、雷喜福、童寿苓、童祥苓、童葆苓《新戏迷传》。

2月20日上海黄金大戏院夜场：

小三麻子《路遥知马力》，梁慧超、马德成、班世超、艾世菊《八蜡庙》，童芷苓、雷喜福、姜妙香、刘斌昆《蝴蝶梦》《大劈棺》，压轴梁慧超《水帘洞》，大轴童芷苓、刘斌昆、童寿苓《新纺棉花》。

2月21日上海黄金大戏院夜场：

马德成《剑峰山》，梁慧超、班世超《三岔口》，童芷苓、雷喜福、姜妙香、刘斌昆《蝴蝶梦》《大劈棺》，压轴梁慧超《越虎城》，大轴童芷苓、刘斌昆、童寿苓《新纺棉花》。

2月23日上海黄金大戏院夜场：

班世超《盗仙草》，姜妙香《辕门射戟》，压轴童芷苓、雷喜福、梁慧超、马德成、刘砚亭、董俊峰、艾世菊《盗御马》《连环套》《盗双钩》，大轴童芷苓、雷喜福、童寿苓、童祥苓、童葆苓《新戏迷传》。

2月27日上海黄金大戏院日场：

班世超《大泗州城》，小三麻子《水淹七军》，压轴童芷苓、雷喜福、梁慧超、姜妙香《金钱豹》《盘丝洞》《盗魂铃》，大轴童芷苓、童寿苓、刘斌昆《新纺棉花》。

3月22日至4月2日上海中国大戏院班世超与马连良、高盛麟、叶盛兰、茹富蕙同台合作。

3月22日上海中国大戏院夜场：

班世超、高雪樵《四杰村》，何毓如、宋德珠、王吟秋《能仁寺》，压轴马连良、叶盛兰、高盛麟、袁世海、马盛龙、萧德寅《借赵云》《金锁阵》，大轴马连良、袁世海、马崇仁、马春樵《六出祁山》《战北原》《斩郑文》。

3月25日上海中国大戏院夜场：

班世超、韩云峰《摇钱树》，高盛麟《英雄义》，压轴叶盛兰、宋德珠、芙蓉草、高德松、李盛泉《得意缘》，大轴马连良、袁世海、茹富蕙、马盛龙、娄振奎、韩金奎《失空斩》

3月30日上海中国大戏院夜场：

班世超、韩云峰《大泗州城》，高盛麟《挑滑车》，宋德珠、叶盛兰、盖三省《拾玉镯》，压轴马连良、王吟秋、袁世海、茹富蕙、芙蓉草《法门寺》，大轴马连良、袁世海、马春樵、马崇仁《武乡侯》。

4月1日上海中国大戏院：

夜戏：娄振奎《探阴山》，班世超《竹林记》，压轴宋德珠、何毓如、王吟秋《战地鸳鸯》，大轴马连良、叶盛兰、高盛麟、袁世海、茹富蕙、马盛龙全部《借东风》。

4月2日上海中国大戏院：

夜戏：班世超《演火棍》，压轴高雪樵、韩云峰、张英武、宋德珠、萧德寅、王吟秋、韩金奎、娄振奎《大五花洞》（出场顺序），大轴马连良、叶盛兰、高盛麟、袁世海、茹富蕙、马盛龙 全部《借东风》。

4月5日至5月20日上海中国大戏院 班世超与荀慧生、陈少霖、高盛麟、芙蓉草同台合作。

4月5日上海中国大戏院夜场：

班世超、韩云峰《大泗州城》，高盛麟、张宏奎《盗御马》《连环套》，压轴陈少霖、娄振奎《击鼓骂曹》，大轴荀慧生、金仲仁、朱斌仙、安舒元、蒋少奎 全部《红娘》。

4月7日上海中国大戏院夜场：

韩云峰《伐子都》，张宏奎《牧虎关》，高盛麟、班世超《十字坡》（武松打店），压轴陈少霖、娄振奎、贾振声《捉放曹》，大轴荀慧生、芙蓉草、金仲仁、朱斌仙、安舒元、孙甫亭《红尤二姐》。

4月8日上海中国大戏院夜场：

班世超《摇钱树》，压轴陈少霖、高盛麟、张宏奎《阳平关》，大轴荀慧生、芙蓉草、金仲仁、朱斌仙、孙甫亭、安舒元、蒋少奎、王兰秋 全部《十

三妹》。

4月9日上海中国大戏院日场：

班世超《蟠桃会》，高盛麟《挑滑车》，压轴陈少霖、萧德寅、娄振奎、韩金奎 全本《奇冤报》，大轴荀慧生、金仲仁、朱斌仙、安舒元、孙甫亭 全部《鸿鸾禧》。

4月10、21日上海中国大戏院夜场：

班世超、韩云峰《泗州城》，压轴陈少霖、高盛麟 全本《八大锤》，大轴荀慧生、芙蓉草、金仲仁、朱斌仙、安舒元、曹连孝 全部《新玉堂春》。

4月11日上海中国大戏院夜场：

韩云峰《武文华》，高盛麟、高雪樵、班世超 全本《潞安州》《抗金兵》《娘子军》，压轴陈少霖、娄振奎《托兆碰碑》，大轴荀慧生、金仲仁、朱斌仙、安舒元、孙甫亭、曹连孝、王兰秋全部《荆钗记》。

4月12日上海中国大戏院夜场：

高盛麟、班世超《夺太仓》，压轴陈少霖、娄振奎、韩金奎、朱春霖、贾振声 全本《洪洋洞》，大轴荀慧生、金仲仁、朱斌仙、孙甫亭、安舒元、曹连孝、王兰秋 全部《勘玉钏》。

4月13日上海中国大戏院夜场：

韩云峰《林冲夜奔》，娄振奎、张宏奎《双包案》，压轴陈少霖、高盛麟、班世超《连营寨》，大轴荀慧生、芙蓉草、金仲仁、朱斌仙、孙甫亭、蒋少奎、曹连孝、新丽琴 全部《钗头凤》。

4月14日上海中国大戏院夜场：

张宏奎《锁五龙》，高盛麟、班世超、萧德寅《恶虎村》，压轴陈少霖、娄振奎《琼林宴》，大轴荀慧生、金仲仁、朱斌仙、安舒元、蒋少奎、曹连孝、新丽琴 全部《大英节烈》。

4月15日上海中国大戏院夜场：

班世超《朝金顶》，高盛麟、张宏奎《盗御马》《连环套》，压轴陈少霖、娄振奎《击夜场曹》，大轴荀慧生、孙甫亭、金仲仁、朱斌仙、安舒元、蒋少奎 全部《红娘》。

4月16日上海中国大戏院夜场：

娄振奎《探阴山》，韩云峰《金钱豹》，高盛麟、高雪樵、班世超《大四杰村》，压轴陈少霖、娄振奎《辕门斩子》，大轴荀慧生、芙蓉草、朱斌仙、安舒元、孙甫亭、孙智越、王兰秋、新丽琴 全部《平儿》。

4月17日上海中国大戏院夜场：

班世超《盗宝库》，高盛麟《两将军》，压轴陈少霖、贾振声、何毓如《珠帘寨》，大轴荀慧生、芙蓉草、金仲仁、朱斌仙、安舒元、蒋少奎、孙甫亭、曹连孝 全部《花田错》。

4月20日上海中国大戏院夜场：

韩云峰《艳阳楼》，高盛麟、班世超《青石山》，压轴陈少霖、张宏奎《定军山》，大轴荀慧生、曹连孝、新丽琴、金仲仁、朱斌仙、安舒元、孙甫亭 全部《元宵谜》。

4月22日上海中国大戏院夜场：

娄振奎、张宏奎《白良关》，高盛麟、班世超《夺太仓》，压轴陈少霖、李盛泉《法场换子》，大轴荀慧生、芙蓉草、金仲仁、朱斌仙、安舒元、曹连孝、孙智越、王兰秋 全部《丹青引》。

4月23日上海中国大戏院日场：

朱春霖《黄鹤楼》，班世超《摇钱树》，高盛麟、张宏奎《挑华车》，压轴陈少霖、娄振奎、贾振声《托兆碰碑》，大轴荀慧生、金仲仁、朱斌仙、安舒元、曹连孝、新丽琴、王多寿 全部《杜十娘》。

4月26日上海中国大戏院夜场：

韩云峰《一枝桃》，高盛麟、高雪樵、班世超 全本《潞安州》《抗金兵》《娘子军》，压轴陈少霖、娄振奎《琼林宴》，大轴荀慧生、孙甫亭、王兰秋、金仲仁、朱斌仙、曹连孝、安舒元 全部《狮吼记》。

4月27日上海中国大戏院夜场：

班世超《盗仙草》，压轴陈少霖、高盛麟、张宏奎《阳平关》；大轴荀慧生、芙蓉草、金仲仁、朱斌仙、安舒元、蒋少奎、孙甫亭、曹连孝 全部《十三妹》。

4 月 29 日上海中国大戏院夜场：

班世超《杨排风》，高盛麟《史文恭》，压轴陈少霖、娄振奎《击鼓骂曹》，大轴荀慧生、芙蓉草、金仲仁、蒋少奎、孙甫亭、曹连孝 全部《得意缘》。

5 月 3、5 日上海中国大戏院夜场：

班世超《大泗州城》，高盛麟《挑华车》，压轴陈少霖、娄振奎、马盛龙、张宏奎《失街亭》《空城计》《斩马谡》，大轴荀慧生、金仲仁、朱斌仙、安舒元、蒋少奎 全部《红娘》。

5 月 15 日上海中国大戏院夜场：

班世超、韩云峰《泗州城》，高盛麟《史文恭》，压轴陈少霖、娄振奎《击鼓骂曹》，大轴荀慧生、荀令香、金仲仁、芙蓉草、朱斌仙、安舒元、蒋少奎、孙甫亭 全部《十三妹》。

5 月 18 日上海中国大戏院夜场：

班世超 全部《杨排风》，陈少霖、娄振奎《捉放曹》，压轴荀慧生、金仲仁、朱斌仙《文章会》，大轴荀慧生、荀令香、高盛麟、高雪樵、马盛龙、朱斌仙、韩云峰《大五花洞》。

5 月 19 日上海中国大戏院夜场：

班世超《盗仙草》，高盛麟、韩云峰《艳阳楼》，压轴陈少霖、荀令香《武家坡》，大轴荀慧生、金仲仁、朱斌仙、安舒元、蒋少奎 全部《红娘》。

5 月 20 日上海中国大戏院夜场：

娄振奎《白良关》，高雪樵、韩云峰、班世超《大四杰村》，高盛麟《挑华车》，压轴荀令香、陈少霖、芙蓉草《大登殿》，大轴荀慧生、金仲仁、朱斌仙、安舒元、蒋少奎 全部《红娘》。

5 月 26 日至 11 月 12 日上海中国大戏院 班世超与林树森、李如春、盖叫天、曹慧麟、孟鸿茂五大剧团同台合作。

5 月 26 日上海中国大戏院夜场：

韩云峰《挑华车》，压轴林树森、李如春、曹慧麟、高雪樵、张宏奎、王筱芳、马盛龙、何毓如、高德松、孟鸿茂 全部《斩华雄》《连环计》，大轴盖叫天、班世超、艾世菊、萧德寅、朱德芳、盖三省、朱宝康《恶虎村》。

5 月 27 日上海中国大戏院夜场：

班世超、韩云峰《泗州城》，盖叫天、曹慧麟、王筱芳、孟鸿茂《大翠屏山》，压轴林树森、马盛龙、王筱芳、程少馀《古城相会》，大轴盖叫天、林树森、李如春、曹慧麟、高雪樵、张英武、班世超、曹雪芹《大溪皇庄》。

5 月 28 日上海中国大戏院：

日场：高雪樵、韩云峰 三本《铁公鸡》，孟鸿茂、韩金奎《双拾黄金》，曹慧麟《拾玉镯》，盖叫天、班世超《大白水滩》，压轴林树森、李如春、张宏奎 全本《逍遥津》，大轴盖叫天、林树森、李如春、曹慧麟、马盛龙、班世超、李盛佐 、曹雪芹 全部《大八蜡庙》。

夜场：盖叫天、林树森、李如春、孟鸿茂、曹慧麟、王筱芳、高雪樵、韩金奎、张宏奎、张英武、高雪樵、高德松、班世超、萧德寅、张晓忠、王少芳、毕春芳、韩云峰 全部《玉麒麟》《大名府》《英雄义》《史文恭》。

5 月 29 日上海中国大戏院夜场：

班世超《金山寺》，李如春、曹慧麟、李盛泉、张英武《斩经堂》，压轴盖叫天、林树森、王少芳、马盛龙、王筱芳、高雪樵、韩云峰《莲花湖》，大轴盖叫天、林树森、孟鸿茂《铁公鸡》。

5 月 30、31 日上海中国大戏院夜场：

林树森、李如春、高雪樵、孟鸿茂、韩云峰、王少芳 二、三、四本《走麦城》，大轴盖叫天、曹慧麟、王筱芳、班世超、李盛佐《武松》。

6 月 1 日上海天蟾舞台 上海市民众献机运动委员会主办：筹款"献机"义务戏。

日场：李金鸿、班世超、陈金彪《杨排风》（打焦赞、打韩昌、打耶律），李少春、李万春、叶盛章、李如春、郭玉昆、高雪樵、韩云峰、小赵松樵、周瑛鹏、王富英 三本《铁公鸡》，压轴杨宝森、李玉芝、王泉奎《二进宫》，大轴李少春、李万春、叶盛章、白玉微、韩金奎、赵如泉、李世霖、苏盛轼、张盛亭全本《大战宛城》。

6 月 1 日中国大戏院夜场：

盖叫天、林树森、李如春、曹慧麟、孟鸿茂、王筱芳、马盛龙、韩金奎、张宏奎、张英武、高雪樵、高德松、班世超、萧德寅、张晓忠、王少芳、毕春芳、韩云峰 全部《玉麒麟》《大名府》《英雄义》《史文恭》。

6月2、27日上海中国大戏院夜场：

林树森、李如春、高雪樵、孟鸿茂、韩云峰、王少芳 二、三、四本《走麦城》，大轴盖叫天、曹慧麟、王筱芳、班世超、李盛佐《武松》。

6月3日上海中国大戏院夜场：

高雪樵、韩云峰《伐子都》，孟鸿茂《拾黄金》，曹慧麟、李如春《坐楼杀媳》，盖叫天《白水滩》，压轴林树森、李如春、程少馀《单刀赴会》，大轴盖叫天、班世超、李盛佐、萧德寅《恶虎村》。

6月4日上海中国大戏院夜场：

林树森、李如春、高雪樵、孟鸿茂、韩云峰、张宏奎、王少芳 二、三、四本《走麦城》，大轴盖叫天、曹慧麟、王筱芳、班世超、李盛佐《武松》。

6月5、6、7、8、9、10、11、12、13、14日连演上海中国大戏院夜场：

盖叫天、林树森、李如春、孟鸿茂、张宏奎、马盛龙、高雪樵、曹慧麟、韩云峰全部《七擒孟获》，大轴盖叫天、王筱芳、班世超、白元杰《三岔口》。

6月11日上海中国大戏院日场：

林树森、李如春、高雪樵、孟鸿茂、韩云峰、张宏奎 二、三、四本《走麦城》，大轴盖叫天、曹慧麟、王筱芳、班世超、李盛佐《武松》。

6月19日上海中国大戏院夜场：

班世超、韩云峰《泗州城》，盖叫天、曹慧麟、李如春、孟鸿茂、马盛龙《大翠屏山》，压轴林树森、王筱芳、李如春《古城会》，大轴盖叫天、林树森、曹慧麟、班世超、高雪樵《大溪皇庄》。

6月20日上海中国大戏院夜场：

班世超、高雪樵、韩云峰、萧德寅《大八蜡庙》，李如春《徐策跑城》，林树森、马盛龙、高德松《胭粉计》，大轴盖叫天、曹慧麟、韩金奎、何毓如《霸王别姬》。

6 月 21、22、23、24、25、26 日上海中国大戏院夜场：林树森、李如春、芙蓉草、班世超、高雪樵、孟鸿茂、韩金奎、韩云峰、何毓如、张英武、曹慧麟 全部《白蛇传》，大轴盖叫天、王筱芳、班世超、白元杰《三岔口》。

6 月 23 日上海中国大戏院：

日戏：班世超、韩云峰《泗州城》，王家震、王小姐《贺后骂殿》，天水居士、马盛龙、韩金奎《落马湖》，压轴夏士魁、王程应《乌盆记》，大轴王夫人、杨夫人、芙蓉草、丹青馆主、何毓如、韩金奎、李盛泉、李小龙、新丽琴《四郎探母》。

6 月 24 日上海中国大戏院：

日场：班世超、萧德寅《取金陵》，丹青馆主《王佐断臂》，李金龙、马盛龙、娄振奎、韩金奎、高德松 全本《洪羊洞》，天水居士、樊兆熊、李元龙《黄鹤楼》，王华庭、马夫人《武家坡》，压轴吴太太、马夫人、杨夫人《三娘教子》，大轴李荣华、高雪樵《两将军》。

6 月 25 日上海中国大戏院：

日场：林树森、李如春、芙蓉草、高雪樵、孟鸿茂、韩金奎、班世超、韩云峰、张英武、曹慧麟 全部《白蛇传》，大轴盖叫天、高雪樵、韩云峰《贺天保》。

6 月 26 日上海中国大戏院：

夜场：韩云峰《挑华车》，盖叫天、曹慧麟、李如春、孟鸿茂、马盛龙、韩金奎《大翠屏山》，压轴林树森、张晓忠、高雪樵、高德松、王少芳《汉寿亭侯》，大轴盖叫天、王筱芳、班世超、白元杰《三岔口》。

6 月 28 日上海中国大戏院夜场：

娄振奎《打龙袍》，班世超《朝金顶》，曹慧麟、马盛龙、何毓如《玉堂春》，压轴林树森、孟鸿茂、王少芳、张晓忠《千里走单骑》，大轴盖叫天、高雪樵、韩云峰《贺天宝》。

6 月 29 日上海中国大戏院夜场：

韩云峰《殷家堡》，孟鸿茂《丑表功》，林树森、高雪樵、马盛龙《长坂坡》《汉津口》，压轴林树森、曹慧麟、娄振奎《二进宫》，大轴盖叫天、王

筱芳、班世超、白元杰《三岔口》。

6月30日上海中国大戏院：

日场：林树森、李如春、高雪樵、孟鸿茂、韩云峰、王少芳 二、三、四本《走麦城》，盖叫天、曹慧麟、王筱芳、班世超、李盛佐《武松》。

夜场：娄振奎《草桥关》，压轴盖叫天、林树森、孟鸿茂、高雪樵、韩金奎、曹慧麟 全部《七擒孟获》，大轴盖叫天、王筱芳、班世超、白元杰《三岔口》。

7月1、2日连演上海中国大戏院：

夜戏：高雪樵、韩云峰、孟鸿茂《铁公鸡》，林树森、曹慧麟《游龙戏凤》，盖叫天《智取北湖州》，压轴林树森、曹慧麟《斩经堂》，大轴盖叫天、班世超、萧德寅《乾坤圈》。

7月5日上海中国大戏院夜场：

高雪樵、韩云峰《铁公鸡》，曹慧麟、孟鸿茂、韩金奎《打花鼓》，盖叫天《智取北湖州》，压轴林树森、曹慧麟《二进宫》，大轴盖叫天、班世超、萧德寅《乾坤圈》。

7月6日上海中国大戏院夜场：

娄振奎《白良关》，林树森、高雪樵《白马坡》，盖叫天、班世超《大白水滩》，压轴林树森、曹慧麟《三娘教子》，大轴盖叫天、王筱芳、班世超、白元杰《三岔口》。

7月7日上海中国大戏院夜场：

娄振奎《探阴山》，芙蓉草《穆柯寨》，盖叫天、班世超《醉打蒋门神》，压轴林树森、曹慧麟、孟鸿茂《闹院刺媳》，大轴盖叫天、高雪樵、马盛龙、韩云峰《史文恭》。

7月8日上海中国大戏院夜场：

林树森、曹慧麟、娄振奎、孟鸿茂、王筱芳、高雪樵、马盛龙《美人计》《甘露寺》《回荆州》《芦花荡》，大轴盖叫天、高雪樵、班世超、马盛龙、韩云峰《恶虎村》连演《贺天宝》。

7月9日上海中国大戏院：

日场：高雪樵、韩云峰 三本《铁公鸡》，曹慧麟《打花鼓》，盖叫天《智取北湖州》，压轴林树森、曹慧麟、娄振奎《二进宫》，大轴盖叫天、班世超、萧德寅《乾坤圈》。

夜场：林树森、曹慧麟、娄振奎、孟鸿茂、王筱芳、高雪樵、马盛龙《美人计》《甘露寺》《回荆州》《芦花荡》，大轴盖叫天、高雪樵、班世超、马盛龙、韩云峰《恶虎村》《贺天宝》。

8 月 20 日上海中国大戏院夜场：

全班合演《五福临门》，阎正明《加官进爵》，王筱芳《财神进宝》，王仲臣《平升三级》，林树森、陈鹤峰、杨宝童《八百八年》（渭水河），韩云峰、赵君麟、吕君樵、张英武 三本《铁公鸡》，压轴林树森、芙蓉草、陈鹤峰、韩金奎、程少馀、张韵楼、王筱芳、杨宝童 全部《群英会》《借东风》《华容道》，大轴林树森、曹慧麟、张淑娴、王仲臣、陈鹤峰、班世超、张韵楼、杨宝童《金钱豹》《盗魂铃》。

8 月 28 日上海中国大戏院夜场：

班世超、韩云峰《大泗州城》，杨宝童《九更天》，压轴曹慧麟、张淑娴、陈鹤峰《宋江闹院》《坐楼杀媳》，大轴林树森、王筱芳、王仲臣、张韵楼、陈鹤峰、王少芳、杨宝童、程少馀 头本《走麦城》。

8 月 30 日上海中国大戏院夜场：

班世超《摇钱树》，林树森、张韵楼、王筱芳、杨宝童、王仲臣、阎正明二三四本《走麦城》，压轴何毓如、曹慧麟、吕君樵、陈鹤峰《斩经堂》，大轴张淑娴、林树森、张淑芸、王仲臣、陈鹤峰《木兰从军》。

9 月 1 日上海中国大戏院夜场：

王仲臣（岳胜）、吕君樵（四郎）、何毓如（宗宝）、汪志奎（孟良）、林树森（六郎）、芙蓉草（太后）、班世超（排风）、张淑娴（桂英）、张韵楼（六郎）、曹慧麟（碧莲）、陈鹤峰（宗宝、八郎）、程少馀（焦赞）、杨宝童（八郎）、云又霞（青莲）《穆桂英》《辕门斩子》《雁门关》《八郎探母》。

9 月 6 日上海中国大戏院夜场：

曹慧麟、张韵楼、陈鹤峰、张淑娴、程少馀、王仲臣、阎正明《潞安州》

《八大锤》《抗金兵》《卖油郎》，大轴林树森、曹慧麟、张淑娴、班世超《大溪皇庄》。

9月10日上海中国大戏院夜场：

林树森、王仲臣、陈鹤峰、张韵楼、杨宝童、程少馀、汪志奎 全部《盗御马》《连环套》，压轴林树森、曹慧麟、张淑娴、陈鹤峰、班世超、云又霞、谭之苓 全本《大五花洞》，大轴林树森、陈鹤峰、程少馀、韩金奎、毕春芳、新丽琴 全本《薛家将》。

9月11日上海中国大戏院夜场：

林树森、曹慧麟、王筱芳、张淑娴、陈鹤峰、杨宝童、韩金奎、汪志奎、王少芳、毕春芳 全部《甘露寺》《回荆州》《芦花荡》连演《周瑜归天》《孔明吊孝》，大轴林树森、班世超、曹慧麟、张淑娴、张韵楼、陈鹤峰、韩云峰、杨宝童、赵君麟 全部《虹桥赠珠》。

9月13日上海中国大戏院日场：

林树森、曹慧麟、陈鹤峰、张韵楼、杨宝童、云又霞 全本《七擒孟获》，王筱芳、王仲臣、班世超《三岔口》，芙蓉草、张淑娴《辛安驿》，陈鹤峰、曹慧麟《斩经堂》，压轴林树森、王筱芳、张淑娴《夫妻串戏》，大轴林树森、王筱芳、王仲臣、陈鹤峰、张韵楼、程少馀、杨宝童《铁公鸡》。

9月14日上海中国大戏院夜场：

班世超《杨排风》，林树森、陈鹤峰、王筱芳、芙蓉草、张韵楼、杨宝童《群英会》《借东风》《华容道》，张淑娴、张淑芸《金山寺》，压轴陈鹤峰、曹慧麟《别窑》，大轴林树森、王仲臣、张淑娴《金钱豹》《盗魂铃》。

9月15日至30日上海中国大戏院夜场：

林树森（年遐龄）、王筱芳（年羹尧）、芙蓉草（年夫人）、张韵楼（康熙）、陈鹤峰（雍正）、王仲臣（云中燕）、曹慧麟（冯秀儿）、张淑娴（春花）、杨宝童（大贝勒）、韩金奎（二贝勒）、吕君樵（三贝勒）、韩云峰（张仁龙）、班世超（张美娘）、何毓如（年宝宝）《血滴子》。

9月24日（星期日）上海中国大戏院日场：

韩云峰、赵君麟《一箭仇》，谭之苓《二美夺夫》，王仲臣、班世超《三岔口》，芙蓉草、班世超、祁彩芬、张淑娴、林树森、陈鹤峰、杨宝童、阎正明、朱宝康、张韵楼、赵君麟、韩云峰《泗州城》，曹慧麟、张淑娴、韩金奎《五花洞》，汪志奎、杨宝童《六部大审》，林树森、王筱芳、程少馀《七星灯》，陈鹤峰、芙蓉草、曹慧麟《八郎探母》，张韵楼《九江口》，韩金奎、盖三省《十美跑车》。

10月1日（中秋节）上海中国大戏院：

日场：班世超、韩云峰《泗州城》，杨宝童《九更天》，压轴林树森、王筱芳、张韵楼、王仲臣、陈鹤峰、韩云峰《铁公鸡》，大轴芙蓉草、张淑娴《樊江关》，全体合演《明末遗恨》。

10月1日至29日上海中国大戏院夜场：

林树森（年遐龄）、王筱芳（年羹尧）、芙蓉草（年夫人）、张韵楼（康熙）、陈鹤峰（雍正）、王仲臣（云中燕）、曹慧麟（冯秀儿）、张淑娴（春花）、杨宝童（大贝勒）、韩金奎（二贝勒）、吕君樵（三贝勒）、韩云峰（张仁龙）、班世超（张美娘）、何毓如（年宝宝）《血滴子》。

10月10日（双十节）、29日上海中国大戏院日场：

班世超、韩云峰《泗州城》，林树森、陈鹤峰、张韵楼、汪志奎、杨宝童、王仲臣、韩金奎、新丽琴《玉带诏》（葭萌关、单刀赴会、逍遥津），压轴芙蓉草、张淑娴《辛安驿》，大轴林树森、曹慧麟、陈鹤峰、张韵楼、杨宝童《七擒孟获》。

10月15日上海中国大戏院日场：

张英武、赵君麟、周克斌、韩云峰《铁公鸡》，班世超、王仲臣、张韵楼《齐天大圣》（水帘洞），陈鹤峰、曹慧麟《斩经堂》，压轴林树森、王筱芳、张淑娴《夫妻串戏》，大轴林树森、张淑娴、张韵楼、王仲臣、陈鹤峰《黄鹤楼》（水战、三气周瑜）。

11月1日至12日上海中国大戏院夜场：

林树森（年遐龄）、王筱芳（年羹尧）、芙蓉草（年夫人）、张韵楼（康熙）、陈鹤峰（雍正）、王仲臣（云中燕）、曹慧麟（冯秀儿）、张淑娴（春花）、杨宝童（大贝勒）、韩金奎（二贝勒）、吕君樵（三贝勒）、韩云峰（张

仁龙）、班世超（张美娘）、何毓如（年宝宝）《血滴子》。

11月5、12日（星期日）上海中国大戏院日场：

班世超《盗仙草》，张韵楼《金刀阵》，压轴陈鹤峰、曹慧麟、张淑娴、杨宝童、汪志奎、韩金奎 全部《四进士》，大轴林树森、王筱芳、毕春芳、陈鹤峰、王仲臣、杨宝童、程少馀、韩云峰、阎正明 头本《走麦城》。

9月15日至11月12日二个月六十二场《血滴子》。

● 1945年2月3日上海天蟾舞台《十二生肖》

班世超、白元杰、刘俊舟《拿金属》，董芝兰、梁次珊《小放牛》，高维廉、张宏奎《飞虎山》，孙盛武、骆鸿年《兔宫捣药》，王泉奎《锁五龙》，魏莲芳、班世超《白蛇传》，袁世海、张鸿年《马踏青苗》，李玉茹、叶盛长《苏武牧羊》，李少春、李幼春、毛庆来《美猴王》，叶盛章、李盛佐、白元杰《时迁偷鸡》，李少春、叶盛章、李玉茹《杀狗劝妻》，李少春、叶盛章、马富禄、叶盛长、李幼春、袁世海、魏莲芳、李玉茹（猪八戒）《盗魂铃》

● 1946年（民国三十五年）25岁

3月12日—5月31日上海天蟾舞台班世超、郑冰如、白玉薇、李宗义等同台合作。

3月12日上海天蟾舞台夜场：

高雪樵《战将》，班世超、张椿华《大泗州城》，压轴郑冰如、李宗义《桑园会》，张云溪、张世桐《两将军》，大轴郑冰如、李宗义、白玉薇、高维廉、张椿华、梁次珊、金少臣、李盛泉、钱元通、（全部双姣奇缘）《拾玉镯》《法门寺》代《大审》。

3月13日上海天蟾舞台夜场：

高雪樵《神亭岭》，张云溪、张椿华、白玉薇、梁次珊、高维廉、张世桐、张国斌、王玉让、班世超全部《武松》，大轴郑冰如、李宗义、金少臣、张宏奎、钱元通《大叹二》。

3月15日上海天蟾舞台夜场：

班世超、白元杰、王世袭 全部《杨排风》，压轴张云溪、王玉让、白玉薇、张椿华、张宏奎《割发代首》，大轴郑冰如、李宗义、吴富琴、高维廉、钱元通、梁次珊《四郎探母》。

3月16日上海天蟾舞台夜场：

张云溪、张椿华、张国斌、张世桐《铁公鸡》，压轴白玉薇、郑冰茹、张椿华、张宏奎、张云溪、宋玉声、班世超《大五花洞》连演《天师捉妖》，大轴李宗义、高维廉、王玉让、金少臣、高雪樵、梁次珊、钱元通《群英会》《借东风》。

3月17日上海天蟾舞台日场：

高雪樵《收姜维》，班世超、陈福贽、白元杰《取金陵》，张椿华《盗甲》，压轴白玉薇、高维廉、吴富琴、张宏奎《花田错》，大轴李宗义、郑冰茹、张云溪、王玉让《宝莲灯》《劈山救母》。

3月17、18、29日上海天蟾舞台夜场：

张云溪（杨四郎）、张椿华（杨八郎）、班世超（萧太后）、郑冰如（碧莲）、白玉薇（青莲）、金少臣（杨七郎）、李宗义（令公寇准）张宏奎（前潘洪）、吴富琴（寇夫人）、高维廉（八贤王）、商四亮（马牌子）、王玉让（后潘洪）全部《杨家将》。

3月19日上海天蟾舞台夜场：

高雪樵《战将》，宋玉声、王玉让《击鼓骂曹》，张云溪、张椿华《铁公鸡》，白玉薇、高维廉、梁次珊《文章会》，压轴张云溪、张椿华、班世超《三岔口》，大轴李宗义、郑冰如、金少臣《二进宫》。

3月20、21、31日上海天蟾舞台夜场：

高雪樵《杀四门》，班世超、张椿华《大泗州城》，郑冰如、李宗义《桑园会》，压轴张云溪、张世桐《两将军》，大轴李宗义、郑冰如、白玉薇、高维廉、金少臣、张椿华、梁次珊、李盛泉、钱元通（全部双姣奇缘）《拾玉镯》《法门寺》代《大审》。

3月22日上海天蟾舞台夜场：

高雪樵《伐子都》，班世超《盗仙草》，张云溪、张椿华《水帘洞》《闹

地府》，压轴李宗义、白玉薇《宋江闹院》《坐楼杀惜》，大轴郑冰如、高维廉、梁次珊、王玉让全部《荒山泪》。

3月23日上海天蟾舞台夜场：

高雪樵《神亭岭》，压轴张云溪、张椿华、白玉薇、梁次珊、高维廉、班世超、张世桐、张国斌、王玉让全部《武松》，大轴李宗义、郑冰茹、金少臣《二进宫》。

3月24日上海天蟾舞台日场：

高雪樵《收姜维》，班世超、陈福贲、白元杰《取金陵》，张椿华《时迁盗甲》，压轴白玉薇、高维廉、吴富琴、张宏奎《花田错》，大轴李宗义、郑冰如、张云溪、王玉让《宝莲灯》《劈山救母》。

3月24、26日上海天蟾舞台夜场：

张云溪、张椿华 头二三四本《铁公鸡》，压轴白玉薇、郑冰茹、张椿华、张宏奎、张云溪、班世超、宋玉声《四五花洞》《天师捉妖》，大轴李宗义、白玉薇、王玉让、高维廉、金少臣《战太平》。

3月25日上海天蟾舞台夜场：

班世超《打焦赞》，压轴张云溪、张椿华、白玉微、张世桐、张国斌、王玉让《割发代首》，大轴郑冰如、李宗义、吴富琴、高维廉、李盛泉、刘顺奎、梁次珊 全部《四郎探母》。

3月27、28日上海天蟾舞台夜场：

张云溪、白玉微、张宏奎、张椿华、高雪樵、班世超、王玉让《巴骆和》《龙潭鲍骆》，大轴李宗义、郑冰茹、金少臣《二进宫》。

3月31日上海天蟾舞台日场：

高雪樵《战将》，张椿华、班世超《打瓜园》，郑冰如、李宗义《三娘教子》，压轴白玉微、高维廉、梁次珊《铁弓缘》，大轴张云溪、李宗义、郑冰茹、高维廉、金少臣全部《龙凤呈祥》。

4月1日上海天蟾舞台夜场：

张云溪、白玉微、张宏奎、张椿华、高雪樵、班世超、王玉让《巴骆和》《龙潭鲍骆》，大轴李宗义、郑冰茹、金少臣《二进宫》。

4月2、12、22日上海天蟾舞台夜场：

张云溪、张椿华、班世超、郑冰如、白玉薇、金少臣、高维廉、张宏奎、吴富琴、王玉让全部《杨家将》。

4月3日上海天蟾舞台夜场：

张云溪、张椿华 头二三四本《铁公鸡》，压轴白玉薇、郑冰茹、张椿华、张宏奎、张云溪、班世超、宋玉声《四五花洞》《天师捉妖》，大轴李宗义、白玉薇、王玉让、高维廉、金少臣《战太平》。

4月4日上海天蟾舞台：

日场：高雪樵《收姜维》，班世超、陈福贲、白元杰《取金陵》，张椿华《时迁盗甲》，压轴白玉薇、高维廉、吴富琴、张宏奎《花田错》，大轴李宗义、郑冰如、张云溪、王玉让《宝莲灯》《劈山救母》。

夜场：张云溪、张椿华、白玉薇、梁次珊、高维廉、班世超、张世桐、张国斌、王玉让全部《武松》，大轴李宗义、郑冰茹、金少臣《二进宫》。

4月5、18日上海天蟾舞台夜场：

班世超《打焦赞》，压轴张云溪、张椿华、白玉微、张世桐、王玉让《割发代首》，大轴郑冰如、李宗义、吴富琴、高维廉、李盛泉、刘顺奎 全部《四郎探母》。

4月6日上海天蟾舞台夜场：

班世超《张四姐》，张云溪、张椿华《铁公鸡》，张云溪、张椿华、班世超《三岔口》，压轴郑冰如、李宗义《三娘教子》，大轴李宗义、郑冰如、高维廉、吴富琴、王玉让、钱元通全本《珠帘寨》。

4月7日（星期日）上海天蟾舞台夜场：

班世超、张椿华《大泗州城》，郑冰如、李宗义《汾河湾》，压轴白玉薇、高维廉、梁次珊、张国斌《蝴蝶梦》《大劈棺》，大轴李宗义、张云溪、金少臣、高维廉、郑冰如、王玉让《甘露寺》。

4月8日上海天蟾舞台夜场：

高雪樵《冀州城》，张椿华《盗甲》，李宗义、白玉薇《游龙戏凤》，张云溪、班世超《武松打店》，压轴郑冰如、高维廉、梁次珊《春秋配》，大轴

李宗义、白玉微、高维廉、吴富琴、钱元通、王玉让《珠帘寨》。

4月9日上海天蟾舞台夜场：

高雪樵《杀四门》，张椿华、班世超《打瓜园》，张云溪《洗浮山》，压轴李宗义、白玉薇《宋江闹院》《坐楼杀惜》，大轴郑冰如、高维廉、吴富琴、梁次珊、张国斌《生死恨》。

4月11、21日上海天蟾舞台夜场：

班世超、张椿华《大泗州城》，李宗义、金少臣《击鼓骂曹》，张云溪、张世桐《大白水滩》，压轴郑冰如、白玉微、高维廉 头二本《虹霓关》，大轴李宗义、梁次珊、金少臣、王玉让全部《奇冤报》。

4月13日上海天蟾舞台夜场：

张云溪、张椿华、梁次珊、白玉薇、高维廉、班世超、张世桐、张国斌、王玉让全部《武松》，大轴李宗义、郑冰茹、金少臣《二进宫》。

4月14日（星期日）上海天蟾舞台

日场：张云溪、张椿华、高维廉、张世桐、张国斌 头二三四本《铁公鸡》，压轴白玉薇、郑冰茹、张云溪、张宏奎、刘顺奎、张椿华、班世超《四五花洞》《天师捉妖》，大轴李宗义、白玉薇、高维廉、金少臣、王玉让《战太平》。

夜场：高雪樵《杀四门》，班世超、张椿华《大泗州城》，郑冰如、李宗义《桑园会》，压轴张云溪、张世桐《两将军》，大轴李宗义、郑冰如、白玉薇、高维廉、金少臣、张椿华、梁次珊、李盛泉、钱元通（全部双姣奇缘）《拾玉镯》《法门寺》代《大审》。

4月15、16日上海天蟾舞台夜场：

高雪樵《神亭岭》，张椿华、班世超《打瓜园》，李宗义、张云溪《连营寨》，压轴郑冰茹、白玉薇、高维廉、梁次珊、张国斌《玉堂春》（苏三起解），大轴李宗义反串老旦戏《钓金龟》。

4月17日上海天蟾舞台夜场：

高雪樵《战将》，张椿华、班世超《打瓜园》，张云溪、李宗义《车轮大战》《断臂说书》，压轴郑冰如、高维廉《春秋配》，大轴李宗义、金少臣、王玉让《失空斩》。

4月19日上海天蟾舞台夜场:

班世超、白元杰、王世袭《杨排风》,压轴张云溪、张椿华、班世超、张世桐 全部《三岔口》,大轴李宗义、郑冰如、张宏奎、金少臣、钱元通《大探二》。

4月24、25、26、27日上海天蟾舞台夜场:

王玉让、张云溪、金少臣、李宗义、张椿华、高雪樵《盗御马》《连环套》《盗双钩》,大轴李宗义、张云溪、高维廉、郑冰茹、张世桐、张椿华、班世超、梁次珊《金钱豹》《盘丝洞》《盗魂铃》。

4月28日上海天蟾舞台

日场:高雪樵《杀四门》,班世超、张椿华《大泗州城》,压轴郑冰如、李宗义《桑园会》,张云溪、张世桐《两将军》,大轴李宗义、郑冰如、白玉薇、高维廉、金少臣、张椿华、梁次珊、李盛泉、钱元通(全部双姣奇缘)《拾玉镯》《法门寺》代《大审》。

夜场:高雪樵《神亭岭》,压轴张云溪、张椿华、梁次珊、白玉薇、高维廉、班世超、张世桐、张国斌、王玉让全部《武松》,大轴李宗义、郑冰如、金少臣《二进宫》。

4月30日上海天蟾舞台夜场:

班世超、张椿华《大泗州城》,李宗义、金少臣《击鼓骂曹》,张云溪、高雪樵《莲花湖》,压轴郑冰如、白玉薇、高维廉 头二本《虹霓关》,大轴李宗义、梁次珊、金少臣、王玉让全部《奇冤报》。

5月1日(劳动节)上海天蟾舞台

日场:高雪樵《战将》,张椿华、班世超《打瓜园》,郑冰茹、李宗义《三娘教子》,压轴白玉薇、高维廉、梁次珊《铁弓缘》,大轴李宗义、张云溪、金少臣、高维廉、郑冰如、王玉让《甘露寺》。

夜场:张云溪、张椿华、高维廉、张世桐 头二三四本《铁公鸡》,压轴白玉薇、董芝兰、张云溪、张宏奎、刘顺奎、张椿华、班世超《四五花洞》《天师捉妖》,大轴高维廉、李宗义、王玉让、金少臣、梁次珊、钱元通《群

英会》《借东风》。

5月2、3、4、5、9、10、11、12、13、14、15、16、23、24、25、26、31日上海天蟾舞台夜场：

王玉让、张云溪、金少臣、李宗义、张椿华、高雪樵《盗御马》《连环套》《盗双钩》，大轴李宗义、张云溪、高维廉、白玉薇、张世桐、张椿华、班世超、梁次珊《金钱豹》《盘丝洞》《盗魂铃》。

5月5日上海天蟾舞台日场：

班世超、陈福贽、白元杰《取金陵》，压轴白玉薇、张国斌、高雪樵、梁次珊、沈金启、张椿华《大翠屏山》《时迁盗甲》，大轴李宗义、张云溪、张世桐、钱元通《连营寨》。

5月8日上海天蟾舞台夜场：

班世超《打焦赞》，压轴张云溪、白玉薇、张椿华、张世桐、王玉让《割发代首》，大轴郑冰如、李宗义、白玉微、吴富琴、高维廉、钱元通、梁次珊、董芝兰 全部《四郎探母》。

5月17、18、19、20、21日 上海天蟾舞台夜场：

班世超（孟金榜）、吴富琴（蔡秀英）、李宗义（佘太君）、张椿华（杨宗保）、张云溪（杨六郎）、张宏奎（韩昌）、白玉薇（萧太后）、高维廉（杨八郎）、郑冰如（青莲）、高雪樵（岳胜）、钱元通（杨四郎）、董芝兰（碧莲）、金少臣（孟良）、王玉让（焦赞）全部《雁门关》（出场序）。

5月19日上海天蟾舞台日场：

高雪樵《收姜维》，班世超、陈福贽、白元杰《取金陵》，张椿华《时迁盗甲》，压轴白玉薇、高维廉《花田错》，大轴李宗义、张云溪、郑冰如、王玉让《宝莲灯》《劈山救母》。

5月22、30日 上海天蟾舞台夜场：

张云溪、张椿华、白玉薇、梁次珊、高维廉、班世超、张世桐、张国斌、王玉让全部《武松》，大轴李宗义、郑冰如、金少臣《二进宫》。

5月27日 上海天蟾舞台夜场：

高雪樵、王玉让《挑华车》，张云溪、张椿华《铁公鸡》，郑冰如、李宗义《汾河湾》，压轴张云溪、张椿华、班世超《三岔口》，大轴李宗义、郑冰如金少臣《二进宫》。

5月29日 上海天蟾舞台夜场：

张云溪、张椿华、班世超、郑冰如、白玉薇、金少臣、李宗义、张宏奎、吴富琴、高维廉、王玉让全部《杨家将》。

6月1日—6月10日上海天蟾舞台 班世超与盖叫天、杨菊苹、宋玉声等合作。

6月1日 上海天蟾舞台夜场：

高雪樵《驱车战将》，张椿华《时迁盗甲》，压轴杨菊苹、金少臣、宋玉声《二进宫》，大轴盖叫天、张椿华、王玉让、班世超、张宏奎、张世桐《恶虎村》。

6月2日 上海天蟾舞台日场：

高雪樵《战冀州》，压轴宋玉声、杨菊苹、李盛泉、高维廉、董芝兰、梁次珊《薛平贵与王宝钏》，大轴盖叫天、王玉让、班世超、张宏奎《霸王庄》。

6月3日 上海天蟾舞台夜场：

高雪樵《收姜维》，王玉让《取洛阳》，宋玉声《盗魂铃》，压轴杨菊苹、张国斌、高维廉、梁次珊全本《蝴蝶梦》《大劈棺》，大轴盖叫天、张椿华、班世超《大三岔口》。

6月4日（端午节）上海天蟾舞台：

日场：宋玉声、王玉让《击鼓骂曹》，杨菊苹、高维廉、班世超、董芝兰、张国斌《白蛇传》（水漫金山、断桥），大轴盖叫天、张椿华、王玉让、班世超、张宏奎、张世桐《恶虎村》。

夜场：杨菊苹、高维廉、班世超、董芝兰、张国斌《白蛇传》（水漫金山、断桥），张椿华、高雪樵 三本《铁公鸡》，压轴杨菊苹、梁次珊《纺棉花》，大轴盖叫天、高雪樵、张世桐、张国斌、李少亭 全部《贺天保》。

6月5、6日上海天蟾舞台夜场：

高雪樵，高维廉、宋玉声、王玉让、张宏奎、金少臣、董芝兰《长坂坡》

连演《群英会》接演《借东风》，大轴盖叫天、张椿华、杨菊苹、班世超、高维廉、高雪樵、梁次珊、张国斌全部《武松》。

6月7日上海天蟾舞台夜场：

高雪樵《神亭岭》，盖叫天、杨菊苹、高维廉、宋玉声、李盛泉、金少臣、王玉让全部《甘露寺》，压轴张椿华、班世超《打瓜园》，大轴盖叫天、张国斌、宋廉芳《智取北湖州》。

6月8、10日夜场、9日日场、夜场上海天蟾舞台：

张椿华、张宏奎、高雪樵《盗御马》《连环套》《盗双钩》，杨菊苹、高维廉、梁次珊、张国斌《蝴蝶梦》《大劈棺》，盖叫天、班世超、张世桐《大白水滩》，压轴杨菊苹、梁次珊《新纺棉花》，大轴盖叫天、张椿华、班世超《大三岔口》。

6月27日—7月2日上海共舞台 夜场：班世超《金山寺》。

7月3日—7月18日上海天蟾舞台班世超与刘美君、楼汉英、张椿华、高雪樵、高维廉、王玉让、金少臣同台合作

7月22日—9月23日上海天蟾舞台 班世超与少壮派四头牌及李世芳、袁世海、同台合作。

7月22日上海天蟾舞台夜场：

高雪樵《驱车战将》，压轴张云溪、张椿华、王玉让、高维廉、班世超、张世桐全部《龙潭鲍骆》，大轴胡少安、陈永玲、李盛泉、高维廉、孙盛武、郭和湧、董芝兰 全部《四郎探母》。

7月23、27日上海天蟾舞台夜场：

高雪樵《小霸王》，张云溪、张椿华 、张世桐三本《铁公鸡》，陈永玲、孙盛武《小上坟》，压轴张云溪、张椿华、班世超、白元杰《大三岔口》，大轴陈永玲、胡少安、金少臣《二进宫》。

7月24日上海天蟾舞台夜场：

张云溪、张椿华、陈永玲、高维廉、梁次珊、孙盛武 前部《武松》，压轴胡少安、王玉让、郭和湧《定军山》，大轴张云溪、张国斌、张宏奎、班世超、张世桐、张小杰 后部《武松》。

7 月 25 日上海天蟾舞台夜场：

张椿华、班世超《打瓜园》，胡少安、陈永玲、高维廉、孙盛武、郭和涌、王玉让全本《珠帘寨》，压轴张云溪、班世超、张世桐《大白水滩》，大轴胡少安、陈永玲、孙盛武、梁次珊、高维廉、董芝兰《蝴蝶梦》《大劈棺》。

7 月 28 日上海天蟾舞台：

日场：陈永玲、胡少安、张云溪、王玉让、孙盛武、李盛泉、郭和涌、金少臣《龙凤呈祥》，压轴班世超、张云溪、张椿华《大泗州城》，大轴陈永玲、张椿华、胡少安、高维廉、梁次珊、孙盛武、金少臣全部《双姣奇缘》。

夜场：高雪樵《小霸王》，张云溪、张椿华、张世桐 三本《铁公鸡》，陈永玲、孙盛武《小上坟》，压轴张云溪、张椿华、班世超、白元杰《大三岔口》，大轴陈永玲、胡少安、金少臣《二进宫》。

7 月 30 日 上海天蟾舞台夜场：

张椿华、张云溪、王玉让、张国斌、高雪樵《盗御马》《连环套》《盗双钩》，陈永玲、孙盛武《打杠子》，压轴张云溪、班世超、张世桐《大白水滩》，大轴陈永玲、胡少安、高维廉、孙盛武、梁次珊、董芝兰《蝴蝶梦》《大劈棺》。

7 月 31 日 上海天蟾舞台夜场：

张云溪、张椿华、陈永玲、梁次珊、高维廉、孙盛武 前部《武松》，压轴胡少安、王玉让、金少臣、郭和涌、孙盛武《失街亭》《空城计》《斩马谡》，大轴张云溪、张国斌、张宏奎、班世超、张世桐、张小杰 后部《武松》。

8 月 1 日上海天蟾舞台夜场：

高雪樵《越虎城》，压轴胡少安、王玉让、金少臣、郭和涌、梁次珊《失街亭》《空城计》《斩马谡》，大轴张云溪、张椿华、陈永玲、孙盛武、高维廉、班世超、张世桐 全部《武松》与《潘金莲》。

8 月 2 日上海天蟾舞台夜场：

张云溪、陈永玲、张椿华、高雪樵、张国斌、王玉让、张世桐《割发代

首》，压轴胡少安、郭和湧、金少臣《捉放宿店》，大轴张云溪、胡少安、陈永玲、张世桐、班世超、梁次珊《金钱豹》《盗魂铃》。

8月3日上海天蟾舞台夜场：

高雪樵《神亭岭》，陈永玲、胡少安《汾河湾》，张云溪、张椿华、张世桐三本《铁公鸡》，压轴陈永玲、孙盛武《小上坟》，大轴张云溪、张椿华、班世超《大三岔口》。

8月4日上海天蟾舞台：

日场：班世超、白元杰、张椿华《取金陵》，压轴张云溪、王玉让、陈福赍、张世桐《大挑华车》，大轴陈永玲、张椿华、胡少安、高维廉、梁次珊、孙盛武、金少臣、李盛泉、张国斌 全部《双姣奇缘》。

夜场：张云溪、张椿华、高维廉、王玉让《盗御马》《连环套》《盗双钩》，陈永玲、孙盛武《打杠子》，压轴张云溪、张椿华、班世超《大白水滩》，大轴陈永玲、胡少安、高维廉、孙盛武、梁次珊《蝴蝶梦》《大劈棺》。

8月5日上海天蟾舞台（赈灾义演）夜场：

陈永玲、孙盛武《小上坟》，压轴叶盛章、高盛虹、班世超、李盛佐《打瓜园》，大轴叶盛兰、马连良、叶盛长、刘连荣、袁世海、马富禄、高盛麟全本《群英会》《借东风》。

8月6日上海天蟾舞台（赈灾义演）夜场：

班世超《取金陵》，压轴李世芳、王玉让、姜妙香全本《宇宙锋》，大轴马连良、王吟秋、马富禄、叶盛兰、袁世海、吴富琴全部《春秋笔》。

8月10、17日上海天蟾舞台夜场：

叶盛兰、胡少安、叶盛长、金少臣、袁世海、孙盛武、高雪樵《群英会》《打黄盖》《借东风》，大轴叶盛章、张云溪、陈永玲、张国斌、李世芳、梁次珊、袁世海、孙盛武、高盛虹、班世超《酒丐》。

8月11日上海天蟾舞台

日场：班世超、张椿华《大泗州城》，张云溪、陈永玲、张世桐、胡少安《金钱豹》《盗魂铃》，压轴李世芳、叶盛兰、魏莲芳、孙盛武、王玉让、郭和湧《虹霓关》，大轴（出场顺序））张国斌、高盛虹、高雪樵、袁世海、叶盛长、叶盛章、张云溪、吴富琴、王兰秋、班世超、魏莲芳、陈永玲、李世芳、孙盛武、梁次珊《大溪皇庄》。

夜场：班世超《杨排风》，叶盛兰、高盛虹、张国斌《石秀探庄》，压轴叶盛章、张云溪、陈永玲、高雪樵《蒋平闹舟》，大轴李世芳、袁世海、孙盛武、高维廉、胡少安、马世啸、郭和湧《霸王别姬》。

8 月 12 日上海天蟾舞台夜场：

叶盛章、班世超、高盛虹《打瓜园》，大轴李世芳、叶盛兰、张云溪、袁世海、叶盛长、孙盛武、胡少安、郭和湧、王玉让、金少臣、高雪樵、张宏奎、班世超全部《吕布与貂蝉》。

8 月 14、22 日上海天蟾舞台夜场：

胡少安、金少臣《托兆碰碑》，压轴李世芳、叶盛兰、魏莲芳、郭和湧、梁次珊、叶盛长、孙盛武、袁世海、马世啸全部《十三妹》（悦来店、能仁寺、青石山、弓砚缘），大轴叶盛章、张云溪、高雪樵、李盛佐、张世桐、班世超、高盛虹、高维廉、张国斌《藏珍楼》。

8 月 15 日上海天蟾舞台夜场：

班世超、张云溪、张椿华、张世桐《大泗州城》，压轴李世芳、叶盛兰、魏莲芳《四郎探母》，大轴陈永玲、叶盛兰、叶盛章、张云溪、叶盛长、袁世海、高盛虹《佛手橘》《盗银壶》。

8 月 16、18 日上海天蟾舞台夜场：

班世超、阎少泉《杨排风》，叶盛兰、高盛虹、张国斌《石秀探庄》，压轴叶盛章、张云溪、陈永玲、高雪樵《蒋平闹舟》，大轴李世芳、袁世海、孙盛武、高维廉、胡少安、马世啸、郭和湧《霸王别姬》。

8 月 18 日（星期日）上海天蟾舞台义演日场：

班世超、阎少泉《大泗州城》，大轴李万春、宋遇春《活捉吕蒙》，毛庆来、赵如泉《黄忠代箭》，林鹏程、程少馀、韩金奎《画中显圣》，唐韵笙、小三麻子《刘备哭灵》，压轴高盛麟、赵志秋《赵云救驾》，大轴黄桂秋、李盛泉《别宫祭江》。

8 月 19、30、31 日天蟾舞台夜场：

叶盛章、班世超、高盛虹《打瓜园》，大轴李世芳、张云溪、叶盛兰、叶盛长、袁世海、孙盛武、高雪樵、张宏奎、班世超、郭和湧、金少臣全部《吕布与貂蝉》。

8月24、25、27、28日上海天蟾舞台夜场：

叶盛章、张云溪、张宏奎、魏莲芳、高盛虹全本《酸枣岭》《刺巴杰》《巴骆和》，大轴叶盛兰、李世芳、叶盛长、魏莲芳、胡少安、郭和湧、袁世海、王玉让、梁次珊、孙盛武、班世超全部《周瑜》。

8月25日上海天蟾舞台日场：

班世超《蟠桃会》，压轴胡少安、金少臣《奇冤报》，大轴陈永玲、孙盛武、叶盛长、梁次珊《蝴蝶梦》《大劈棺》。

8月29日上海天蟾舞台夜场：

班世超《摇钱树》，压轴李世芳、王玉让、张盛利《红线盗盒》，大轴叶盛章、叶盛长、叶盛兰、陈永玲、袁世海、高雪樵、李盛佐全部《盗银壶》《佛手橘》。

9月1日上海天蟾舞台

日场：胡少安、金少臣、刘顺奎《捉放曹》，压轴叶盛兰、叶盛长、郭和湧、高雪樵、王玉让《黄鹤楼》，大轴叶盛章、张椿华、张云溪、陈永玲、张国斌、李世芳、李盛佐、袁世海、梁次珊、孙盛武、高盛虹、班世超全部《酒丐》。

夜场：张云溪、张世桐《白水滩》，陈永玲、孙盛武《小上坟》，压轴叶盛兰、魏莲芳、李盛泉、袁世海《岳家庄》，李世芳、孙盛武、高维廉、班世超、张盛利《廉锦枫》，压轴叶盛兰、叶盛长、李元瑞、袁世海《九龙山》，大轴叶盛章、高盛虹、李盛佐、李少亭、刘顺奎《时迁盗甲》。

9月3日上海天蟾舞台 夜场：

胡少安、金少臣《八义图》，张云溪、班世超、袁世海、张椿华《龙潭鲍骆》，压轴李世芳、叶盛兰、张盛利、王兰秋、李盛佐《咬脐郎》，大轴叶盛章、张云溪、陈永玲、高雪樵、高维廉、张宏奎、高盛虹、魏莲芳、张国斌《藏珍楼》。

9 月 5 日上海天蟾舞台夜场：

叶盛章、陈永玲、张云溪、孙盛武、张世桐全本《蒋平闹舟》，大轴叶盛兰、李世芳、叶盛长、魏莲芳、胡少安、郭和湧、袁世海、王玉让、梁次珊、孙盛武、班世超全部《周瑜》。

9 月 7、8 日上海天蟾舞台夜场：

胡少安、郭和湧《文昭关》，张云溪、班世超、王玉让、张椿华、张世桐、《龙潭鲍骆》，压轴陈永玲、孙盛武《打杠子》，大轴叶盛兰、李世芳、叶盛章、金少臣、袁世海、马世啸、高盛虹、张盛利、李元瑞全部《李存孝》。

9 月 9、14、19 日上海天蟾舞台夜场：

班世超《取金陵》，李世芳、张宏奎《红线盗盒》，压轴叶盛章、张云溪、高盛虹《乌龙岗》，大轴叶盛兰、袁世海、叶盛长、刘顺奎、马世啸、孙盛武《罗成》。

9 月 10 日上海天蟾舞台夜场：

班世超《杨排风》，李世芳、高维廉、魏莲芳、梁次珊《十三妹》，压轴叶盛兰、叶盛长、金少臣、袁世海、孙盛武《群英会》，大轴叶盛章、张云溪、高盛虹、高雪樵、张宏奎、马世啸、张世桐、梁次珊、班世超 全部《智化盗冠》。

9 月 11、12 日上海天蟾舞台夜场：

班世超《摇钱树》，李世芳、魏莲芳《樊江关》，压轴叶盛章、张云溪、高雪樵、高维廉、袁世海《蒋平捞印》《活擒邓车》，大轴叶盛兰（反串）、叶盛长、张盛利、吴富琴、孙盛武、梁次珊《木兰从军》。

9 月 13 日、16 日上海天蟾舞台夜场：

李盛泉、金少臣《打龙袍》，压轴魏莲芳、李世芳、高维廉《虹霓关》，大轴叶盛章、叶盛兰、陈永玲、张云溪、叶盛长、高盛虹、孙盛武、袁世海、班世超、梁次珊、李盛佐、张国斌《石秀出世》《时迁出世》（翠屏山、盗王坟、巧连环、祝家庄、射红灯、扈家庄、）

9 月 15 日（星期日）上海天蟾舞台

日场：金少臣《探阴山》，高雪樵《驱车战将》，陈永玲、孙盛武《小上坟》，张云溪、张世桐《水帘洞》，李世芳、高维廉、班世超、商四亮《廉锦枫》，压轴叶盛兰、叶盛长、袁世海、李元瑞《九龙山》，大轴叶盛章、高盛虹、李盛佐、李少亭、马世啸《时迁盗甲》。

夜场：高雪樵、张国斌、张宏奎、董芝兰《新长坂坡》，张云溪、班世超《武松打店》，压轴陈永玲、孙盛武《打杠子》，大轴叶盛兰、李世芳、叶盛章、金少臣、袁世海、马世啸、高盛虹、张盛利、李元瑞全部《李存孝》。

9月17、22日上海天蟾舞台夜场：

叶盛章、班世超、高盛虹《打瓜园》，大轴叶盛兰、张云溪、李世芳、袁世海、叶盛长、孙盛武、张盛利、李少亭、金少臣、高雪樵、张宏奎、刘顺奎、班世超、陈福贲 全部《吕布与貂蝉》。

9月18日上海天蟾舞台夜场：

高雪樵、张国斌、张宏奎、董芝兰《新长坂坡》，张云溪、班世超《武松打店》，压轴陈永玲、孙盛武《打杠子》，大轴叶盛兰、李世芳、叶盛章、金少臣、袁世海、马世啸、张宏奎、张盛利、李元瑞全部《李存孝》。

9月20、21日上海天蟾舞台夜场：

（按出场顺序）班世超、吴富琴、马富禄、李元瑞、张云溪、叶盛章、魏莲芳、叶盛兰、李世芳、高雪樵、马世啸、叶盛长、陈永玲、袁世海、张宏奎《雁门关》。

9月22日上海天蟾舞台日场：

高雪樵《驱车战将》，压轴李世芳、班世超《金山寺》，大轴叶盛章、叶盛长、叶盛兰、陈永玲、袁世海、张云溪、李盛佐 全部《盗银壶》《佛手橘》。

9月23日上海天蟾舞台夜场：

叶盛章、张云溪、高盛虹、高雪樵、张宏奎、马世啸、张世桐、梁次珊、班世超全部《智化盗冠》，压轴叶盛兰、叶盛长、魏莲芳、李世芳、马世啸、张盛利、袁世海、孙盛武、梁次珊、班世超 全部《周瑜》。大轴李世芳、叶盛兰、叶盛章、叶盛长、陈永玲、袁世海、梁次珊《蝴蝶梦》《大劈棺》（全体反串）。

9月27日—11月10日上海天蟾舞台班世超与李少春、李玉茹、叶盛章等同台合作。

9月27日上海天蟾舞台夜场：

班世超、高雪樵《蟠桃会》，李玉茹、高维廉、马富禄、魏莲芳 前部《玉堂春》，叶盛章、袁世海、李盛佐、高盛虹、骆鸿年《大闹苏州城》，压轴李玉茹、高维廉、叶盛长、李世霖 后部《玉堂春》，大轴李少春、魏莲芳、王泉奎、高维廉、孙盛武、吴富琴、毛庆来、张宏奎全本《战太平》。

9月28日上海天蟾舞台夜场：

高雪樵《大挑华车》，李玉茹、叶盛长、马富禄、高维廉、梁次珊、董芝兰全本《蝴蝶梦》《大劈棺》，压轴李少春、袁世海、王泉奎、马富禄、张盛利、李世霖、张宏奎《失街亭》《空城计》《斩马谡》，大轴李少春、叶盛章、班世超、高盛虹、骆鸿年《大三岔口》。

9月29日上海天蟾舞台夜场：

班世超《盗仙草》，李玉茹、叶盛长、叶盛章、张宏奎、高盛虹、李盛佐《酸枣岭》《刺巴杰》《巴骆和》，压轴李少春、王泉奎、李世霖、孙盛武《定军山》，大轴李少春、袁世海、叶盛章、张国斌、张盛利、李世霖、毛庆来、马世啸《盗御马》《连环套》《盗双钩》。

9月30日、10月1日上海天蟾舞台（12生肖、12出戏）夜场：

班世超《拿金属》，董芝兰、梁次珊《小放牛》，高维廉、张宏奎《飞虎山》，孙盛武《兔宫捣药》，王泉奎《锁五龙》，魏莲芳、班世超《白蛇传》，袁世海《马踏青苗》，李玉茹、叶盛长《苏武牧羊》，李少春《美猴王》，叶盛章《时迁偷鸡》，压轴李少春、李玉茹、叶盛章（反串）《杀狗劝妻》，大轴李少春、李玉茹、叶盛章、袁世海、马富禄、叶盛长、魏莲芳、李幼春、高维廉《猪八戒》。

10月2日上海天蟾舞台夜场：

班世超、李继亭《乾坤圈》，压轴李玉茹、高维廉、魏莲芳、马富禄、李盛泉、张盛利、张宏奎、商四亮 全部《红娘》，大轴李少春、叶盛章、袁世

海、王泉奎、李世霖、毛庆来、高盛虹、高雪樵 头本、二本《大洗浮山》《霸王庄》《黄龙基》《英雄反正》。

10月3、7、15、18、21、24、28日上海天蟾舞台夜场：

高雪樵《驱车战将》，李少春、袁世海、王泉奎、孙盛武、李世霖、张盛利、张宏奎《失街亭》《空城计》《斩马谡》，压轴李玉茹、叶盛长、马富禄、高维廉、梁次珊、董芝兰 全本《蝴蝶梦》《大劈棺》，大轴李少春、叶盛章、高盛虹、班世超、骆鸿年《大三岔口》。

10月4、12日上海天蟾舞台夜场：

班世超、李继亭《大泗州城》，马富禄《送亲演礼》，压轴叶盛章、叶盛长、李玉茹、高维廉、马世啸、高雪樵、高盛虹、李盛佐、沈金启、张德来《盗银壶》《佛手橘》，大轴李少春、袁世海、魏莲芳、王泉奎、李世霖、李幼春、毛庆来、骆鸿年《打金砖》。

10月5日上海天蟾舞台夜场：

班世超、孙盛武《青石山》，叶盛长、马富禄《胭脂宝褶》，叶盛章、李玉茹《小放牛》，李少春、袁世海、李世霖、张盛利《击鼓骂曹》，压轴叶盛章、李玉茹《打杠子》，大轴李少春、毛庆来、李世霖、李继亭、陈盛德《两将军》。

10月6日上海天蟾舞台夜场：

王泉奎、李盛佐《遇皇后》《打龙袍》，压轴李少春、叶盛章、李玉茹、马富禄、高维廉、班世超、李幼春、毛庆来《金钱豹》《盘丝洞》，大轴李少春、李玉茹、袁世海、叶盛章、骆鸿年、李世霖《打渔杀家》。

10月8日上海天蟾舞台夜场：

李玉茹、魏莲芳、马富禄、高维廉《打樱桃》，压轴李少春、叶盛章、王泉奎、班世超、李幼春、毛庆来《双水帘洞》，大轴李少春、袁世海、叶盛章、李世霖、毛庆来、李幼春、张盛利《盗御马》《连环套》《盗双钩》。

10月9、26日上海天蟾舞台夜场：

王泉奎《草桥关》，压轴叶盛章、李玉茹、叶盛长、魏莲芳、梁次珊、马世啸、高维廉、孙盛武、班世超、商四亮 全部《酒丐》，大轴李少春、高维廉、袁世海、王泉奎、李世霖、毛庆来、张盛利《隔江斗智》《周瑜归天》。

10月10日（双十节）上海天蟾舞台日场：

张国斌、张宏奎《十三功》，梁次珊《十三块》，班世超、高雪樵《十字坡》，王泉奎、高维廉《十三太保》，压轴李少春、李玉茹、叶盛章、马富禄、叶盛长、骆鸿年、李盛佐（石．拾．回）《大翠屏山》《时迁偷鸡》，大轴李少春、叶盛章（双演反串）《拾黄金》。

10月11日 上海天蟾舞台夜场：

班世超《取金陵》，王泉奎《锁五龙》，压轴李少春、李玉茹、叶盛章、袁世海、魏莲芳、孙盛武、李盛泉《宋江闹院》《刘唐下书》《坐楼杀惜》《活捉三郎》，大轴李少春、叶盛章、张德来、毛庆来、高盛虹、李盛佐《史文恭》。

10月14、17、20日 上海天蟾舞台夜场：

王泉奎、张宏奎《父子会》，袁世海、班世超、孙盛武、马世啸、董芝兰《普球山》，压轴李玉茹、李少春、叶盛章、魏莲芳、马富禄、高维廉、孙盛武 全部《四郎探母》，大轴李少春、叶盛章、马富禄、毛庆来、李幼春、高盛虹、李盛佐 三本《铁公鸡》。

10月22日 上海天蟾舞台夜场：

班世超《摇钱树》，压轴王泉奎《御果园》，大轴李少春、李玉茹、袁世海、叶盛章、魏莲芳、高维廉、李世霖、李幼春、毛庆来、孙盛武、张盛利、张国斌、骆鸿年、刘顺奎《文天祥》。

10月25日 上海天蟾舞台夜场：

班世超《摇钱树》，马富禄、商四亮《送亲演礼》，叶盛章、叶盛长、李玉茹、高维廉、马世啸、高雪樵、董芝兰、高盛虹《盗银壶》《佛手橘》，大轴李少春、魏莲芳、袁世海、王泉奎、李世霖、李幼春、骆洪年《打金砖》。

10月29日 上海天蟾舞台夜场：

李盛泉《游六殿》，袁世海、孙盛武、班世超、孙盛武《普球山》，压轴叶盛章、叶盛长、李玉茹、高维廉、魏莲芳、高雪樵、高盛虹《藏珍楼》，大轴李少春、高维廉、李幼春、毛庆来、班世超、张德来《金钱豹》《猪八

戒》。

10月30日 上海天蟾舞台夜场：

班世超《杨排风》，叶盛长、王泉奎、孙盛武《打严嵩》，李玉茹、高维廉、马富禄《铁弓缘》，压轴李少春、叶盛章、王泉奎、李幼春、毛庆来《双水帘洞》，大轴李少春、袁世海、叶盛章、李世霖、毛庆来、张盛利、马世啸、张国斌、张德来《盗御马》《连环套》《盗双钩》。

10月31日夜场：

高雪樵《越虎城》，压轴李少春、袁世海、王泉奎、孙盛武、李世霖、张盛利《失街亭》《空城计》《斩马谡》，大轴李少春、叶盛章、高盛虹、班世超《大三岔口》。

11月1日 上海天蟾舞台夜场：

高雪樵《大长坂坡》，马富禄《送亲演礼》，压轴叶盛章、袁世海、叶盛长、魏莲芳、高维廉、孙盛武、班世超全部《酒丐》，大轴李少春、魏莲芳、王泉奎、毛庆来、高维廉、孙盛武 全本《战太平》。

11月3、6、8日 上海天蟾舞台夜场：

李盛泉《游六殿》，袁世海、魏莲芳、李世霖、高维廉、孙盛武、张盛利全本《霸王别姬》，压轴李少春、马富禄、王泉奎、梁次珊、张宏奎、骆鸿年《奇冤报》，大轴李少春、叶盛章、班世超、高盛虹《大三岔口》。

11月4日 上海天蟾舞台夜场：

班世超《杨排风》，叶盛长、马富禄《胭脂宝褶》，压轴叶盛章、高维廉、高雪樵、张国斌、高盛虹、李盛佐《藏珍楼》，大轴李少春、魏莲芳、袁世海、王泉奎、李世霖、李幼春《打金砖》。

11月5日 上海天蟾舞台夜场：

班世超《盗仙草》，叶盛长、孙盛武、马世啸《秦琼卖马》，叶盛章、高雪樵、高盛虹、李盛佐全部《乌龙岗》，李少春、高维廉、袁世海、王泉奎、李世霖、毛庆来《隔江斗智》《周瑜归天》。

11月7、9日 上海天蟾舞台夜场：

李少春（前部饰雷海青、中部饰南霁云、后部饰郭子仪），袁世海饰张巡、叶盛章饰李猪儿、叶盛兰饰雷万春、李世霖饰许远、华达饰徐菌、魏莲芳饰梅妃、班世超饰谢阿蛮、李幼春饰贺兰进明、高维廉饰耿义、马富禄饰蔡保、王泉奎饰安禄山，全班合演《百战兴中唐》。

11 月 10 日上海天蟾舞台义演

日场：班世超、白元杰、刘俊舟《大泗州城》，叶盛长、马富禄、高维廉《胭脂宝褶》，叶盛章、高盛虹、马世啸、李盛佐、刘顺奎《时迁盗甲》，大轴李少春、魏莲芳、袁世海、王泉奎、李世霖、李幼春《打金砖》。

夜场：全班合演《百战兴中唐》李少春（前部饰雷海青、中部饰南霁云，后部饰郭子仪），袁世海饰张巡、叶盛章饰李猪儿、叶盛兰饰雷万春、李世霖饰许远、李玉茹饰徐菌、魏莲芳饰梅妃、班世超饰谢阿蛮、李幼春饰贺兰进明、高维廉饰耿义、马富禄饰蔡保、王泉奎饰安禄山。

11 月 15 日—1947 年 1 月 6 日上海中国大戏院 班世超与梅兰芳、杨宝森两大剧团同台合作。

11 月 15 日上海中国大戏院 夜场：

韩金奎、谭芷苓《查头关》，王泉奎《草桥关》，杨盛春、班世超、韩云峰、杨荣楼、白元杰《大泗州城》，压轴俞振飞、刘连荣《白门楼》，大轴梅兰芳、杨宝森、芙蓉草、姜妙香、哈宝山、萧长华、刘斌昆、韩金奎 全部《四郎探母》。

11 月 16 日上海中国大戏院夜场：

傅祥麟、汪志奎《打严嵩》，班世超、白元杰、王世袭《打焦赞》，杨盛春、王泉奎、杨荣楼《安天会》，压轴杨宝森、俞振飞、刘斌昆、何润初《状元谱》，大轴梅兰芳、刘连荣、萧长华、姜妙香、王少亭、朱斌仙 全部《霸王别姬》。

11 月 17 日（星期日）上海中国大戏院

日场：韩云峰、傅祥麟、汪志奎 三本《铁公鸡》，王泉奎、叶盛茂《白良关》，杨盛春、班世超、刘斌昆《青石山》，压轴萧长华、姜妙香《连升三级》，大轴梅兰芳、杨宝森《汾河湾》。

夜场：汪志奎、李慧春《取洛阳》，班世超、王世袭、郭坤泉、白元杰

《摇钱树》，杨盛春、杨荣楼《林冲夜奔》，压轴杨宝森、王泉奎、哈宝山《搜孤救孤》，大轴梅兰芳、刘连荣、萧长华、姜妙香、王少亭、朱斌仙全部《霸王别姬》。

11月18日上海中国大戏院夜场：

傅祥麟、王幼琴《立志投军》，班世超、汪志奎、白元杰、王世袭《取金陵》，杨盛春、叶盛茂、杨荣楼《霸王庄》，压轴杨宝森、王泉奎、哈宝山《捉放宿店》，大轴梅兰芳、刘连荣、萧长华、姜妙香、王少亭、朱斌仙 全部《霸王别姬》。

11月19日上海中国大戏院夜场：

张镜铭《摩天岭》，刘连荣、叶盛茂《双李逵》，杨盛春、班世超、韩云峰、白元杰、王世袭《大泗州城》，王泉奎、俞振飞《飞虎山》，大轴梅兰芳、杨宝森、芙蓉草、姜妙香、哈宝山、萧长华、刘斌昆、韩金奎 全部《四郎探母》。

11月20、21日上海中国大戏院夜场：

马九如《万花亭》，韩云峰、孙勇刚《周瑜归天》，杨盛春、芙蓉草、班世超、叶盛茂全部《酸刺巴》，压轴杨宝森、王泉奎、刘连荣、哈宝山《失街亭》《空城计》《斩马谡》，大轴梅兰芳、姜妙香、萧长华《贵妃醉酒》。

11月22日上海中国大戏院夜场：

马九如《黑风帕》，班世超、白元杰、王世袭《盗仙草》，杨盛春、王泉奎、杨荣楼《挑华车》，压轴杨宝森、芙蓉草、刘斌昆《宋江闹院》《坐楼杀惜》，大轴梅兰芳、刘连荣、萧长华、姜妙香、王少亭、朱斌仙 全部《霸王别姬》。

11月23日上海中国大戏院夜场：

傅祥麟《徐策跑城》，班世超、朱斌仙《百草山》，杨盛春、杨荣楼《铁笼山》，压轴杨宝森、萧长华、王泉奎、哈宝山《洪羊洞》，大轴梅兰芳、刘连荣、萧长华、姜妙香、王少亭、朱斌仙 全部《霸王别姬》。

11月25日上海中国大戏院夜场：

盖三省《送亲演礼》，杨盛春、班世超、刘斌昆《青石山》，压轴杨宝森、王泉奎、哈宝山《托兆碰碑》，大轴梅兰芳、俞振飞、萧长华、姜妙香、王少亭、朱斌仙 全部《贩马记》。

11月26日上海中国大戏院夜场：

孙勇刚《大兴梁山》，王泉奎《锁五龙》，俞振飞、刘连荣、王少亭《临江会》，杨盛春、班世超、杨荣楼《三岔口》，大轴梅兰芳、杨宝森、萧长华、芙蓉草、姜妙香、哈宝山、刘斌昆、朱斌仙 全部《四郎探母》。

11月27日上海中国大戏院夜场：

张镜铭《越虎城》，韩金奎《丑表功》，杨盛春、刘连荣、哈宝山《战濮阳》，压轴杨宝森、萧长华、王泉奎、朱斌仙《奇冤报》，大轴梅兰芳、萧长华、姜妙香、班世超、王少亭、朱斌仙《廉锦枫》。

11月28日上海中国大戏院夜场：

张镜铭、孙勇刚《夜战马超》，刘连荣《青风寨》，杨盛春、班世超、杨荣楼《白水滩》，压轴杨宝森、王泉奎、哈宝山《捉放曹》，大轴梅兰芳、萧长华、姜妙香、班世超、王少亭、朱斌仙《廉锦枫》。

11月29日上海中国大戏院夜场：

班世超《摇钱树》，王泉奎、马九如《父子会》，压轴杨宝森、杨盛春、哈宝山、杨荣楼《连营寨》，大轴梅兰芳、萧长华、俞振飞、姜妙香（匡扶）、刘连荣、王少亭、傅祥麟《宇宙锋》。

11月30日上海中国大戏院夜场：

张英武、熊宝森、刘韵亭《九江口》，姜妙香、芙蓉草《岳家庄》，杨盛春、班世超、刘斌昆《青石山》，压轴杨宝森、王泉奎、刘连荣、哈宝山《失街亭》《空城计》《斩马谡》，大轴梅兰芳、萧长华《苏三起解》。

12月1日（星期日）上海中国大戏院

日场：傅祥麟、王幼琴《立志投军》，刘斌昆、韩金奎《双拾黄金》，班世超、韩云峰《大泗洲城》，王泉奎《探阴山》，压轴杨盛春、刘连荣《挑华车》，大轴梅兰芳、杨宝森、萧长华、姜妙香、芙蓉草、哈宝山、朱斌仙《御碑亭》《金榜乐》。

夜场：孙勇刚《大收关胜》，谭芷苓、盖三省《探亲相骂》，杨盛春、班

世超《天霸招亲》，压轴杨宝森、芙蓉草、刘斌昆、王泉奎、哈宝山《打渔杀家》，大轴梅兰芳、刘连荣、萧长华、姜妙香、王少亭、朱斌仙 全部《霸王别姬》。

12月2日 上海中国大戏院夜场：

傅祥麟、王幼琴《斩经堂》，王泉奎《御果园》，班世超、白元杰、王世袭《蟠桃会》，萧长华、朱斌仙《黄老请医》，压轴杨宝森、杨盛春、俞振飞、刘连荣《八大锤》，大轴梅兰芳、姜妙香、芙蓉草、朱斌仙《黛玉葬花》。

12月3日 上海中国大戏院夜场：

傅祥麟、马九如《开山府》，班世超、白元杰、王世袭《杨排风》，杨盛春、杨荣楼《铁笼山》，萧长华、朱斌仙《瞎子逛灯》，压轴杨宝森、王泉奎、哈宝山《击鼓骂曹》，大轴梅兰芳、芙蓉草、姜妙香、朱斌仙《黛玉葬花》。

12月4日 上海中国大戏院夜场：

韩云峰、单德元、王逢春《挑华车》，王泉奎、王少亭《铡美案》，杨盛春、班世超、杨荣楼《大三岔口》，俞振飞、刘连荣《白门楼》，大轴梅兰芳、杨宝森、芙蓉草、姜妙香、刘斌昆、萧长华、哈宝山、朱斌仙 全部《四郎探母》。

12月5日 上海中国大戏院夜场：

马九如《五台山》，班世超、白元杰、王世袭《取金陵》，杨盛春、王泉奎、杨荣楼《安天会》，压轴杨宝森、俞振飞、刘斌昆《状元谱》，大轴梅兰芳、萧长华、姜妙香、王少亭、刘连荣、班世超 前部《西施》。

12月6日 上海中国大戏院夜场：

马九如《牧虎关》，杨盛春、杨荣楼、单德元、张镜铭、盖三省《艳阳楼》，俞振飞、芙蓉草、王逢春、何润初、新丽琴《岳家庄》，压轴杨宝森、王泉奎、哈宝山、朱斌仙《定军山》，大轴梅兰芳、萧长华、姜妙香、王少亭、刘连荣、班世超 后部《西施》。

12月7日 上海中国大戏院夜场：

班世超、白元杰、朱斌仙、王世袭《百草山》，芙蓉草、王少亭、盖三省

《浣花溪》，杨盛春、杨荣楼《大白水滩》，压轴杨宝森、王泉奎、刘连荣、哈宝山《失街亭》《空城计》《斩马谡》，大轴梅兰芳、萧长华、姜妙香《贵妃醉酒》。

12月8日（星期日）上海中国大戏院

日场：傅祥麟、王幼琴《斩经堂》，刘斌昆、韩金奎《双拾黄金》，班世超、韩云峰、张英武、王世袭、白元杰《大泗州城》，王泉奎、俞振飞《飞虎山》，压轴杨宝森、杨盛春、俞振飞、刘连荣《八大锤》，大轴梅兰芳、萧长华《苏三起解》。

夜场：盖三省《送亲演礼》，班世超《摇钱树》，杨盛春、杨荣楼《林冲夜奔》，压轴杨宝森、王泉奎、哈宝山《捉放宿店》，大轴梅兰芳、刘连荣、萧长华、姜妙香、王少亭、朱斌仙 全部《霸王别姬》。

12月9日 上海中国大戏院夜场：

韩云峰《嘉兴府》，韩金奎《丑表功》，班世超《蟠桃会》，杨盛春、杨荣楼《状元印》，压轴杨宝森、萧长华、哈宝山、王泉奎、叶盛茂《闹府出箱》，大轴梅兰芳、刘连荣、萧长华、姜妙香、王少亭、朱斌仙 全部《霸王别姬》。

12月10日 上海中国大戏院夜场：

傅祥麟、王幼琴《立志投军》，韩云峰《大金钱豹》，姜妙香、刘连荣、王少亭《临江会》，压轴杨宝森、萧长华、哈宝山、王泉奎、叶盛茂《洪羊洞》，大轴梅兰芳、俞振飞、萧长华、杨盛春、班世超、王少亭、杨荣楼、白元杰、王世袭《水漫金山》《断桥相会》。

12月11日 上海中国大戏院夜场：

韩云峰《伐子都》，刘连荣、叶盛茂《双李逵》，萧长华、芙蓉草、朱斌仙《一匹布》，压轴杨宝森、王泉奎、哈宝山《击鼓骂曹》，大轴梅兰芳、俞振飞、萧长华、杨盛春、班世超、王少亭、杨荣楼、白元杰、王世袭《水漫金山》《断桥相会》。

12月12日 上海中国大戏院夜场：

谭芷苓、盖三省《探亲家》，班世超、韩云峰、白元杰、王世袭《大泗州城》，王泉奎《锁五龙》，杨盛春、刘连荣、杨荣楼、哈宝山《战濮阳》，大

轴梅兰芳、杨宝森、魏莲芳、萧长华、姜妙香、王少亭、朱斌仙全部《王宝钏》。

12 月 13 日 上海中国大戏院夜场：

傅祥麟《跑皇城》，王泉奎、哈宝山、新丽琴《铡美案》，杨盛春、班世超、杨荣楼、朱斌仙、白元杰、王世袭《青石山》，大轴梅兰芳、杨宝森、魏莲芳、萧长华、姜妙香、王少亭、朱斌仙《王宝钏》。

12 月 14 日 上海中国大戏院夜场：

张镜铭《杀四门》，班世超、白元杰、王世袭《杨排风》，杨盛春、王逢春、杨荣楼、《恶虎村》，压轴杨宝森、王泉奎、刘连荣、哈宝山《失街亭》《空城计》《斩马谡》，大轴梅兰芳、萧长华、姜妙香《贵妃醉酒》。

12 月 15 日（星期日）上海中国大戏院

日场：傅祥麟《追韩信》，谭芷苓、朱斌仙《查头关》，班世超、韩云峰、白元杰、王世袭《大泗州城》，姜妙香、王泉奎《飞虎山》，杨盛春、杨荣楼《大白水滩》，大轴梅兰芳、杨宝森、萧长华、芙蓉草、刘连荣、刘斌昆、王少亭、何润初《法门寺》。

夜场：傅祥麟《马义救主》，韩云峰《周瑜归天》，萧长华、朱斌仙、盖三省《绒花计》，压轴杨宝森、姜妙香、刘斌昆《状元谱》，大轴梅兰芳、俞振飞、李世芳、萧长华、杨盛春、班世超、韩云峰、王少亭、杨荣楼、白元杰、王世袭《水漫金山》《断桥相会》。

12 月 16 日 上海中国大戏院夜场：

傅祥麟、王幼琴《立志投军》，韩云峰《大金钱豹》，刘连荣、姜妙香、王少亭《临江会》，压轴杨宝森、萧长华、哈宝山、王泉奎、叶盛茂《洪羊洞》，大轴梅兰芳、俞振飞、李世芳、萧长华、杨盛春、班世超、韩云峰、王少亭、杨荣楼、白元杰、王世袭《水漫金山》《断桥相会》。

12 月 17 日 上海中国大戏院夜场：

傅祥麟《扫松》，王泉奎《威镇草桥》，班世超、白元杰、王世袭《盗仙草》，杨盛春、刘连荣、杨荣楼、单德元《挑华车》，大轴梅兰芳、杨宝森、芙蓉草、姜妙香、刘斌昆、萧长华、哈宝山、朱斌仙 全部《四郎探母》。

12 月 18 日 上海中国大戏院夜场：

班世超《蟠桃会》，王泉奎《御果园》，杨盛春《铁笼山》，压轴杨宝森、何润初《法场换子》，大轴梅兰芳、姜妙香、萧长华、王少亭、刘连荣、李春林、朱斌仙、叶盛茂 全部《凤还巢》。

12月19日 上海中国大戏院夜场：

盖三省《送亲演礼》，班世超、白元杰、王世袭《摇钱树》，杨盛春、杨荣楼、邱玉成《两将军》，压轴杨宝森、王泉奎、哈宝山《托兆碰碑》，大轴梅兰芳、姜妙香、萧长华、王少亭、刘连荣、李春林、朱斌仙、叶盛茂 全部《凤还巢》。

12月20日 上海中国大戏院夜场：

汪志奎《黑风帕》，班世超、白元杰、王世袭《百草山》，杨盛春、单德元《艳阳楼》，压轴杨宝森、王泉奎、哈宝山《捉放宿店》，大轴梅兰芳、姜妙香、萧长华、王少亭、刘连荣、李春林、朱斌仙、叶盛茂 全部《凤还巢》。

12月21日 上海中国大戏院夜场：

傅祥麟《界牌关》，王泉奎《普天同庆》，刘连荣、叶盛茂《双李逵》，压轴杨盛春、班世超、朱斌仙、杨荣楼、白元杰、王世袭《青石山》，大轴梅兰芳、杨宝森、芙蓉草、萧长华、姜妙香、王少亭、朱斌仙《王宝钏》。

12月22日（星期日）上海中国大戏院

日场：汪志奎、邱玉成《下河东》，班世超、韩云峰、白元杰、王世袭《大泗州城》，姜妙香、王泉奎《飞虎山》，杨盛春、叶盛茂、朱斌仙、杨荣楼《冀州城》，大轴梅兰芳、杨宝森、萧长华、芙蓉草、刘连荣、刘斌昆、王少亭、何润初《法门寺》。

夜场：张镜铭《杀四门》，班世超、白元杰《杨排风》，杨盛春、杨荣楼《武文华》，压轴杨宝森、萧长华、王泉奎、叶盛茂《闹府打棍》，大轴梅兰芳、刘连荣、萧长华、姜妙香、王少亭、朱斌仙 全部《霸王别姬》。

12月23日 上海中国大戏院夜场：

汪志奎、邱玉成《开山府》，班世超、白元杰、王世袭《杨排风》，杨盛春、杨荣楼《战滁州》，压轴杨宝森、王泉奎、哈宝山《击鼓骂曹》，大轴梅兰芳、姜妙香、萧长华、王少亭、刘连荣、李春林、朱斌仙、叶盛茂 全部《凤还巢》。

12 月 24—28 日 因梅兰芳先生应邀国民大会电约赴京演出，29 日起正常开演。

12 月 29 日 上海中国大戏院

日场：王泉奎《威镇草桥》，班世超《盗仙草》，杨盛春、刘连荣《挑华车》，压轴杨宝森、哈宝山、何润初《盗卷宗》，大轴梅兰芳、俞振飞、萧长华、姜妙香、王少亭、朱斌仙 全部《贩马记》。

夜场：盖三省《送亲演礼》，班世超《摇钱树》，杨盛春《白水滩》，压轴杨宝森、王泉奎、哈宝山《捉放曹》（行路、宿店），大轴梅兰芳、刘连荣、萧长华、姜妙香、王少亭、朱斌仙 全部《霸王别姬》。

12 月 30 日 上海中国大戏院夜场：

傅祥麟《立志投军》，班世超《百草山》，杨盛春、杨荣楼《两威将军》，压轴杨宝森、王泉奎、哈宝山《托兆碰碑》，大轴梅兰芳、姜妙香、萧长华、王少亭、刘连荣、李春林、朱斌仙、叶盛茂 全部《凤还巢》。

12 月 31 日 上海中国大戏院夜场：

傅祥麟《跑皇城》，班世超《取金陵》，王泉奎、王少亭《铡美案》，杨盛春、杨荣楼《铁笼山》，大轴梅兰芳、杨宝森、芙蓉草、姜妙香、刘斌昆、萧长华、哈宝山、朱斌仙 全部《四郎探母》。

● 1947 年（民国三十六年）26 岁

1 月 1 日 上海中国大戏院夜场：

傅祥麟《扫松下书》，班世超、白元杰、王世袭《百草山》，杨盛春、王逢春、杨荣楼《恶虎村》，压轴杨宝森、刘连荣、王泉奎、哈宝山《失街亭》《空城计》《斩马谡》，大轴梅兰芳、萧长华、姜妙香《贵妃醉酒》。

1 月 2 日 上海中国大戏院夜场：

傅祥麟、王幼琴《立志投军》，姜妙香、刘连荣、王少亭《临江会》，压轴杨宝森、萧长华、王泉奎、哈宝山、叶盛茂《洪羊洞》，大轴梅兰芳、俞振飞、萧长华、杨盛春、班世超、韩云峰、王少亭、杨荣楼、白元杰、王世袭《水漫金山》《断桥相会》。

1 月 3 日 上海中国大戏院夜场：

张镜铭《杀四门》，班世超、白元杰、王世袭《杨排风》，杨盛春、杨荣楼《武文华》，压轴杨宝森、王泉奎、哈宝山《击鼓骂曹》，大轴梅兰芳、姜妙香、萧长华、王少亭、刘连荣、朱斌仙、傅祥麟、何润初《生死恨》。

1月4日 上海中国大戏院夜场：

傅祥麟《跑皇城》，班世超《取金陵》，王泉奎、王少亭《铡美案》，压轴杨盛春、杨荣楼《铁笼山》，大轴梅兰芳、杨宝森、萧长华、姜妙香、芙蓉草、哈宝山、刘斌昆、朱斌仙 全部《四郎探母》。

1月5日（星期日）上海中国大戏院

日场：韩云峰、傅祥麟、汪志奎 三本《铁公鸡》，王泉奎、叶盛茂《白良关》，杨盛春、班世超、朱斌仙、杨荣楼、白元杰、王世袭《青石山》，压轴萧长华、姜妙香《连升三级》，大轴梅兰芳、杨宝森《汾河湾》。

夜场：盖三省《送亲演礼》，班世超、韩云峰、白元杰、王世袭《大泗州城》，杨盛春、叶盛茂、朱斌仙、杨荣楼《战冀州》，压轴杨宝森、王泉奎、哈宝山《搜孤救孤》，大轴梅兰芳、刘连荣、萧长华、姜妙香、王少亭、朱斌仙全部《霸王别姬》。

1月6日 上海中国大戏院夜场：

傅祥麟《杀女报恩》，班世超、盖三省、白元杰、王世袭《杨排风》，杨盛春、单德元、张镜铭、杨荣楼、盖三省《艳阳楼》，压轴杨宝森、王泉奎、哈宝山《捉放宿店》，大轴梅兰芳、姜妙香、萧长华、王少亭、刘连荣、李春林、朱斌仙、叶盛茂 全部《凤还巢》。

1月8、9日 日上海天蟾舞台 班世超与梅兰芳、程砚秋、周信芳、谭富英、杨宝森、叶盛章、叶盛兰、袁世海等众多名角儿义演 夜场：

周菊芳、阎少泉、班世超、李金鸿、阎世善《大泗州城》，吴富琴、赵志秋《彩楼配》，李宝魁、王吟秋《三击掌》，赵如泉、李玉茹《投军别窑》，袁世海、李少春、班世超《误卯三打》，周信芳、芙蓉草、朱斌仙、萧长华《赶三关》，压轴谭富英、程砚秋、孙甫亭《武家坡》《算军粮》，张春彦、叶盛兰、魏莲芳《银空山》，大轴梅兰芳、杨宝森、哈宝山、萧长华《大登殿》。

● 1948 年（民国三十七年）27 岁

1 月 20 日南京大戏院 高盛麟、班世超、董芝兰同台合作

日场：《坐楼杀妻》，夜场：《朝金顶》《大劈棺》《盗御马》《连环套》。

1 月 25 日南京大戏院 高盛麟、班世超、董芝兰同台合作

日场：《武家坡》《大登殿》，夜场：《锅大缸》《春秋配》《秦琼卖马》《大白水滩》。

2 月 10 日—3 月 31 日上海天蟾舞台 班世超与盖叫天、叶盛章、高盛麟、云燕铭、纪玉良等同台合作。

2 月 10 日春节（初一）上海天蟾舞台

日场：班世超《蟠桃会》，王泉奎《威镇草桥》，压轴纪玉良、云燕铭、姜妙香、董芝兰、朱斌仙 全部《御碑亭》，大轴盖叫天、叶盛章、高盛麟、刘斌昆、程少馀、林鹏程、陈福贵 全部《莲花湖》。

夜场：班世超《聚宝盆》，叶盛章、云燕铭《小放牛》，压轴纪玉良、高盛麟、姜妙香、王泉奎《八大锤》，大轴盖叫天、叶盛章、程少馀、萧德寅、林鹏程、阎少泉《恶虎村》。

2 月 11、21 日春节（初二）上海天蟾舞台

日场：班世超《雄黄阵》，压轴纪玉良、云燕铭、王泉奎、姜妙香、刘斌昆《拾玉镯》《法门寺》，大轴盖叫天、叶盛章、高盛麟、云燕铭、魏莲芳、刘斌昆、班世超、程少馀、董芝兰、林鹏程、陈福贵、阎少泉《大溪皇庄》。

夜场：班世超、钱宝森《青石山》，叶盛章、高盛麟、王泉奎《黄马褂》连演《九龙杯》，压轴纪玉良、云燕铭、姜妙香、萧德寅、宋遇春《穆天王》连演《辕门斩子》，大轴盖叫天、叶盛章、高盛麟、程少馀、张国斌《贺天保》。

2 月 12、22 日春节（初三）上海天蟾舞台

日场：班世超《朝金顶》，压轴纪玉良、魏莲芳、姜妙香、钱宝森、叶盛长、王泉奎、宋遇春、李盛泉《龙凤呈祥》，大轴盖叫天、叶盛章、高盛麟、云燕铭、叶盛长、张国斌、阎少泉、朱斌仙、林鹏程、李盛佐 全部《武松》。

夜场：班世超、林鹏程《泗州城》，盖叫天、叶盛章、高盛麟、云燕铭、

刘斌昆、叶盛长《大翠屏山》《时迁偷鸡》，压轴纪玉良、云燕铭、王泉奎《二进宫》，大轴盖叫天、叶盛章、高盛麟、萧德寅、刘斌昆、程少馀《赵家楼》。

2月13日春节（初四）上海天蟾舞台夜场：

班世超《百鸟朝凤》，大轴盖叫天、叶盛章、高盛麟、云燕铭、刘斌昆、叶盛长、程少馀、宋遇春、萧德寅、林鹏程、朱斌仙、张国斌、马世啸、赵志秋、骆连翔、李少亭 全部《大名府》《卢俊义》《一箭仇》《史文恭》。

2月14日春节（初五）上海天蟾舞台 夜场：

班世超《盗仙草》，云燕铭、魏莲芳、朱斌仙、李盛泉《樊江关》，压轴纪玉良、王泉奎、叶盛长、董芝兰《斩黄袍》，大轴盖叫天、叶盛麟、班世超、程少馀、阎少泉、萧德寅、骆连翔全部《四杰村》。

2月15日（星期日）上海天蟾舞台

日场：班世超、钱宝森《青石山》，云燕铭、商四亮《打花鼓》，压轴纪玉良、王泉奎、马世啸、刘顺奎《鼎盛春秋》，大轴盖叫天、叶盛章、高盛麟、刘斌昆、程少馀、林鹏程、陈福赍全部《莲花湖》。

夜场：班世超、阎少泉《金山寺》，云燕铭、刘斌昆、姜妙香、叶盛长《大劈棺》《蝴蝶梦》，压轴叶盛章、高盛虹、阎少泉、李盛佐《打瓜园》，大轴盖叫天、纪玉良、高盛麟、魏莲芳、王泉奎、程少馀《宝莲灯》《劈山救母》。

2月16、20、26日上海天蟾舞台夜场：

王泉奎《打龙袍》，盖叫天、叶盛章、高盛麟、班世超、萧德寅、林鹏程、张国斌、赵志秋《取金陵》，压轴纪玉良、云燕铭、魏莲芳、刘斌昆《坐楼杀惜》《活捉三郎》，大轴盖叫天、叶盛章、高盛麟、程少馀、林鹏程《艳阳楼》。

2月17、27日上海天蟾舞台夜场：

云燕铭、叶盛章、王泉奎、程少馀《战宛城》，盖叫天、叶盛章、刘斌昆、叶盛长、周英鹏、萧德寅、高盛虹《铁公鸡》，压轴高盛麟、马世啸、阎少泉、宋遇春、陈福赍《铁笼山》，大轴盖叫天、叶盛章、班世超、高盛虹《三岔口》。

2 月 18、25 日上海天蟾舞台夜场：

班世超《杨排风》，云燕铭、姜妙香 头本《虹霓关》，压轴叶盛章、高盛虹、阎少泉《打瓜园》，大轴盖叫天、纪玉良、高盛麟、叶盛长、程少馀、宋遇春、陈福赉、萧德寅、张国斌、林鹏程、杨荣楼、马世啸《献地图》《金雁桥》。

2 月 19 日上海天蟾舞台夜场：

王泉奎《父子会》，云燕铭、魏莲芳、姜妙香《伯党招亲》，盖叫天、叶盛章、班世超、杨荣楼《白水滩》，压轴纪玉良、高盛麟、萧德寅、宋遇春《黄忠带箭》《刘备哭灵》《赵云救驾》，大轴盖叫天、叶盛章、阎少泉《十字坡》（武松打店）。

2 月 23 日 上海天蟾舞台夜场：

云燕铭、叶盛章、王泉奎、程少馀《战宛城》，盖叫天、叶盛章、刘斌昆、叶盛长、周英鹏、萧德寅、高盛虹《铁公鸡》，压轴高盛麟、杨荣楼、樊富顺、王元芳《挑华车》，大轴盖叫天、叶盛章、班世超、高盛虹《三岔口》。

2 月 24 日 上海天蟾舞台夜场：

班世超《百鸟朝凤》，大轴盖叫天、叶盛章、高盛麟、云燕铭、刘斌昆、叶盛长、程少馀、宋遇春、萧德寅、林鹏程、朱斌仙、张国斌、杨荣楼、李少亭、阎少泉、李盛佐 全部《大名府》《卢俊义》《一箭仇》《史文恭》。

2 月 28 日 上海天蟾舞台夜场：

班世超《盗仙草》，云燕铭、魏莲芳、朱斌仙、李盛泉《樊江关》，压轴纪玉良、王泉奎、叶盛长、董芝兰《斩黄袍》，大轴盖叫天、叶盛章、高盛麟、高雪樵、班世超、程少馀、阎少泉全部《四杰村》。

2 月 29 日 上海天蟾舞台

日场：班世超《朝金顶》，压轴纪玉良、魏莲芳、姜妙香、高雪樵、钱宝森、王泉奎《龙凤呈祥》，大轴盖叫天、叶盛章、高盛麟、云燕铭、叶盛长、张国斌、阎少泉、朱斌仙、林鹏程、李盛佐 全部《武松》。

夜场：王泉奎《打龙袍》，盖叫天、叶盛章、高盛麟、班世超、萧德寅、林鹏程、张国斌、《取金陵》，压轴纪玉良、云燕铭、魏莲芳、刘斌昆《坐楼杀惜》《活捉三郎》，大轴盖叫天、叶盛章、高盛麟、高雪樵、程少馀《艳阳楼》。

3月1、8、15、18日上海天蟾舞台夜场：

云燕铭、高雪樵、王泉奎《战宛城》，盖叫天、叶盛章、刘斌昆、叶盛长、周英鹏、萧德寅、高盛虹《铁公鸡》，压轴高盛麟、宋遇春、马世啸、阎少泉《铁笼山》，大轴盖叫天、叶盛章、班世超、高盛虹《三岔口》。

3月2、16日上海天蟾舞台夜场：

王泉奎、李盛佐《断太后》，云燕铭、魏莲芳、姜妙香、朱斌仙《能仁寺》，盖叫天、叶盛章、班世超、杨荣楼《白水滩》，压轴纪玉良、高盛麟、宋遇春、萧德寅、林鹏程、杨荣楼、张国斌《黄忠带箭》《刘备哭灵》《赵云救驾》，大轴盖叫天、叶盛章、阎少泉《十字坡》（武松打店）。

3月3、7日上海天蟾舞台夜场：

班世超《盗仙草》，压轴纪玉良、姜妙香、刘斌昆、高雪樵、叶盛长、王泉奎、程少馀《群英会》《借东风》，大轴盖叫天、叶盛章、高盛麟、云燕铭、刘斌昆、魏莲芳、宋遇春、张国斌、萧德寅、马世啸《霸王庄》连演《茂州庙》《拿谢虎》。

3月4、9、17日上海天蟾舞台夜场：

王泉奎、李盛泉《打龙袍》，盖叫天、叶盛章、高盛麟、班世超、萧德寅、林鹏程、张国斌《取金陵》，压轴纪玉良、云燕铭、魏莲芳、刘斌昆《坐楼杀妻》《活捉三郎》，大轴盖叫天、叶盛章、高盛麟、高雪樵、程少馀《艳阳楼》。

3月5、30日上海天蟾舞台夜场：

云燕铭、高雪樵、王泉奎《战宛城》，盖叫天、叶盛章、刘斌昆、叶盛长、周英鹏、萧德寅、高盛虹《铁公鸡》，压轴高盛麟、杨荣楼、樊富顺、王元芳《大挑华车》，大轴盖叫天、叶盛章、班世超、高盛虹《三岔口》。

3月6、13、19日上海天蟾舞台夜场：

班世超、高雪樵、钱宝森《青石山》，叶盛章、高盛麟、王泉奎《黄马褂》《九龙杯》，压轴纪玉良、云燕铭、姜妙香、萧德寅、宋遇春《枪挑穆天王》连演《辕门斩子》，大轴盖叫天、叶盛章、高盛麟、程少馀、张国斌全部

《贺天宝》

3月7、14、21日上海天蟾舞台日场：

班世超《朝金顶》，纪玉良、魏莲芳、姜妙香、高雪樵、钱宝森、王泉奎《龙凤呈祥》，大轴盖叫天、叶盛章、高盛麟、云燕铭、叶盛长、张国斌、阎少泉、朱斌仙、林鹏程、李盛佐 全部《武松》。

3月10日上海天蟾舞台夜场：

班世超《百鸟朝凤》，大轴盖叫天、叶盛章、高盛麟、云燕铭、刘斌昆、叶盛长、高雪樵、程少馀、宋遇春、萧德寅、朱斌仙、林鹏程、杨荣楼、张国斌、阎少泉、李盛佐《大名府》《卢俊义》《一箭仇》《史文恭》。

3月11日上海天蟾舞台夜场：

班世超《盗仙草》，纪玉良、姜妙香、刘斌昆、高雪樵、叶盛长、王泉奎、程少馀《群英会》《借东风》，大轴盖叫天、叶盛章、高盛麟、云燕铭、刘斌昆、魏莲芳、宋遇春、张国斌、萧德寅、马世啸、刘韵芳、朱斌仙、吕媚莲、林鹏程、董芝兰、杨荣楼《霸王庄》《茂州庙》。

3月12、20日上海天蟾舞台夜场：

班世超、林鹏程《泗州城》，盖叫天、叶盛章、高盛麟、云燕铭、刘斌昆、叶盛长《大翠屏山》《时迁偷鸡》，压轴纪玉良、云燕铭、王泉奎《二进宫》，大轴盖叫天、叶盛章、高盛麟、刘斌昆、程少馀、萧德寅《赵家楼》。

3月21日上海天蟾舞台夜场：

班世超、阎少泉《金山寺》，叶盛章、高盛麟、云燕铭、高雪樵、魏莲芳、班世超、刘斌昆、程少馀《大溪皇庄》，压轴纪玉良、萧德寅、马世啸《白蟒台》，大轴盖叫天、叶盛章、高盛麟、高雪樵、林鹏程《史文恭》

3月22、25日上海天蟾舞台夜场：

班世超《摇钱树》，盖叫天、叶盛章、高盛麟、云燕铭、刘斌昆、叶盛长《大翠屏山》《时迁偷鸡》，纪玉良、王泉奎《上天台》，盖叫天、叶盛章、林鹏程、程少馀、萧德寅、阎少泉、杨荣楼、刘韵芳、樊富顺《恶虎村》。

3月23、27日上海天蟾舞台夜场：

班世超《聚宝盆》，云燕铭、朱斌仙、商四亮《打花鼓》，压轴纪玉良、姜妙香、刘斌昆、高雪樵、叶盛长、王泉奎、程少馀《群英会》《借东风》，大轴盖叫天、叶盛章、高盛麟、高雪樵、刘斌昆、程少馀、林鹏程《莲花湖》。

3月24日上海天蟾舞台夜场：

班世超《盗仙草》，云燕铭、姜妙香二本《虹霓关》，叶盛章、高盛麟、王泉奎、宋遇春、林鹏程、马世啸《盗御马》《连环套》《盗双钩》，压轴纪玉良、张国斌《文昭关》，大轴盖叫天、叶盛章、高盛麟、高雪樵、林鹏程全部《史文恭》。

3月26、28日上海天蟾舞台夜场：

班世超《盗仙草》，云燕铭、魏莲芳、朱斌仙、李盛泉《樊江关》，压轴叶盛章、高盛麟、王泉奎、宋遇春、林鹏程、张国斌、马世啸《盗御马》《连环套》《盗双钩》，大轴盖叫天、叶盛章、高盛麟、刘斌昆、程少馀、萧德寅《赵家楼》。

3月28日上海天蟾舞台情商挽留日场：

班世超《朝金顶》，压轴纪玉良、魏莲芳、姜妙香、高雪樵、王泉奎、程少馀《龙凤呈祥》，大轴盖叫天、叶盛章、高盛麟、云燕铭、叶盛长、张国斌、阎少泉、朱斌仙、林鹏程、李盛佐合演全部《武松》。

3月29日上海天蟾舞台情商挽留夜场：

王泉奎、李盛佐《断太后》《打龙袍》，盖叫天、叶盛章、班世超、杨荣楼《白水滩》，压轴纪玉良、云燕铭、魏莲芳、刘斌昆《坐楼杀妻》《活捉三郎》，大轴盖叫天、叶盛章、高盛麟、高雪樵、程少馀《艳阳楼》。

3月31日上海天蟾舞台情商挽留夜场：

班世超《摇钱树》，盖叫天、叶盛章、高盛麟、云燕铭、刘斌昆、叶盛长《大翠屏山》《时迁偷鸡》，压轴纪玉良、王泉奎《上天台》，大轴盖叫天、叶盛章、程少馀、萧德寅、林鹏程、阎少泉《恶虎村》。

4月1日盖叫天上海天蟾舞台本期演出最后一天夜场：

班世超《大泗州城》，云燕铭、刘斌昆、姜妙香、叶盛长《蝴蝶梦》《大劈棺》，压轴叶盛章、高盛麟、王泉奎、宋遇春、林鹏程、张国斌、马世啸全部《盗御马》《连环套》《盗双钩》，大轴盖叫天、叶盛章、班世超、高盛虹《三岔口》。

1948 年 4 月 4 日—5 月 27 日上海天蟾舞台 班世超与梅兰芳、杨宝森两大剧团再次同台合作

4 月 4 日上海天蟾舞台夜场：

班世超、高雪樵、郭金光《泗州城》，陈永玲、杨盛春、高盛麟、马世啸、李盛佐《割发代首》，压轴杨宝森、刘连荣、哈宝山、王泉奎《失街亭》《空城计》《斩马谡》，大轴梅兰芳、茹富蕙《女起解》。

4 月 5 日上海天蟾舞台夜场：

王泉奎、李金泉《打龙袍》，杨盛春、班世超、程少馀、宋遇春《青石山》，压轴杨宝森、王泉奎、哈宝山、贾松龄《击鼓骂曹》，大轴梅兰芳、高盛麟、俞振飞、姜妙香、刘连荣、茹富蕙、王少亭、马世啸全本《穆柯寨》《穆天王》。

4 月 6 日上海天蟾舞台夜场：

班世超《摇钱树》，高盛麟、陈永玲、杨盛春《大翠屏山》，压轴杨宝森、茹富蕙、王泉奎、哈宝山、张盛利、马世啸《洪羊洞》，大轴梅兰芳、俞振飞、姜妙香、茹富蕙、王少亭、朱斌仙全本《贩马记》。

4 月 8、17 日上海天蟾舞台夜场：

班世超《杨排风》，陈永玲、贾松龄《小上坟》，压轴杨宝森、杨盛春、哈宝山、杨荣楼《连营寨》，大轴梅兰芳、刘连荣、姜妙香、茹富蕙、王少亭、张盛利、朱斌仙、萧德寅《霸王别姬》。

4 月 9 日上海天蟾舞台夜场：

班世超《盗仙草》，压轴高盛麟、刘连荣、王泉奎、宋遇春、李盛佐《连环套》，大轴梅兰芳、杨宝森、魏莲芳、姜妙香、茹富蕙、李金泉、哈宝山、任志秋、朱斌仙《四郎探母》。

4 月 10 日上海天蟾舞台夜场：

班世超《百鸟朝凤》，杨盛春、杨荣楼、阎少泉《白水滩》，压轴杨宝森、王泉奎、哈宝山、《托兆碰碑》，大轴梅兰芳、陈永玲、姜妙香、魏莲芳、张盛利、朱斌仙全部《洛神》。

4 月 11 日上海天蟾舞台夜场：

班世超《金山寺》，压轴杨宝森、高盛麟、俞振飞、王泉奎、高雪樵、李盛泉全部《八大锤》《断臂说书》，大轴梅兰芳、刘连荣、姜妙香、茹富蕙、王少亭、张盛利、萧德寅、朱斌仙《霸王别姬》。

4月12日上海天蟾舞台夜场：

班世超《摇钱树》，陈永玲、杨盛春、高盛麟、马世啸、李盛佐《割发代首》，压轴杨宝森、茹富蕙、王泉奎、哈宝山、张盛利、马世啸《洪羊洞》，大轴梅兰芳、俞振飞、姜妙香、茹富蕙、王少亭、朱斌仙全本《贩马记》。

4月13日上海天蟾舞台夜场：

班世超《朝金顶》，陈永玲、贾松龄《小上坟》，压轴杨宝森、高盛麟、俞振飞、王泉奎、高雪樵、李盛泉、陈福贵、王元芳《八大锤》《断臂说书》，大轴梅兰芳、刘连荣、姜妙香、茹富蕙、王少亭、张盛利、朱斌仙、萧德寅《霸王别姬》。

4月14日上海天蟾舞台夜场：

班世超《金山寺》，压轴杨盛春、杨荣楼、陈福贵、郭金光《一箭仇》，大轴梅兰芳、杨宝森、魏莲芳、姜妙香、茹富蕙、李金泉、哈宝山、任志秋《四郎探母》。

4月15日上海天蟾舞台夜场：

班世超《百鸟朝凤》，杨盛春、杨荣楼、阎少泉《武文华》，压轴杨宝森、王泉奎、茹富蕙、程少馀《琼林宴》，大轴梅兰芳、陈永玲、姜妙香、魏莲芳、张盛利、朱斌仙全部《洛神》。

4月16日上海天蟾舞台夜场：

班世超《摇钱树》，高盛麟、陈福贵、王元芳、杨荣楼《挑华车》，压轴杨宝森、刘连荣、王泉奎、哈宝山、宋遇春、贾松龄《失街亭》《空城计》《斩马谡》，大轴梅兰芳、姜妙香、茹富蕙《贵妃醉酒》。

4月18日上海天蟾舞台夜场：

班世超《盗仙草》，高盛麟、宋遇春、陈福贵、马世啸《铁笼山》，大轴梅兰芳、杨宝森、陈永玲、魏莲芳、姜妙香、茹富蕙、李金泉、王少亭《红鬃烈马》（"赶三关"起"大登殿"止）。

4月19日上海天蟾舞台夜场：

班世超《摇钱树》，杨盛春、张盛利、杨荣楼《连环阵》，压轴杨宝森、

茹富蕙、王泉奎、哈宝山、张盛利、马世啸《洪羊洞》，大轴梅兰芳、俞振飞、姜妙香、茹富蕙、王少亭、朱斌仙全本《贩马记》。

4月20日上海天蟾舞台夜场：

班世超《盗宝库》，高盛麟、魏莲芳、刘连荣、任志秋、程少馀、宋遇春《长坂坡》，压轴杨宝森、王泉奎、哈宝山《李陵碑》，大轴梅兰芳、陈永玲、姜妙香、魏莲芳、张盛利、朱斌仙全部《洛神》。

4月21日上海天蟾舞台夜场：

班世超《杨排风》，高盛麟、杨盛春、张国斌、李盛泉、赵志秋《四平山》，压轴杨宝森、王泉奎、哈宝山、马世啸《伍子胥》（"战樊城"起"文昭关"止），大轴梅兰芳、姜妙香、茹富蕙合演《贵妃醉酒》。

4月22日上海天蟾舞台夜场：

班世超《盗仙草》，杨盛春、杨荣楼、赵志秋《状元印》，压轴杨宝森、陈永玲、贾松龄《乌龙院》，大轴梅兰芳、刘连荣、姜妙香、茹富蕙、王少亭、张盛利、朱斌仙、萧德寅《霸王别姬》。

4月23日上海天蟾舞台夜场：

班世超《摇钱树》，压轴高盛麟、宋遇春、陈福赟《铁笼山》，大轴梅兰芳、杨宝森、魏莲芳、姜妙香、茹富蕙、李金泉、哈宝山、任志秋《四郎探母》。

4月24日上海天蟾舞台夜场：

李金泉《游六殿》，杨盛春、班世超、程少馀、宋遇春《青石山》，压轴杨宝森、陈永玲《梅龙镇》，大轴梅兰芳、姜妙香、俞振飞、刘连荣、茹富蕙、王少亭、张盛利全部《宇宙锋》。

4月25日上海天蟾舞台夜场：

班世超《朝金顶》，压轴高盛麟、周英鹏、郭金光、陈福赟《艳阳楼》，大轴梅兰芳、杨宝森、陈永玲、魏莲芳、俞振飞、茹富蕙、李金泉、王少亭《红鬃烈马》（"赶三关"起"大登殿"止）。

4月26日上海天蟾舞台夜场：

班世超《盗仙草》，高盛麟、张国斌、杨荣楼、郭金光《一箭仇》，压轴杨宝森、王泉奎、哈宝山《击鼓骂曹》，大轴梅兰芳、陈永玲、姜妙香、魏莲芳、张盛利、朱斌仙全部《洛神》。

4月27日上海天蟾舞台夜场：

班世超《盗宝库》，杨盛春、杨荣楼、阎少泉《武文华》，压轴杨宝森、刘连荣、王泉奎、哈宝山、贾松龄、宋遇春《失街亭》《空城计》《斩马谡》，大轴梅兰芳、俞振飞、姜妙香、茹富蕙、王少亭、朱斌仙全本《贩马记》。

4月28日上海天蟾舞台夜场：

班世超《聚宝盆》，高盛麟、萧德寅、马世啸、郭金光《赵家楼》，压轴杨宝森、陈永玲、姜妙香、哈宝山、程少馀、吴富琴《珠帘寨》，大轴梅兰芳、俞振飞、茹富蕙《贵妃醉酒》。

4月29日上海天蟾舞台夜场：

班世超、阎少泉《金山寺》，王泉奎、李金泉《打龙袍》，压轴杨宝森、杨盛春、哈宝山、杨荣楼《连营寨》，大轴梅兰芳、姜妙香、俞振飞、刘连荣、茹富蕙、王少亭、张盛利全部《宇宙锋》。

4月30日上海天蟾舞台夜场：

班世超《盗仙草》，压轴高盛麟、刘连荣、杨荣楼《大挑华车》《牛皋下书》，大轴梅兰芳、杨宝森、魏莲芳、姜妙香、茹富蕙、李金泉、哈宝山、任志秋《四郎探母》。

5月1日上海天蟾舞台夜场：

班世超《杨排风》，高盛麟、杨盛春、张国斌、李盛泉《四平山》，压轴杨宝森、俞振飞、贾松龄、李盛泉《状元谱》，大轴梅兰芳、刘连荣、姜妙香、茹富蕙、王少亭、张盛利、朱斌仙、萧德寅《霸王别姬》。

5月2日上海天蟾舞台夜场：

班世超《聚宝盆》，杨盛春、杨荣楼、郭金光《冀州城》，压轴杨宝森、陈永玲《梅龙镇》，大轴梅兰芳、姜妙香、李春林、刘连荣、茹富蕙、王少亭、张盛利全部《凤还巢》。

5月3日上海天蟾舞台夜场：

班世超《朝金顶》，压轴高盛麟、宋遇春、陈福贲、马世啸《铁笼山》，大轴梅兰芳、杨宝森、魏莲芳、姜妙香、茹富蕙、李金泉、哈宝山、任志秋《四郎探母》。

5月4日上海天蟾舞台夜场：

班世超《百草山》，杨盛春、杨荣楼、阎少泉《白水滩》，压轴杨宝森、王泉奎、哈宝山、贾松龄、张盛利、刘韵芳《定军山》，大轴梅兰芳、俞振飞、姜妙香、茹富蕙、王少亭、朱斌仙全本《贩马记》。

5月5日上海天蟾舞台夜场：

班世超、阎少泉《金山寺》，压轴杨宝森、高盛麟、王泉奎、哈宝山、杨荣楼、刘韵芳《阳平关》，大轴梅兰芳、姜妙香、李春林、刘连荣、茹富蕙、王少亭、张盛利、萧德寅全部《凤还巢》。

5月6日上海天蟾舞台

夜戏：班世超《朝金顶》，陈永玲、贾松龄《小上坟》，压轴杨宝森、高盛麟、俞振飞、王泉奎、陈福赁、李盛泉《八大锤》《断臂说书》，大轴梅兰芳、刘连荣、姜妙香、茹富蕙、王少亭、张盛利、朱斌仙、萧德寅《霸王别姬》。

5月7日上海天蟾舞台夜场：

班世超《盗仙草》，压轴高盛麟、刘连荣、陈福赁、杨荣楼《大挑华车》（牛皋下书），大轴梅兰芳、杨宝森、陈永玲、俞振飞、魏莲芳、茹富蕙、李金泉、王少亭《红鬃烈马》（"赶三关"起"大登殿"止）。

5月8日上海天蟾舞台夜场：

班世超《摇钱树》，杨盛春、杨荣楼、李盛佐《霸王庄》，压轴杨宝森、刘连荣、王泉奎、哈宝山、贾松龄、宋遇春《失街亭》《空城计》《斩马谡》，大轴梅兰芳、俞振飞、茹富蕙《贵妃醉酒》。

5月9日上海天蟾舞台夜场：

班世超《杨排风》，高盛麟、张国斌、杨荣楼《史文恭》，压轴杨宝森、王泉奎、茹富蕙、程少馀《琼林宴》，大轴梅兰芳、刘连荣、姜妙香、茹富蕙、王少亭、张盛利、朱斌仙、萧德寅《霸王别姬》。

5月10日上海天蟾舞台夜场：

班世超《百鸟朝凤》，高盛麟、杨盛春、张国斌、李盛泉《四平山》，大轴梅兰芳、杨宝森、魏莲芳、姜妙香、茹富蕙、李金泉、哈宝山、任志秋《四郎探母》。

5 月 11 日上海天蟾舞台夜场：

班世超《盗仙草》，高盛麟、张国斌、杨荣楼《史文恭》，压轴杨宝森、王泉奎、哈宝山《捉放曹》，大轴梅兰芳、陈永玲、姜妙香、魏莲芳、张盛利、朱斌仙全部《洛神》。

5 月 12 日上海天蟾舞台夜场：

班世超《摇钱树》，杨盛春、杨荣楼、张国斌《两将军》，压轴杨宝森、茹富蕙、王泉奎、哈宝山、张盛利、马世啸《洪羊洞》，大轴梅兰芳、俞振飞、姜妙香、茹富蕙、王少亭、朱斌仙全本《贩马记》。

5 月 13 日上海天蟾舞台夜场：

班世超、阎少泉《金山寺》，压轴杨宝森、高盛麟、王泉奎、哈宝山、杨荣楼、刘韵芳《阳平关》，大轴梅兰芳、姜妙香、李春林、刘连荣、茹富蕙、王少亭、张盛利、萧德寅全部《凤还巢》。

5 月 14 日上海天蟾舞夜场：

班世超《杨排风》，杨盛春、杨荣楼、阎少泉《白水滩》，压轴杨宝森、王泉奎、哈宝山、程少馀《伍子胥》（"战樊城""长亭会""文昭关"），大轴梅兰芳、姜妙香、茹富蕙合演《贵妃醉酒》。

5 月 15 日上海天蟾舞台夜场：

班世超《百鸟朝凤》，高盛麟、杨盛春、张国斌、李盛泉《四平山》，压轴杨宝森、陈永玲《梅龙镇》，大轴梅兰芳、刘连荣、姜妙香、茹富蕙、王少亭、张盛利、朱斌仙、萧德寅《霸王别姬》。

5 月 16 日上海天蟾舞台夜场：

班世超《摇钱树》，压轴高盛麟、宋遇春、陈福贽、马世啸《铁笼山》，大轴梅兰芳、杨宝森、魏莲芳、姜妙香、茹富蕙、李金泉、哈宝山、任志秋《四郎探母》。

5 月 17 日上海天蟾舞台夜场：

李金泉《游六殿》，杨盛春、班世超、程少馀、宋遇春《青石山》，压轴杨宝森、魏莲芳、王泉奎、哈宝山、贾松龄《打渔杀家》，大轴梅兰芳、刘连荣、姜妙香、茹富蕙、王少亭、张盛利、朱斌仙、萧德寅合演《霸王别姬》。

5 月 18 日上海天蟾舞台夜场：

班世超《盗仙草》，压轴高盛麟、刘连荣、陈福贽、杨荣楼《挑华车》（牛皋下书），大轴梅兰芳、杨宝森、陈永玲、俞振飞、魏莲芳、茹富蕙、李金泉、王少亭合演《红鬃烈马》（"赶三关"起"大登殿"止）。

5月19日上海天蟾舞台夜场：

班世超《摇钱树》，杨盛春、张盛利、杨荣楼《连环阵》，压轴杨宝森、刘连荣、王泉奎、哈宝山、贾松龄、宋遇春《失街亭》《空城计》《斩马谡》，大轴梅兰芳、俞振飞、茹富蕙《贵妃醉酒》。

5月20日上海天蟾舞台夜场：

班世超、阎少泉《金山寺》，压轴杨宝森、杨盛春、哈宝山、杨荣楼、赵志秋、郭金光、阎少泉《连营寨》，大轴梅兰芳、姜妙香、李春林、刘连荣、茹富蕙、王少亭、张盛利萧德寅全部《凤还巢》。

5月21日上海天蟾舞台夜场：

班世超《朝金顶》，陈永玲、贾松龄《小上坟》，压轴杨宝森、高盛麟、俞振飞、王泉奎、陈福贽、李盛泉《八大锤》（断臂说书），大轴梅兰芳、刘连荣、姜妙香、茹富蕙、王少亭、张盛利、朱斌仙、萧德寅合演《霸王别姬》。

5月22日上海天蟾舞台 本期演出最后一天夜场：

班世超《百鸟朝凤》，压轴高盛麟、杨盛春、张国斌、李盛泉《四平山》，大轴梅兰芳、杨宝森、魏莲芳、姜妙香、茹富蕙、李金泉、哈宝山、任志秋《四郎探母》。

5月23日北平国剧学会、上海伶界联合会为筹募南北清苦同业福利基金，上海天蟾舞台义务戏 夜场：

李金泉《游六殿》，杨盛春、班世超、程少馀、宋遇春《青石山》，压轴杨宝森、王泉奎、哈宝山《托兆碰碑》，大轴梅兰芳、刘连荣、姜妙香、茹富蕙、王少亭、张盛利、朱斌仙、萧德寅《霸王别姬》。

5月24日北平国剧学会、上海伶界联合会为筹募南北清苦同业福利基金，上海天蟾舞台义务戏 夜场：

班世超《盗仙草》，压轴高盛麟、刘连荣、陈福贽、杨荣楼《挑华车》（牛皋下书），大轴梅兰芳、杨宝森、陈永玲、姜妙香、魏莲芳、茹富蕙、李金泉、王少亭《红鬃烈马》（"赶三关"起"大登殿"止）。

5月25日北平国剧学会、上海伶界联合会为筹募南北清苦同业福利基金，上海天蟾舞台义务戏 夜场：

班世超《百鸟朝凤》，杨盛春、杨荣楼、阎少泉《武文华》，压轴杨宝森、茹富蕙、王泉奎、哈宝山、张盛利、马世啸全部《洪羊洞》，大轴梅兰芳、陈永玲、姜妙香、魏莲芳、张盛利、朱斌仙合演全部《洛神》。

5月26日北平国剧学会、上海伶界联合会为筹募南北清苦同业福利基金，上海天蟾舞台义务戏 夜场：

班世超、阎少泉《金山寺》，压轴杨宝森、高盛麟、王泉奎、哈宝山、杨荣楼、刘韵芳《阳平关》，大轴梅兰芳、姜妙香、李春林、刘连荣、茹富蕙、王少亭、张盛利、萧德寅、朱斌仙全部《凤还巢》。

5月27日北平国剧学会、上海伶界联合会为筹募南北清苦同业福利基金，上海天蟾舞台义务戏 夜场：

班世超《杨排风》，杨盛春、杨荣楼、陈福赍《一箭仇》，压轴杨宝森、王泉奎、程少馀、贾松龄、李庆山全部《琼林宴》，大轴梅兰芳、刘连荣、姜妙香、茹富蕙、王少亭、张盛利《霸王别姬》。

5月30日—8月4日上海天蟾舞台 班世超与童芷苓、纪玉良、高盛麟等同台合作。

5月30日童芷苓上海天蟾舞台打炮戏夜场：

班世超《聚宝盆》，压轴纪玉良、高盛麟、姜妙香、刘斌昆、金少臣全部《群英会》《借东风》，大轴童芷苓、童寿苓、宋遇春、崔熹云、李盛泉、朱斌仙全部《红娘》。

5月31日上海天蟾舞台 夜场：

班世超《金山寺》，压轴纪玉良、高盛麟、姜妙香、程少馀、李盛泉《八大锤》《断臂说书》，大轴童芷苓、童寿苓、刘斌昆、宋遇春、刘韵芳《玉堂春》（苏三起解）。

6月1日上海天蟾舞台夜场：

班世超《朝金顶》，童芷苓、高盛麟、张国斌、朱斌仙、洪妍芳《大翠屏山》，大轴童芷苓、纪玉良、魏莲芳、刘斌昆、姜妙香、宋遇春、朱斌仙、吴

富琴《四郎探母》。

6月2日上海天蟾舞台夜场：

班世超《铜大缸》，姜妙香、张国斌、萧德寅《辕门射戟》，压轴高盛麟、周瑛鹏、郭金光、陈福贲《艳阳楼》，大轴童芷苓、纪玉良、王泉奎、马世啸、刘韵芳《大保国》《叹皇陵》《二进宫》。

6月3日上海天蟾舞台夜场：

班世超、白元杰《杨排风》，压轴纪玉良、王泉奎、宋遇春、程少馀、朱斌仙、张国斌《失街亭》《空城计》《斩马谡》，大轴童芷苓、童寿苓、刘斌昆、宋遇春、崔熹云、吴富琴、李盛泉、吕媚莲全部《锁麟囊》。

6月4、6、9、12、17日上海天蟾舞台夜场：

班世超《盗仙草》，贺玉钦、郭金光《铁公鸡》，压轴童芷苓、纪玉良、王泉奎《二进宫》，大轴童芷苓、纪玉良、高盛麟、姜妙香、刘斌昆、崔熹云、宋遇春、贺玉钦、朱斌仙、郭金光《金钱豹》《盘丝洞》《盗魂铃》。

6月5日上海天蟾舞台夜场：

班世超《盗宝库》，贺玉钦、郭金光《花蝴蝶》，纪玉良、王泉奎、魏莲芳、程少馀、张国斌《鼎盛春秋》，大轴童芷苓、高盛麟、姜妙香、张国斌、萧德寅、朱斌仙《霸王别姬》。

6月6日（星期日）上海天蟾舞台日场：

班世超《大泗州城》，贺玉钦、郭金光三本《铁公鸡》，压轴童芷苓、纪玉良、高盛麟、姜妙香、王泉奎、李盛泉、宋遇春、程少馀《龙凤呈祥》，大轴童芷苓、纪玉良、高盛麟、班世超、宋遇春、程少馀《大八蜡庙》。

6月8、15日上海天蟾舞台夜场：

班世超《百草山》，贺玉钦、郭金光、杨荣楼、阎少泉《三岔口》，压轴纪玉良、程少馀、李盛泉、吴富琴《辕门斩子》，大轴童芷苓、童寿苓、宋遇春、崔熹云、李盛泉、朱斌仙 全部《红娘》。

6月10日上海天蟾舞台夜场：

班世超《盗宝库》，贺玉钦《白水滩》，压轴纪玉良、王泉奎、宋遇春、程少馀、朱斌仙《失街亭》《空城计》《斩马谡》，大轴童芷苓、童寿苓、刘斌昆、宋遇春、崔熹云全部《锁麟囊》。

附　录

6月11日（端午节）上海天蟾舞台

日场：童芷苓、童寿苓、班世超、崔熹云、宋遇春、阎少泉《白蛇传》，压轴纪玉良、姜妙香、李盛泉《打侄上坟》，大轴童芷苓、高盛麟、童寿苓、张国斌、李盛佐全部《武松与潘金莲》。

夜场：童芷苓、童寿苓、班世超、崔熹云、宋遇春、阎少泉《白蛇传》，压轴高盛麟、贺玉钦《艳阳楼》，大轴童芷苓、纪玉良、姜妙香、崔熹云、宋遇春全部《红鬃烈马》。

6月13日上海天蟾舞台日场：

班世超《取金陵》，贺玉钦、郭金光《三岔口》，压轴纪玉良、金少臣、程少馀《鼎盛春秋》，大轴童芷苓、高盛麟、姜妙香、李宝魁、宋遇春《霸王别姬》。

6月13、14、18、19、20日上海天蟾舞台夜场：

班世超《摇钱树》，纪玉良、高盛麟、姜妙香、贺玉钦、李宝魁、金少臣、朱斌仙《群英会》《借东风》《华容道》，大轴童芷苓、刘斌昆、李宝魁、童寿苓、崔熹云、朱斌仙全部《蝴蝶梦》《大劈棺》。

6月16日上海天蟾舞台夜场：

班世超《朝金顶》，贺玉钦《伐子都》，童芷苓、姜妙香、刘斌昆《贵妃醉酒》，压轴纪玉良、金少臣、费玉策《奇冤报》，大轴童芷苓、李宝魁《十八扯》。

6月17日上海天蟾舞台夜场：

班世超《盗仙草》，贺玉钦、郭金光（三本）《铁公鸡》，童芷苓、纪玉良、金少臣《二进宫》，大轴童芷苓、纪玉良、高盛麟、姜妙香、刘斌昆、贺玉钦、宋遇春、崔熹云《金钱豹》《盘丝洞》《盗魂铃》。

6月20日上海天蟾舞台日场：

班世超《泗州城》，贺玉钦、郭金光三本《铁公鸡》，压轴纪玉良、高盛麟、童寿苓《八大锤》，大轴童芷苓、纪玉良、高盛麟、姜妙香、贺玉钦、李宝魁、刘斌昆、宋遇春、崔熹云全部《金钱豹》《盘丝洞》《盗魂铃》。

6月21日上海天蟾舞台夜场：

班世超《盗仙草》，贺玉钦、郭金光、萧德寅、张德禄《安天会》，高盛

麟、宋遇春、萧德寅、马世啸《大铁笼山》，大轴童芷苓、童寿苓、崔熹云、宋遇春、朱斌仙、李盛泉、吴富琴、李庆山全部《红楼二尤》。

6月22日上海天蟾舞台夜场：

班世超《盗仙草》，贺玉钦、郭金光、杨荣楼、阎少泉《三岔口》，高盛麟、萧德寅、张国斌、程少馀、杨荣楼《马超》，大轴童芷苓、童寿苓、李宝魁、崔熹云、宋遇春、费玉策 全部《红娘》

6月23日上海天蟾舞台夜场：

班世超《朝金顶》，贺玉钦、郭金光《水帘洞》，童芷苓、姜妙香、刘斌昆《贵妃醉酒》，童祥苓、金少臣、费玉策《定军山》，高盛麟《阳平关》，大轴童芷苓、李宝魁《十八扯》。

6月25、26日上海天蟾舞台夜场：

班世超《摇钱树》，压轴童芷苓（反串孔明）、童祥苓（鲁肃）、高盛麟（关羽）姜妙香（周瑜）、贺玉钦（赵云）、李宝魁（孔明）、金少臣（曹操）、朱斌仙（蒋干）《群英会》《借东风》《华容道》，大轴童芷苓、刘斌昆、李宝魁、童寿苓、崔熹云、朱斌仙《蝴蝶梦》《大劈棺》。

6月27日上海天蟾舞台夜场：

班世超《盗宝库》，贺玉钦、马世啸、张德禄《安天会》，高盛麟、程少馀、李盛佐《林冲夜奔》《火并王伦》，大轴童芷苓、童寿苓、李宝魁、崔熹云、宋遇春合演全部《红娘》

6月28、29日上海天蟾舞台夜场：

班世超《摇钱树》，压轴童芷苓（反串孔明）、高盛麟、姜妙香、贺玉钦、李宝魁、金少臣《群英会》《借东风》《华容道》，大轴童芷苓、刘斌昆、李宝魁、童寿苓、崔熹云《蝴蝶梦》《大劈棺》。

6月30日上海天蟾舞台夜场：

班世超《朝金顶》，贺玉钦《伐子都》，童芷苓、姜妙香、刘斌昆《贵妃醉酒》，压轴高盛麟、程少馀、王少伯、萧德寅《林冲夜奔》连演《火并王伦》，大轴童芷苓、李宝魁《十八扯》。

7月1、3、4、13、21日上海天蟾舞台夜场：

班世超《摇钱树》，压轴童芷苓、高盛麟、姜妙香、贺玉钦、李宝魁、金少臣、朱斌仙《群英会》《借东风》《华容道》，大轴童芷苓、刘斌昆、李宝魁、童寿苓、崔熹云《蝴蝶梦》《大劈棺》。

7月2日上海天蟾舞台夜场：

班世超《杨排风》，贺玉钦、郭金光《大三岔口》，压轴高盛麟、魏莲芳、姜妙香、金少臣、吴富琴、萧德寅《战太平》，大轴童芷苓、童寿苓、刘斌昆、李盛泉、崔熹云、吴富琴、吕媚莲全部《锁麟囊》。

7月4日上海天蟾舞台日场：

班世超《大泗州城》，贺玉钦、郭金光三本《铁公鸡》，压轴高盛麟、魏莲芳、程少馀《庆顶珠》，大轴童芷苓、高盛麟、姜妙香、李宝魁、贺玉钦、刘斌昆、宋遇春、郭金光、崔熹云全部《金钱豹》《盘丝洞》《盗魂铃》。

7月5、22日上海天蟾舞台夜场：

班世超《朝金顶》，贺玉钦、郭金光、杨荣楼《三岔口》，压轴高盛麟、魏莲芳、姜妙香、金少臣、吴富琴全本《战太平》，大轴童芷苓、童寿苓、李宝魁、崔熹云、宋遇春 全部《红娘》。

7月6日上海天蟾舞台夜场：

班世超《摇钱树》，贺玉钦《伐子都》，童芷苓、姜妙香、刘斌昆《贵妃醉酒》，压轴刘斌昆、魏莲芳《活捉三郎》，大轴童芷苓、李宝魁《十八扯》。

7月14、15、16、17、18、19、20日上海天蟾舞台夜场：

班世超、白元杰《杨排风》，贺玉钦、郭金光、张国斌、马世啸、张德樑、杨荣楼、萧德寅、李盛佐《十八罗汉斗悟空》，压轴纪玉良、高盛麟、姜妙香、费玉策《黄鹤楼》，大轴童芷苓、纪玉良、高盛麟、童寿苓、宋遇春、刘斌昆、李宝魁、崔熹云、朱斌仙合演《戏迷家庭》。

7月18日上海天蟾舞台日场：

班世超《盗仙草》，贺玉钦、郭金光《铁公鸡》，童芷苓、纪玉良、金少臣《二进宫》，大轴童芷苓、纪玉良、高盛麟、姜妙香、李宝魁、刘斌昆、崔熹云、宋遇春、贺玉钦 全部《金钱豹》《盘丝洞》《盗魂铃》。

7月23、24日上海天蟾舞台《杨家将》夜场：

纪玉良、高盛麟、金少臣、姜妙香、魏莲芳、贺玉钦、宋遇春、班世超、朱斌仙、崔熹云、吴富琴《杨家将》，大轴童芷苓、刘斌昆《新纺棉花》。

7月25日上海天蟾舞台

日场：班世超《摇钱树》，压轴童芷苓、高盛麟、姜妙香、贺玉钦、李宝魁、金少臣、朱斌仙《群英会》《借东风》《华容道》，大轴童芷苓、刘斌昆、李宝魁、童寿苓、崔熹云《蝴蝶梦》《大劈棺》。

夜场：班世超《盗仙草》，贺玉钦《伐子都》，童芷苓、纪玉良《三娘教子》，高盛麟、陈福赍、马世啸《铁笼山》，童芷苓、刘斌昆《新纺棉花》。

7月26日夜戏与25日相同

7月27日上海天蟾舞台 夜场：

班世超《盗宝库》，贺玉钦、郭金光、张德樑、阎少泉《三岔口》，高盛麟、陈福赍、杨荣楼《一箭仇》，压轴纪玉良、李宝魁、金少臣、程少馀、朱斌仙《失街亭》《空城计》《斩马谡》，大轴童芷苓、刘斌昆《新纺棉花》。

7月28日上海天蟾舞台夜场：

班世超《聚宝盆》，贺玉钦、张德樑、郭金光《白水滩》，高盛麟、程少馀、李盛佐《林冲夜奔》《火并王伦》，压轴纪玉良、李宝魁、崔熹云、费玉策、李盛泉《辕门斩子》，大轴童芷苓、刘斌昆《新纺棉花》。

7月29、30日上海天蟾舞台夜场：

班世超《取金陵》，贺玉钦、郭金光、阎少泉、余廉芳《大金钱豹》，压轴纪玉良、魏莲芳、金少臣、程少馀、张国斌《鼎盛春秋》，大轴童芷苓、刘斌昆《新纺棉花》。

7月31日上海天蟾舞台夜场：

班世超《盗宝库》，贺玉钦三本《铁公鸡》，童芷苓、纪玉良《打渔杀家》，压轴高盛麟、贺玉钦《艳阳楼》，大轴童芷苓、纪玉良、高盛麟、童寿苓、刘斌昆、李宝魁、宋遇春、崔熹云《戏迷家庭》。

8月2、3、4、5、6、7、8、9、10、11日上海天蟾舞台夜场：

班世超《盗宝库》，贺玉钦、郭金光、张德樑《花蝴蝶》，纪玉良、金少臣《火牛阵》，童芷苓、刘斌昆、李宝魁、童寿苓、崔熹云、朱斌仙《蝴蝶梦》《大劈棺》，压轴纪玉良、高盛麟、姜妙香《黄鹤楼》，大轴童寿苓、刘斌昆《新纺棉花》。

8月8日上海天蟾舞台日场：

班世超《杨排风》，贺玉钦《花蝴蝶》，纪玉良、金少臣《火牛阵》，童芷苓、刘斌昆、李宝魁、童寿苓、《大劈棺》，纪玉良、高盛麟、姜妙香《黄鹤楼》，大轴童芷苓、刘斌昆《新纺棉花》。

8月13日至9月19日唐韵笙第二次赴沪演出与天蟾舞台班底合作。班底演员有：老生纪玉良、李宝魁，小生姜妙香，武生高盛麟、花脸金少臣、马世啸、萧德寅，丑艾世菊，武丑郭金光，旦角魏莲芳，武旦班世超。

8月13日唐韵笙上海天蟾舞台 打炮夜戏第一天夜场；

班世超《聚宝盆》，姜妙香、刘韵芳、马世啸《辕门射戟》，压轴李仲林、魏莲芳、宋遇春、张国斌《紫竹林》，大轴唐韵笙、萧德寅、梁一鸣、林鹏程、程少馀、盖春来《好鹤失政》。

8月14日唐韵笙上海天蟾舞台打炮夜戏第二天夜场：

班世超、阎少泉《金山寺》，金少臣、刘韵芳《威镇草桥》，压轴刘美君、姜妙香、李盛泉、朱斌仙《春秋配》，大轴唐韵笙、李仲林、梁一鸣、程少馀、郭金光、张国斌、林鹏程、萧德寅 头本《走麦城》。

8月15日唐韵笙上海天蟾舞台打炮夜戏第三天

日场：班世超《朝金顶》，唐韵笙、李仲林、姜妙香、梁一鸣、金少臣、朱斌仙《群英会》《借东风》《华容道》，压轴刘美君、梁一鸣《贺后骂殿》，大轴唐韵笙、李仲林、程少馀、萧德寅、林鹏程、陈福贵《枪挑小梁王》

夜场：班世超《盗仙草》，唐韵笙、李仲林、金少臣、宋遇春、郭金光、陈福贵《汉寿亭侯》，压轴刘美君、姜妙香、宋遇春、张国斌《玉堂春》，大轴唐韵笙、魏莲芳、梁一鸣、程少馀、吕媚莲全部《逍遥津》。

8月16日上海天蟾舞台夜场：

班世超《杨排风》，唐韵笙、李仲林、梁一鸣、姜妙香、宋遇春、程少馀《黄鹤楼》连演《周瑜归天》，压轴刘美君、姜妙香、吴富琴、朱斌仙《打樱桃》，大轴唐韵笙、李仲林、金少臣、宋遇春、林鹏程、萧德寅《绝龙岭》。

8月17、28日上海天蟾舞台夜场：

班世超《盗仙草》，金少臣、阎少泉《打龙袍》，唐韵笙、李仲林、宋遇春、程少馀《兴隆会》，压轴刘美君、马世啸、余廉芳《宇宙锋》，大轴唐韵笙、李仲林、程少馀、宋遇春、张国斌、林鹏程、李刚毅、郭金光《古城会》

连演《收赵云》。

8月18日 上海天蟾舞台夜场：

班世超《蟠桃会》，梁一鸣、金少臣《上天台》，压轴刘美君、姜妙香、魏莲芳、朱斌仙、刘韵芳全部《红娘》，大轴唐韵笙、李仲林、姜妙香、宋遇春、林鹏程、程少馀、李刚毅、陈福贲《黄忠代箭》《关公显圣》《刘备哭灵》《赵云救驾》。

8月19日 上海天蟾舞台夜场：

班世超、阎少泉《金山寺》，金少臣、刘韵芳《草桥关》，刘美君、姜妙香、李盛泉、朱斌仙《春秋配》，大轴唐韵笙、李仲林、梁一鸣、程少馀、郭金光、张国斌、林鹏程、萧德寅、刘韵芳、陈福贲、余廉芳、李庆山 头本《走麦城》。

8月20、21、24、31日 上海天蟾舞台夜场：

班世超《蟠桃会》，金少臣《探阴山》，唐韵笙、姜妙香《徐策跑城》，李仲林、萧德寅、郭坤泉《周瑜归天》，压轴刘美君、梁一鸣《贺后骂殿》，大轴唐韵笙、李仲林、程少馀、林鹏程《艳阳楼》。

8月22日（星期日）上海天蟾舞台

日场：班世超《朝金顶》，唐韵笙、李仲林、姜妙香、梁一鸣、金少臣、朱斌仙《群英会》《借东风》《华容道》，压轴刘美君、朱斌仙《女起解》，大轴唐韵笙、李仲林、程少馀、萧德寅、林鹏程、陈福贲《枪挑小梁王》。

8月22、23日上海天蟾舞台夜场：

班世超《摇钱树》，金少臣《白良关》，李仲林、张国斌、郭坤泉《两将军》，大轴唐韵笙、姜妙香、梁一鸣、宋遇春、林鹏程、朱斌仙、萧德寅、吴富琴、马世啸《目莲救母》。

8月25日上海天蟾舞台夜场：

班世超《盗仙草》，唐韵笙、李仲林、程少馀、宋遇春、郭金光、陈福贲（前部）《汉寿亭侯》，压轴刘美君、姜妙香、宋遇春、张国斌《玉堂春》，大轴唐韵笙、梁一鸣、金少臣、吴富琴、吕媚莲《逍遥津》。

8月26日上海天蟾舞台夜场：

班世超《取金陵》，金少臣《牧虎关》，压轴刘美君、姜妙香《花田错》，大轴唐韵笙、李仲林、梁一鸣、程少馀、林鹏程、张国斌、郭金光、萧德寅、陈福赉、余廉芳、刘韵芳、李庆山 头本《走麦城》。

8月27日上海天蟾舞台夜场：

班世超《盗宝库》，压轴刘美君、姜妙香、孙慧霞、朱斌仙、李盛泉、刘韵芳 全部《红娘》，大轴唐韵笙、李仲林、宋遇春、程少馀、萧德寅、林鹏程、李刚毅、马世啸、陈福赉《黄忠代箭》《关公显圣》《刘备哭灵》《赵云救驾》。

8月28日上海天蟾舞台夜场：

班世超《盗仙草》，金少臣、李盛泉《打龙袍》，唐韵笙、李仲林、宋遇春、程少馀《兴隆会》，压轴刘美君、马世啸、余廉芳《宇宙锋》，大轴唐韵笙、李仲林、程少馀、宋遇春、张国斌、林鹏程、李刚毅、郭金光《古城会》连演《收赵云》。

8月29、30日上海天蟾舞台夜场：

班世超《摇钱树》，压轴刘美君、姜妙香、孙慧霞、朱斌仙 全部《红娘》，大轴唐韵笙、梁一鸣、宋遇春、林鹏程、程少馀、余廉芳、萧德寅、朱斌仙、吴富琴《目连救母》。

9月1、7、9、17日 上海天蟾舞台夜场：

班世超《百草山》，金少臣《锁五龙》，唐韵笙、李仲林、姜妙香、程少馀《黄鹤楼》，压轴刘美君、朱斌仙《苏三起解》，大轴唐韵笙、李仲林、宋遇春、林鹏程《绝龙岭》。

9月2日上海天蟾舞台夜场：

班世超、林鹏程、李盛佐《扈家庄》，金少臣《草桥关》，压轴李仲林、郭金光《三岔口》，大轴唐韵笙、梁一鸣、宋遇春、林鹏程、程少馀、余廉芳、萧德寅《目连救母》。

9月3日上海天蟾舞台夜场：

班世超《取金陵》，金少臣《牧虎关》，压轴刘美君、姜妙香《花田错》，大轴唐韵笙、李仲林、梁一鸣、程少馀、林鹏程、张国斌《走麦城》。

9月4、13日夜场，17、19日日场 上海天蟾舞台

班世超《蟠桃会》，金少臣《探阴山》，唐韵笙、姜妙香、李仲林、萧德

寅《徐策跑城》《周瑜归天》，刘美君、梁一鸣《贺后骂殿》，大轴唐韵笙、李仲林《艳阳楼》。

9月5、12日日场，9、15、19日夜场上海天蟾舞台：

班世超《盗仙草》，唐韵笙、李仲林、程少馀、宋遇春、郭金光、陈福贵（前部）《汉寿亭侯》，刘美君、姜妙香、宋遇春、张国斌《玉堂春》，大轴唐韵笙、梁一鸣、金少臣、吴富琴、吕媚莲《逍遥津》。

9月5日夜场、11日场 上海天蟾舞台

班世超《盗宝库》，压轴刘美君、姜妙香、孙慧霞、朱斌仙 全部《红娘》，大轴唐韵笙、李仲林、宋遇春、程少馀、林鹏程、李刚毅《黄忠代箭》《关公显圣》《刘备哭灵》《赵云救驾》。

9月6日上海天蟾舞台夜场：

班世超《聚宝盆》，金少臣《黑风帕》，唐韵笙、程少馀、郭金光《挂印封金》《霸桥挑袍》，压轴李仲林、萧德寅、王少伯、郭坤泉、马世啸《林冲夜奔》连演《火并王伦》，大轴唐韵笙、魏莲芳、梁一鸣、宋遇春、林鹏程《未央宫》全部《斩韩信》。

9月8、12日 上海天蟾舞台夜场：

班世超《聚宝盆》，姜妙香、马世啸《辕门射戟》，压轴李仲林、魏莲芳、宋遇春、张国斌、郭金光《紫竹林》，大轴唐韵笙、梁一鸣、林鹏程、程少馀、盖春来《好鹤失政》。

9月10、16日 上海天蟾舞台夜场：

班世超《扈家庄》，唐韵笙、程少馀、刘俊舟全部《挂印封金》《灞桥挑袍》，李仲林、郭金光、萧德寅 三本《铁公鸡》，大轴唐韵笙、魏莲芳、梁一鸣、张国斌、林鹏程全部《未央宫》《斩韩信》。

9月14日 上海天蟾舞台夜场：

班世超《取金陵》，金少臣《牧虎关》，刘美君、姜妙香《春秋配》，大轴唐韵笙、李仲林、梁一鸣、程少馀、林鹏程、张国斌《走麦城》。

9月18日 上海天蟾舞台夜场：

班世超《金山寺》，金少臣、李盛泉《打龙袍》，压轴刘美君、马世啸、余廉芳《宇宙锋》，大轴唐韵笙、李仲林、张国斌、程少馀、林鹏程、李刚毅

《黄忠代箭》《关公显圣》《刘备哭灵》《赵云救驾》。

9月19日上海天蟾舞台最后一天夜场：

班世超《盗仙草》，唐韵笙、李仲林、程少馀、张国斌、郭金光、陈福贵全部《汉寿亭侯》，压轴刘美君、姜妙香、张国斌《玉堂春》，大轴唐韵笙、金少臣、梁一鸣、吴富琴、吕媚莲全部《逍遥津》。

9月20日—49年1月19日 上海天蟾舞台 班世超与童芷苓、唐韵笙、纪玉良、高盛麟同台合作。

9月22日至28日夜场，26日日场、夜场 上海天蟾舞台：

班世超《朝金顶》，压轴纪玉良、高盛麟、姜妙香、金少臣、贺玉钦、程少馀 全部《群英会》《借东风》《华容道》，大轴童芷苓、童寿苓、李宝魁、崔熹云 全部《红娘》。

9月29日至10月2日夜场，10月3日日场、夜场，上海天蟾舞台：

班世超《摇钱树》，贺玉钦、郭金光《三岔口》，压轴唐韵笙、高盛麟《枪挑小梁王》，大轴童芷苓、童寿苓、唐韵笙、纪玉良、金少臣《拾玉镯》《法门寺》。

10月4、5、6日上海天蟾舞台夜场：

班世超《盗仙草》，贺玉钦、郭金光《铁公鸡》，童芷苓、纪玉良、金少臣《二进宫》，压轴唐韵笙、李宝魁、程少馀《逍遥津》，大轴童芷苓、唐韵笙、纪玉良、高盛麟、贺玉钦、金少臣、李宝魁、班世超、崔熹云《大八蜡庙》。

10月9日夜场、10、11日日场、夜场（双十节）上海天蟾舞台：

班世超《盗宝库》，大轴童芷苓、唐韵笙、纪玉良、高盛麟、童寿苓、贺玉钦、李宝魁、程少馀、魏莲芳、崔熹云《卢俊义》《大名府》《秦淮河》《贪欢报》《一箭仇》《史文恭》。

10月12日至14日夜场上海天蟾舞台：

李盛泉《钓金龟》，贺玉钦、班世超、程少馀、郭金光《大四杰村》，压轴唐韵笙、高盛麟、马世啸、杨荣楼、崔熹云、萧德寅《反五关》，大轴童芷苓、童寿苓、李宝魁、崔熹云、张国斌、朱斌仙、宋义增《诳妻嫁妹》。

10月15日至17日（17日日场、夜场）上海天蟾舞台：

班世超《蟠桃会》，贺玉钦、郭金光 三本《铁公鸡》，压轴唐韵笙、贺玉钦、程少馀、张国斌、林鹏程、李刚毅《黄忠代箭》《关公显圣》《刘备哭灵》《赵云救驾》，大轴童芷苓、姜妙香、宋义增《贵妃醉酒》。

10 月 20 日至 22 日上海天蟾舞台夜场：

班世超《杨排风》，童芷苓、唐韵笙、高盛麟、金少臣、郭金光、张国斌《割发代首》，压轴纪玉良、程少馀、李宝魁、李盛泉、宋义增、崔熹云《辕门斩子》，大轴童芷苓、唐韵笙、高盛麟、梁一鸣、魏莲芳、李盛佐、萧德寅、崔熹云《大溪皇庄》。

10 月 23、24 日 为上海市抗战蒙难同志会义演，上海天蟾舞台夜场：

班世超《朝金顶》，压轴唐韵笙、纪玉良、姜妙香、贺玉钦、金少臣、程少馀《群英会》《借东风》《华容道》，大轴童芷苓、张国斌、宋义增、朱斌仙、李盛泉、萧德寅、刘韵芳、吕媚莲《荒山泪》。

10 月 25、26 日为上海市忠义小学义演，上海天蟾舞台：

夜戏：班世超《摇钱树》，贺玉钦、郭金光《三岔口》，压轴唐韵笙、高盛麟《枪挑小梁王》，大轴童芷苓、唐韵笙、纪玉良、姜妙香、金少臣《拾玉镯》《法门寺》。

10 月 27 日上海天蟾舞台 日场、夜场：

班世超《摇钱树》，贺玉钦、郭金光《三岔口》，压轴唐韵笙、高盛麟、程少馀、萧德寅《枪挑小梁王》，大轴童芷苓、唐韵笙、纪玉良、姜妙香、金少臣《拾玉镯》《法门寺》。

10 月 28、29、30 日夜场，31 日 日场、夜场上海天蟾舞台夜场：

班世超《盗仙草》，贺玉钦、郭金光《铁公鸡》，童芷苓、纪玉良、金少臣《二进宫》，压轴唐韵笙、李宝魁、程少馀《逍遥津》，大轴童芷苓、唐韵笙、纪玉良、高盛麟、班世超、金少臣、贺玉钦、刘韵芳、崔熹云《大八蜡庙》。

11 月 3、4、5 日夜场，10 日日场 上海天蟾舞台：

班世超《蟠桃会》，贺玉钦、郭金光 三本《铁公鸡》，压轴唐韵笙、高盛麟、程少馀、张国斌、林鹏程、李刚毅《黄忠代箭》《关公显圣》《刘备哭灵》《赵云救驾》，大轴童芷苓、姜妙香、宋义增《贵妃醉酒》。

11月6、7日日场、夜场，8日日场 上海天蟾舞台：

班世超《盗宝库》，大轴童芷苓、唐韵笙、纪玉良、高盛麟、童寿苓、贺玉钦、李宝魁、程少馀、魏莲芳、崔熹云《卢俊义》《大名府》《秦淮河》《贪欢报》《一箭仇》《史文恭》。

11月12、13、22、23日 上海天蟾舞台夜场：

班世超《朝金顶》，压轴唐韵笙、纪玉良、姜妙香、金少臣、贺玉钦、程少馀 全部《群英会》《借东风》《华容道》，大轴童芷苓、童寿苓、李宝魁、崔熹云、朱斌仙《红娘》。

11月14日日场、夜场，15日夜场上海天蟾舞台：

班世超《摇钱树》，贺玉钦、郭金光《三岔口》，压轴唐韵笙、高盛麟、程少馀、萧德寅《枪挑小梁王》，大轴童芷苓、唐韵笙、纪玉良、姜妙香、金少臣、朱斌仙《拾玉镯》《法门寺》。

11月16日夜场 上海天蟾舞台：

班世超《金山寺》，压轴唐韵笙、纪玉良、高盛麟、金少臣、魏莲芳、程少馀《长坂坡》《汉口津》，大轴童芷苓、童寿苓、崔熹云、吴富琴《锁麟囊》。

11月17日 上海天蟾舞台夜场：

班世超《盗仙草》，压轴唐韵笙、贺玉钦、程少馀、张国斌全部《汉寿亭侯》，大轴童芷苓、纪玉良、姜妙香、魏莲芳、李宝魁、梁一鸣、朱斌仙全部《红鬃烈马》。

11月20日夜场、21日日场、夜场 上海天蟾舞台：

贺玉钦、郭金光 三本《铁公鸡》，童芷苓、纪玉良、金少臣《二进宫》，压轴唐韵笙、李宝魁、程少馀《逍遥津》，大轴童芷苓、唐韵笙、纪玉良、高盛麟、贺玉钦、金少臣、李宝魁、班世超、崔熹云《大八蜡庙》。

11月27、28日 上海天蟾舞台夜场：

班世超《朝金顶》，贺玉钦《伐子都》，唐韵笙、童芷苓、李宝魁《战蒲关》，压轴纪玉良、高盛麟、姜妙香、李盛泉《八大锤》《断臂说书》，大轴童芷苓、唐韵笙《十八扯》。

12月1日夜场 上海天蟾舞台：

贺玉钦、郭金光 三本《铁公鸡》，童芷苓、纪玉良、金少臣《二进宫》，压轴唐韵笙、李宝魁、程少馀《逍遥津》，大轴童芷苓、唐韵笙、纪玉良、高盛麟、贺玉钦、金少臣、李宝魁、班世超、崔熹云《大八蜡庙》。

12月2、3、7、14、21、29日夜场上海天蟾舞台：

班世超《摇钱树》，唐韵笙、梁一鸣、林鹏程、程少馀、盖春来《好鹤失政》，童芷苓、唐韵笙、纪玉良、高盛麟、姜妙香、李宝魁、贺玉钦、郭金光、崔熹云、李盛泉《金钱豹》《盘丝洞》《盗魂铃》。

12月4日 上海天蟾舞台夜场：

班世超《取金陵》，贺玉钦、郭金光 三本《铁公鸡》，唐韵笙、童芷苓《南天门》，压轴纪玉良、李宝魁、金少臣《失街亭》《空城计》《斩马谡》，大轴童芷苓、唐韵笙《十八扯》。

12月5日 日场、夜场上海天蟾舞台：

班世超《摇钱树》，压轴唐韵笙、纪玉良、姜妙香、金少臣、程少馀、贺玉钦《群英会》《借东风》《华容道》，大轴童芷苓、童寿苓、李宝魁、崔熹云、朱斌仙 全部《红娘》。

12月6日 上海天蟾舞台夜场：

班世超《杨排风》，压轴贺玉钦《花蝴蝶》，大轴童芷苓、唐韵笙、高盛麟、姜妙香、魏莲芳、李宝魁、张国斌、林鹏程《霸王别姬》连演《未央宫斩韩信》。

12月8、13、23日上海天蟾舞台夜场：

班世超《蟠桃会》，压轴纪玉良、金少臣《捉放曹》（宿店），大轴童芷苓、唐韵笙、纪玉良、高盛麟、姜妙香、魏莲芳、金少臣、李宝魁、程少馀、朱斌仙、萧德寅、马世啸、宋义增、张国斌 全部《貂蝉》。

12月9日 上海天蟾舞台夜场：

班世超《盗仙草》，贺玉钦《大三岔口》，唐韵笙《徐策跑城》，童芷苓、纪玉良《二进宫》，压轴唐韵笙、程少馀、张国斌《古城相会》，大轴童芷苓、姜妙香、宋义增《贵妃醉酒》。

12月11、16日夜场，12日日场、夜场 上海天蟾舞台：

班世超《百鸟朝凤》，压轴唐韵笙、贺玉钦、张国斌、林鹏程、萧德寅、马世啸《夜战绝龙岭》，大轴童芷苓、纪玉良、高盛麟、童寿苓、崔喜云、朱斌仙、宋义增、李宝魁《戏迷家庭》。

12月15日 上海天蟾舞台夜场：

班世超《取金陵》，贺玉钦、郭金光 三本《铁公鸡》，唐韵笙、童芷苓《南天门》，压轴纪玉良、李宝魁、金少臣《失街亭》《空城计》《斩马谡》，大轴童芷苓、唐韵笙《十八扯》。

12月17、18、25日夜场，19、26日日场、夜场上海天蟾舞台：

班世超《摇钱树》，压轴唐韵笙、纪玉良、姜妙香、金少臣、程少馀、贺玉钦《群英会》《借东风》《华容道》，大轴童芷苓、曹四庚、李宝魁、童寿苓、崔熹云《蝴蝶梦》《大劈棺》。

12月27日 上海天蟾舞台夜场：

班世超《盗仙草》，贺玉钦《伐子都》，压轴唐韵笙、李宝魁、程少馀、吴富琴《逍遥津》，大轴童芷苓、李宝魁、童寿苓、崔熹云 全部《红娘》。

12月31日 上海天蟾舞台夜场：

班世超《朝金顶》，贺玉钦、郭金光 三本《铁公鸡》，压轴唐韵笙、高盛麟、程少馀、张国斌《黄忠代箭》《关公显圣》《刘备哭灵》《赵云救驾》，大轴童芷苓、李宝魁、曹四庚、童寿苓全部《蝴蝶梦》《大劈棺》。

● **1949 年（民国三十八年）28 岁**

1月1、2日日场、夜场，14、15日夜场 上海天蟾舞台：

班世超《朝金顶》，贺玉钦、郭金光 三本《铁公鸡》，压轴唐韵笙、高盛麟、程少馀、张国斌《黄忠代箭》《关公显圣》《刘备哭灵》《赵云救驾》，大轴童芷苓、李宝魁、曹四庚、童寿苓、崔熹云《蝴蝶梦》《大劈棺》。

1月5日 上海天蟾舞台夜场：

班世超《摇钱树》，唐韵笙、梁一鸣、林鹏程、程少馀、盖春来 全部《好鹤失政》，大轴童芷苓、唐韵笙、纪玉良、高盛麟、童寿苓、李宝魁、贺玉钦、曹四庚、李盛泉、崔熹云《金钱豹》《盘丝洞》《盗魂铃》。

1月8日日场、夜场，9日日场 上海天蟾舞台：

班世超《摇钱树》，唐韵笙、纪玉良、姜妙香、金少臣《群英会》《借东

风》《华容道》，大轴童芷苓、曹四庚《新纺棉花》。

1月12、13、17、18、19日 上海天蟾舞台夜场：

班世超《取金陵》，压轴唐韵笙、纪玉良、姜妙香、金少臣、程少馀、贺玉钦《群英会》《借东风》《华容道》，大轴童芷苓、曹四庚《新纺棉花》。

1月29日—2月23日 上海天蟾舞台 班世超与李万春、曹慧麟、白玉艳、高盛麟等同台合作。

1月29日（正月初一）李万春上海天蟾舞台打炮戏日场、夜场：

班世超《摇钱树》，高盛麟、李万春、白玉艳、毛庆来、曹慧麟《大八蜡庙》，压轴白玉艳、张国斌、萧德寅《娘子军》，大轴李万春、苏连汉、曹慧麟、高盛麟、宋遇春、姜妙香《龙凤呈祥》。

1月30日（正月初二）上海天蟾舞台日场、夜场：

班世超《蟠桃会》，李万春、高盛麟、苏连汉、魏莲芳、宋遇春、程少馀《长坂坡》《汉津口》，压轴白玉艳、姜妙香、魏莲芳、曹慧麟《虹霓关》，大轴李万春、高盛麟、毛庆来、吴鸣申、艾世菊《英雄比武》。

1月31日（正月初三）上海天蟾舞台日场、夜场：

班世超《朝金顶》，李万春、曹慧麟、姜妙香、毛庆来、艾世菊、宋遇春全部《武松》（打虎起，杀嫂止），压轴高盛麟、林鹏程、张连亭《艳阳楼》，大轴李万春、白玉艳、吴鸣申、李庆春 全部《武松打店》。

2月1、5日（正月初四）日场、夜场，19日夜场上海天蟾舞台：

李万春、高盛麟、曹慧麟、白玉艳、魏莲芳《大溪皇庄》，压轴白玉艳、姜妙香、曹四庚、曹慧麟、宋遇春全部《蝴蝶梦》《大劈棺》，大轴李万春、高盛麟、班世超、毛庆来、苏连汉、程少馀《恶虎村》《洗浮山》。

2月2、3、6、13日日场、夜场，10、16、18、23日夜场 上海天蟾舞台：

班世超《杨排风》，压轴高盛麟、李万春、白玉艳、曹慧麟、姜妙香、李庆春、郭金光、贺玉钦、李庆春、曹四庚、宋遇春《金钱豹》《盘丝洞》《盗魂铃》，大轴李万春、白玉艳、曹四庚、李庆春、毛庆来、吴鸣申《铁公鸡》。

2月4、12日日场、夜场，8、17、22日夜场 上海天蟾舞台：

班世超《朝金顶》，李万春、曹慧麟、姜妙香、毛庆来、艾世菊、宋遇春全部《武松》，压轴高盛麟、贺玉钦《艳阳楼》，大轴李万春、白玉艳、吴鸣申、李庆春 全部《武松打店》。

2月7日 上海天蟾舞台夜场：

班世超《盗宝库》，贺玉钦、郭金光《大三岔口》，曹慧麟、高盛麟、姜妙香、张国斌、朱斌仙、萧德寅《霸王别姬》，大轴李万春、毛庆来、宋遇春、李庆春、吴鸣申《林冲夜奔》《火并王伦》。

2月9日 上海天蟾舞台夜场：

贺玉钦、郭金光《大伐子都》，李万春、高盛麟、班世超、毛庆来《义旗令》，压轴白玉艳、曹慧麟、曹四庚、李盛泉《樊江关》，大轴李万春、高盛麟、宋遇春、王德禄《两将军》。

2月11日 上海天蟾舞台夜场：

班世超《盗宝库》，贺玉钦、郭金光《花蝴蝶》，曹慧麟、高盛麟、姜妙香、张国斌、朱斌仙、萧德寅《霸王别姬》，大轴李万春、毛庆来、宋遇春、李庆春、吴鸣申《林冲夜奔》《火并王伦》。

2月14日 上海天蟾舞台夜场：

班世超《打孟良》，贺玉钦《界牌关》，压轴白玉艳、姜妙香、魏莲芳《十三妹》，大轴李万春、高盛麟、宋遇春、艾世菊、毛庆来、苏连汉《盗御马》《连环套》《盗双钩》。

2月15日 夜场、20日日场、夜场上海天蟾舞台：

李盛泉《钓金龟》，贺玉钦、郭金光《大伐子都》，李万春、高盛麟、班世超、毛庆来《义旗令》，压轴曹慧麟、曹四庚《新纺棉花》，大轴李万春、高盛麟《两将军》。

2月21日 上海天蟾舞台夜场：

班世超《金山寺》，大轴李万春、白玉艳、高盛麟、毛庆来、苏连汉、张国斌、李盛泉、吴富琴、萧德寅《潞安洲》《梁红玉》《八大锤》。

2月25日 上海天蟾舞台夜场：

班世超《盗宝库》，李万春、高盛麟、白玉艳、苏连汉、艾世菊、宋遇春《割发代首》曹慧麟、姜妙香、曹四庚《贵妃醉酒》，高盛麟、李万春、毛庆来、艾世菊、白玉艳、曹慧麟合演《大八蜡庙》。

3月17日—4月17日上海天蟾舞台 班世超与盖叫天、李万春、曹慧麟、李仲林、李桐春、高盛麟等同台合作。

3月17日 上海天蟾舞台夜场：

李盛泉《龙图升官》，压轴班世超《聚宝盆》，大轴盖叫天、李万春、曹慧麟、高盛麟、李仲林、李桐春、苏连汉、程少馀、李庆春、毛庆来、班世超《江南四霸天》。

3月18日 上海天蟾舞台夜场：

班世超《百鸟朝凤》，李桐春、毛庆来、吴鸣申《嘉兴府》，压轴曹慧麟、宋遇春、曹四庚、阎庆林、朱斌仙 全部《蝴蝶梦》《大劈棺》，大轴盖叫天、李万春、李仲林、李桐春、艾世菊《艳阳楼》。

3月20、27日 上海天蟾舞台日场：

李盛泉《打龙袍》，班世超《聚宝盆》，大轴盖叫天、李万春、曹慧麟、高盛麟、李仲林、李桐春、苏连汉、程少馀、李庆春、毛庆来、班世超《江南四霸天》。

3月20、22、28日 上海天蟾舞台夜场：

班世超《雄黄阵》，大轴盖叫天、李万春、曹慧麟、高盛麟、李仲林、李桐春 全部《卢俊义》《大名府》《一箭仇》《史文恭》。

3月25日 上海天蟾舞台夜场：

盖叫天、高盛麟、班世超《赤福寿》，压轴李万春、李仲林、李桐春、吴鸣申 三本《铁公鸡》，大轴盖叫天、李万春、高盛麟、曹慧麟、李桐春、魏莲芳《大溪皇庄》。

3月26、30日 上海天蟾舞台夜场：

班世超《朝金顶》，盖叫天、李万春、高盛麟、曹慧麟、李仲林全部《大翠屏山》，压轴高盛麟、张连亭、阎少泉《大铁笼山》，大轴盖叫天、李万春、班世超、毛庆来《三岔口》。

3月27日 上海天蟾舞台夜场：

班世超《杨排风》，压轴李万春、高盛麟、曹慧麟、李仲林、李桐春《金钱豹》《盘丝洞》《盗魂铃》，大轴盖叫天、李万春、高盛麟《赵家楼》。

3月29日 上海天蟾舞台夜场：

班世超《大泗州城》，曹慧麟、魏莲芳《虹霓关》，盖叫天、李万春、高盛麟、李桐春《金雁桥》《两将军》，盖叫天、阎少泉、郭金光《武松打店》。

3月31日上海天蟾舞台夜场：

班世超《金山寺》，压轴李万春、高盛麟、李仲林、李桐春《活捉吕蒙》《黄忠代箭》《关公显圣》《刘备哭灵》《赵云救驾》，大轴盖叫天、程少馀、班世超、萧德寅、李庆春《恶虎村》。

4月1日上海天蟾舞台夜场：

李盛泉《长寿星》，李桐春、苏连汉《大挑华车》，压轴盖叫天、杨荣楼、班世超、李盛佐《大白水滩》，大轴盖叫天、李万春、曹慧麟、高盛麟《宝莲灯》连演《劈山救母》。

4月2、3、9、12日上海天蟾舞台夜场：

班世超《青石山》，压轴李万春、高盛麟、艾世菊《盗御马》《连环套》《盗双钩》，大轴盖叫天、曹慧麟、李桐春、李盛佐、张国斌 前部《武松》。

4月3日上海天蟾舞台日场：

班世超《杨排风》，压轴李万春、高盛麟、曹慧麟、李仲林、李桐春《金钱豹》《盘丝洞》《盗魂铃》，大轴盖叫天、高盛麟、李桐春《贺天保》。

4月4日上海天蟾舞台夜场：

班世超《金山寺》，李万春、高盛麟、魏莲芳《汉阳院》《长坂坡》《汉津口》，压轴曹慧麟《贵妃醉酒》，大轴盖叫天、李万春、高盛麟、李仲林 全部《史文恭》。

4月5、6、7、11、14日上海天蟾舞台夜场：

班世超《朝金顶》，盖叫天、李万春、高盛麟、曹慧麟、李仲林 全部《大翠屏山》，压轴高盛麟、张连亭、阎少泉《大铁笼山》，大轴盖叫天、李万春、班世超、毛庆来《三岔口》。

4月8日上海天蟾舞台夜场：

班世超《红桃山》，压轴李万春、李桐春《孙悟空》，大轴盖叫天、高盛麟、曹慧麟《茂州庙》连演《拿谢虎》。

4月10日日场，15日夜场 上海天蟾舞台：

班世超《雄黄阵》，大轴盖叫天、李万春、曹慧麟、高盛麟、李仲林、李

桐春 全部《卢俊义》《大名府》《一箭仇》《史文恭》。

4月10日上海天蟾舞台夜场：

李万春、高盛麟、李仲林、李桐林《活捉吕蒙》《黄忠代箭》《关公显圣》《刘备哭灵》《赵云救驾》，大轴盖叫天、程少馀、班世超、萧德寅、李庆春《恶虎村》。

4月13日上海天蟾舞台夜场：

马世啸《草桥关》，压轴李万春、高盛麟、艾世菊《盗御马》《连环套》《盗双钩》，大轴盖叫天、班世超、阎少泉、郭金光、杨荣楼 中部《武松》。

4月16日上海天蟾舞台夜场：

班世超《金山寺》，压轴李万春、高盛麟、李仲林、李桐春《活捉吕蒙》《黄忠代箭》《关公显圣》《刘备哭灵》《赵云救驾》，大轴盖叫天、程少馀、班世超、萧德寅、李庆春《恶虎村》。

4月17日上海天蟾舞台：

日场：班世超《蟠桃会》，压轴李万春、高盛麟、魏莲芳《割发代首》，大轴盖叫天、曹慧麟、李桐春 前部《武松》。

夜场：盖叫天、李万春、高盛麟、李仲林 全部《大翠屏山》，压轴高盛麟、张连亭、阎少泉《大铁笼山》，大轴盖叫天、李万春、班世超、毛庆来《三岔口》。

4月18日夜场，24日日场 上海天蟾舞台：

班世超《聚宝盆》，李万春、李仲林、李庆春 双演三本《铁公鸡》，压轴沈松丽、朱斌仙《苏三起解》，大轴李万春、纪玉良、高盛麟、姜妙香、艾世菊、程少馀《群英会》《借东风》《华容道》。

4月19日上海天蟾舞台夜场：

班世超《盗宝库》，沈松丽、姜妙香《春秋配》，压轴纪玉良、程少馀、马世啸、宋遇春《失街亭》《空城计》《斩马谡》，大轴李万春、高盛麟、李桐春、李仲林《落马湖》。

4月20、25日上海天蟾舞台夜场：

班世超《金山寺》，压轴纪玉良、沈松丽、高盛麟、姜妙香、李桐春、李仲林《甘露寺》《回荆州》《芦花荡》《周瑜归天》，大轴李万春、毛庆来、李庆春、宋遇春、吴鸣申《林冲夜奔》《火并王伦》。

4月21日上海天蟾舞台夜场：

班世超《扈家庄》，李万春、魏莲芳、毛庆来、宋遇春、苏连汉《新长坂坡》，压轴纪玉良、沈松丽《武家坡》，大轴李万春、毛庆来、艾世菊、吴鸣申、李庆春、《水帘洞》。

4月24日 上海天蟾舞台夜场：

班世超《大泗州城》，沈松丽、李盛泉《六月雪》，压轴纪玉良、李万春、姜妙香、高盛麟、李桐春、李仲林、毛庆来《八大锤》，大轴李万春、高盛麟、林鹏程、张连亭、高世泰《艳阳楼》。

4月26日 上海天蟾舞台夜场：

班世超《百鸟朝凤》，压轴沈松丽、金少臣、纪玉良 全部《法门寺》，大轴李万春、李仲林、宋遇春、程少馀、吴鸣申、王德禄 全部《忠义千秋》。

4月27日 上海天蟾舞台夜场：

班世超《蟠桃会》，沈松丽、姜妙香、魏莲芳二本《虹霓关》，大轴李万春、李仲林、宋遇春、毛庆来、李庆春、吴鸣申 头本《走麦城》

4月28日 上海天蟾舞台夜场：

班世超《盗仙草》，李万春、李仲林、宋遇春 前部《马超》，压轴沈松丽、纪玉良、金少臣、《二进宫》，大轴李万春、高盛麟、张国斌、王德禄 后部《马超》。

4月29、30日 上海天蟾舞台夜场：

班世超《盗宝库》，压轴纪玉良、沈松丽、高盛麟、李桐春、李仲林《雪地恨》连演《别宫祭江》，大轴李万春、李桐春、魏莲芳、金少臣、宋遇春《野猪林》。

5月1日上海天蟾舞台夜场：

班世超《杨排风》，金少臣《锁五龙》，沈松丽、姜妙香、何润初《春秋配》，压轴高盛麟《挑华车》，大轴李万春、毛庆来、李庆春、宋遇春《林冲夜奔》《火并王伦》。

5月2日上海天蟾舞台夜场：

班世超《金山寺》，压轴沈松丽、高盛麟、姜妙香《霸王别姬》，大轴李

万春、纪玉良、魏莲芳、金少臣《打金砖》。

5月3日上海天蟾舞台夜场：

班世超《盗宝库》，压轴纪玉良、沈松丽、高盛麟、李仲林《雪弟恨》，大轴李万春、李桐春、魏莲芳、金少臣、宋遇春《野猪林》，

5月5日 上海天蟾舞台夜场：

班世超《朝金顶》，大轴李万春、纪玉良、高盛麟、李桐春、魏莲芳、李仲林《卢俊义》《大名府》《一箭仇》连演《英雄义》《法华寺》《史文恭》。

5月6日上海天蟾舞台夜场：

班世超《大泗州城》，李万春、李桐春、沈松丽、高盛麟、李仲林《大翠屏山》，压轴高盛麟《大铁笼山》，大轴李万春、李桐春、班世超、毛庆来《大三岔口》。

5月7、8日 上海天蟾舞台夜场：

班世超《朝金顶》，压轴纪玉良、沈松丽、姜妙香、魏莲芳《红鬃烈马》，大轴李万春、李仲林《擒方腊》。

5月9日 上海天蟾舞台夜场：

班世超《蟠桃会》，金少臣《打龙袍》，纪玉良、高盛麟、姜妙香《八大锤》《断臂说书》，大轴李万春、李庆春、魏莲芳《野猪林》。

5月10日 上海天蟾舞台夜场：

班世超《百草山》，姜妙香、金少臣《飞虎山》，高盛麟《挑华车》，大轴李万春、毛庆来、李庆春、宋遇春《林冲夜奔》《火并王伦》。

5月11日 上海天蟾舞台夜场：

班世超《取金陵》，姜妙香《辕门射戟》，高盛麟《冀州城》，大轴李万春、纪玉良、魏莲芳、金少臣 全部《打金砖》。

5月12日 上海天蟾舞台夜场：

班世超《大泗州城》，压轴纪玉良、金少臣、宋遇春《失街亭》《空城计》《斩马谡》，大轴李万春、魏莲芳、姜妙香、毛庆来一至五本《武松》。

5月13、14日 上海天蟾舞台夜场：

李盛泉《钓金龟》，大轴李万春、魏莲芳、姜妙香、班世超、宋遇春、毛庆来、艾世菊、李庆春、苏连汉 一至十本《武松》。

5月16日夜场，22日日场 上海天蟾舞台

纪玉良《辕门斩子》，大轴李万春、李仲林、魏莲芳、班世超、宋遇春《马玉龙》《佟家坞》。

5月17日 上海天蟾舞台夜场：

李万春、李仲林、魏莲芳、班世超《酒丐》。

5月18日 上海天蟾舞台夜场：

班世超《盗仙草》，压轴李万春、纪玉良、宋遇春、李仲林《白帝城》（黄忠带箭、刘备托孤），大轴李万春、毛庆来、李庆春《林冲夜奔》《火并王伦》。

5月19日至31日连演 上海天蟾舞台夜场：

班世超《杨排风》，压轴金少臣、马世啸《父子会》，大轴李万春、纪玉良、李仲林全部《十八罗汉收大鹏》。

6月1日—6月28日 上海天蟾舞台 班世超与徐碧云、李仲林、纪玉良、高盛麟等同台合作。

6月1日（端午节）上海天蟾舞台日场：

班世超、阎少泉《白蛇传》（水漫金山），压轴纪玉良、金少臣、宋遇春、马世啸《失街亭》《空城计》《斩马谡》，大轴徐碧云、姜妙香、孙鹏志、孙正阳、刘顺奎前部《新玉堂春》。

6月2日上海天蟾舞台夜场：

班世超《梁红玉》，压轴纪玉良、金少臣《奇冤报》，大轴徐碧云、姜妙香、孙鹏志 后部《新玉堂春》。

6月3日 上海天蟾舞台夜场：

班世超《扈家庄》，压轴纪玉良、金少臣《斩黄袍》，大轴徐碧云、姜妙香、孙鹏志、王正屏《绿珠坠楼》。

6月7日 上海天蟾舞台夜场：

班世超《盗仙草》，压轴纪玉良、高盛麟《吞吴恨》，大轴徐碧云、姜妙香、孙鹏志《虞小翠》。

6月8日 上海天蟾舞台夜场：

班世超《盗宝库》，徐碧云、高盛麟《酸枣岭》《刺巴杰》《巴骆和》，压

轴纪玉良《搜孤救孤》，大轴徐碧云、姜妙香、孙鹏志《贩马记》。

6月9、18日上海天蟾舞台夜场：

高盛麟、班世超《白水滩》，大轴徐碧云、孙鹏志、宋遇春 一至四本《木兰从军》。

6月10日上海天蟾舞台夜场：

班世超《朝金顶》，金少臣《黑风帕》，压轴高盛麟、张连亭《铁笼山》，大轴徐碧云、纪玉良、魏莲芳、姜妙香 全部《四郎探母》。

6月11日上海天蟾舞台夜场：

班世超、周瑛鹏《四杰村》，压轴纪玉良、金少臣《上天台》，大轴徐碧云、姜妙香、孙鹏志、王正屏、孙正阳《魂断蓝桥》。

6月14日上海共舞台 上海市伶界联合会、募捐失业同人、福利基金义演日场：

班世超、周菊芳、郭金光、阎少泉《大泗州城》，压轴李如春、邱玉成、杨宝童《萧何月下追韩信》，大轴唐韵笙《走麦城》。

6月14日上海天蟾舞台夜场：

班世超《摇钱树》，徐碧云、纪玉良、金少臣《法门寺》，压轴高盛麟、孙鹏志、王正屏《战长沙》，大轴徐碧云、纪玉良、周瑛鹏《陆文龙》。

6月15日上海天蟾舞台夜场：

班世超、周瑛鹏《青石山》，纪玉良、金少臣《斩黄袍》，大轴徐碧云、魏莲芳、姜妙香、孙鹏志《绿珠坠楼》。

6月16日上海天蟾舞台夜场：

班世超《杨排风》，压轴高盛麟、金少臣、艾世菊《盗御马》《连环套》《盗双钩》，大轴徐碧云、纪玉良、姜妙香、魏莲芳 全部《红鬃烈马》。

6月17日上海共舞台 上海市伶界联合会、募捐失业同人、福利基金义演日场：

班世超、郭金光、周瑛鹏、萧德寅《大四杰村》，压轴金少臣、马世啸《父子会》，大轴梅兰芳、俞振飞、姜妙香、艾世菊、张少甫、朱斌仙《贩马记》。

6月19日上海天蟾舞台日场：

班世超《泗州城》，金少臣《打龙袍》，压轴徐碧云、高盛麟《打渔杀家》，大轴徐碧云、纪玉良、高盛麟全部《黄鹤楼》《芦花荡》。

6月19、24日上海天蟾舞台夜场：

班世超《盗宝库》，压轴纪玉良、高盛麟、姜妙香、金少臣《群英会》《借东风》《华容道》，大轴徐碧云、姜妙香、孙鹏志、王正屏《薛琼英》。

6月20日上海天蟾舞台夜场：

班世超《摇钱树》，徐碧云、纪玉良、金少臣《法门寺》，压轴高盛麟、孙鹏志、王正屏《战长沙》，大轴徐碧云、纪玉良、周瑛鹏《陆文龙》。

6月21日上海天蟾舞台夜场：

周瑛鹏《驱车战将》，班世超《小放牛》，压轴高盛麟、张连亭、林鹏程《状元印》，大轴徐碧云、纪玉良、姜妙香、魏莲芳 全部《穆柯寨》《穆天王》《辕门斩子》《天门阵》。

6月22日上海天蟾舞台夜场：

班世超《百草山》，压轴高盛麟、纪玉良《连营寨》，大轴徐碧云、姜妙香、魏莲芳、孙鹏志、王正屏 全部《新蝴蝶杯》。

6月26日上海天蟾舞台夜场：

班世超、周瑛鹏《四杰村》，压轴纪玉良、金少臣《捉放曹》，大轴徐碧云、姜妙香、魏莲芳、孙鹏志《绿珠坠楼》（徐碧云受伤）。

6月27日上海天蟾舞台夜场：

班世超《金山寺》，压轴纪玉良、金少臣、宋遇春、艾世菊《失空斩》，大轴徐碧云、姜妙香、孙鹏志、孙正阳一至四本《玉堂春》。

6月28日上海天蟾舞台夜场：

班世超《赤福寿》，纪玉良、姜妙香《状元谱》，压轴刘斌昆、魏莲芳《活捉三郎》，大轴纪玉良、金少臣、艾世菊《奇冤报》。

7月1日—8月3日 上海天蟾舞台 班世超与黄桂秋、俞振飞、纪玉良、高盛麟等同台合作。徐碧云坠楼时腿摔伤，停演。天蟾舞台由黄桂秋接演。

7月1日上海天蟾舞台夜场：

班世超、艾世菊《小放牛》，高盛麟、周瑛鹏《凤凰岭》，压轴纪玉良、金少臣《捉放曹》代（宿店），大轴黄桂秋、俞振飞、刘斌昆《春秋配》。

7月10日上海天蟾舞台夜场：

班世超《杨排风》，压轴高盛麟、金少臣、艾世菊《连环套》，大轴黄桂秋、纪玉良、魏莲芳、姜妙香、刘斌昆《四郎探母》。

7月11日上海天蟾舞台夜场：

班世超、周瑛鹏《四杰村》，金少臣《探阴山》，压轴高盛麟《挑华车》，大轴黄桂秋、纪玉良、魏莲芳、宋遇春、李盛泉、艾世菊 全部《金水桥》。

7月12日上海天蟾舞台夜场：

班世超《盗宝库》，大轴黄桂秋、纪玉良、俞振飞、金少臣、宋遇春、姜妙香、艾世菊、刘斌昆《秦香莲》。

7月23日上海天蟾舞台夜场：

王正屏《黑风帕》，班世超、周瑛鹏《四杰村》，压轴高盛麟、姜妙香、魏莲芳、金少臣《战太平》，大轴黄桂秋、李盛泉《别宫祭江》。

7月31日上海天蟾舞台夜场：

班世超《泗州城》，金少臣《锁五龙》，黄桂秋、纪玉良《桑园会》，压轴高盛麟《铁笼山》，大轴黄桂秋、纪玉良《宝莲灯》。

8月3日上海天蟾舞台夜场：

班世超《盗仙草》，大轴黄桂秋、纪玉良、高盛麟《王宝钏》。

8月4日上海中国大戏院 劳军救灾义演 夜场：

周菊芳、班世超、陈蓉芳、阎少泉、刘云兰、冀韵兰、刘云龙、郭金光《大泗州城》，李丽芳、阎世喜《四五花洞》，压轴小王桂卿、王冲《四平山》，大轴童芷苓、言慧珠、李玉茹、纪玉良、芙蓉草、韩金奎、王琴生《四郎探母》（坐宫起，见娘止）。

8月5日—8月18日 上海天蟾舞台 班世超与徐碧云、李仲林、纪玉良、高盛麟等同台合作

8月5日上海天蟾舞台夜场：

王正屏《断太后》，班世超《抗金兵》，压轴陈大濩《击鼓骂曹》，大轴徐碧云 后部《玉堂春》。

8月6、11日上海天蟾舞台夜场

班世超《金山寺》，姜妙香《辕门射戟》，徐碧云、陈大濩、魏莲芳、金

少臣《樊江关》《失·空·斩》。

8月7日上海天蟾舞台日场：

班世超、艾世菊《小放牛》，压轴周瑛鹏、郭金光《金钱豹》，大轴徐碧云、陈大濩《打渔杀家》，

8月7日上海天蟾舞台夜场：

王正屏《取洛阳》，班世超《扈家庄》，压轴徐碧云、马世啸《宇宙锋》，大轴陈大濩、魏莲芳《战太平》。

8月9日上海天蟾舞台夜场：

班世超《四杰村》，压轴陈大濩、金少臣《洪羊洞》，大轴徐碧云、姜妙香《贩马记》。

8月10日上海天蟾舞台夜场：

周瑛鹏《界牌关》，班世超《盗仙草》，徐碧云、姜妙香《虹霓关》，压轴陈大濩、金少臣《奇冤报》，大轴徐碧云（反串吕布）《白门楼》。

8月13日上海天蟾舞台夜场：

陈福赍《大兴梁山》，班世超《杨排风》，压轴陈大濩、金少臣《击鼓骂曹》，大轴徐碧云、张国斌、艾世菊《木兰从军》。

8月14日上海天蟾舞台夜场：

李盛泉《行路训子》，周瑛鹏《伐子都》，班世超《取金陵》，压轴徐碧云、姜妙香《穆柯寨》，大轴陈大濩、金少臣《搜孤救孤》。

8月15、16日上海天蟾舞台夜场：

班世超《青石山》，金少臣《探阴山》，压轴陈大濩、马世啸《秦琼卖马》，大轴徐碧云、姜妙香、魏莲芳《桃花扇》。

8月17日上海天蟾舞台夜场：

林鹏程《神亭岭》，周瑛鹏、郭金光、班世超《大三岔口》，压轴金少臣《御果园》，大轴徐碧云、陈大濩、魏莲芳、姜妙香 全部《王宝钏》。

8月18日上海天蟾舞台夜场：

王正屏《青风寨》，班世超《大四杰村》，压轴姜妙香、金少臣《飞虎山》，大轴徐碧云、张国斌、艾世菊《木兰从军》。

8月19日—8月28日 上海天蟾舞台 班世超与袁汉云、袁灵云等同台

合作

8月21日上海天蟾舞台

日场：班世超《泗州城》，压轴袁汉云、魏莲芳《甘露寺》《回荆州》《芦花荡》，大轴袁汉云、袁灵云（一赶三）全部《法门寺》。

夜场：周瑛鹏《嘉兴府》，徐振海《青风寨》，班世超《小放牛》，李宝魁《李太白》，压轴袁汉云、金少臣《捉放宿店》，大轴袁灵云、姜妙香 全本《红娘》。

8月22日上海天蟾舞台夜场：

周瑛鹏《界牌关》，压轴班世超《杨排风》，大轴袁灵云、姜妙香 全本《凤还巢》。

8月23日上海天蟾舞台夜场：

班世超《梁红玉》，压轴金少臣《刺王僚》，大轴袁汉云、袁灵云、姜妙香、周瑛鹏、艾世菊、郭金光《金钱豹》《盘丝洞》《盗魂铃》。

8月24日上海天蟾舞台夜场：

周瑛鹏、郭金光、班世超《大三岔口》，压轴金少臣《父子会》，大轴袁灵云、姜妙香、张国斌、李盛泉、徐振海、艾世菊 全部《生死恨》。

8月25日上海天蟾舞台夜场：

班世超《取金陵》，金少臣《锁五龙》，压轴袁灵云、姜妙香、周瑛鹏、艾世菊《金石盟》，大轴袁灵云、姜妙香、李盛泉《春秋配》。

8月28日上海天蟾舞台

日场：班世超、周瑛鹏《大泗州城》，压轴袁灵云《宇宙锋》，大轴袁汉云、姜妙香、金少臣、艾世菊全部《借东风》。

夜场：周英鹏、郭金光 三本《铁公鸡》，班世超《小放牛》，压轴袁汉云、金少臣《击鼓骂曹》，袁灵云、姜妙香、马世啸、李盛泉全部《红娘》。

9月7日—10月25日上海天蟾舞台 班世超与言慧珠、唐韵笙、高盛麟等同台合作

9月7日上海天蟾舞台夜场：

周瑛鹏《嘉兴府》，班世超《小放牛》，唐韵笙《挂印封金》《灞桥挑袍》，压轴赵晓岚《春秋配》，大轴唐韵笙、魏莲芳、刘五立、李刚毅《刀劈

三关》。

9月19日上海天蟾舞台夜场：

周瑛鹏《怀都关》，刘五立、班世超《白水滩》，压轴朱兰春、金少臣《捉放曹》，大轴言慧珠、姜妙香、张国斌、艾世菊 全部《生死恨》。

9月21日上海天蟾舞台夜场：

班世超《演火棍》，言慧珠、高盛麟、艾世菊《打渔杀家》，压轴朱兰春、金少臣《搜孤救孤》，大轴言慧珠 全部《洛神》。

9月24日上海天蟾舞台夜场：

班世超《金山寺》，压轴朱兰春、高盛麟、周瑛鹏全部《八大锤》，大轴言慧珠、姜妙香、李宝魁、刘斌昆《玉堂春》（起解、会审）。

9月28日上海天蟾舞台夜场：

班世超《朝金顶》，压轴言慧珠、高盛麟、朱兰春、魏莲芳、刘斌昆《宋江闹院》《坐楼杀惜》，大轴言慧珠、姜妙香《贩马记》。

9月29日上海天蟾舞台夜场：

班世超《蟠桃会》，刘五立《冀州城》，压轴朱兰春、高盛麟、萧德寅、林鹏程《奇冤报》，大轴言慧珠、姜妙香、刘斌昆《贵妃醉酒》。

10月5、8日上海天蟾舞台夜场：

班世超《金山寺》，压轴高盛麟、朱兰春、周瑛鹏《八大锤》，大轴言慧珠、姜妙香、李宝魁、刘斌昆《玉堂春》（起解、大审）

10月6日上海天蟾舞台夜场：

班世超《取金陵》，压轴朱兰春、高盛麟、李宝魁、姜妙香《群英会》《借东风》《华容道》，大轴言慧珠、姜妙香《生死恨》。

10月9日上海天蟾舞台日场：

班世超、周瑛鹏《泗州城》，压轴高盛麟、魏莲芳、金少臣、姜妙香《战太平》，大轴言慧珠、朱兰春、姜妙香《王春娥》。

10月9、13、19日上海天蟾舞台夜场：

班世超《取金陵》，高盛麟、朱兰春、李宝魁、刘五立、艾世菊、姜妙香、金少臣《群英会》《借东风》《华容道》，言慧珠、姜妙香、刘斌昆《贵妃醉酒》。

10月11日上海天蟾舞台夜场：

班世超《盗仙草》，言慧珠、高盛麟、李宝魁《翠屏山》，压轴朱兰春、金少臣《断密涧》，大轴言慧珠、姜妙香、魏莲芳 全部《洛神》。

10月12日上海天蟾舞台夜场：

班世超《朝金顶》，言慧珠、高盛麟、周瑛鹏、萧德寅《刺巴杰》《酸枣岭》《巴骆和》，压轴朱兰春、李宝魁《珠帘寨》，大轴言慧珠、姜妙香《宇宙锋》。

10月22、25日上海天蟾舞台夜场：

言慧珠、高盛麟《武昭关》，压轴朱兰春、金少臣《搜孤救孤》，大轴言慧珠、姜妙香、班世超、艾世菊《廉锦枫》。

10月27日至12月11日上海天蟾舞台班世超与李少春、袁世海、杜近芳同台合作。

10月27日上海天蟾舞台 夜场：班世超《聚宝盆》。

10月28日上海天蟾舞台 夜场：班世超《泗州城》。

11月6日 上海天蟾舞台 夜场：班世超《泗州城》。

11月11、20日上海天蟾舞台 夜场：班世超《四杰村》。

12月4日《黄一刀》

12月12日—1950年1月25日 上海天蟾舞台 班世超与童芷苓、唐韵笙、李仲林、纪玉良同台合作。

12月12日上海天蟾舞台夜戏：班世超《聚宝盆》。

12月13日上海天蟾舞台夜场：

班世超《杨排风》，唐韵笙、李仲林、纪玉良《汉寿亭侯》，童芷苓、纪玉良《四郎探母》，

12月16日上海中国大戏院 夜场：

开场《黑风帕》，杨盛春、韩盛信、班世超《白水滩》，压轴萧长华、姜妙香《连升店》，大轴梅兰芳、刘连荣、奚啸伯、杨盛春、俞振飞全本《甘露寺》。

（1950 年—1964 年）

新中国时期

● 1950 年 29 岁

1 月 23、24、25 日上海天蟾舞台 夜场：班世超《大泗州城》。

2 月 17 日—4 月 15 日 上海天蟾舞台班世超与唐韵笙、杜近芳等同台合作。

2 月 17 日（正月初一）上海天蟾舞台

日场：周瑛鹏、郭金光、班世超《十字坡》，压轴杜近芳《女起解》，大轴唐韵笙《玉麒麟》。

夜场：周瑛鹏、班世超《四杰村》，压轴杜近芳《宇宙锋》，大轴唐韵笙《古城会》。

2 月 20 日（正月初四）上海天蟾舞台日场：

班世超、陈福赉、林鹏程《娘子军》《抗金兵》，压轴杜近芳、艾世菊《女起解》，大轴唐韵笙、翟宏鑫、萧德寅、马世啸《枪挑小梁王》。

3 月 1、2、9 日上海天蟾舞台 夜场：

翟宏鑫、郭金光、班世超《三岔口》，唐韵笙《艳阳楼》，压轴杜近芳《春秋配》，大轴唐韵笙《刀劈三关》。

3 月 3、26 日上海天蟾舞台日场：

班世超《扈家庄》，杜近芳《打渔杀家》，大轴唐韵笙《群英会》《借东风》《华容道》。

3 月 10 日、4 月 8、14 日上海天蟾舞台夜场：

班世超《抗金兵》，压轴杜近芳《凤还巢》，大轴唐韵笙《绝龙岭》。

3 月 11 日上海天蟾舞台夜场：

唐韵笙《征北海》，翟宏鑫、郭金光、班世超《三岔口》，杜近芳、唐韵

笙、姜妙香《霸王别姬》。

3月25日、4月4、11日上海天蟾舞台夜场：

周瑛鹏、班世超《四杰村》。

3月30、31日、4月3日上海戏曲界救灾委员会举办大义演日场：

周菊芳、班世超、刘云兰、阎少泉（四水母），王世袭、徐志良、倪海天、张镜铭、白元杰、朱宝康、张奎芳、杨荣楼、郭玉昆《大泗州城》，王富英、高百岁、杨宝童、陈鹤峰、钱麟童、王少楼《鸿门宴》，大轴梅兰芳饰孙尚香、姜妙香饰周瑜、周信芳饰乔玄、盖叫天饰赵云、赵如泉饰张飞、唐韵笙饰刘备《龙凤呈祥》。

4月7、15日上海天蟾舞台夜场：

班世超《金山寺》。

6月30日至7月班世超与吴素秋、迟世恭同台合作，

10月3日至1951年初上海天蟾舞台班世超与谭富英、裘盛戎、马富禄、杨盛春同台合作。

10月3日上海天蟾舞台夜场：

杨盛春、魏莲芳《战宛城》，梁小鸾、谭富英《桑园会》，压轴裘盛戎、马富禄、班世超《普球山》，大轴谭富英、裘盛戎、李世琦、马富禄 全部《洪羊洞》。

10月4日上海天蟾舞台夜场：

班世超《打孟良》，杨盛春、杨荣楼、郭金光《赵家楼》，梁小鸾、徐和才《春秋配》，压轴裘盛戎、马富禄、吴富琴、李盛泉《黑风帕》《牧虎关》，大轴谭富英、裘盛戎、马富禄、李世琦、萧德寅《失街亭》《空城计》《斩马谡》。

● 1951年30岁

1951年4月至6月上海天蟾舞台班世超与尚小云剧团同台合作

与尚小云先生同台 有一出《抗金兵》日期不详

4月28日夜场：班世超《盗仙草》

5月8日夜场：

班世超《摇钱树》，尚长春《大铁笼山》，尚长麟《状元祭塔》，压轴尚长

荣《御果园》，大轴尚长麟、尚长春后部《汉明妃》。

5月15日上海天蟾舞台夜场：

刘宫阳、萧德寅、陈福赍《恶虎村》，压轴班世超、艾世菊《小放牛》，大轴尚长麟、尚长春全部《双雄》。

5月26日夜场：班世超《泗州城》

5月28、29日夜场：班世超、艾世菊《小放牛》.

6月17日日场临别纪念演出：班世超、白元杰、王世袭《抗金兵》，尚小云、尚长春、芙蓉草、赵和春、田荣芬、郑万年、钮荣亮、陈富瑞、吴富琴、张韵斌、孙振群、杨继森、钮承华、钮淮华 一至八本《福寿镜》，

1951年7月 上海天蟾舞台与谭富英、裘盛戎、杨盛春等同台合作。

班世超《杨排风》

8月初梅剧团在大众剧场为榛岭小学募资义演两天的第二天。

剧目为：刘官扬、高雪樵、鲍毓春、韩云峰《四挑华车》，谭元寿、张鸣禄、班世超《三岔口》，梅葆玥《文昭关》，大轴梅葆玖、姜妙香、王少亭《玉堂春》。

1951年12月5日上海天蟾实验京剧团在无锡解放剧场演出。

1952年31岁参加总政京剧团。

1953年10月初至12月中旬随贺龙为总团长的第三届赴朝鲜慰问团，赴朝鲜慰问演出。（32岁）

● 1954年33岁

1954年总政京剧团对外使用实验京剧团

3月2日实验京剧团，北京大众剧场 夜场：

李丽芳、李荣安、李多芬、徐鸣远、阎韵喜全部《秋江》，郭元汾、蔡宝华《青风寨》，班世超、俞鉴《乾元山》。

3月4日实验京剧团，北京民主剧场 夜场：

李鸣盛、郭元汾、谭世英、阎韵喜《失街亭》《空城计》《斩马谡》，谭元寿、郭金光《三岔口》，童葆苓、李荣安、徐鸣远、蒋士英《铁弓缘》，俞鉴、班世超《乾元山》。

3月14日实验京剧团，北京大众剧场夜场：

李鸣盛、班世超、童葆苓、蔡宝华、李荣安、郭元汾、张正武、刘松超《战马超》《能仁寺》《甘露寺》《四杰村》。

4月京剧晚会，军委总政治部文工团京剧团演出，中央商业部政治部主办京剧晚会，演出剧目：俞鉴、班世超《乾元山》，李鸣盛、谭世英、朱玉安、阎韵喜、蒋士英、陈荣岚《秦琼发配》，李丽芳、李祥玉、李荣安、徐鸣远、朱玉安、阎韵喜全部《秋江》。（来源：钮季冬赠书《氍毹印象》）。

● 1955 年 34 岁

12月13日至16日中国京剧院四团、新疆歌舞团在北京人民剧场联合演出。

12月18日中国京剧院四团，北京民主剧场（赴越南代表队归国公演，在京演员助演）

夜场：李多芬《岳母刺字》，殷元和《青风寨》，童葆苓《拾玉镯》，李鸣盛、李丽芳《二堂舍子》，俞鉴、班世超《乾元山》。

● 1956 年 35 岁

6月5日至19日 中国京剧四团 上海中国大戏院（来源：解放报、新闻报）

演员阵容：王天柱、刘顺奎、俞鉴、王吟秋、李丽芳、金玉恒、张元奎、王和霖、李多芬、高玉秋、蔡宝华、刘元鹏、李荣安、班世超、赵鸣飞、刘松超、李蓉芳、殷元和、谭喜寿。

6月6、9、14日夜场：俞鉴、班世超《乾元山》。

6月11、15、18日夜场、17日日场：班世超《武松打店》。

● 1957 年 36 岁

3月4、13日中国京剧院四团北京人民剧场

晚场：刘松超、白元杰、郭金光《雁荡山》，王吟秋、李荣安、刘元鹏、谭世英《碧玉簪》，班世超、王天柱《武松打店》。

3月18日中国京剧院四团广和剧场

晚场：张正武、郭金光、石铁梁、郑菊奎《闹龙宫》，王吟秋、刘元鹏《平地风波》，殷元和、茹绍奎《钟馗嫁妹》，李多芬、刘顺奎《岳母刺字》，班世超、王天柱《武松打店》。

3月22日 中国京剧院四团北京长安剧戏院

晚场：刘松超、茹绍奎、白元杰、郭金光《雁荡山》，李丽芳、李荣安《玉堂春》，殷元和、谷春才《醉打山门》，李多芬、刘顺奎《岳母刺字》，班世超、王天柱《武松打店》。

10月1、2日中国京剧院四团北京人民剧场（赴内蒙古各地巡演回京汇报演出）

晚场：班世超、郭金光、白元杰《大泗州城》，李鸣盛、蔡宝华、郭元汾、谭世英《失街亭》《空城计》《斩马谡》，肖玉华、刘元鹏《春香闹学》。

10月3日中国京剧院四团北京劳动剧场（赴内蒙古各地巡演回京汇报演出）

晚场：舒茂林、白元杰《雁荡山》，李鸣盛、刘顺奎、刘元鹏《文昭关》，李丽芳、金玉恒、萧玉华、李荣安《棋盘山》，王天柱、班世超《武松打店》。

10月13日中国京剧院四团北京大众剧场（赴内蒙古各地巡演回京汇报演出）

日场：王天柱、沈志广、班世超、郭金光、殷元和《大四杰村》，李丽芳、王和霖、李荣安、刘元鹏《玉堂春》（会审），李鸣盛、谭世英《三家店》，《古城会》。

10月14日中国京剧院四团北京吉祥剧院

晚场：班世超、郭金光、舒茂林、白元杰《大泗州城》，李鸣盛、刘飞云、郭元汾、谭世英《失街亭》《空城计》《斩马谡》，萧玉华、刘元鹏《春香闹学》。

10月31日中国京剧院四团北京大众剧场

晚场：班世超、郭金光、刘飞云、白元杰《泗州城》，李鸣盛、谭世英《三家店》，王吟秋、刘元鹏《平地风波》，陈玉英《破洪州》。

● 1958 年 37 岁

3 月 22 日中国京剧院四团中国戏院夜场：

郭元汾、刘飞云《青风寨》，王吟秋、刘元鹏、徐鸣远、金玉恒、朱玉安、高长清《荒山泪》，班世超、白元杰、郭金光《泗州城》。（来源：钮季冬老师赠送书《氍毹印象》）

3 月 25 日中国京剧院四团北京长安戏院夜场：

班世超、郭金光、李鸣盛、李丽芳、郭元汾、蔡宝华《泗州城》《金水桥》，《乾坤圈》《战冀州》。

4 月 3、4 日中国京剧院四团北京天桥剧场

4 月 5、9 日中国京剧院四团北京吉祥剧院

4 月 6、8 日中国京剧院四团北京中和剧院

4 月 7 日中国京剧院四团北京人民剧场

4 月 11 日中国京剧院四团北京长安戏院

4 月 13 日中国京剧院四团北京圆恩寺影剧院夜场：

王天柱、班世超、李丽芳、王吟秋、李鸣盛、张元奎《红色卫星闹天宫》。

7 月 30 日至 8 月 20 日中国京剧院四团在西安五四剧院短期公演。

7 月 30 日夜场：

班世超、王天柱《武松打店》，郭元汾、田文玉《遇皇后》，李丽芳、李荣安、刘元鹏《玉堂春》，郑菊奎、郭金光、刘飞云、石铁樑《闹龙宫》。

8 月 2、6、13、19 日夜场：

王吟秋《荒山泪》，班世超、郭金光《大泗州城》。

8 月 3 日日场：

李丽芳《棋盘山》，王吟秋《平地风波》，王天柱、班世超、郭金光《大四杰村》。

8 月 7 日夜场：

王天柱、班世超《武松打店》

8 月 14、15、17 日夜场：

班世超、王天柱、郭金光、李丽芳、李鸣盛、郭元汾、王吟秋《红色卫星闹天宫》。

9月2、3日中国京剧院四团划归宁夏回族自治区，离京告别演出。北京人民剧场夜场：

王天柱、班世超、李丽芳、王吟秋、李鸣盛、张元奎《红色卫星闹天宫》。

9月27日宁夏京剧院成立首次公演银光剧团

主要演员：王天柱、王吟秋、王和霖、田文玉、刘元鹏、刘飞云、刘顺奎、汪野航、李丽芳、李荣安、李蓉芳、李鸣盛、李韵章、金玉恒、俞鉴、郭元汾、郭金光、张元奎、高玉秋、班世超、徐鸣远、殷元和、舒茂林、茹绍奎、谭喜寿、谭世英。

9月27日夜场：

王天柱、郭金光《三岔口》，李鸣盛《失街亭》《空城计》《斩马谡》，俞鉴、班世超《乾元山》。

9月28日夜场：

班世超、王天柱《武松打店》，李丽芳、李荣安《玉堂春》（起解、会审、监会、团圆），谭喜寿、茹绍奎《闹龙宫》。

宁夏回族自治区京剧院参加五省会演后，11月23日至12月3日西安市五四剧场短期演出。

11月24日夜场：

郭元汾、田文玉《遇皇后》，王吟秋《锁麟囊》，俞鉴、班世超《乾元山》。

11月25日夜场：

王天柱《卧虎沟》，田文玉《岳母刺字》，王吟秋《荒山泪》，班世超、郭金光《泗州城》。

11月26日夜场：

王天柱、班世超《武松打店》，阎宝俊、徐鸣远《铁弓缘》，李鸣盛、郭元汾《失空斩》，谭喜寿、郭金光《闹龙宫》。

11月30日、12月2、3日夜场：

班世超、王吟秋、俞鉴、李鸣盛、李丽芳、王天柱《红色卫星闹天宫》。

12 月 20 日夜场：

王天柱《卧虎沟》，徐鸣远《啼笑皆非》，王吟秋《平地风波》，俞鉴、班世超《乾元山》。

● 1959 年 38 岁

1 月 4 日宁夏回族自治区京剧院出席西北五省会演归来献演，红旗剧院

夜场：徐鸣远、高玉秋、金玉恒、刘金声《啼笑皆非》，李丽芳、李荣安《玉堂春》，俞鉴、班世超《乾元山》。

1 月 5、7 日宁夏回族自治区京剧院为祝贺苏联宇宙火箭发射献演，红旗剧院

夜场：王天柱、班世超、李丽芳、王吟秋、李鸣盛、张元奎《红色卫星闹天宫》。

1 月 8 日宁夏回族自治区京剧院出席西北五省会演归来献演，红旗剧场

夜场：王天柱、班世超《武松打店》，陈玉英、陈岚荣、谷春才《铁弓缘》，李鸣盛、李丽芳田文玉《桑园会》，舒茂林、白元杰《雁荡山》。

1 月 9 日宁夏回族自治区京剧院出席西北五省会演归来献演，红旗剧场

夜场：谭喜寿《卧虎沟》，田文玉、刘顺奎《罢宴》，王吟秋、刘元鹏、徐鸣远《荒山泪》，班世超、郭金光《大泗州城》。

1 月 10 日宁夏回族自治区京剧院出席西北五省会演归来献演，红旗剧场

夜场：李丽芳、李荣安、张元奎、刘元鹏《吕布与貂蝉》，王天柱、郭金光、班世超、沈志广、石铁梁、谭世英《四杰村》。

1 月 17 日宁夏回族自治区京剧院为新城镇毛纺厂工人演出

夜场：徐鸣远、金玉恒《啼笑皆非》，李丽芳、李荣安《玉堂春》，班世超、王天柱《武松打店》。

1 月 18 日宁夏回族自治区京剧院为新城镇毛纺厂工人演出，

夜场：俞鉴、班世超《乾元山》，李丽芳、李荣安、徐鸣远全部《秋江》。

1 月 25 日宁夏回族自治区京剧院 红旗剧院

夜场：王吟秋、李荣安、刘元鹏、谭世英《碧玉簪》，王天柱、郭金光、班世超、谭世英、《四杰村》。

1月29日宁夏回族自治区京剧院 红旗剧院

夜场：主要演员王吟秋、李鸣盛、李丽芳、俞鉴、班世超、李荣安、郭金光、王天柱、田文玉、刘顺奎、刘元鹏、徐鸣远、金玉桓、赵鸣飞、白元杰、陈荣岚、谭世英、张元奎、蔡宝华《三岔口》《铁弓缘》《姚期》《雁荡山》。

1月30日宁夏回族自治区京剧院，红旗剧院

夜场：主要演员王吟秋、李鸣盛、李丽芳、俞鉴、班世超、李荣安、郭金光、王天柱、田文玉、刘顺奎、刘元鹏、徐鸣远、金玉桓、赵鸣飞、白元杰、陈荣岚、谭世英、张元奎、蔡宝华《武松打店》《凤还巢》《闹龙宫》。

1月31日宁夏回族自治区京剧院，红旗剧院

夜场：王天柱、班世超、李丽芳、王吟秋、李鸣盛、张元奎《红色卫星闹天宫》。

2月1日宁夏回族自治区京剧院 红旗剧院

日场：李少奎、李韵华《嘉兴府》，李丽芳、刘元鹏、高玉秋、田文玉、靳志明《金水桥》班世超、白元杰、史维华、沈志广、李祥玉、徐鸣远、舒少斌《杨排风》。《打孟良、打焦赞、打韩昌、打耶律》。

2月2日宁夏回族自治区京剧院 红旗剧院

夜场：金玉恒、李荣安《铁弓缘》，王吟秋、刘元鹏、萧玉华、汪野航、陈玉英《平地风波》，李鸣盛《空城计》，俞鉴、班世超《乾元山》。

2月6日宁夏回族自治区京剧院分为一、二团。二团已赴内蒙古巡回演出。

1959年2月应邻省邀请，赴内蒙古等地巡回演出。7月赴内蒙古巴彦吊淖尔盟演出，演出剧目《武松醉打蒋门神》《吕布与貂蝉》《乾元山》等。

● 1960年39岁（摘自：宁夏日报、中国戏曲志·宁夏卷）

1月13日宁夏回族自治区京剧院二团，红旗剧院

夜场：徐鸣远、金玉春、李蓉芳、汪野航、叶盛富《棋盘山》，王宪舟、

陈玉贤、曹长宝《遇皇后》，班世超、王天柱、郭金光、谭世英、沈志广、赵兴华、靳志明《四杰村》。

1月16、19、22日宁夏回族自治区京剧院二团 新城剧场

夜场：主要演员：石铁梁、李秀慧、徐鸣远、陈玉贤、王天柱、郭金光、李韵章、白元杰、靳志明、班世超、李蓉芳、叶盛富《武松》（陈州放粮起打銮驾铡麇煜止）。

2月15日宁夏回族自治区京剧院二团 红旗剧院

夜场：赵鸣飞、年柳英、刘元鹏、郭金光、班世超、王天柱、李蓉芳、叶盛富、赵文亮、李韵章、陈玉贤全部《武松》（打店起血溅鸳鸯楼止）。

1960年，宁夏京剧院二团由王宪周、班世超领队，先后赴包头、呼和浩特、大同、张家口等地演出。主要剧目为《铁面无私包龙图》《武松打店》《泗州城》《贵妃醉酒》《金水桥》等。主要演员有班世超、王宪周、李蓉芳、王天柱、刘元鹏等。

1960年班世超代表宁夏文艺界参加全国文化艺术群英会，并在此次大会中荣获全国"五一劳动模范奖章"。

● 1961年40岁

1961年3月起至年底，由自治区京剧团为主体组成宁夏回族自治区艺术访问团，前往南宁、柳州、桂林、武汉、广州、佛山等地访问演出，后又赴新疆乌鲁木齐、石河子、哈密等地继续访问演出，至年底回宁。由孙秋田、张元奎、王宪周、李鸣盛、班世超领队。演出剧目《玉堂春》《泗州城》《三岔口》《乾元山》《武松打虎》《雁荡山》等。演员有李鸣盛、李丽芳、郭元汾、班世超、李荣安、王天柱、郭金光、俞鉴、田文玉等。

6月24日宁夏京剧团 红旗剧院

夜戏：李荣安、王宪舟、金玉春《牧虎关》，李鸣盛、李业德、刘顺奎《文昭关》，班世超、舒茂林、刘飞云、李维坤、陈荣岚、赵文梁《虹桥赠珠》。

● **1962 年 41 岁**

1962 年 11 月至年底，宁夏京剧团一团由孙秋田领队，赴内蒙古包头市、呼和浩特市及山西省太原市巡回演出。演员有李鸣盛、李丽芳、班世超、王天柱、俞鉴等。

● **1963 年 42 岁**

1963 年 4 月至 10 月，宁夏京剧团一团赴沈阳、本溪、鞍山、营口、大连、天津等地巡回演出。主演演员有李鸣盛、李丽芳、班世超、俞鉴、王宪周等。

1963 年 4 月 20 日至 5 月 29 日宁夏回族自治区京剧一团在沈阳连续演出 40 天。

4 月 20、25 日辽宁京剧场

晚场：郭金光、谭喜寿《三岔口》，李丽芳、刘顺奎、李荣安《玉堂春》，李鸣盛、高长清《除三害》，俞鉴、班世超《乾元山》。

4 月 21 日辽宁京剧场

晚场：殷元和《醉打山门》，田文玉《洪母骂畴》，班世超、舒茂林、郭金光《虹桥赠珠》。

4 月 24 日辽宁京剧场

晚场：王宪周、李鸣盛、李丽芳《铁面无私包龙图》，李少奎、班世超、郭金光、谭喜寿、殷元和、张元志《大四杰村》。

4 月 27 日辽宁京剧场

晚场：班世超、茹绍魁《刘金定力杀四门》，王宪周、李业德《强项令》，李少奎、郭金光陈荣岚、李秀惠《金钱豹》。

5 月 3 日红星剧场

晚场：郭金光、谭喜寿《三岔口》，李丽芳、刘顺奎、李荣安《玉堂春》，李鸣盛、高长清《除三害》，俞鉴、班世超、年柳英、梁加和《乾元山》。

5月7日铁西工人俱乐部

晚场：郭金光、谭喜寿《三岔口》，李丽芳、刘顺奎、李荣安《玉堂春》，李鸣盛、高长清《除三害》，俞鉴、班世超、年柳英、梁加和《乾元山》。

5月8日铁西工人俱乐部

晚场：王宪周、李鸣盛、李丽芳《铁面无私包龙图》，李少奎、班世超、郭金光、谭喜寿、殷元和、张元志《大四杰村》。

5月10日铁西工人俱乐部

晚场：茹绍魁、赵鸣飞《打瓜园》，李鸣盛、殷元和、高长清、刘顺奎《失空斩》，俞鉴、班世超、王宪周《乾元山》。

5月15日辽宁京剧场

晚场：李鸣盛、李丽芳《汾河湾》，班世超、李少奎、郭金光、刘顺奎、陈荣岚、舒茂林《火烧余洪》（刘金定力杀四门起，火烧余洪止）。

5月24日辽宁京剧场

晚场：王宪周、李业德《姚期》，班世超、李维坤、赵鸣飞、李少奎《杨排风》（打孟良、打焦赞、打韩昌）。

5月25日辽宁京剧场

晚场：田文玉《岳母刺字》，班世超、李少奎、郭金光全部《火烧余洪》。

5月27日至29日宁夏回族自治区京剧一团与辽宁青年实验戏曲剧院京剧团为促进艺术交流举行联合公演。

5月27日辽宁京剧场

晚场：舒茂林、胡鸣忠（分饰高宠）、沈德保、罗载而、李季明《挑华车》，汤小梅、纪美华、丁震山《卖水》，丁震春、舒少斌、班世超、殷元和、郭金光、谭喜寿《四杰村》。

5月28日辽宁京剧场

晚场：李鸣盛、李荣安、徐鸣远、高长清、张志甫、罗载而《群英会》（蒋干过江起，怒打黄盖止），班世超、张龙华（分饰水母）、郭金光、丁震春《泗州城》。

5月29日辽宁京剧场

郭金光、丁震春《三岔口》，汤小梅、徐鸣远、陈荣岚、谷春才《铁弓缘》，李鸣盛、罗载而《除三害》，俞鉴、班世超、年柳英、梁加和《乾元山》。

1963年6月1—3日本溪人民艺术剧场演出

6月1日晚场：郭金光、谭喜寿《三岔口》，王志怡、李荣安、李业德、刘顺奎《玉堂春》，李鸣盛、梁加禾《除三害》，俞鉴、班世超、年柳英、梁加禾《乾元山》。

6月日2晚场：田文玉《罢宴》，班世超、李少奎《火烧余洪》。

6月日3晚场：王宪周、李鸣盛、王志怡、李维坤《铁面无私》，谭喜寿、郭金光、班世超、张元志、刘昭伦、梁加禾《四杰村》。

1963年6月11—13日鞍山人民艺术剧场演出

6月11日晚场：郭金光、谭喜寿《三岔口》，闫宝俊、徐鸣远、陈荣岚《铁弓缘》，李鸣盛、高长青《除三害》，俞鉴、班世超、年柳英、梁加和《乾元山》。

6月12日晚场：田文玉、李业德《岳母刺字》，班世超、李少奎、郭金光、刘顺奎 全部《火烧余洪》。

6月13日晚场：王宪周、李鸣盛、王志怡、李荣安、徐鸣远、李维坤、高长清、谷春才《铁面无私包龙图》，李少奎、班世超、郭金光、刘昭伦、张元志、梁加禾《四杰村》。

1963年7月10日至18日天津中国大戏院短期演出

7月10日夜场：郭金光、谭喜寿、义维华《三岔口》，李鸣盛、高长清《除三害》，谷春才、王和霖、王志怡、李业德《海舟过关》，俞鉴、班世超、梁加和、年柳英《乾元山》。

7月12日夜场：王宪周、李鸣盛、李荣安、王志怡、徐鸣远、谷春才、高长清、李维坤《铁面无私》，李少奎、谭喜寿、班世超、郭金光、梁加和、舒少斌、赵明飞、刘昭伦《四杰村》。

7月13日夜场：谭喜寿、班世超、郭金光《武松打店》，殷元和、谷春才《醉打山门》，李鸣盛、刘顺奎《碰碑》，舒茂林、盖玉亭、李少奎、张元

志、舒少斌《雁荡山》。

7 月 15 日夜场：张元志、李维坤、谭喜寿、李少奎、义维华《伐子都》，田文玉、刘顺奎、李业德《罢宴》，班世超、郭金光、俞鉴、舒茂林、舒少斌《泗州城》。

● 1964 年 43 岁

1964 年 6 月 5 日至 7 月 31 日，全国京剧现代戏观摩演出大会在北京举行。石天率宁夏京剧团赴京演出《杜鹃山》。演出后，周恩来总理及中央领导同志接见了全体演职人员，并合影留念。

恭贺恩师班世超先生九十五华诞

　　2015 年 6 月 12 日是著名京剧武旦班世超先生九十五华诞，他的学生们于 6 月 6 日在宁夏银川提前为班先生举办了生日宴会。参加贺寿的有：班先生的师弟刘元鹏先生、高韵笙先生，班先生的搭档王天柱先生，宁夏演艺集团范总以及家人和好友。全国各地的学生们也都发来贺信、贺词。

一、钟荣　江苏省京剧院

　　祝班世超老师：身体健康　精神愉快　寿比南山　福如东海
　　学生　钟荣敬贺
　　二〇一五年五月二十二日

二、萧云虹、方丽华、方丽莉　山东省京剧团

　　贺班老九十五华诞：舞台生涯六十春，四大武旦艺超群；今朝康健九十五，师恩望众育后人！萧云虹、方丽华、方丽莉共贺

三、赵梦兰　陕西省秦腔剧团

　　垂髫学艺梨园春秋九十载"出手"为王　弱冠成名水淹泗州震上海桃李天下

四、刘晓珍　湖南省京剧团

　　贺班老九十五华诞
　　班师德高艺精湛，世人敬仰是先贤；超然淡泊神仙境，耄耋之年笑欢颜。

五、张汉生 兰州市战斗话剧团

班翁梨园久盛名，世间难觅比肩同；超群技艺花独放，赞颂师辈松柏青。

六、二牛、李新云（李鸣盛之儿子、儿媳）来自珠海

一代宗师寿南山，德艺双馨满人间；远在珠海倍思念，盛世绝技永流传。

有件事不得不谈：那一年下乡去巡演，箱车困在河中间，雪花飘飘腊月天，您不顾冰冷下水把车垫！才使大家保安全。回想往事我泪流满面，恩师啊，我们永远把您记心间！

七、张军

贺班老九十五华诞

上联：德山艺海 名冠菊坛，逢盛世 终身成就 修正果；

下联：上善若水 夫唯不争，庆华诞 体健身全 度百年。

张军敬颂麒诗乙未年 6 月 6 日

八、殷茵（殷宝忠之女）、马金锁

贺词 请代表我们在外地的同学，向班老师敬一杯酒，祝先生福寿安康，万寿无疆！并祝刘元鹏、王天柱、高韵笙三位老师万事如意，身体健康！

九、刘连伦、靳芳

塞上江南延美景，燕山古都祝慈龄；没齿不忘施恩重，三躬叩首敬寿翁。

国粹肱股　梨园良弼

——班世超的意义与价值

张正贵

作为一门承继中华传统文化精髓和民族独特审美精神的艺术形式——京剧，在其二百年的历史沿革中，吸收其以前的文化遗产和其他艺术门类，特别是其他戏曲曲艺的丰赡元素，涌现了成百成千出的优秀剧目，真所谓"唐三千，宋八百，数不尽的三列国"，这种厚积而厚发，博观而博取的剧种形态当之无愧地成了代表中华民族的"国粹"，被誉为"国剧"。作为一门戏剧艺术，传世名作与演艺名家是京剧合理存在、沿革发展和生衍不息的生命载体，是车之两轮、鸟之双翼。一代代的京剧表演艺术的大家被镌刻在了京剧艺术传承、传播和弘扬的丰碑之上。

有这么一位先生，九十多年的人生创造了武旦艺术的奇迹，研艺不止，练功不息，耄耋之年仍能以高难技巧撼人心魄。他的一生也向我们展示了一位承继梨园薪火精神的艺术家的责任和受到新中国文艺事业洗礼后的新文艺工作者的情怀。他就是不世出的一代武旦大家——班世超。

班世超先生集前代武旦艺术精髓于一身，练就了不世之功。比如他的"旱水"在台上竟能坚持二十多分钟，可以纹丝不动，中正平衡，变换姿态而举重若轻，可见其在练功中卓绝的毅力和付出的惊人的血汗与代价。再如，他的"班氏吊井抢背"被誉为一绝，其规范、边式而又难度极大，受其教益指点此技的演员都引以为荣。班先生擅演《竹林计》《泗州城》《杨排风》《梁红玉》《扈家庄》等剧，每到一处演出都红极一时，向他学艺的各行当艺术家，包括极其有名的艺术家则不计其数。从班先生个人的技艺来说，其超拔不群之技艺已经达到武旦的艺术水平的新高。同时，他还慈缘广播，有教

无类，不但嫡传众多武旦传人，还将个体之艺变为整个梨园界艺业同仁的群体提升，为国粹的长远流传做出了自己的贡献。

班世超先生以九十多载的人生历程烛照了个人的道德光辉，为后人留下了弥足珍贵的精神遗产。班先生从艺的毅力与精神为我们树立了榜样，舞台上下，生活之中，他淡泊名利，从不主动为自己谋取荣誉和利益，但是他的为人却常常挂在人们的嘴边，深入大家的心里。他赴越南访问时，突遇翻船，请求救生船先救其他同事，自己虽不会水，但凭借超人的身体素质而脱险；他为建设宁夏的文艺事业，义无反顾地放弃了在北京国家剧院的优厚条件，在宁夏大地上从建房、铺路到剧院的业务建设，亲力亲为，带头奉献，干出了一番在边远地区弘扬国粹艺术的伟业；他不记别人的以怨报德，而自己始终严于律己，宽以待人，以德报怨，对于曾经伤害过自己的晚辈，他不计前嫌，依然毫无保留地向他们传授技艺……

对于这位有着传奇艺术人生经历的班世超先生，我了解甚少，但钦慕不已。蒙班世超先生的侄女班玉芬女士之请，通读了全部书稿，深受教益，甚为感动。全书图文并茂，朴实真挚，实事求是，实话实说，简要概述了班先生各个历史时期的人生艺术经历，采访了众多班先生的同事、同行和学生，他们从不同的视角描述了班先生这位艺术家、教育家、院团管理者、对外文化大使和平易可亲的长者，对于我们全面认识和了解班先生十分有益。我感到，像班先生这样的艺术家，应该得到有关部门和各界人士的重视与关注，尽早总结他丰硕的艺术成果，为后世子孙留下宝贵的艺术遗产。

作为一个后学和晚辈，我不揣浅陋，有感而发，以表达对班世超先生的崇敬之情，并深为班玉芬女士对伯父的孝心感动。是为跋。

张正贵

2015 年 4 月

2015 年 8 月 4 日发表于《中国文化报》

简介：张正贵，1983 年生，2010 年毕业于中国艺术研究院研究生院艺术管理专业，文学硕士。现供职于国家京剧院。在《戏剧文学》《艺术管理学研究》《中国京剧》及多部（种）文集报刊上发表学术论文、艺术评论等 30 余篇。

国粹肱股　梨园良弼

——班世超的价值与意义

张正贵

作为一门承继中华传统文化精髓和民族独特审美精神的艺术形式——京剧，在其 200 来年的历史沿革中，吸收其以前的文化遗产和其他艺术门类，特别是其他戏曲曲艺的丰富元素，涌现了成百上千出的优秀剧目，真所谓"唐三千，宋八百，数不尽的三列国"，这种原积而厚发、博观而博取的剧种形态当之无愧地成为代表中华民族的国粹，被誉为国剧。作为一门戏剧艺术，传世名作与演艺名家是京剧合理存在、沿革发展和生生不息的生命载体，是车之两轮、鸟之双翼。一代代的京剧表演艺术的大家被镌刻在了京剧艺术传承、传播和弘扬的丰碑之上。

有这么一位先生，90 多年的人生创造了武旦艺术的奇迹，研艺不止、练功不息，耄耋之年仍能以高难技巧撼人心魄。他的一生向我们展示了一位承继梨园薪火精神的艺术家的责任和受到新中国文艺事业洗礼后的新文艺工作者的情怀。他就是京剧富连成科班"世"字科唯一健在、硕果仅存的老一代京剧名宿、一代武旦大家班世超。

班世超集前代武旦艺术精髓于一身，练就了不世之功。比如他的"旱水"在台上竟能坚持 20 多分钟，可以纹丝不动、中正平衡，变换姿态而举重若轻，可见其在练功中卓绝的毅力和付出的惊人血汗与代价。再如，他的"班氏吊毛抢背"被誉一绝，受其教益指点此技的演员都引以为荣。班先生擅演《竹林计》《泗州城》《杨排风》《梁红玉》《窟窿庄》等剧，每到一处演出都红极一时，向他学艺的各行当艺术家包括很有名的艺术家都不计其数。从班世超个人的技艺来说，其超技不群之技艺已经达到武旦的艺术与历史的新高。同时，他还结缘广播，有教无类，不但锤炼众多武旦传人，还将个体之艺变为整个梨园界艺业同仁技艺的群体提升，为国粹的长远流传散出了贡献。

班世超以九十多载的人生历程烛照了个人的道德光辉，为后人留下了弥足珍贵的精神遗产。他以艺的毅力与精神为我们树立了榜样，舞台上下、生活之中，他淡泊名利，从不主动为自己谋取荣誉和利益，但是他的为人却常常挂在人们的嘴边上，深入大家的心里。他赴赴南访问时，舟通翻船，请求救生船先救其他同事，而自己量不会水，凭借超强的身体素质耐赖他；他义无反顾地为追念守夏教义而放弃了在北京国家剧院的优厚条件。在宁夏大地上，从建房、铺路到剧院的业务建设，他均亲力亲为、带头示范，干出了一番在边远地区弘扬国粹艺术的伟业；他严于律己，宽以待人，以德报怨，对于曾经伤害过自己的晚辈，他不计前嫌，依然毫无保留地向他们传授技艺……

对于这位有着传奇色彩艺人生卒历的老先生，笔者了解甚少而钦慕不已。蒙老先生的侄女班玉芬之请，通读了《著名京剧武旦班世超舞台生涯六十年》的书稿，深受教益和感动。全书图文并茂、朴实真挚、史事求真，概述了班先生各个历史时期的人生艺术经历，采访了众多老先生的同事、同行和学生，他们从不同的视角描述了班先生作为艺术家、教育家、院团管理者、对外文化大使和平易可亲的长者的形象，对于我们全面认识和了解老先生十分有益。

感谢各位专家教授及各位老师

　　整理我伯父班世超资料过程中，得到过 高元升 、 谭元寿 、高韵笙、钮骠、童寿苓、童祥苓、 梅葆玖 、尚长荣、王天柱、沈世华、王志怡、钟荣、周德臣、叶蓬、宋丹菊、刘连伦、马淑娴、石小元、陈志明、 刘嵩昆 、靳芳、叶金森、孙萍、方丽莉、萧云虹、谢建森、刘复元、秦刚、王嘉铭、李鸣、王海龙、白利明、张军、闵敏、谭立曾、刘子尉、张正贵、裴毅、钮季冬、肖娜、王祥、苏万新、杜贵林、赵炜、张晶、郭澄宇、江洵、朱凯、刘鸿麟、郑健强等老师们的大力支持和帮助。没有老师们无私的支持和帮助，靠我这个外行，根本不可能完成班世超舞台生涯资料的整理，所以，在此衷心地感谢各位老师！

　　梅葆玖先生虽然已经离开我们4年，但是梅先生给我的帮助，至今让我念念不忘。事情原本是这样的：有一次我大胆、冒昧地给梅先生打电话，（因为我没见过梅先生，也从没给他打过电话）告诉他我在整理班世超的资料，想请梅先生帮我找个专业老师帮我修改稿件、润色，梅先生一听，当时就把吴迎老师的电话给了我，让我找吴老师帮忙。虽然后来吴老师没有帮我改稿件，但是从这一件小事儿我看到梅葆玖先生平易近人、乐于助人的高尚品德，使我甚为崇敬。2015年5月23日为了答谢帮助过我的老师，我办了答谢会，特邀梅先生来参加。梅葆玖先生让我5月20日再给他打电话提醒他。20日我打电话时，梅先生可能是没听清我是谁，说："我23日上午10点半有个会"，我一听梅先生把我的事情已经排在日程上了，非常激动地告诉梅先生说："那个会就是我邀请的您"。23日这天梅先生准时参加了答谢会，并在会上讲了老一辈艺术家，在上海演出的故事。

　　2014 年 2 月我到上海拜访了尚长荣先生。第一次见到尚先生就感觉先生非常热情、和蔼可亲，丝毫没有角儿的架子。尚先生每次去银川，在百忙中抽出时间去看望师兄班世超。

　　尚长荣先生听说我是为班世超整理资料而来。当时，挥毫泼墨题诗一首。并且帮我联系天蟾舞台的钱经理，带我到上海京剧院资料室。在资料室，尚先生指着墙上挂着的一张戏单，告诉我说："班先生这张《聚宝盆》的戏单，多年来一直挂在京剧院。"后来尚先生让助理陈老师把戏单传给了我。尚长荣先生当年已经 70 多岁了，不顾疲劳，想尽一切办法帮我搜集资料，并且帮我联系出书的事宜。

　　梅葆玖先生、尚长荣先生都是大艺术家，他们给予我热情而又无私的帮助，使我感到无比的荣幸和自豪！

　　2014 年 8 月，钟荣老师和老伴儿周德臣老师得知我在整理班世超资料后，问我需要什么帮助，我实话实说告诉钟老师："我不懂京剧，只是边学习边整理。给伯父整理这么专业的京剧资料，我需要专业老师的帮助才能完成。"钟老师听完我的话，二话没说就让我把整理的稿件赶紧给她寄过去，她帮我完成。当时，我的心情既高兴又激动，自己真的又遇上贵人了。钟老师接到稿件看过之后，觉得我的稿件就像是"一堆烂菜"，要一点一点地挑拣、分类整理。于是，钟老师每天起早贪黑不辞辛苦地帮我修改、整理这么"一大堆烂菜"。钟老师 70 多岁又不会电脑，要用手写几十页文稿，就这么一点点地整理了三个多月。封面也是二位老师设计（2015 年《班世超舞台生涯六十年》封面），在炎热、酷暑的天气里，钟老师的老伴儿周德臣老师带病跑前跑后地协助钟老师改稿。两位老师真诚、无私的奉献，我无法用语言来表达对他们的感激之情！虽然没有什么华丽的语言表示，但是我对你们的感恩之心一分不会减少，你们的无私奉献精神将永远铭记在我心中。

　　2020 年钮骠老师已是 88 岁高龄的耄耋老人，在新冠肺炎疫情肆虐期间，钮骠老师突然身患痛风，疼痛难忍。在这样的情况下，钮骠老师也没忘为我的书写序。钮骠老师的夫人沈世华老师还总怕我着急，经常给我发信息说："等钮骠老师好点儿就给你写。"我听说后心里很不是滋味儿，赶忙回复说：

"不急，我的事不重要。先让老师养病，身体最重要。"通过这件事，钮骠老师、沈世华老师为人处事的风格和高尚的品格烙在了我心中。

刘连伦老师在百忙中为我提供了非常宝贵的资料，不厌其烦地为我解答各种问题。2013年刘连伦老师得知我要去宁夏看望我伯父班世超的时候，还给我拟定了一个提纲。刘连伦老师和夫人靳芳老师还给我讲述了很多他们在宁夏京剧团时与班世超一起学戏、练功的往事，两位老师讲述的都是他们亲身经历过的、真实的宝贵资料。

诸位专家、老师们都尽心尽力地帮助我，这是我一生的荣幸，我也努力做好资料整理，不辜负各位老师的期望！

钮季冬、刘嵩昆、陈志明、谢建森、王祥、张晶、郭澄宇、江洵、朱凯、刘鸿麟、郑健强等老师也无私地赠送了资料。

衷心地感谢每一位真诚无私、热情帮助我的专家、老师、戏迷朋友！

班玉芬

2020 年 3 月 30 日

后 记

从我记事起，就听父亲、母亲，还有亲戚们讲，我伯父班世超是京剧演员。有一次，我问我父亲："我四伯父原名班寿泉，为什么改成班世超啊？"父亲说："班世超的名字是他进富连成科班学戏时，那里人给起的，那叫艺名。"然后，父亲接着对我说："你四伯父出科后在北京、天津、上海都很有名的，他和梅兰芳、尚小云、程砚秋、荀慧生、马连良、谭富英等好多名人一起同台演出，特别是 40 年代在上海很红的。"听父亲一说，在我幼小的心灵里记住了我四伯父唱京剧很棒。上小学时，我家有个老式收音机，我放学写完作业，就听现代京剧《杜鹃山》《红灯记》《沙家浜》《智取威虎山》，有时遇到喜欢的还唱几句，然后我母亲就喊我："行啦，别唱了！"我一听可能是吵着她了，就把收音机的音量关小，趴在收音机旁听，边听边小声跟着唱。那时我最爱听《杜鹃山》"家住安源"这段，我就玩命地听。"文革"时，我 7 岁刚上小学，就跟母亲说要找我伯父去学戏，我母亲说："他现在挨整了还不知道怎么着呢？你去不了。"从这以后我就没再提过唱戏的事了。

我第一次见到伯父是 20 世纪 70 年代初我小学还没毕业的时候，记得伯父常回北京，就住在大栅栏。有一天，我父亲带我到那里去看望伯父，伯父请我们父女俩吃全聚德烤鸭。那时，父亲他们哥几个还常来我家聊天、下象棋，我大伯父最爱吃我父亲的烙饼加酱肉。吃完饭没事儿的时候，四伯父就给我们小孩儿讲他的故事，当时因为年龄小，就真当故事听了，没有记住，现在想起来很后悔。

说起想给他写书，是在 2010 年 3 月伯父再次回北京时，那时经常有人来看望他，还遇上《名宿访谈》的作者封杰来采访，听伯父回忆他舞台艺术生涯，给我触动很大，觉得自己作为班世超的后人也应该为他做点什么。于是，就开始关注他的资料，收集整理，2013 年 5 月在中国京剧杂志上发表了我的

第一篇文章《我的伯父班世超》。

文章虽然发表了，可是我还觉得一篇文章不能把他一生都献给京剧事业的事迹全面写出来。于是，我就进一步查找与伯父相关的资料。2013 年我专程去宁夏看望 92 岁的伯父，把我的心愿告诉了他老人家，伯父非常高兴。伯父高兴是高兴，可他实际并不愿意为自己树碑立传，因为伯父做人一直都很低调。我明白伯父的心意，他是不想张扬自己，我对伯父说："给您写书不只是宣传您一个人的事情，京剧是国粹，写书关系到京剧发展和京剧艺术传承。我虽然不太懂京剧，可是我知道您这样的艺术家不好找了，我写书也是为我们后辈留一笔无形的财富。让更多的人了解京剧的博大精深、了解您这一代人的坎坷经历和无私奉献精神。"听我这么一解释，伯父说："有道理，好，那我支持你，你要了解什么你就问好了。"这次宁夏之行，真是不虚此行，我见到了伯父的搭档王天柱老师，还有伯父的几位学生，他们听说我要为伯父写书都非常支持，都说太值得写了。大家你一言我一语讲了许多我伯父身为团长，与他们同甘共苦，吃苦在前，享受在后的感人事迹，当时我就觉得伯父真的很高尚、很伟大，他是真正德艺双馨的艺术家！

整理伯父的资料是一项很艰难的事情，为了相关资料更加全面、详细，我去过国家图书馆、上海图书馆、宁夏回族自治区档案馆、宁夏回族自治区图书馆、宁夏回族自治区广电局、西安图书馆、潘家园和报国寺旧货市场，还去了霸州的李少春纪念馆，所有能想到的都去了。在潘家园市场我一家一家的书摊挨着问，去图书馆都是一去就一天，因为报纸要一张一张地仔细看，每次闭馆我还舍不得离开，还想查找。不过功夫不负有心人，我收获了不少资料，其实他的资料是很难找全的，因为"文革"时给毁了不少。为了我敬佩的伯父，再辛苦也是值得的。

我不是京剧艺术工作者，第一次搜集整理有关京剧方面资料会有很多不足之处，如果有错误或瑕疵欢迎读者指正。

再次衷心感谢各位专家教授以及各位老师们真诚的支持和帮助！

班玉芬

2015 年 3 月于北京